한국대표한문학자자선논집

이동환

한국대표한문학자자선논집
韓國代表漢文學者自選論集

이동환

경인문화사

간행사

올해는 한국한문학회가 창립된 지 50주년이 되는 뜻깊은 해입니다. 20세기 이후 침체되었던 우리 한문학을 연구하기 위해 1975년 '한국한문학연구회(韓國漢文學硏究會)'를 결성하여 초대회장으로 이가원, 창립회원으로 김용걸·민병수·박천규·이동환·이우성·이운구·이종찬·이지형·임형택·최신호·하정옥 등 열두 분으로 활동을 시작하였습니다. 초창기 학계에서 학문 분야에 대한 인식 부족을 선학들의 열정으로 극복하여 이제 엄연히 정당한 자리매김을 하게 되었습니다. 현재의 회원수 900여 명은 그간의 발전을 웅변한다 하겠습니다.

이제 학회의 역사를 되돌아보며 미래를 위한 현 단계의 검토를 할 때가 되었다고 생각합니다. 이에 학회의 초창기를 열었던 선생님들의 학문과 삶을 기념하는 기획을 마련코자 합니다. 화갑 및 정년 기념 논총이 사라진 시대에 '한국대표한문학자자선논집(韓國代表漢文學者自選論集)'으로 학회의 중추 역할을 하셨던 선생님들이 스스로 뽑은 대표 논문(10편 내외)을 단행본으로 간행하는 이 기획이 그 일환입니다.

애석한 것은 우리 학회의 태동과 발전에 크게 기여하신 선생님 가운데 유명을 달리하신 분이 있다는 점입니다. 이 분들의 경우에는 제자들이 논문을 뽑아 '한국대표한문학자정선논집(韓國代表漢文學者精選論集)'으로 간행하고자 합니다. 우선, 학회를 출범시킨 열두 분의 회원과 역대학회장 분들 가운데 연배가 높으신 분을 대상으로 하고자 합니다. 이 기획에는 해당 선생님께서 재직하셨던 대학과 그 후학의 적극적인 참여가 절실히 요망됩니다.

　계왕개래(繼往開來)의 자세로 선학의 열정과 성과를 계승하고 후학의 창신과 발전을 위하여 함께 뜻을 모아 나아가기를 희망합니다.

　끝으로 이 기획이 첫발을 내딛게 된 데에는 경인문화사 한정희 사장님의 후원이 역할을 하였습니다. 대를 이어 한국학의 발전에 기여해 오고 있는 경인문화사에 감사의 말씀을 전합니다.

2025년 8월
한국한문학회 회장 김영진

대산 이동환 선생님 약력 및 논저 목록

성   명 : 이동환(李東歡)

생년월일 : 1939년 5월 7일

e - Mail : leedh@korea.ac.kr

학 력

1960.3~1964.2   고려대학교 문과대학 국어국문학과 학사학위 취득

1964.3~1969.2   고려대학교 대학원 국어국문학과 석사학위 취득

경 력

1967.6~1967.12   교육과학기술부 한자약자제정위원회 위원

1970.1~1971.12   국립도서관 고서편찬책임자

1971.1~1995.4   문화관광부 문화재전문위원(73.5~81.4/83.5~97.4)

1973.11~1978.6   서울특별시 지방문화재위원

1975.9~1977.2   국민대학교 전임강사

1977.3~1979.1   고려대학교 교육대학원 강사

1977.3~1980.2   성균관대학교 사범대학 한문교육과 전임강사·조교수

1979.8~2007.4   문화관광부 문화재감정위원

1980.3~1987.1   고려대학교 문과대학 국어국문학과 부교수

1981.7~1986.11   교육과학기술부 교육과정심의회 중고등학교 한문과 위원

1983.4~1989.4   한국한문학회 간사

1983.4~2007.4	한국한문학회 편집위원
1986.4~1987.3	한국정신문화연구원 한국민족문화대백과사전 편집위원
1886.12~1994.2	교육과학기술부 교육과정심의회 중학교 한문과 위원
1987.1~2004.8	고려대학교 문과대학 한문학과 교수
1987.11~1994.2	교육과학기술부 교육과정심의회 고등학교 한문과 위원
1987.12~2020.11.	진단학회 평의원
1989.7~1991.6	한국한문교육학회 부회장
1989.7~1991.6	포은사상연구원 연구위원
1990.1~1998.1	한국서지학회 이사 겸 편집위원
1991.2~2001.1	문화관광부 국어심의회 한자분과위원
1991.6~1993.5	사단법인 한국어문회 지도위원
1991.8~1993.7	독립기념관 한국독립운동사 연구위원
1992.3~1994.2	문화관광부 고전선정위원회 위원
1993.4~1997.4	한국한문학회 회장
1994.11~2006.5	재단법인 민족문화추진회 기획편집위원
1995.2~현재	사단법인 퇴계학연구원 학술위원
1999.5~2007.4	문화관광부 문화재위원회 위원
1999.7~2007.4	문화관광부 문화재평가심의위원회 위원
2002.3~2003.2	한국학술진흥재단 기초학문육성지원사업 인문사회분과위원
2000.3~2010.4	사단법인 퇴계학연구원 부원장 겸 편집위원장
2000.7~2005.3	한국고전문학회 편집위원
2002.4~2006.3	남명학연구소 편집위원
2002.6~2010.4	사단법인 퇴계학연구원 이사

2003.3~현재　　재단법인 한국국학진흥원 연구자문위원

2003.3~2005.3　　한국실학학회 회장

2004.9~현재　　고려대학교 명예교수

2006.3~2007.2　　연세대학교 용재석좌교수

2006.5~2007.8　　재단법인 민족문화추진회 이사

2010.11~2013.11　　한국고전번역원 원장

2015.~현재　　사단법인 소재노수신선생학술문화진흥회 이사장

논저목록

○ 저·역·편서

『大學·中庸』(譯解), 玄岩社, 1965.

『古書目錄』1 (共編), 국립중앙도서관, 1970.

『古書目錄』2 (共編), 국립중앙도서관, 1971.

『三國遺事』(校勘), 민족문화추진회, 1973.

『旬五志』(譯註), 同和出版公社, 1973.

『東國兵鑑』(譯註), 三中堂, 1975.

『三國遺事』上·下 (譯註), 三中堂, 1975.

『懲毖錄』(譯註), 三中堂, 1975.

『燕巖集抄』(譯註), 三省出版社, 1976.

『麗韓十家文鈔』(共譯), 민족문화추진회, 1977.

『성호사설』(공역) 민족문화추진회, 1978.

『韓國文學研究入門』(共著), 知識産業社, 1982.

『역주 목민심서』(공역), 창작과비평사, 1985.

『退溪全書』4 (共譯), 退溪學硏究院, 1990.

『삼국유사』(譯註, 축약판), 장락, 1994.

『新明心寶鑑』(共編), 고려대학교 민족문화연구소, 1995.

『韓國學基礎資料選集 : 近世 Ⅱ篇』(共編), 韓國精神文化硏究院, 1995.

『한적의 총목정리와 국역의 현황 및 방안에 관한 조사연구』(공저), 교육부 정책과제 연구, 1997.

『고전비평 연구』(共著), 국어국문학회 편, 태학사, 1998.

『한시 연구』(共著), 국어국문학회 편, 태학사, 1998.

『중용대학』(수정판), 나남출판, 2000.

『실학시대의 사상과 문학』, 지식산업사, 2006.

『국역 연행일기』(조선 이항억 著), 국립중앙도서관 한국고전적국역총서4, 2008.

『망우당 곽재우』(공저), 남명학연구원 편, 예문서원, 2015.

『소재 노수신 선생의 사상 정치의 새 지평』(공저), 소재노수신선생학술문화진흥회 편, 2016.

『고전시대의 사상과 문학』, 지식산업사, 2023.

『도학시대의 사상과 문학』, 지식산업사, 2023.

『삼국유사』, 서연비람, 2023.

『이동환 국학 에세이』, 서연비람, 2024.

○ 고전시대 연구논문

「高麗 竹林高會 硏究」, 高麗大學校 碩士學位論文, 1968.

「林椿論」, 『어문논집』19·20 합집(朴晟義敎授還曆紀念論叢), 고려대학교 국어국문학 연구회, 1977.

「高麗 前期 漢文學」,『한국사 17』「고려전기의 교육과 문화」, 국사편찬위원회, 1994.

「韓國美學思想의 探索(Ⅰ) -고조선~삼국초기-」,『民族文化硏究』30, 고려대학교 민족문화연구원, 1997.

「우리 민족의 산수풍류, 그 심미문화 연관」,『民族文化硏究』32, 고려대학교 민족문화연구원, 1999.』32집, 고려대학교 민족문화연구원, 1998.

「高麗前期 精神史에 있어서의 浪漫主義的 및 耽美主義的 性向에 대하여」,『韓國學論集』25, 계명대학교 한국학연구원, 1998.

「韓國美學思想의 探索(Ⅱ) -삼국중기~통일신라중기-山水風流-」,『民族文化硏究』32, 고려대학교 민족문화연구원, 1999.

「韓國美學思想의 探究(Ⅲ) -風流道의 美學聯關(上)-」,『한국문학연구』창간호, 고려대학교 민족문화연구원 한국문학연구소, 2000.

「<雙女墳記>의 作者와 그 創作 背景」,『民族文化硏究』37, 고려대학교 민족문화연구원, 2002.

「고려 중기 義理儒學의 실상-기존 학설에 대한 비판과 왕안석의 新學을 중심으로-」,『民族文化硏究』93, 고려대학교 민족문화연구원, 2021.

○ 도학시대 연구논문

「石洲 權韠의 抵抗과 受難」,『文學思想』76년 3월호, 文學思想社, 1976.

「退溪의 詩에 對하여」,『退溪學報』19집, 退溪學硏究院, 1978.

「退溪 詩世界의 한 局面」,『退溪學報』25집, 退溪學硏究院, 1979.

「『東文選』의 選文方向과 그 意味」,『震檀學報』56, 진단학회, 1983.

「晦齋의 存養論과 經世思想」, 博約會講演稿, 1989. 7. 29.

「退溪文學 硏究의 成果와 課題」,『韓國의 哲學』18집, 경북대학교 退溪硏究所, 1990.

「晦齋의 道學的 詩世界」,『李晦齋의 思想과 그 世界』, 성균관대학교 대동문화연구소, 1992.

「圃隱詩에 있어서의 '豪放'의 風格에 대하여」,『圃隱思想 심포지움 발표요지』, 1993.

「郭忘憂堂의 道學的 精神構造와 그 現實主義的 性向」,『복현한문학』9집, 복현한문학회, 1993.

「石洲의 詩人意識의 自由·抵抗性의 局面과 그 歷史的 意味」,『문학작품에 나타난 서울의 형상』, 한국고전문학연구회, 한샘출판사, 1994.

「河西의 道學的 詩世界」,『河西 金麟厚의 思想과 文學』1집, 하서기념회, 1994.

「生命源頭에의 凝視 : 艮齋 李德弘의 文學意境」,『韓國의 哲學』25호, 경북대학교 退溪研究所, 1997.

「葛庵集 解題」,『국역 갈암집』, 민족문화추진회, 1999.

「退溪 主理論의 現代的 意味」, 博約會講演稿, 2000. 4. 5.

「安東張氏夫人의 詩精神 : 主體와 和諧에의 信念」,『한국고전여성문학연구』창간호, 한국고전여성문학회, 2000.

「南冥·退溪 兩學派의 思想 特性에 관한 몇 가지 問題 提起」,『남명학연구』9집, 경상대학교 남명학연구소, 2000.

「環境·生態 問題와 晦齋의 '仁' 思想」, 晦齋先生 추모학술강연회,『녹색평론』51호, 녹색평론사, 2000.

「선비 정신의 槪念과 展開」,『대동문화연구』38집, 성균관대학교 대동문화연구원, 2001.

「仁者의 言語 : 退溪文學의 始源으로서의 聾巖文學」,『문화인물농암이현보기념학술회의발표요지집』, 안동대학교, 2001. 6. 30.

「退溪의 詩作 개황과 그의 작품 세계 : 道學詩에서 '淸淨'의 세 가지 意象을 중심으로」,『陶山書院』, 한길사, 2001.

「退溪의 道學的 詩世界」,『퇴계탄신 500주년기념 세계유교문화축제 국제학술대회 발표요지집』, 경상북도, 2001.

「16세기 士林에서의 出處觀의 문제 : 曹南冥과 李晦齋의 관계를 중심으로」, 『南冥과 동시대 大儒들』(2002년도 제1차 학술대회 발표논문집), 경상대학교 남명학연구소, 2002. 5. 31.

「南冥思想과 그 現代的 意義」, 『남명학보』창간호, 남명학회, 2002.

「牧隱에게서의 道學思想의 文學的 闡發 : 賦와 文에서의 경우」, 『한국문학연구』 3호, 고려대 민족문화연구원 한국문학연구소, 2002.

「佔畢齋를 중심한 道學 授受의 정황에 대하여」, 『점필재 김종직 선생 추모 학술회의』, 밀양문화원, 2005. 6. 21.

「仁의 문학과 생명」, 『코기토』 60호, 부산대학교 인문학연구소, 2006.

「한국문학에서의 유가문학의 이념적 양상」, 『한국유학사상대계IV』, 한국국학진흥원, 2006.

「선비의 주체에 관한 서설적 논의」, 『放隱 成樂熏 先生 三十週忌追慕文集 : 韓國學의 人文學』, 경인문화사, 2008.

「晦齋 李彦迪과 南冥 曹植의 出處觀」, 경상대학교 남명학연구소 학술대회(2002), 2008.

「退溪와 南冥 사이의 사상적 대결」, 한국국학진흥원 심포지엄 기조논문, 2016.

「16세기 조선 사상계의 동향과 盧守愼」, 『한국사상사학』 51집, 한국사상사학회, 2015. (『소재 노수신 선생의 사상 정치의 새 지평』, 소재노수신선생학술문화진흥회 편, 2016.)

「주자학 수용 이전과 이후의 한국유학의 존재 양태」, 한·중 성리학 국제학술회의 기조강연 (경상북도·경주시 주최, 위덕대학교 양동문화연구소 주관), 경주 화백 컨벤션센터, 2018.

○ 실학시대 연구논문

「中世的 權威에의 挑戰 : 燕巖文學의 思想的 基調」,『文學思想』73년 2월호, 文學思想社, 1973.

「海西暗行日記와 實學」,『儒林月報』63호, 1974. 6. 25.

「朴趾源論」,『韓國文學作家論』, 형설출판사, 1977.

「朴趾源의 文學思想」,『震檀學報』44, 震檀學會, 1977.

「朝鮮後期 漢詩에 있어서 民謠趣向의 擡頭」,『韓國漢文學研究』3·4합집, 韓國漢文學研究會, 1979.

「朝鮮後期 文學思想과 文體의 變移」, 李東歡 外編,『韓國文學研究入門』, 知識産業社, 1982.

「朴燕巖의 洪德保墓誌銘에 대하여」,『李朝後期 漢文學의 再照明』(雨田辛鎬烈先生古稀紀念論叢), 창작과비평사, 1983.

「'夜出古北口記'에 있어서 燕巖의 自我」,『韓國漢文學研究』8집, 韓國漢文學研究會, 1985.

「燕巖의 思惟樣式」,『韓國漢文學研究』11집, 韓國漢文學研究會, 1988.

「茶山思想에 있어서의 '上帝' 도입경로에 대한 序說的 考察」,『民族史의 展開와 그 文化』(李佑成教授定年紀念論叢), 창작과비평사, 1990.

「茶山思想에 있어서의 '上帝' 問題」,『民族文化』19집, 민족문화추진회, 1996.

「洪湛軒의 世界觀의 두 局面」,『韓國實學研究』창간호, 韓國實學研究會, 1999.

「正祖 聖學의 性格」,『민족문화』23집, 민족문화추진회, 2000.

「朝鮮後期 '天機論'의 槪念 및 美學理念과 그 文藝·思想史的 聯關」,『한국한문학연구』28집, 한국한문학회, 2001.

「道學과 實學 그 二分法의 극복 : 順菴 安鼎福은 실학자인가」,『한국실학연구』8호, 한국실학학회, 2004.

「實學의 哲學的 基盤」,『한국실학연구』8호, 한국실학학회, 2004.

「(기조강연) 18세기의 巨人: 연암 박지원 선생의 偉績과 풍모」, 『연암 박지원 선생 서 거 200주년 기념 추모 학술 심포지움』, 함양문화원(2005. 10. 15)

「燕巖 사상의 한계에 대하여」, 『대동한문학』23집, 대동한문학회, 2005.

○ 총론 및 기타 분야 연구논문

「韓國文敎風俗史」, 『韓國文化史大系Ⅳ』, 고려대학교 민족문화연구소, 1970.

「근대학문으로서의 한국한문학」, 『국민대학보』200호, 1975. 11. 26.

「芝薰詩에 있어서의 漢詩傳統」, 『趙芝薰研究』, 고려대학교 출판부, 1978.

「漢文學 研究의 現況과 課題」, 『韓國學論集』17집, 계명대학교 한국학연구원, 1990.

「韓國漢文學史 敍述의 問題」, 『어문논집』31집, 고려대학교 국어국문학연구회, 1992.

「漢文學의 理念」, 발표요지, 한국한문학회, 1995.

「漢文古典 國譯의 효율적 수행 方案의 모색」, 漢文古典 國譯의 효율적 수행 방안에 관한 공청회, 한국한문학회(고려대학교 인촌기념관 제8회의실, 1995. 9. 5).

「漢文學 解釋論理의 一摸索」, 『한국한문학연구』 창립20주년기념특집호, 한국한문학회, 1996.

「省軒 (李炳憙) 先生의 學問에 대하여 : 그 道學의 現實主義的 性向에의 吟味」, 『省軒·退修齋兩先生追慕發表會』, 1998. 4. 12.

「漢文學의 갈래 原理 및 樣式 因素에 관한 試論」, 『慕山學報』11집, 모산학회, 1999.

「한문학 연구의 방향」, 계명대 한국학연구원 초청강연(1999. 10. 16).

「한국 고전 여성 문학에 대한 管見」, 『한국고전여성문학의 세계Ⅱ』, 이화여자대학교 한국어문학연구소, 1999.

「고전여성문학에의 접근의 한 시각: 주체론적 시각」, 『한국고전여성문학회창립기념 학술대회발표요지집』, 한국고전여성문학회, 2000. 1. 29.

「順自然에서 天機論으로」,『한국학논집』27집, 계명대학교 한국학연구원, 2000.

「韓國漢文學의 美學的 傳統」, 한국한문학회 제6차 전국학술대회 기조발표 (2001. 12. 7).

「한국·베트남 양국에 있어서 유학사상의 위상」,『한국·베트남의 유학문화전통의 비교』(국제학술대회 논문초록집), 하노이대학교(2002. 1. 18).

「민족의 언어조건과 한문학의 연구방향」,『대동한문학』20, 대동한문학회, 2004.

「(기조발표) 한문학 연구의 회고와 방향」, 한국한문학회 30주년기념 전국학술대회』, 한국한문학회(2005. 12. 8)

「漢文, 그 效用의 再發見」,『어문논집』51, 민족어문학회, 2005.

「東北工程에의 대응, 한문학의 입장」,『대동한문학』26, 대동한문학회, 2007.

「한문학과 그 창작 현장」,『대동한문학』29, 대동한문학회, 2008.

○ 서평 및 해제

『海西暗行日記』解題」,『國學資料』6, 장서각, 1974.

「한국문학사상사의 시각」(조동일,『韓國文學思想史試論』),『한국사상』16호, 1978. 12.

「임란 비극의 산 증언」(『懲毖錄』해제), 修文書館, 1980.

「민족 대외 항쟁의 기록」(『東國兵鑑』해제), 修文書館, 1980.

「민족 始原的 삶의 총체적 세계」(『三國遺事』해제), 修文書館, 1981.

『茶山詩選』(송재소 역주) 서평」,『경향신문』, 1981.

『고려시대 불교시의 연구』(인권환 저) 서평」,『高大新聞』, 1983. 5. 31.

「經學에의 새로운 요구」(이지형 역주,『譯註 茶山孟子要義』서평),『창작과비평』, 1984년 겨울호.

『조선후기문학사상사』(정옥자 저) 서평」,『출판저널』, 1990. 10. 5.

「한국고전의 발견」(李佑成,『韓國古典의 發見』서평),『동아일보』, 1995. 7. 23.

「전통·방법, 그리고 역사에의 자세 : 李佑成선생의『韓國古典의 發見』을 읽고」,『역사비평』1995년 겨울호.

「林白湖의 活現」(신호열·임형택 역,『譯註 白湖全集』서평),『민족문학사연구』, 제11호, 1997.

「경학 연구와 百家衣 제작」(정일균,『茶山 四書經學 연구』서평),『창작과비평』, 2000년 가을호.

『징비록(懲毖錄)』(역주)을 다시 내며 서애(西厓) 선생을 생각한다」, 2006.

「소고집 해제」, 출전 미상, 2007.

「李翼成 선생의 역서『實學思想讀本』의 출간에 부쳐」, 출전 미상.

「이 시대의 삶과『論語』」(『주주논어』), 출전 미상.

「悔堂 柳世哲公의 프로필과 사업-解題를 겸하여」,『悔堂先生文集』, 하회 양진당, 2014.

○ 칼럼 에세이

「유토피아의 의미」,『고대신문』(1977. 5. 17)

「잊을 수 없는 스승, 조지훈」,『한국인』, 1983년 5월호

「"미국에 들어가다"의 표현에 대하여」,『고대신문』탁류세평(1983. 8. 29)

「景文王의 蹀頭匠」,『고대신문』탁류세평(1983. 10. 17)

「犬權 是非」,『고대신문』탁류세평(1983. 11. 14)

「민족주의 그 성격과 방향」,『고대교우회보』(1984. 9. 5)

「云丁 선생과 그 著作」,『云丁散藁』고대 민족문화연구소, 1987

「계림고사: 연재를 시작하며」,『월간경주중고동문』(1989. 9. 10)

「우리 한문학과 사람들의 나아갈 길」,『동방』창간호, 고려대학교 한문학과 학생회, 1991.

「無住의 자유 구가한 황진이」,『한국인』, 1992년 9월호

「화랑도, 그 수수께끼 -귀화인 胡宗旦의 말살 획책」("경주의 정신사" 1),『경주춘추』1호(1993. 11)

「후회 없는 외길 인생」,『재경경주중고동창회보』(1993. 5. 15)

「화랑도, 그 수수께끼 -삼국유사와 화랑도」("경주의 정신사" 2),『경주춘추』2호(1994. 3)

「이른바 '세계화'에 대하여」,『고대대학원신문』교수칼럼(1994. 4. 8)

「허생의 기업정신」,『경영신문』경영춘추(1994. 12. 1)

「대학의 새 단계로의 發進」,『고대신문』특별기고(1996. 5. 6)

「자연에 대한 윤리를 지키자」,『교육월보』, 1996년 6월호

「문명의 전환과 국문학 연구 (좌담)」,『민족문학사연구』10, 1996

「채용복교수유고서」,『호림채용복교수유고집』, 2002.

「매화와 유교」, 2003.

「매화와 한국유교」, 2003.

「나의 理念的 座標와 春谷先生」,『퇴계학연구원설립25주년기념 初代理事長春谷李東俊先生追念集』, 2003.

「축사」, 한국한문학회 한국한문교육학회 공동 주최 북경 국제학술대회, 2004.

「箕子에 관하여」,『박약회보』12호. 2006.

「한국고전번역원 설립의 당위성」,『민족문화추진회보』84호, 민족문화추진회, 2006.

「游藝派 성립 가능성으로서의 申石北 선생」,『石北 申光洙의 삶과 문학세계』, 서천문화원, 2006.

「한국 유학사 산책(1)」, 2006.

「선비정신의 유래와 명암」, 2007.

「조선시대 선비, 그들은 누구인가?」, 2008.

「회재 이언적과 양동 마을」, 2010.

「한국고전번역원에의 비전」, 한국고전번역원장 취임사, 2010.

「소재노수신선생시비」, 2015.

「간행사」, 『소재 노수신 선생의 사상 정치의 새 지평』, 소재노수신선생학술문화진흥회 편, 2016.

「우러를수록 더욱 높으시고」, 『(벽사 이우성 선생 추모 문집) 선생님을 그리며』, 문자향, 2022

「문화재춘추: 문화재지정에 대한 제언」, 출전 미상.

「기왓조각·조약돌에 천하의 구경거리가」 (일화로 엮은 역사의 선각자들: 연암 박지원), 출전 미상.

「고대 서화회 격려사」, 출전 미상.

「藍史先生追憶」, 출전 미상.

「儒學의 '忠恕之道'와 노사화합 그리고 기업문화」, 출전 미상.

「한국한문학 연구의 한 방향과 도학시」, 출전 미상.

「대안 문명 모색의 시각에서 道學의 가능성을 새로이 생각한다」, 출전 미상.

○ 『박약회 소식지』 연재

한국유학사산책 <11>: 高麗 儒敎에 대한 錯視, 22호, 2009년 12월 18일

한국유학사산책 <12>: 고려 儒敎化의 지표 (1)訓要, 23호, 2010년 4월 7일

한국유학사산책 <13>: 고려 儒敎化의 지표(2) - 近親婚·同姓婚, 24호, 2010년 8월 2일

한국유학사산책 <14>: 고려 儒敎化의 지표(3) - 불교에의 浸潤, 25호, 2010년 12월 15일

한국유학사산책 <15>: 崔承老의 상소, 26호, 2011년 4월 5일

한국유학사산책 <16>: 成宗의 급진적 儒敎化정책, 27호, 2011년 8월 15일

한국유학사산책〈17〉: 羅末-高麗 初·中期 崔氏들의 유학, 28호, 2011년 12월 19일

한국유학사산책〈18〉: 고려의 學校와 儒學의 관계, 30호, 2012년 8월 10일

한국유학사산책〈19〉: 고려 중기에서 돌아보는 道敎·道家思想과 유학과의 관계 (1), 31호, 2012년 12월 24일

한국유학사산책〈20〉: 고려 중기에서 돌아보는 道敎·道家思想과 유학과의 관계 (2), 33호, 2013년 8월 10일

한국유학사산책〈21〉: 고려 중기에서 돌아보는 道敎·道家思想과 유학과의 관계 (3), 34호, 2013년 12월 23일

한국유학사산책〈22〉: 고려 중기에서 돌아보는 道敎·道家思想과 유학과의 관계 (4), 35호, 2014년 4월 22일

한국유학사산책〈23〉: 고려 중기에서 돌아보는 道敎·道家思想과 유학과의 관계 (5), 36호, 2014년 8월 20일

한국유학사산책〈24〉: 崔冲 九齋學堂 齋號들의 出典과 의의, 39호, 2015년 8월 17일

한국유학사산책〈25〉: 海州崔氏, 고려 초·중기 義理儒學의 선구, 40호, 2015년 12월 21일

한국유학사산책〈26〉: 王安石과 고려 중기의 유학 ①, 41호, 2016년 4월 20일

한국유학사산책〈27〉: 王安石과 고려 중기의 유학 ②, 42호, 2016년 8월 22일

한국유학사산책〈28〉: 王安石과 고려 중기의 유학 ③, 43호, 2016년 12월 20일

한국유학사산책〈28〉: 고려 중기 문화 환경과 新學, 44호, 2017년 4월 28일

退溪와 南冥 사이의 사상적 대결과 그 의의, 45호, 2017년 8월 21일

한국유학사산책〈30〉: 고려 儒者들의 孔子 이해를 통해 본 유교 수용의 수준, 46호, 2017년 12월 26일

16세기의 遺逸과 晦齋·南冥의 出處觀, 47호, 2018년 4월 23일

목차

간행사 4
대산 이동환 선생님 약력 및 논저 목록 6

「쌍녀분기(雙女墳記)」의 작자와 그 창작 배경   21

고려전기 정신사에서의 낭만주의적 및 탐미주의적 성향에 대하여
—주로 문학·예술을 통한 연구를 위한 하나의 짐김—   107

『동문선(東文選)』의 선문(選文) 방향과 그 의미   121

회재(晦齋)의 도학적 시세계   147

퇴계(退溪)의 시작(詩作) 개황과 그의 작품 세계
—도학시에서 '청정(淸淨)'의 세 가지 의상(意象)을 중심으로—   191

16세기 사림에서의 출처관의 문제
—조식(曺植)과 이언적(李彦迪)의 관계를 중심으로—   221

퇴계(退溪)와 남명(南冥) 사이의 사상적 대결과 그 의의   243

남명(南冥)·퇴계(退溪) 양 학파의 사상 특성에 관한 몇 가지 문제제기   279

16세기 조선 사상계의 동향과 노수신(盧守愼)   293

선비 정신의 개념과 전개   357

부록
강연고 "민족의 언어 조건과 한문학의 연구 방향"   425

「쌍녀분기(雙女墳記)」의 작자와 그 창작 배경

I. 머리말

「쌍녀분기(雙女墳記)」는 그동안 학계에서 「최치원(崔致遠)」으로 통행되던 작품이다. 이것은 이 작품의 원래 출전이었던 『신라수이전(新羅殊異傳)』에서는 아마 원제목이 없이, 가령 『파한집(破閑集)』이나 『보한집(補閑集)』처럼 일정한 기준 아래 열거식으로 실렸을 터이나 『태평통재(太平通載)』[성임(成任) 찬(撰)]에 재수록되는 과정에, 『태평통재』가 모델로 삼은 『태평광기(太平廣記)』[송(宋)·이방(李昉) 찬(撰)]의 체제를 의방하여 제목을 붙이되 이 작품의 중심 인물 최치원의 이름으로 뽑아 설정한 데에서 연유한다.[01] 원제목이 「쌍녀분기」임을 알 수 있음은 남송(南宋) 소흥(紹興) 30년(1160)에 편찬된 『육조사적통편(六朝事迹編類)』에 「쌍녀분기」라는 제목 아래 내용이 짤막하게 요약되어 있기 때문이다.[02] 쌍녀분의 여

---

01 『太平廣記』 각편의 제목 설정은 약간의 예외는 있으나 기존의 원제목을 무시하고 그 작품의 주요 인물의 이름으로 거의 획일화하다시피 되어 있다. 예하면 王度의 「古鏡記」를 「王度」로, 沈旣濟의 「枕中記」를 「呂翁」으로, 그리고 元稹의 「會眞記」를 「鶯鶯傳」으로 고친 것 따위다.

02 『六朝事迹編類』(2권)는 南宋 紹興(1131~1162) 연간 사람 張敦頤가 편찬한 책으로 建康府(장돈이 당년의 명칭임. 오늘날 南京市 일원)의 연혁·산천·고적 등에 관한 각종 자료를 취합하여 엮은 일종의 인문지리서다. 이 책 「墳陵 第十三」 「雙女墓」條 아래에 다음과 같이 요약되어 있다. "「雙女墳記」에 다음과 같이 일렀다. 鷄林 사람 崔致遠이라는 이가 있어 唐·建符 연간에 溧水縣尉로 補任되었다. 일찍이 招賢館에서 쉬었는데 그 앞 언덕에 '雙女墳'이라 불리는 무덤이 있었다. 그 내력을 물어 보았으나 아무도 아는 이가 없었다. 그래서 시를 지어 위문했다. 이 날 밤에 감동한 두 여인이 이르러 사의를 표하면서 말하기를 '저

인을 주요 인물로 하여 우리나라에서 지어진 「쌍녀분기」라는 소설 작품이 중국의 강남 지방으로 유전하여 바로 그 현지의 쌍녀묘(雙女墓)에 얽힌 고사로 정착되면서 『육조사적편류』에 작품이 요약되어 오른 것이다. 혹자는 강남 지방의 쌍녀분 설화가 「쌍녀분기」로 선행하고, 그것을 이어받아 우리 나라에서 「최치원」으로 작품화되었다고도 하고,[03] 또 혹자는 최치원이 강남 지방에서 벼슬을 할 때 「쌍녀분기」를 써서 남겨두었기 때문에 『육조사적편류』에 수록될 수 있었다고도 한다.[04] 이 견해들이 잘못된 것임은 뒤로 차차 밝혀지게 될 것이다.

아무튼 「쌍녀분기」는 우리 문학사, 정신사, 나아가 사회사에 있어 매우 중요한 작품이다. 우리 나라 서사문학이 설화의 단계를 벗어나 소설의 단계로의 진입을 징표하는 일련의 작품들 가운데 가장 빼어난 이 작품은 많은 문제성과 의미성을 가지고 있다. 그런 만큼 학계에서는 실로

희들은 본래 宣城郡 開化縣 馬陽鄕에 사는 張氏의 두 딸입니다. 어려서는 붓과 벼루를 가까이 했으며 자라서는 재주가 있다고 자부했습니다. 그런데 뜻밖에도 부모님께서 소금장수 따위의 교양 없는 하찮은 자들을 우리의 배필로 삼으시기에 이 때문에 분하여 죽고 말았습니다. 그래서 天寶 6년에 이곳에 함께 묻히었습니다.'라고 했다. 조용하게 나긋한 이야기들을 하다 새벽이 되어 헤어졌다. (쌍녀묘는) 율수현 남쪽 백십리 되는 곳에 있다. 『雙女墳記』曰: "有鷄林人崔致遠者, 唐乾符中補溧水縣尉. 嘗憩于招賢館, 前崗有塚, 號曰: '雙女墳'. 詢其事迹, 莫有知者, 因爲詩以弔之. 是夜感二女至, 稱謝曰: '兒本宣城郡開化縣馬陽鄕張氏二女, 少親筆硯, 長負才情. 不意爲父母匹于鹽商小豎, 以此憤恚而終. 天寶六年, 同葬于此.' 宴語至曉而別. 在溧水縣南一百一十里."」 본래 제목이 「雙女墳記」라는 사실은 李劍國·崔桓도 주장한 바 있다. 같은 사람들의 『新羅殊異傳』崔致遠本考, 『中國語文學』 33, 嶺南中國語文學會, 1999 참조.

03　① 李京雨, 「形成期 散文 試攷」, 『韓國古典散文硏究』, 동화문화사, 1981. 370면. ② 박일용, 『조선시대의 애정소설』, 집문당, 1993. 84면.

04　① 金乾坤, 「『新羅殊異傳』의 作者와 著作背景」, 『정신문화연구』 34, 1988. ② 이검국·최환, 위의 논문. ③ 2000.6.17. 한국고전문학회 발표회 석상에서 李慧淳의 필자에 대한 질의서에도 그런 취지로 되어 있다.

다양한 논의들이 있어 왔다. 이 논의 가운데 가장 빈도가 높고 그리고 쟁점화되어 있는 것이 아마 이 작품의 장르 문제와, 그리고 작자 문제일 것이다. 장르 문제는 처음부터 문제될 것이 없도록 전기소설(傳奇小說)로서의 조건을 너무나 뚜렷이 갖추고 있었다.[05] 그런데 남북한 학계에 우리나라 소설사에 대해『금오신화(金鰲新話)』를 그 기점으로 보는 시각이 있어 그 이전의 소설의 존재를 인정하지 않음으로 해서 평지풍파격으로 문제가 되었던 것이 이제 전기소설로 보는 데로 귀일되고 있는 것으로 보인다. 그러나 작자 문제를 둘러싼 문제는 아직도 혼미를 벗어나지 못하고 있다. 이렇게 혼미를 벗어나지 못한 데에는「쌍녀분기」의 작자 문제에 이 작품의 원래 출전인『신라수이전』의 편자가 끼어 들어서 문제를 더욱 혼란스럽게 만드는 원인으로 크게 작용해서다. 즉『신라수이전』의 주체를 밝힌 두 문헌이 그 주체와 책과의 관계 형태를 각각 '박인량(朴寅亮)'

---

[05]「雙女墳記」(崔致遠)를 최초로 학계에 소개한 李仁榮은 "이는 崔致遠을 모델로 한 一種說話로 보았으나,(「太平通載 殘卷 小考—特히 新羅殊異傳 逸文에 對하야」,『震檀學報』13, 1940) 이 관점은 문학 장르에 대한 본격적인 변별의식이 없는 한 역사가의 소박한 관점에 불과하다. 문학 장르에 대한 본격적인 변별 의식을 가진 趙潤濟는 이 작품에 대한 說話觀을 아주 떨쳐 버리지는 못 했지만 "崔致遠,(「雙女墳記」)은 이미 完全한 하나의 傳奇體 小說인데, 後代의 金鰲新話에 比하여 別로 遜色이 없다."고 규정했다.(『韓國文學史』, 東國文化社, 1963, 65면) 뒤이어 전기소설로 주장하거나 그러한 관점에 입각한 논문으로는 池浚模,「傳奇小說의 嚆矢는 新羅에 있다」,(『語文學』32, 1975), 曺壽鶴,「崔致遠傳의 小說性」,(『嶺南語文學』2, 1975), 林熒澤,「羅末麗初의 傳奇文學」,(『韓國漢文學研究』5, 1981), 李憲洪,「崔致遠傳의 傳奇小說的 構造」,(『睡蓮語文論集』9, 1982), 김종철,「서사문학사에서 본 초기소설의 성립문제—傳奇小說과 관련하여」,(『다곡이수봉선생회갑기념논총』, 1988), 박희병,「한국고전소설의 발생 및 발선단계를 둘러싼 몇몇 문제에 대하여」,(『관악어문연구』17, 1992), 李東歡,「고려전기 한문학」,(『한국사』17, 1994), 尹在敏,「전기소설의 성격」,(『한국한문학연구』학회창립20주년특집호, 1996), 尹采根,『소설적 주체, 그 탄생과 전변』(1999) 등을 대표적으로 들 수 있다.

과 '최치원(崔致遠)'으로, 그리고 '저(著)'·'작(作)'이나 '편(編)'·'찬(撰)' 따위의 명확한 규정이 없이 매개시켜 놓은 것이 여러 가지 해석을 낳게 되었다. 여기에다 김척명(金陟明)이 『신라수이전』을 개찬한 사실까지 「쌍녀분기」의 작자 문제에 가세시킴으로써 마침내 우리의 우수한 고전 한 편이 걷잡을 수 없도록 미궁으로 끌려다니게 되었다.[06] 작자가 확정되지 않는 만큼 그 창작의 시기도 나말여초에서 조선초기까지[07] 무려 5세기간을 부유하는 작품이 되고 말 처지다.

물론 학계의 다수 견해는 이러한 혼란스러운 견해들에 상관없이 『신라수이전』의 찬집과는 일단 별개로 보아 「쌍녀분기」를 나말여초에 지어진, 작자명이 실전한 작품으로 본다. 그리고 그런 관점에 입각해서 다각도로 작품의 분석 및 해석을 해오고 있다. 그런 점에서 나의 이 논고가 새삼스러운 느낌이 들 것이다. 그러나 작자를 밝힐 수 있는 근거가 있음에도 밝히지 않고 덮어두는 것은 직무유기다. 더구나 각종 혼란한 견해

---

[06] 대부분은 『殊異傳』을 한 사람이 '저작'한 것으로 알고 있는 데서 「雙女墳記」의 작자도 『수이전』의 '저작자'에 따라 오간다. 대체로 이런 관점에서 『수이전』의 저작자를 崔致遠으로 보는 견해를 가진 이로는 崔南善·金思燁·徐首生·金台俊이 있고, 朴寅亮으로 보는 견해를 가진 이로는 李仁榮·金甲福·趙潤濟·張德順·金東旭이 있고, 원본은 저자를 알 수 없고 改作은 金陟明이라는 견해를 가진 崔康賢이 있고, 원본은 최치원, 증보는 박인량, 개찬은 김척명이라는 견해를 가진 池浚模가 있고, 이 지준모의 설을 수용하고 있는 趙東一이 있다.(김혜숙, 「殊異傳의 작자」, 『국문학사의 쟁점』, 집문당, 1986 참조) 근래에 曺壽鶴의 古本 『殊異傳』(일명 『新羅殊異傳』), 최치원의 新羅 『殊異傳』, 박인량의 『殊異傳』, 김척명의 일부 改作한 『殊異傳』 등 많은 『殊異傳』이 別本으로 존재했을 것이라는(『殊異傳의 著述者 및 文體考』, 『嶺南語文學』, 1990) 주장에 이르면 『수이전』의 '저작자' 문제의 혼미는 극에 달했다 할 것이다.

[07] 李京雨는 위의 논문에서 '후대의 문인' = '高麗 말엽의 문인'에 의해 지어졌을 것이라 했고, 박일용은 위의 논문에서 「최치원」은 '조선 전기에 어느 한 작가'에 의해 「쌍녀분」 형태의 설화가 소설적 형상이 주어졌을 것이라 했다.

들이 제출되어 일정한 형세를 얻고 있음에랴.

    작자와 함께 창작 배경을 아울러 고구하고자 한다. 최치원의 재당(在唐) 시절의 연애 사건 및 실재하는 쌍녀분에의 제시(題詩)와 작자의 짙은 현실허무의식, 그리고 선행 작품「낙신전(洛神傳)」의 영향이다. 현실허무의식은 이 작품의 근본적인 창작 동기가 되었을 터이다. 그리고 이것은 작자 문제의 구명과 밀접히 관련되어 있다.

II. 작자 문제

1.『신라수이전』의 찬자와「쌍녀분기」의 작자는 별개의 문제

    머리말에서 밝혔듯이『신라수이전』의 찬자를「쌍녀분기」의 작자 문제에 개입시킴으로써 문제가 더욱 혼란스럽게 되었다. 그 혼란의 근인(根因)은『해동고승전(海東高僧傳)』[12세기 후반~13세기 초반, 각훈(覺訓)]에서는 '약안박인량수이전운(若按朴寅亮殊異傳云)'이라고 되어 있고,『대동운부군옥(大東韻府群玉)』[16세기, 권문해(權文海)]에서는「찬집서적목록(纂輯書籍目錄)」에 '신라수이전최치원(新羅殊異傳崔致遠)'이라고 같은 이름의 책의 주체를 각각 다르게 밝혔을 뿐 아니라 그 주체의 책과의 관계도 '저작'인지 '편찬'인지를 명확하게 매개시켜 놓지 않는 데에 있다. 사실 그동안 학계에서 진작에 후자의 문제만이라도 좀더 적극적으로 유념했더라도 오늘날과 같은 극심한 혼란을 면할 수 있었을 것이다.

먼저 전자의 문제다. 그 이전에 『신라수이전』·『수이전』·『신라이전(新羅異傳)』[08]·고본 『수이전』[09]이 같은 책인가 다른 책인가 하는 해묵은 문제부터 정리할 필요를 느낀다. 이것은 책의 표제는 결국 같으나 실질 내용에 있어서는 두 가지 이본이 있었다. 원래의 『신라수이전』과 김척명의 개찬본이 그것이다. 일연(一然)이 특별히 '고본 『수이전』'이라고 하여 '고본' 두 자를 가한 것은 이 김척명의 개찬본과 원래의 『신라수이전』과를 구분하기 위해서다. '고본'이란 단순히 '오래된 책'이란 뜻 이상의 뜻을 가지고 있다. 김척명이 실질적으로 책의 내용을 고치고도 왜 책의 이름은 그대로인가? 그 이유는 개찬이라 하나 그 개찬의 폭이 소폭에 그쳤기 때문인 것이다. 책의 이름을 바꿀 정도로 대폭으로 고쳐 엮은 것은 아니란 말이다. 사실 전대의 신이한 사실이라는 특정적인 기록들을 모은 『수이전』은 그 자체가 자료적인 한계를 가지고 있어서 대폭 개찬이란 불가능하고 또 불필요했다. 김척명의 개찬이란 어쩌면 일부 승전(僧傳)에 국한했을지 모른다. 그러니까 『수이전』의 많은 부분은 고본과 동일한 내용이었을 것이다. 그래서 서명도 가령 '속수이전(續殊異傳)'이라든지 '수이전보(殊異傳補)'라 하지 않고 종전처럼 『신라수이전』의 서명을 그대로 잉용(仍用)했던 것이다. 이 책의 정식 서명은 어디까지나 『신라수이전』이었다. 책의 내용을 '신라'에 국한해 꾸몄기 때문이다. 『수이전』·『신라이전』은 언어 경제의 욕구에서 나온 축약된 한 관습적인 명칭일 뿐이다. 당초

---

08 一然, 『삼국유사』, 권4, 「實境梨木」 "後人改作新羅異傳."

09 一然, 위와 같은 책, 「圓光西學」 "又東京安逸戶長貞孝家在古本殊異傳."

이를 두고 최치원 작의 『수이전』이 있었는데 나중에 박인량의 『수이전』이 나오자 최치원작에는 '신라' 두 자를 더하여 구분한 듯하다는 견해는 잘못된 것이다.[10]

김척명의 개찬본을 하나의 소폭의 내용 차이를 보이는 이본으로 본다면 『신라수이전』은 크게 보아 단일종(單一種)이라고 해도 좋을 듯 하다. 그러나 현실적으로 통행되기는 주로 김척명 개찬본이었을 것 같다. 그것은 일연이 고본 『수이전』의 존재를 밝힐 때의, "동경안일호장정효가재고본수이전(東京安逸戶長貞孝家在古本殊異傳)"이란, 이 매우 희귀한 것을 밝히는 듯한 표현 태도로 보아 알 수 있다. 그렇다면 이제 『해동고승전』의 박인량인가, 『대동운부군옥』의 최치원인가가 문제다. 결론부터 말하면 이것은 『대동운부군옥』의, 즉 권문해의 오류다. 권문해 뿐만 아니라 상필(想必)컨대 『태평통재』의 편자 성임도 최치원을 『수이전』의 찬자로 잘못 알고 있었을 것이다. 더구나 권문해는 『수이전』을 직접 목도했는지조차 의심스럽다. 아마 『태평통재』의 오류를 그대로 이어받았을 가능성이 크다. 서적의 취집도(聚集度)가 서울에 비해 현저히 떨어지는 경상도 일우[一隅, 예천(醴泉)]에 앉아서 방대한 사전을 편찬하면서 일일이 그 출전을 직접 확인했으리라고는 생각되지 않는다. 이 점은 권문해의 이웃 고을[안동(安東)] 출신의 후배인, 『해동문헌총록(海東文獻叢錄)』을

---

10 李家源, 『韓國漢文學史』, 민중서관, 1961, 69면·103~105면 참조. 이가원의 이 주장은 『태평통재』를 실제로 보지 않은 데서 온 것 같다. 왜냐하면 이가원은 "崔氏가 아무리 하더라도 자기를 主人公으로 登場시킨 小說을 쓰진 못 했을 것이다."는 (104~105면) 생각에서 「최치원(「쌍녀분기」)을 박인량이 지은 것, 따라서 박인량의 『수이전』에서 나온 것이라 했는데, 정작 『태평통재』의 「최치원」 말미에 『殊異傳』이 아니라 "出 新羅殊異傳"이라 되어 있기 때문이다.

지어 역시 『신라수이전』을 '최치원소찬(崔致遠所撰)'이라 한 김휴(金烋)에게도 그대로 적용된다. 『대동운부군옥』의 오류는 『수이전』의 찬자에 국한되지 않는다. 가령 "은대문집(銀臺文集) 김부식(金富軾)" 같은 오류도 있다. 『은대집(銀臺集)』은 이인로(李仁老)의 문집이다. 표제로 잡은 '한류위표준(韓柳爲標準)'조 아래의 기사 내용은 "김부식은 공명·부귀의 나머지에 더욱 고문을 잘 했다. 운운."[11] 하여 명백히 김부식을 객관 대상으로 서술하고 있는데도 그 저자를 김부식으로 본 실수까지 있다. 이것은 필시 김부식을 서술한 이인로의 글을 가지고 저자를 김부식으로 오인한 것일 터다. 최치원을 객관 대상으로 서술한 글을 가지고 그 출전인 『신라수이전』을 최치원의 저술로 오인한 경우와 흡사하다. 우리 나라 책 가운데 이런 저·편자에 대한 오류는 사실 비일비재하다. 조선초기의 『용재총화(慵齋叢話)』에 당시까지 통행하던 우리 나라 사람이 저작한 시문집의 목록을 작성해 놓았는데, 『동인지문(東人之文)』을 '최자(崔滋)'의 소찬(所撰)으로, 『삼한시귀감(三韓詩龜鑑)』을 '최해(崔瀣)'의 소찬으로, 『쌍명재집(雙明齋集)』을 '이인로'의 소저(所著)로 해놓았다. 모두 오류다.[12]

우리 나라는 중국과 달리 책의 저·편자를 명백히 밝혀놓지 않았다.[13]

---

11 權文海, 『大東韻府群玉』, 권10(正陽社版, 影印本, 1950, 312면), 上聲, 軫, 韓柳爲標準, "金富軾, 功名富貴之餘, 尤長於古文云云."
12 『三韓詩龜鑑』은 찬자는 趙云仡(1332~1404)이다. 그런데 崔瀣(1287~1340)가 찬한 것으로 되어 있다. 古刊本 표제 좌측 하단에 '拙翁 崔瀣 批點, 石磵 趙云仡 精選'이라 되어 있다. 그런데 조운흘과 최해의 나이 차이로 보아 精選과 비점이 동시에 될 수 없다. 혹시 최해의 『東人之文五七』에 최해가 비점을 쳐 둔 것을 뽑지 않았나 생각된다. 그렇더라도 찬자는 역시 조운흘이다. 『雙明齋集』의 저자는 이인로가 존경하던 선배 崔讜이다. 이인로가 「雙明齋詩集序」를 쓴 것이 저자로 오인된 것 같다. 뿐 아니라 이인로는 「雙明齋記」도 썼다.
13 目錄學이 일찍부터 발달한 중국에서 著·編者를 書頭에 분명하게 표지한 지는 꽤 오랜 역

사서(史書) 등 국가적인 편찬물의 경우는 책의 편찬자가 전해지는 데 별 장애가 없다. 그리고 창작한 시문집의 경우 저자의 호와 시문집 표제의 핵심 부분과 대개 같기 때문에, 그리고 대개 저자를 아는 데에 그리 완벽한 자료는 못 되지만 서문 또는 발문이 있기 때문에 그를 통해서 저자가 누구란 것이 불완전하게나마 전해지지만, 또 저명한 역사적 명인이 저·편한 경우 서발문이 없더라도 그 명인의 업적의 하나로 전해지지만, 이도 저도 아닌 책의 경우 언제나 저·편자의 이름이 망각될 위험에 노출되어 있다. 중국에서처럼 책의 본문이 시작되는 1면의 표제 바로 다음에 저·편자를 분명하게 표지한, 물리적으로 완결된 형태의 책이 거의 없다시피 하기 때문이다.[다만 불서(佛書)의 경우는 사정이 다소 다르다.]¹⁴ 물리적으로 저·편자의 난(欄)이 없기 때문에 대중적으로 널리 읽히는 책일지라도 정작 그 저·편자는 망각되어 버리는 경우가 한둘이 아니다.

가령 고려의 아마도 상당히 이른 시기부터 조선초기까지 과거의 제술 교재로 비교적 널리 읽혀져 온, 중(中)·만당(晚唐) 이후의 당나라 시인 26인과 우리 나라의 나말(羅末) 시인 4인의 칠언율시 각 10편씩 초선(抄選)한 선집인『명현십초시(名賢十抄詩)』의 경우, 적어도 1337년(고려 충숙왕 복위 6년) 이전에 이루어진 그 협주본(夾註本)의 짤막한 서문에 책의 편자를 "본조전배거유(本朝前輩鉅儒)"라고만 지칭하여 구전에 의해서 불완전하게나마 편자가 알려져 오는 듯했으나, 백여 년 뒤인 조선 초

사를 가진 것으로 안다. 일테면 오늘날 남아 있는 책으로서의 上限인 宋板本에는 물론이지만 唐代의 卷子本에도 그 서두에 저·편자 표지가 분명한 것이 대부분이다.
14 佛書는 대부분이 중국에서 간행된 책을 받아서 간행하기 때문에 중국의 저·편자 명시 관습이 그대로 옮겨져서 그런 것 같다.

기에 이르러서는 아마 이미 편자명이 실전된 것 같다.¹⁵ 『삼국유사』도 책의 모두(冒頭)의 찬자의 난(欄)에서가 아니라 마지막 5권의 머리에 찬자가 밝혀져 있으니, 말하자면 밝혀질 곳에 안 밝혀지고 안 밝혀질 곳에 밝혀져 있으니 요행으로 찬자가 전하게 된 셈이다. 이와는 경우가 약간 다르긴 하나 세종 연간에 제술 교재의 하나로 간행된 듯한 『유설경학대장(類說經學隊杖)』이란 중국 송원간(宋元間)의 주경원(朱景元)이란 사람의 저서가 언제부터인가 저자 없는 필사본으로 통행되다 한말(韓末)에 이르러 최치원의 저서로 둔갑해 간행된 예도 있다.¹⁶ 조선시대 서당의 초학교재의 하나로 널리 읽혀졌던 『명심보감(明心寶鑑)』도 『유설경학대장』과 똑같은 과정으로 찬자가 명초(明初) 사람 범입본(范立本)에서 고려후기의 사람 추적(秋適)으로 바뀌었다.¹⁷

책의 통행에 있어 저·편자 의식이 이토록 희박한 풍토에서¹⁸ 『신라수이전』의 찬자가 조선 문헌에 '최치원'으로 오기되는 것은 용혹무괴(容或無怪)다. 그리고 무엇보다, 이제야 거론하는 바이지만, 최치원을 대상으로 한 「쌍녀분기」(「최치원」)가 실려있는 책이 아닌가. 당초의 이인영(李仁榮)의 견해가 지극히 온당했다. "가장 상식적으로 생각해 볼 때 대부분

15　權擘,「夾註名賢十抄詩跋文」참조.
16　『類說經學隊杖』은 세종 연간에 庚子 小字로 간행되었다.(국립중앙도서관 소장) 그 책에는 당초 중국본을 의방하여 서두 저자 欄에 '永嘉 朱景元 著'라고 되어 있다. 그런데 1898년 간본(활자본), 1927년 간본(목판본)에는 저자가 '崔致遠'으로 밝혀져 있다. 대개 최치원의 후손들이 최치원을 '道學先生'으로 만들기 위해 그렇게 된 것으로 추측된다. 책의 내용이 宋代 道學이 성립된 뒤라야 가능한 책이다.
17　李佑成,「解題」,『明心寶鑑』, 東邦文化史, 1977. 참조.
18　조선 후기 諺文小說類가 저·편자가 밝혀지지 않은 것은 '諺文'에 대한 비하의식도 작용했겠지마는, 근본적으로는 저·편자 의식의 희박성에서다.

설화·전설적인 기사(記事)를 나열한 저술 중에 저자 자신에 관한 설화를 기재할 수 있을까. (중략) 이러한 점으로 봐서 신라수이전은 결코 최치원의 찬술이 아니라고 나는 생각한다."고[19] 말했다. 필시 저·편자가 표기되지 않은 채 필사본으로 통행되어 오던 책이(이 경우 간본이라 하더라도 저·편자가 명확하게 표기되지 않기는 마찬가지다.) 그 책에 실린, 최치원을 대상으로 한 「쌍녀분기」가 가장 빼어난 백미적 존재임으로 해서 『신라수이전』하면 「쌍녀분기」의 최치원을 연상하게 된 데에서 어느덧 최치원이 찬자로 오인될 법도 하다.

결국 찬자 문제는 원초의 박인량일 수 밖에 없다. 각훈과 박인량의 상거는 1세기 채 안 되기 때문에 책에 물리적으로 찬자 표지가 안 되었다 하더라도 찬자가 누구라는 것이 식자인 사이에 전해질 수 있었다. 그리고 박인량의 경우는 그 사적이 『신라수이전』을 편찬함직 했다. 능문장에다 사재(史才)가 있어 『고금록(古今錄)』 10권을 찬술했다. 이 『고금록』 찬술의 나머지에 나온 부산물, 그러니까 『고금록』을 찬술하고 남은 자료를 가지고 찬집한 것이 곧 『신라수이전』일 터다.[20]

그런데 혹자는 『고려사』 「박인량전(朴寅亮傳)」에 『수이전』이 등재되지 않은 점을 들어 각훈의 『해동고승전』의 기록을 부정하려 한다.[21] 이것은 고인(古人)들의 서적관(書籍觀)을 모르고 하는 말이다. 『수서(隋書)』 「경적지(經籍志)」에서 확립되어 청대(淸代)까지 변함없는 책의 분류법은 '경

---

19 이인영, 위의 논문.
20 이동환, 위의 논문, 1994, 207면.
21 申基亨, 「『殊異傳』小攷」, 『文耕』 2, 中央大學校 文理大, 1956.

(經)·사(史)·자(子)·집(集)' 4부 분류법이다.[22] 이러한 서적 분류관이 늦어도 고려초에 우리 나라 식자인 사이에 정착되었을 것이다. 나말에 많은 당나라 유학생의 존재를 생각하면 그 이전으로 소급될 수도 있다. 이러한 서적 분류관이 해당 서적의 사회적 효용 등을 규정할 것은 자명한 이치다. 이러한 서적관에 비추어 볼 때 『수이전』은 자부(子部)의 말석에나 겨우 오를 책이다. 더구나 『고려사』 편찬 주체인 유가적 지식인의 안목에 『수이전』은 개인적인 독물(讀物)로서 흥미는 있으나 사회적인 효용성은 거의 인정되지 않았을 터다. 이러한 책이 정사(正史)의 열전에 오르기를 기대했다면 참으로 소박한 생각이다. 그래서 다만 역사에 관계되는 내용만이 선초 문헌에 적록(摘錄)되었을 뿐이었다. 그리고 개인적으로 흥미있는 독물인 『태평통재』에는 아마 대량으로 전재되었을 것이다. 『고금록』은 역사서이기 때문에 박인량의 정전(正傳)에 실리게 되었다. 무엇보다 『삼국유사』같은 책도 일연의 비문에 나타난 그의 저작 목록에 익명으로 포함되지 않았는가.

나는 앞에서 이 절(節)의 제목을 『신라수이전』의 찬자와 「쌍녀분기」의 작자는 별개의 문제'라고 하고, 그리고 절의 내용을 서술하는 과정에서도 사뭇 '찬자'로 써왔다. 『신라수이전』과 그 주체와의 관계를 잠정적으로 '찬(撰)'으로 규정한 셈이다. '찬'은 '저(著)'·'편(編)' 양면의 뜻을 가지고 있다. 즉 '찬'에는 '저자·사작(寫作)'의 뜻과 '편정(編定)·편찬'의 뜻이 있다. 실제로 용례도 가령, 창작한 글인 「서하선생집서(西河先生集

22　蔣禮鴻 지음, 沈慶昊 옮김, 『목록학과 공구서』, 이회문화사, 1992, 33면.

序)는 이인로의 '찬'으로 되어 있고,23 앞에서 본 『용재총화』의 시문집 목록에서 타인의 글을 모은 『동인지문(東人之文)』도 최자(최해)의 '소찬'으로 되어 있다.24 나는 물론 일단 후자의 뜻을 취했다. 그러나 『신라수이전』의 경우 주어진 자료를 단순 편집한 것이 아니라 그 자료의 형세에 따라 첨삭을 가해 윤색한 경우도 있다고 본다. 말하자면 후자를 기본틀로 하고 전자의 요소가 약간 가미된 경우도 있다고 본 것이다.25 이런 뜻의 '찬'도 실제 용례가 흔하다. 가령 『삼국유사』가 바로 이 경우에 해당된다. 다만 『삼국유사』는 일정하게 체계를 갖춘 서술이기 때문에 저작적 요소가 『수이전』에 비해 훨씬 강하다. 『수이전』은 상필컨대 동일한 '수이(殊異)'한 사상(事象)들을 기록한 여러 자료들을 일정한 기준에 의해 배열한 것일 터다. 그 이상의 체계성은 인정되지 않는다.

『수이전』이 위의 뜻의 '찬'으로 이루어진 책임을 객관적으로 검증하는 일은 간단하다. 현존하는 『수이전』 일문(逸文) 중 선행하는 자료를 쓴 흔적의 유무를 검증하면 드러날 일이다. 사실 이런 검증을 할 필요조차 없이 10여 편의 일문 중에 자명하게 나타나 있는데 학계 일각에서는 '저작'으로 고집하고 있으니 말이다.

선행하는 자료를 쓴 자취는 우선 이 논문에서 논의하고자 하는 「쌍녀분기」와 함께 김용행(金用行)이 지은 「아도화상비(我道和尙碑)」를 자료로

---

23 林椿의 『西河集』 첫 머리에 그렇게 실려 있다.
24 '撰'자의 용례를 보건대, 대체로 한 편의 글에 대해 쓰일 경우는 '著'의 뜻으로, 책에 대해 쓰일 경우는 '編'·'編述'의 뜻으로인 것 같다.
25 金甲福도 이런 뜻으로 이미 말했다. 『殊異傳』攷, 『週間成大』, 195·196, 1960. 참조. (김혜숙, 위의 논문, 재인용)

취한 데서 단적으로 드러난다.[26] 이 두 자료는 요행히 그 저자를 분명히 알 수 있는 선행 자료다. 「쌍녀분기」는 이제까지 저자 미상으로 되어 왔다. 「아도화상비」의 경우, 각훈의 『해동고승전』「석아도전(釋阿道傳)」조에 "박인량의 『수이전』은 상고하건대[若按朴寅亮殊異傳云]"라 하고 밝힌 내용이 바로 『삼국유사』 권3 「아도기라(阿道基羅)」조에 인용된 「아도본비(我道本碑)」의 내용이다. 글의 상략(詳略)이 같지 않고 표현이 좀 다르나, 전기(傳記)로서 사실의 배열 순서, 고유명사, 연대 등에 있어 두 글이 일치한다. 글의 상략이 같지 않고, 표현이 다소 다른 것은 전사간(傳寫間)에 생겨난 차이일 뿐이다. 이런 이본간의 편차, 또는 책의 찬자들의 자료에 대한 윤색의 상차(相差)를 가지고 『수이전』이 「아도화상비」를 자료로 쓰지 않았다는 증거는 될 수 없다.

다음으로 동일한 대상에 대해 『수이전』과 『삼국유사』가 명백히 경로가 다른 자료를 쓰고 있음을 통해 선행자료의 존재가 입증된다. 신라 탈해왕(脫解王)에 대한 기록이 바로 그것이다. 『수이전』에 실렸던 탈해왕 기록은 『삼국사절요(三國史節要)』에 전재되어 있는데, 『삼국유사』에 실린 기록과는 애초에 경로가 다르다는 것을 인식하여 두 기록을 나란히 병재(並載)해 놓았다. 『유사』의 원기록과 『삼국사절요』의 기록을 대조해 보면, 원기록이 약 3분의 1 가량으로, 즉 192자로 축약되어 전재되어 있다. 여기에 비추어 생각해 보면, 184자로 전재되어 있는 『수이전』의 기록도 원기록이 축약되어 실리지 않았을까 생각한다. 그러나, 설화로서의 골격과

---

26 '阿道'는 '我道'로도 쓴다. 이런 音相同字의 互用도 신라의 인명·지명 등에서 보편적인 현상이다.

기본 요소는 갖춰 있어서 대조에 지장은 없다. 무엇보다 화소(話素)에 있어 두 기록 사이에 차이가 있다. 같은 화소의 순서가 다르기도 하고, 어느 쪽에 있는 화소가 다른 쪽에 없기도 하고, 그리고 동일한 화소에 두 기록의 이야기가 다르기도 하다. 우선 『유사』의 기록에는 탈해의 배가 가락국(駕洛國)에 당도하는 것으로 시작을 삼은 데 대하여, 『수이전』의 기록에는 용성국(龍城國) 왕비가 큰 알[卵]을 낳은 것으로 시작한다. 다음은 『유사』의 기록에는 있는 탈해의 가락국 도래(渡來) 화소가 『수이전』의 기록에는 없다. 반대로 『수이전』의 기록에는 있는, 아진포(阿珍浦) 촌장이 탈해를 노파에게 맡겨 어미[母]로 삼아 서사(書史)를 배우게 하고 겸하여 지리에도 통하게 했다는 화소, 호공(瓠公)도 도래인이라는 화소가 『유사』의 기록에는 없다. 다음은 탈해의 신라 해안에의 내박(來泊) 전후의 상황에 대하여, 『유사』의 기록에는 아진포에 사는 아진의선(阿珍義先)이라는 혁거세왕(赫居世王) 해척(海尺)의 어미인 노파가 까치들이 바다의 배[船] 한 척에 모여 우짖기에 배를 끌어다 보니 '궤(櫃)'가 있고 궤를 열어보니 그 안에 한 '단정남자(端正男子)'가 칠보(七寶)·노비와 함께 있다고 되어 있는 데 대하여, 『수이전』의 기록에는 용성국 왕비가 알을 낳아 그 '알'을 '소독(小櫝, 작은 함)'에 넣고 노비·칠보와 그리고 '문첩(文貼)'을 함께 배에 실어 바다에 띄워 보내어 아진포에 당도했는데, 촌장 아진 등이 독(櫝)을 열고 알을 꺼내니 홀연히 까치가 와서 쪼아서 앞에서 '동남(童男)'이 나왔다고 되어 있다. 이렇게 화소의 존재 상황이 다른 두 이야기는 계통이 같은 이야기의 이본이 아니라 명백히 계통을 달리 하는 두 이야기이고, 따라서 『수이전』 이전에 탈해왕에 대해서는 최소한 두 가지 경로의 자료가 선행해 있었음을 말해 준다.

『수이전』에 실린 기록 중 작자가 분명한 기록의 존재와 한 대상에 대해 두 가지 이상으로 경로가 다른 기록의 존재를 통해 『수이전』이 결코 한 사람의 저작이 아니라 선행 기록들을 자료로 써서 찬집한 책임이 위의 검증으로 분명해졌다.[27]

선행하는 전대의 자료들 가운데는 아마도 김대문(金大問)의 『고승전(高僧傳)』 『계림잡전(鷄林雜傳)』 같은, 이미 책으로 이루어져 있는 기록들이 포함되었을 터이지만 신라 하대로 내려올수록 견당유학생(遣唐留學生) 등 증가하는 식자인의 수에[28] 상응하여 상대적으로 많아진 이러저러한 기록물들이 적잖이 포함되었을 것이다. 「쌍녀분기」도 그 중의 하나다. 이렇게 신라의 기록물반으로 이루어진 책이므로 『신라수이전』이라 이름했다.

이제 우리는 『신라수이전』의 찬자 박인량과 『신라수이전』에 포함된 자료의 찬술자들 또는 저작자들과는 별개의 것임을 분명히 했다. 『수이전』에 포함된 자료들의 찬술자들 또는 저작자들은 『아도화상비』의 작자를 제외하고는 전부 부지(不知)의 영역으로 묻혀버렸다. 「쌍녀분기」도 그

---

27 사실은 『삼국유사』에는 『수이전』과 경로를 달리하는 자료보다 오히려 공유하는 자료가 더 많이 실려 있을 것이다. 이를테면 「원광법사」는 『유사』가 古本 『殊異傳』에서 옮겨왔음을 명시적으로 표현한 경우이거니와, 『수이전』의 「迎烏細烏」(필자가 『三國史節要』, 徐居正의 『筆苑雜記』에 전재된 기록에 임의로 붙인 제목임), 「寶開」, 「虎願」(이 둘은 『大東韻府群玉』에서 붙인 제목임)은 『삼국유사』의 「延烏郞細烏女」, 「敏藏寺」, 「金現感虎」에 각각 대응되는 기록으로 이들은 모두 계통이 같은 자료로 보인다. 이것은 확인이 가능한 경우이지만, 확인이 불가능한 자료도 『삼국유사』에는 꽤 실려 있다고 본다.

28 僖康王 2년(837) 3월 당시 唐의 國學에서 수학중이던 학생은 모두 216명을 헤아리게 되었고, 文聖王 2년(840)에는 수학연한이 10년이 경과한 宿衛·學生 105명이 唐·文宗의 勅命에 의해 집단 귀국 당한 일까지 있었다. (李基東, 「新羅下代 賓貢及第者의 出現과 羅唐文人의 交驩」, 『全海宗博士華甲紀念史學論叢』, 一潮閣, 1979)

중의 하나다.

2. 작자는 최광유(崔匡裕)

1) 최치원이 작자가 될 수 없는 이유

「쌍녀분기」의 작자를 나는 최광유(崔匡裕)일 것으로 생각하고 있다. 이 문제는 뒤에 차차 밝혀지겠지만 아직도 최치원으로 알고 있는 사람이 학계에 적지 않아 보인다. 그 사람들을 위해서 여기 그 이유 두어 가지를 제시하겠다.

우선 최치원은 전기(傳奇)의 주인공은 되었어도 전기를 저작할 만큼 전기에 대해 관심하지 않은 것 같다. 물론 최치원의 저작이 온전하게 남아 있지 않은 마당에 확언할 수는 없지만 오늘날 남아 있는 그의 저작 어느 구석에도 전기를 가리키는 직접적인 언술은 고사하고 간접으로 시사한 언술도 없다. 가령 최승우(崔承祐)의 시에 「독요경운전(讀姚卿雲傳)」이 남아 있듯이[29] 「쌍녀분기」를 지을 정도면 전기에 관심한 흔적이 어떤 형태로든 남아 있을 법하다. 그리고 「쌍녀분기」가 만약 재당 시절에 지어진 것이라면[30] 어찌하여 『계원필경(桂苑筆耕)』 권17~20 사이에 있는 자

---

[29] 최승우의 「讀姚卿雲傳」 시의 내용을 통해 추측해 보면, 「姚卿雲傳」은 아마 洛陽을 무대로 한 悲戀을 다룬 내용인 듯 하다. 唐代 傳奇의 한 편이 틀림없을 것이다. 중간에 失傳된 듯, 『太平廣記』에도 전하지 않는다.
[30] ① 김건곤의 위의 논문, ② 이검국·최환의 위의 논문, ③ 이혜순의 위의 質疑書에는 모두 在唐 시절 지어진 것이라 했음.

신의 사적(私的)인 계(啓)·장(狀)·서(書)·시(詩)와 함께 「쌍녀분기」도 편집해 두지 않았는가가 심히 이상한 일이다. 당시 당나라나 신라의 문화 내지 생활의 풍토가 특별한 경우를 제외하고는 남녀간의 정애에 사회적인 금기나 제약이 거의 없었다. 낭만풍이 만개하던 그런 시대 분위기였다. 이런 분위기 속에 글만 좋다면 여선(女仙)과의 하룻밤 정사를 다룬 자신의 글을 그런 별집에 끼워 넣지 못할 이유가 없다. 더구나 『계원필경집(桂苑筆耕集)』의 말미에는 당나라의 여도사(女道士)와의 애틋한 이별을 다룬 시를 2편이나 실어 두고 있음에랴. 이것이 「쌍녀분기」의 작자가 최치원일 수 없는 이유의 첫째다.[31]

다음으로 「쌍녀분기」의 서술 형식상 최치원이 작자가 도저히 될 수 없다. 우선 자술(自述)이면서 3인칭을 썼다는 것이 이해할 수 없는 일이거니와, 이것은 또 용허된다고 하더라도 서술의 실질적 격식이 최치원 아닌 제3자가 아니면 도저히 쓸 수 없기 때문에 그렇다. 당대 전기 중의 자술이면서 3인칭을 쓴 경우는 아주 드문 사례이긴 하지만 심아지[沈亞之, 원화(元和) 연간]의 「이몽록(異夢錄)」이나 「진몽기(秦夢記)」 같은 작품의 화자 설정이 하나의 전례가 될 수도 있다고 하나 작품의 도입부 서술의 격식에 있어 양자는 현격히 다르다. 여기에 「쌍녀분기」와 심아지의 두 작품의 도입부를 대조해 보인다.

---

31 唐代 傳奇가 과거 응시생들의 溫卷의 한 방편으로 지어졌다는 주장은 宋人(趙彦衞)의 한 억측에 지나지 않는다는 王夢鷗의 說(「唐人小說槪述」, 『中國古典小說硏究專集』 3, 臺北, 1981)이 있다.(윤재민, 위의 논문에서 재인용) 따라서 한 때 과거 응시생이었던 최치원과 溫卷과를 연계짓는 것도 확실한 보장이 없다.

「쌍녀분기」: 최치원은 자가 고운(孤雲)이다. 나이 12세에 서쪽으로 당나라에 유학하였다. 건부 갑오에 학사 배찬의 주관하는 시험에서 단번에 장원에 올랐다. 율수현위로 임용되어 일찍이 현의 남쪽 경계에 있는 초현관에 놀았다.[崔致遠, 字孤雲, 年十二, 西學於唐. 乾符甲午, 學士裵瓚掌試, 一擧登魁科, 調授溧水縣尉, 嘗遊縣南界招賢館.]

「이몽록」: 원화 10년에 심아지가 기실(記室)로서 농서공을 따라 경주에 주둔하고 있었는데 장안의 현사들 모두 와서 문객으로 있었다. 5월18일에 농서공이 문객들과 기약하고 동쪽 못쪽에 있는 편관[便館, 관아의 정청(正廳) 이외의 별청(別廳)]에서 연회를 열었다.[元和十年, 沈亞之以記室從隴西公軍涇州, 而長安中賢士, 皆來客之. 五月十八日, 隴西公與客期, 宴於東池便館.]

「진몽기」: 태화초에 심아지가 장차 빈으로 가고자 장안성을 벗어나 탁천 객잔(客棧)에 묵게 되었다. 때가 봄인지라 낮잠의 꿈에 진나라로 들어가서 주내사[主內使, 황제의 조령(詔令)을 전달하는 내감(內監)의 주무자] 료가 아지를 천거했다.[太和初, 沈亞之將之邠, 出長安城, 客橐泉邸舍. 春時, 晝夢入秦, 主內使廖擧亞之.]

다 같이 자기를 3인칭으로 내세웠으되 「쌍녀분기」에는 심아지의 작품에 없는 인정(人定) 절차가 있다. "崔致遠, 字孤雲.······一擧登魁科."가 인정 절차에 해당한다. 심아지의 작품에서는 이런 인정 절차 없이 바로 심아지의 경험담으로 들어가는데 대하여 「쌍녀분기」는 분명한 인정 절차를 밟고 있다. 이것이 심아지의 작품과 「쌍녀분기」를 다같이 자술로 보았을 때의 빙탄(氷炭)의 차이이다. 더구나 자가 '고운'임을 소개하고, '단번에 괴과(魁科)에 올랐다'고 표현한 것은 최치원이 쓰지 않은 명백한 증거다. '괴과'란 '장원'을 말한다. 자기가 자기를 자기 이름을 써서 소개하면서 자를 밝히고 실제도 아닌 사실을 과장해서 쓸 수 있는가. 가령 최치원이 고의로 익명으로 썼다면 그럴 수도 있으나 고병(高騈)의 막하로 들어가기 위한 온권(溫卷)으로 썼다는 주장도 있으니,[32] 온권이 익명으로 쓰지 않는 한 최치원 작자설은 성립 불가능하다.

본래는 '여(余)'나 '복(僕)'과 같은 1인칭을 사용했으나 『태평통재』에 전재할 때 '치원(致遠)'이라는 3인칭으로 고쳐졌을 가능성을 제기하는 주장도 있다.[33] 역시 중국 전기 중의 왕도[王度, 수대(隋代)]의 「고경기(古鏡記)」가 『태평광기』에 전재될 때 그러했던 예를 준거로 제시한다. 그러나 「고경기」 역시 도입부의 틀이 「쌍녀분기」와 본질적으로 다르기가 심아지의 작품만큼이나 하다.

> 「고경기」: 수나라 분음 후생은 천하의 기사다. 왕도가 항상 스승의 예로써 섬긴다. 임종 때에 도에게 오래된 거울을 주면서 말하기를, "이것을 가지면 온갖 사악한 것이 사람을 멀리한다."고 했다. 도가 받아서 보배로이 가졌다.[隋汾陰侯生, 天下奇士也. 王度嘗以師禮事之. 臨終, 贈度以古鏡, 曰: "持此則百邪遠人." 度受而寶之.]

---

32 주30)의 ① 참조.
33 이검국·최환, 위의 논문.

역시 왕도 자신에 대해서는 인정 절차 같은 것 없이 경험담으로 들어가는 것이 심아지의 두 작품과 다를 바 없었다. 왕도의 작품은 말할 것 없지만 심아지의 두 작품도 본질적으로는 자술이기 때문이다. 그러나 「쌍녀분기」는 본질적으로 진술이 아니다. 가령 '치원(致遠)' 대신에 '여(余)'나 '복(僕)'을 대입시켜 보라. "나는 자가 고운이다.……단번에 과과에 올랐다.[余(僕), 字孤雲.……一擧登魁科.]" 한문에 이런 행문(行文)은 일찍이 없다. 「쌍녀분기」 창작에 영향을 준, 장작(張鷟, 7세기후반)의 「유선굴(遊仙窟)」의 도입부를 보자.

> 「유선굴」: 저 적석산이란 것은 금성의 서남에 있으니 황하가 경유하는 바다. 『서경』에 이르기를 "황하의 물길을 인도하되 적석에서 용문에 이른다." 했으니 곧 이 산이다. 나는 견·농 지역을 따라 하원으로 사명을 받들고 갔다.[若夫積石山者, 在乎金城西南, 河所經也. 書云: "導河積石, 至於龍門." 卽此山也. 僕從汧隴, 奉使河源.]

「쌍녀분기」의 도입부와 전혀 다르다. 소설적 사건이 벌어질 곳[적석산(積石山)에 유선굴이 있다고 가상하여]의 위치를 서술하는 것으로 도입부를 삼고 있다. 여기에 비추어 자신의 자와 장원 급제했음(실제가 아닌 사실)을 밝히고 있는 「쌍녀분기」의 도입부는 도저히 자술체가 될 수 없다. 처음부터 최치원을 확고히 객관 서술 대상으로 삼았음을 「쌍녀분기」의 도입부 문장의 틀은 증명한다.[34] 도입부만이 그런 것이 아니다. 종결부 역시 마찬가지다. 가령 "나중에 치원이 동쪽으로 돌아오면서 노상에서 읊조린 시에 이르기를[後致遠(擢第)東還, 路上歌詩云.]"을 1인칭 자술체로 바꾸어서 "余(擢第)東還, 路上歌詩云."으로 했을 때 '여(余)'와 '노상가시(路上歌詩)'가 얼마나 위화 관계를 보이고 있는지 음미해 보면 자명하다. '여(余)'로 자술했다면 거기에 상칭하는 표현을 썼을 것이다.[35]

「쌍녀분기」가 최치원 소작이라면 최치원 같은 역사적 명인의 작품이 아예 작품이 전하지 않는다면 그만이겠거니와 전하는 마당에는 작자가 그렇게 혼미하게 되어 후세에 전해지지는 않을 터이다.

2) 최광유의 시풍과 일치

주지하듯이 「쌍녀분기」는 가위 '시의 소설'이라고 할 만큼 삽입시가 많다. 중국의 전기 중 「유선굴」이 삽입시가 많기로 유명한데 장단을 가리지 않는다면 시가 76수, 사부가 1수다. 여기에 대해 「쌍녀분기」는 칠언율시 4수, 칠언절구 5수, 오언절구 1수, 칠언 6구 연구가 2수, 칠언 4구 연구가 1수, 칠언고시가 1수, 2구시가 1수 도합 15수나 된다. 칠언고시 1수는 무려 63구나 되는 장구시다. 환운을 15번이나 하여 절구로 치면 15수, 그리고 3구시 1수에 해당된다. 「쌍녀분기」의 편폭이 「유선굴」의 3

---

34 唐代 이름난 傳奇 52종 중에 자술체 소설로서 「雙女墳記」와 같이 人定節次가 있는 서두를 가진 작품은 없다. (丁範鎭, 「唐代傳奇의 體裁에 關한 硏究」, 『大東文化硏究』 23, 1989, 참조)
35 元稹의 「會眞記」는 자신의 경험담을 작품화하되 '張君瑞'라는 가공의 인물을 내세워 했다.

분 1이니 시의 밀도로는 오히려 「쌍녀분기」가 우세하다.

　　현재까지 알려진 전기 중 시의 밀도가 가장 높은 작품이다. 소설을 위해서 삽입시를 쓴 것이라기 보다 오히려 삽입시를 위해서 소설을 썼다는 편이 더 나을 정도다. 서두와 결말의 최치원의 사전(史傳) 부분을 일종의 액자로 삼아 그 내부를 서정성 짙은 시와, 그리고 시적인 변려문으로 가득 채웠다. 지금 알려진 당대(唐代) 전기 중 이런 구도로 된 작품은 아마 전무한 것 같다.[36] 「유선굴」은 시종 변려문과 시로 일관하고 있어 외형적인 구도는 「쌍녀분기」와는 다르다. 「쌍녀분기」는 그러니까 시와 시적인 변려문, 특히 시에다 문학적 성과를 걸고 창작된 전기다. 특히 유계(幽界)의 두 여선과의 정사의 전말을 일정하게 거리를 두고 반추한 63구의 장편시를 삽입하여 작품의 구조를 중층화(重層化)하고 있는 점에서 이 작품이 삽입시를 위해 창작된 면모가 약여(躍如)하다.

　　삽입시의 다각적인 연구로 「쌍녀분기」의 작품 세계에 새 지평을 열어 가야겠지만 여기서는 바로 이 삽입시야말로 작자 불명의 이 작품의 작자를 찾는, 현재로서는 최초의 단서이자 최후의 단서다.[37] 우수 어린, 또는

36　정범진, 위의 논문 참조.
37　시에 착안하여 「쌍녀분기」의 작자를 밝히고자 한 시도는 김건곤의 위의 논문에서였다. 매우 바람직한 착상이라고 생각된다. 그러나, 그는 최치원이 建安七子를 따르고자 했다고 하고, 또 최치원이 본받고자 한 것이 魏晉南北朝時代의 綺麗風의 시문이었다고 하여, 「쌍녀분기」 삽입시의 기려풍이 최치원 시의 기려풍과 부합한다고 하여 최치원을 「쌍녀분기」의 작자라고 하였다. 참으로 어처구니 없는 결론이다. 建安七子의 시문은 이른바 建安風骨이라 하여 强勁한 내재역량으로 淸峻·通脫·壯大 등의 풍격을 드러내는 것으로 유명하다. 「쌍녀분기」 삽입시의 기려풍과는 거의 정반대의 풍격이다. 그리고, 최치원 시의 풍격은 건안7자의 풍격과는 거리가 멀며, 「쌍녀분기」 삽입시와 같은 기려풍은 더더구나 아니다. 漢詩에 대한 초보적인 감식안만 가졌어도 확연히 구별되는 이런 작품을 두고 이런 어처구니 없는 결론을 낸 것은 최치원의 실제 시 작품은 젖혀두고 최치원이 기술한 한

비애 어린, 염려(艶麗)하고 섬교(纖巧)한 풍격의 시, 「쌍녀분기」 삽입시의 이 특이한 풍격은 참으로 우리 나라 한시에서 그 유례를 찾기 어려운 풍격이다. 풍격이 이렇게 다른 사람의 작품으로부터 스스로의 변별성을 특히 강하게 가졌기 때문에 다른 한시와의 대조에서 풍격 내지 시풍의 동이(同異) 여부가 쉽사리 판별되고, 아울러 객관적인 공감도도 그만큼 높을 수 있는 보장이 있다. 그런데 문제는 이렇게 작품 대조로 작자를 밝히기 위해서는 원칙적으로, 또는 이론적으로 나말의 모든 시인의 작품이 다 남아 있어 「쌍녀분기」 삽입시와의 제한없는 대조가 가능해야 한다는 전제가 충족되어야 한다. 그러나 그런 원칙적인 또는 이론적인 문제를 거론할 필요 없이 역사는 「쌍녀분기」와 함께 상대적으로 우수한 시인을 여과시켜 놓았고, 그리고 그들의 작품도 아쉬운대로 일정하게 남아 있다. 요행이라면 요행이겠으나 어떤 점에서는 문학사의 한 필연이라고 할 수 있다. 우수한 작가와 작품은 어떤 형태로든 후세에 남는다는. 나말의 우수 시인으로 우리는 네 사람을 꼽을 수 있다. 최치원·박인범(朴仁範)·최승우·최광유가 그들이다. 이들이 나말의 유명 시인으로 정립된 것은 다행히도 『명현십초시』란 선집을 통해서 알 수 있다.[38] (물론 최치원이 나

두 편의 간접적인 산문 기록에 매달린 결과이며, 그것도 '於儒則沈謝呈才(文土로서는 沈約과 謝朓같은 인재들이 재주를 바치고)'라는 구절이 있는 「初投獻太尉啓」(『桂苑筆耕集』 권17)의 문맥을 誤讀한 결과다. 모처럼 바람직한 착상이 무위로 끝나 안타깝다.

[38] 『名賢十抄詩』는 고려 중기 사람으로 짐작되는 '神印宗 老僧'에 의해 夾註가 되었는데(『夾註名賢十抄詩』라 함), 이 책의 성립에 대해서는 자못 궁금하다. 夾註本의 序에서 '本朝前輩鉅儒'에 의해 編成되었다고 했으나 그 '鉅儒'가 어느 때쯤의 누구인지 지금은 알 수가 없다. 扈承喜는 신라 시인 네 사람의 시가 모두 재당 시기의 작품이란 점에 착안하여 이 책의 편성이 국내에서가 아닌 중국(五代 이후)에서 되었을 가능성을 말했다.(호승희, 「신라 한시 연구」, 이화여대 박사학위논문, 1993)

말의 유명 시인임은 다른 경로를 통해서도 알려져 왔었다.) 아마도 고려 전기 어느 때인가 편성된 것으로 짐작되는 이 책에는 중·만당의 유명 시인들과 함께 위의 네 사람의 7언율시가 각각 10수씩 뽑혀져 있다. 교묘하게도 이 시들은 모두 「쌍녀분기」와 마찬가지로 낭만풍이 농숙(濃熟)한 만당 분위기의 풍물·인정·세태를 배경으로 하고 나온 작품이다. 『명현십초시』의 이들의 시는 이들이 모두 견당유학생으로 당나라에 체류할 때에 쓴 것이고, 「쌍녀분기」는 그러한 재당 체험을 바탕으로 하여 신라에 돌아와 쓴 것이다. 그런데 이 가운데 최광유 시의 풍격, 압운 취향, 심상 등 시풍이 「쌍녀분기」 삽입시의 그것과 일치한다. 아래에 이들의 시를 한 자리에 놓고 대조해 보자.

「쌍녀분기」의 시

幽魂離恨寄孤墳,　서러운 넋 세상 하직코 외론 무덤에 깃들어 있지만,
桃臉柳眉猶帶春.　복숭아 뺨 버들잎 눈썹엔 아직도 봄이라오.
鶴駕難尋三島路,　학 타고 삼신산(三神山) 길을 찾아 헤매이다가,
鳳釵空墮九泉塵.　봉황 비녀 허망하게 구천(九泉)에 떨어졌다오.
當時在世長羞客,　살았을 젠 못내 수줍어하던 이네 몸,
今日含嬌未識人.　오늘은 낯선 사람에게 교태를 머금으오.
深愧詩詞知妾意,　쓰신 시에 첩의 마음 알아 몹시 부끄러워,
一回延首一傷神.　바라는 생각 일 때마다 마음 애닲다오.

최광유: 장안춘일유감(長安春日有感)

麻衣難拂路歧塵,　　삼옷*엔 길거리의 먼지를 털기 어려운데,

鬢改顔衰曉鏡新.	새벽에 거울 보니 흰 털도 새로워라.
上國好花愁裏艶,	상국(上國)의 좋은 꽃은 시름 속에 곱건만,
故園芳樹夢中春.	내 고향 꽃다운 나무는 꿈속의 봄일 뿐.
扁舟煙月思浮海,	편주로 아스라이 고국으로 가고픈 마음,
贏馬關河倦問津.	여읜 말 타고 관하(關河)에 나루 묻기도 지쳤네.
祗爲未酬螢雪志,	형설(螢雪)의 처음 뜻을 아직도 못 이뤘으니,
綠楊鶯語大傷神.	버들에 꾀꼬리 울어도 마음 몹시 애닯네.

* 삼옷: 과거에 오르지 못한 선비가 입는 옷.

최치원: 등윤주자화사상방(登潤州慈和寺上房)

登臨暫隔路歧塵,	산에 오르니 길거리의 먼지 잠시 멀어졌으나
吟想興亡恨益新.	흥망을 되씹으니 한(恨)이 더욱 새로워라.
畵角聲中朝暮浪,	화각(畵角) 소리 가운데 아침 저녁 물결인데,
靑山影裏古今人.	푸른 산 그리메 속엔 고금의 인물 몇몇인고.
霜摧玉樹花無主,	옥수(玉樹)에 서리 치니 임자도 없어라,
風暖金陵草自春.	금릉(金陵)의 따스한 바람에 풀은 절로 봄이로고.
賴有謝家餘境在,	사씨(謝氏) 가문* 남은 경지 있어,
長敎詩客爽精神.	시객(詩客)의 정신 길이 상쾌하게 하네.

* 사씨(謝氏)의 가문: 남조(南朝) 송대(宋代)에 사영운(謝靈運)·사조(謝眺) 등의 시인을 배출한 가문.

박인범: 경주용삭사각겸간운서상인(涇州龍朔寺閣兼東雲棲上人)

翬飛仙閣在靑冥,	나는 듯한 선각(仙閣)이 푸른 하늘에 솟았으니,
月殿笙歌歷歷聽.	월궁(月宮)의 피리 소리가 역력히 들리는 듯.

燈撼螢光明鳥道,	등불은 반딧불처럼 흔들리며 새의 길* 비추고,
梯回虹影到巖扃.	사다리는 무지개인 듯 굽어 바위 문에 이르누나.
人隨流水何時盡,	인생은 흐르는 물 따라 어느 때 그칠꼬,
竹帶寒山萬古靑.	대는 찬 산에 띠어 있어 만고에 푸른 것을.
試問是非空色理,	공(空)이 색(色)인지 색이 공인지를 물어보니,
百年愁醉坐來醒.	백년간 취했던 시름 훌쩍 깨어라.

* 새의 길: 산길이 험하여 나는 새나 다닐 수 있는 곳을 말함.

최승우: 송조진사송입나부(送曹進士松入羅浮)

雨晴雲斂鷓鴣飛,	비 개고 구름 걷히자 자고새는 나는데,
嶺嶠臨流話所思.	고개는 시냇물에 다다라 그리워 할 사람 말하네.
厭次狂生須讓賦,	염차(厭次)의 광생*은 부(賦) 짓기를 사양하라,
宣城太守敢言詩.	선성(宣城)의 태수* 감히 시를 말하리.
休攀月桂凌天險,	달 속의 계수(桂樹)를 잡으려 험한 하늘에 안 오르고,
好把烟蘿避世危.	내낀 송라(松蘿)를 잡아 위태한 세상 피해 가네.
七十長溪三洞裏,	칠십 긴 시내, 세 동천(洞天) 안이,*
他年名遂也相宜.	일후에 그대로 이름 이뤄도 마땅하리.

* 염차(厭次)의 광생: 한대(漢代)의 동방삭(東方朔)이 염차 사람으로 자칭 '염차의 광생'이라 했으며, 그가 익살로 서 사부(辭賦)에 능했음.

* 선성(宣城)의 태수: 남조 송대의 시인 사조가 선성태수(宣城太守)로 있었음.

* 칠십 긴 시내, 세 동천(洞天) 안: 나부산(羅浮山)이 유심(幽深)·괴기(瑰奇)하여 그 안에 긴 시내가 70군데이 고, 동천이 세 군데가 있음.

위의 시들은 각가(各家)의 시풍을 일정하게 대변하는 작품들이다. 위에 인용한 작품에 한정하지 않고 위 각가의 현존 작품 모두를 포괄한 시풍의 특징을 다음과 같이 논급할 수 있다. 편의상 인용 순서를 거슬러 논급하면, 최승우의 시는 대체로 달의(達意)에 치중하되 표현이 장식적이며, 박인범의 시는 유동의 풍격에 표현이 전려(典麗)한 바 이들 시풍은 보다시피 「쌍녀분기」 시풍과는 일말의 상사점(相似點)도 없다. 그리고 최치원의 시는 재당 시절의 작품과 귀국 후의 작품 사이에 근본적으로 별다른 변화가 없어 보이는데, 대체로 소야(疏野)의 범주에 드는 풍격이다.[39] 위의 인용에서 읽은 바와 같이 호흡의 파장이 상대적으로 큰 편이며, 남성적인 힘을 느끼게 하는 풍격이다. 이에 대하여 「쌍녀분기」의 시는 호흡의 파장과 힘이 여성적으로 섬약하며, 표현 역시 여성적인 염려(艶麗)함이 지배적이다. 게다가 최치원의 시의식에는 전반적으로 사회적인 윤리의식이 크게 작용하고 있다. 「우흥(寓興)」·「촉규화(蜀葵花)」·「강남녀(江南女)」·「고의(古意)」·「야소(野燒)」 같은 일련의 사회시를 남기고

---

39 최치원이 시에 아주 탁월했던 것은 아니다. 李奎報는 『白雲小說』에서 "그의 시는 格이 별로 높지 않다.(其詩不甚高)"라고 평했고, 成俔은 『慵齋叢話』에서 "비록 시구에 능하기는 하나 뜻이 정밀하지 못하다.(雖能詩句, 而意不精)"라고 했고, 許筠은 『惺叟詩話』에서 "대개 輕淺하고 두텁지 못하다. 오직 '가을 바람에 애써 시를 지었더니……'(秋夜雨中吟) 한 절구가 가장 좋다.(率佻淺不厚. 唯秋風唯苦吟,……一絶最好.)"라 했다. 그러나 부분적으로는 호평도 있었다. 崔滋는 『補閑集』에서 그의 絶句를 특히 칭찬하였고, 金宗直은 「江南女」를 "辭가 극히 古雅하다. 후세 사람들이 미칠 수 있는 바가 아니다.(辭極古雅, 非後世人所可及.)"라고 하였고(洪萬宗의 『小華詩評』), 洪萬宗은 「泛海」를 "辭語가 굉장하게 펼쳐졌다.(辭語宏肆)"라고 하였고, 「贈雲門蘭若上人」을 "句格이 정치하다.(句格精緻)"라고 하였고, 「題興地圖」를 "詩想이 극히 豪健하다.(思意極其豪健)"라고 하였다. 최치원의 시를 음미한 나머지 나는 그 시 전반의 풍격을 한 마디로 표현한다면 '疏野의 범주'로 보았다. 「題雲門蘭若智光上人」에 대한 홍만종의 평어만이 '疏野의 범주'에서 다소 일탈될 뿐 나머지 諸家의 평어들은 대체로 '疏野의 범주' 안에 포괄된다.

있다는 점에서 그의 시의식에서의 윤리의식의 정도를 짐작케 한다. 위에 인용한 시도 역사에 대한 모종의 윤리의식을 원경(遠景)으로 하고 있다. 「쌍녀분기」의 그 탐미적이며 데카당풍의 시가 기반한 시의식과는, 위의 두 사람의 경우와 마찬가지로 역시 거리가 멀다. 여기에 한 수 더 예를 보자. 그의 귀국 당시 재당시절 연인이었던 여도사와의 이별을 다룬 시다.[40]

「유별여도사(留別女道士)」

每恨塵中厄宦途,	진세(塵世)의 벼슬 길에 쪼들림 매양 한하더니,
數年深喜識麻姑.	수년래로 마고(麻姑)*를 알아 매우 기뻤다오.
臨行與爲眞心說,	떠나감에 그대에게 진심을 말할 양이면,
海水何時得盡枯.	저 바다는 어느 때나 다 마를까요.

* 마고(麻姑): 선녀의 이름. 여도사를 가리킴.

「쌍녀분기」에서 두 여인과의 이별에 방불한, 실제 여도사와의 이별의 상황에 대한 최치원의 위와 같은 시적 대응을 「쌍녀분기」의 삽입시와 대비해 보라. 가위 천양지판(天壤之判)의 차이다. 우리나라 한문학이 최치원에게 와서 비로소 '중체(衆體)를 대비(大備)'했다고 해서 그를 한문학의 비조로 삼고 있지만 실은 그는 다분히 '경세적(經世的) 문학자'이지 '문학적 문학자'가 아니다.[41] 「쌍녀분기」는 문학을 입신의 도구 이상으로

---

40 뒤에서 자세히 논의된다.
41 '문학적 문학자'는 일테면 古人의 '雕蟲篆刻之徒'가 여기에 해당한다. 그런데 최치원은

탐닉하여 아름다움을 추구하는 '문학적 문학자'에 의해 지어진 작품이다. 시풍으로 보아 나는 나말 시인 최광유가 그에 당한다고 확신한다.

최광유의 시풍은 위의 인용에서 보듯이 호흡의 파장과 힘이 역시 여성적으로 섬약한 편이며, 표현이 매우 미려하다. 게다가 그의 시는 역시 우수 또는 비애의 정조(情調)가 감도는 것이 특징이다. 전체적으로 시상이 다분히 안으로 향한 닫힌 구조다. 이 여러 가지 점에서 최광유의 시는 「쌍녀분기」 시와 일치한다. 다시 한 차례 작품 대비를 보자.

최광유, 「조행(早行)」

纔聞鷄唱獨開扃,	닭 우는 소리 듣고 나 혼자 문을 나니,
羸馬嘶悲萬里亭.	여윈 말이 구슬피 우네, 만리정(萬里亭)에서.
高角遠聲吹片月,	가락 높은 각(角) 소리는 조각달에 멀리 불고,
一鞭寒綵拂殘星.	싸늘한 채찍 그림자는 지는 별을 스치네.
風牽疏響過山雁,	바람이 끄는 성긴 메아린 산을 지나는 기러기,
露濕微光隔水螢.	이슬에 젖은 희미한 빛은 물 건너 반딧불.
誰念異鄕遊子苦,	뉘라서 생각해 주리 이역 나그네의 괴로움,
香燈幾處照銀屛.	향기론 등불 몇 곳에나 은병풍을 비추나.

「桂苑筆耕集序」에서 "그 賦니 詩니 하여 거의 상자에 가득하였사오나 다만 童子의 篆刻으로써 壯夫의 부끄러워하는 바이옵니다.(曰賦曰詩, 幾溢箱篋, 但以童子篆刻, 壯夫所慙.)"라고 하여, 자신의 20세 이전의 '雕蟲篆刻'의 문학행위에 대하여 스스로 부정했다.

「쌍녀분기」의 시

綺羅身衾枕思,　　　　아리따운 몸, 금침(衾枕)의 정.
幽懽未已離愁至.　　　그윽한 즐거움 다 못 이룬 채 이별의 시름 찾아왔네.
數聲餘歌斷孤魂,　　　두어 가락 못 다한 노래에 외로운 넋 끊어질 듯,
一點殘燈照雙淚.　　　가물거리는 등잔불 두 줄기 눈물을 비추네.

(중략)

匹馬長嘶望行路,　　　말은 길게 울며 갈 길 바라보는데,
狂生猶再尋遺墓.　　　광생은 다시 무덤을 찾는구나.
不逢羅襪步芳塵,　　　향기론 먼지 사뿐 밟던 비단 보선 간 데 없고,
但見花枝泣朝露.　　　아침 이슬에 흐느끼는 꽃가지만 보이누나.

(중략)

暮春風暮春日,　　　　늦은 봄 바람, 늦은 봄날에,
柳花撩亂迎風疾.　　　버들 꽃 거센 바람에 흔들리네.
常將旅思怨韶光,　　　나그네 시름으로 봄 경치 늘 원망했는데,
況是離情念芳質.　　　더구나 이별의 정회(情懷)에 꽃다운 자태 못 잊음에랴.

수염(愁艶)하고 섬교한 풍격, 그리고 다분히 안으로 향한 닫힌 구조의 시상에 있어 양자의 합치를 우리는 거듭 확인하게 된다. 다만 양자 사이, 그러니까 최광유의 『명현십초시』에 실린 작품과 「쌍녀분기」의 삽입시 사이에는 연륜의 차이만 느끼게 할 뿐이다. 시를 다루는 솜씨에 있어 20대의 작품으로 짐작되는 전자에서는 다소 생신(生新)한 맛을 느끼게 하는 데 대하여 50대 이후의 작품으로 짐작되는 후자에서는 상대적으로 노숙한 태(態)를 느끼게 한다.

실은 『명현십초시』의 최광유의 시와 「쌍녀분기」의 삽입시 사이의 합치점이 풍격과 시상에 있어서만이 아니다. 압운 취향과 전체적인 심상에 있어 일정한 합치점을 보여주고 있다. 「쌍녀분기」 삽입시 15구 중 6수가 '진(眞)'자 운통이다. 작중 인물 최치원이 쌍녀분의 석문(石門)에 써붙인 시, 두 여인이 각각 화답해 보내온 두 편과 그 후폭(後幅)에 쓴 시, 최치원이 두 여인의 화답한 시에 다시 화답한 시, 최치원이 두 여인을 만났을 때 지은 시가 그것이다. 이것은 물론 최초로 석문에 써 붙인 시가 우연히 진운(眞韻)이어서 이어 두 여인과 작중 인물 최치원 사이에 수작한 시가 자연히 같은 운을 밟게 되어서 빚어진 결과이겠지만 「쌍녀분기」에 나오는 최초의 시, 즉 작중인물 최치원이 석문에 써 붙인 시가 하필이면 진운이나에 대해서, 두 계열의 시를 대비하는 마당에 관심을 안 가질 수 없다. 시인이 평소에 특히 선호하는, 시적 취향에 관계된 일이기 때문이다.

여기에 대하여 『동문선』에 전하는 최치원의 시 29수 중에서 진운으로 지은 시가 6수나 되어 다른 시인에 비해 상대적으로 가장 많다는 점을 들어 「쌍녀분기」가 최치원이 지은 작품이라고 하는 견해가 있다.[42] 그러나 최광유의 시는 진운으로 쓴 작품이 비율로 보아 최치원보다 더 많다. 『명현십초시』에 실려 전하는 10수의 작품 중 3수가 진운으로 쓰였다.[43] 백분율로 환산하면 최치원이 20%강인데 비하여 최광유는 30%약이다. 최광유가 훨씬 우세함을 알겠다. 게다가 진운 중에서 운각(韻脚)의 선호 취향 역시 두 계열의 시가 일치한다. 「쌍녀분기」의 시는 작중인물 최치원

---

42 김건곤, 위의 논문.
43 「長安春日有感」, 「題知己庭梅」, 「細雨」가 그것이다.

이 석문에 써 붙인 시의 운자를 그 뒤의 일련의 화답시가 밟으므로 숫적으로 같은 운자가 많은 것은 당연하게 되어 있지만, 문제는 진운 중에서 하필이면 많은 화답시를 지을 것이 전제가 된 운각으로 '춘(春)'·'진(塵)'·'인(人)'·'신(神)'을 선택했느냐에 있다. 역시 시인의 평소 취향에 관계된 일일 터다. 『명현십초시』의 최광유의 시 10수 중 3수의 진운 중에서 춘자가 3회, 진자가 3회, 인자 2회, 신자가 1회이다. 『동문선』 중의 최치원의 시 29수 중에서는 인자가 5회, 춘자 4회, 진자가 3회, 신자가 1회이다. 비율로 보면 최광유의 시에서 압도적으로 높다. 최광유가 진운 가운데서 춘·진·인·신자에 상대적으로 더 많은 집착을 보임에 대하여 최치원은 최광유에 비해 정도가 낮다. 이렇게 『명현십초시』 중의 최광유의 시와 「쌍녀분기」의 삽입시 사이의 압운 취향의 동일성은 결코 우연한 일이 아니라고 생각한다. 최광유의 평소 압운 취향이 「쌍녀분기」에서도 나타난 결과로 보아 마땅하다.

다음으로 두 계열의 작품에서 심상의 경향성의 일치를 들 수 있다. 시적 심상은 개별 작품의 제재와 그리고 주제가 다른 만큼 작품에 따라 편차가 천차만별이지만 전체적으로 시인에 따른 일정한 경향성을 가지기 마련이다. 『명현십초시』의 최광유 시의 주된 심상은 '춘'이다. 즉 '봄'에 관련되는 심상이 압도적이다. 10수의 작품 가운데 최소한 6수가 봄에 관련된 심상을 가지고 있다. 각 편의 시에 있는 봄에 관련된, 그 작품에서 중심 되는 심상을 보이면, 이를테면 "담 꽃 빛은 봄이 한창 벌겋게 스며드네[墻花春半影含紅]", "내 고향 꽃다운 나무는 꿈 속의 봄일 뿐[故園芳樹夢中春]", "뜰 한구석에서 섣달의 봄을 독차지했구나[庭隅獨占臘天春]", "봄의 산과 바다에 어스름 부실부실[陰曀濛濛海岳春]", "봄날 시령

(時嶺)에 오르니 기러기 나직이 도는데[春登時嶺雁回低]", "봄 놀이 목란(木蘭) 배는 복숭아꽃 물결에 둥실 떴지[遊春蘭舸泛桃花]" 같은 것들이다. 한편 「쌍녀분기」의 삽입시 역시 주된 심상은 '춘', 즉 '봄'에 관련되는 심상이 지배적이다. 각 편에 있는 봄에 관련되는 중심 심상을 보이면, 이를테면 "적막한 저승에서 몇 번이나 봄을 원망했던고[寂寂泉扃幾怨春]", "복숭아 뺨 버들잎 눈썹엔 아직도 봄이라오[桃臉柳眉猶帶春]", "꽃이 피고 꽃이 지는 세간의 봄이여[花開花落世間春]", "붉은 소매에는 응당 옥수(玉樹)의 봄 머금었으리[紅袖應含玉樹春]", "어찌하여 말 없이 가는 봄 마주하랴[何事無言對暮春]", "남은 꽃 마주하여 아름다운 술 기울이네[對殘花傾美酒]", "때는 바야흐로 복숭아꽃 오얏꽃 피는 계절[正是艶陽桃李辰]", "아침 이슬에 흐느끼는 꽃가지만 보이누나[但見花枝泣朝露]", "늦은 봄바람, 늦은 봄날에[暮春風暮春日]", "금곡(金谷)에 핀 꽃은 하루 아침의 봄[花開金谷一朝春]" 같은 것들이다. 최광유가 평소 가졌던 '봄[春]'에의 심상 경향이라는 시적 취향이 「쌍녀분기」의 삽입시에 나타난 결과에 다름 아닐 터다.

나는 앞에서 『명현십초시』의 최광유의 시에 우수 또는 비애의 정조가 감도는 특색이 있다고 했다. 당시 견당 유학생은 '탁제동환(擢第東還)'이 꿈이다. 그리고 더 나아가서 최치원의 경우처럼 급제 후 당나라에서 지방 관부의 관료나 절도사의 막직(幕職)을 얻어 출사 길에 오르는 것이 또한 꿈이다. 따라서 일이 여의치 못할 때는 스스로의 처지를 한탄하는 시를 짓기도 한다. 최광유의 시의 우수 또는 비애의 정조도 그의 낙방과 물론 무관하지 않다. 직접적으로 과거에 급제하지 못한 데서 기인한 우수 또는 비애의 정감을 언표한 작품만도 3수나 된다.[44] 그리고 『명현십초시』에 그 작품이 뽑힌 다른 사람에게도 낙방 또는 구직에 관련하여 우수 또는 비애의 정감을 토로한 시가 한두 수씩은 남아 있다. 그런데 최광유의 경우는 단순히 낙방만이 그의 작품에서의 우수 또는 비애의 정조의 원인이 아닌 것 같다. 급제하지 못한 데서 오는 우수 또는 비애의 정감을 직접적으로 언표하지 않는다고 해서 바로 그러한 연유를 가진 정감이 아니라는 보장은 없지만 언표하지 않은 작품도 3~4수가 된다.[45] 이렇게 원인이야 무엇이든 우수 또는 비애의 정조를 띤 작품이 10수 중 6~7수나 되는 작품 세계의 성향은 아주 개성적이고, 따라서 그것 자체로 하나의 시적 특징이 된다고 할 수 있다. 아무리 여러 차례 과거에 낙방했기로 그로 해서 작품의 6~7할이 우수 또는 비애의 정감을 머금은 경우를 우리는 한시사상 그 유래를 찾기 힘들기 때문이다. 그것은 우수 또는 비애의 정감 자체를 시적으로 누리고자 하는, 이 시인의 생래의 한 체질의 결과로 보인다. 더구나 앞의 예시(例詩)에서 보았다시피 「쌍녀분기」의 삽입시에서와 마찬가지로 그러한 정감과 호흡이, 남성 시인이면서 여성적으로 섬약한, 그래서 더욱 감상적(感傷的)인 점이 다분히 그러한 심증을 굳혀주고 있다.

아래에 낙방 또는 구직에 관련된 '우수 또는 비애의 정감'을 읊은 다른 세 사람의 시를 보자.

---

44 「長安春日有感」 「送鄕人及第歸國」 「郊居呈知己」가 그것이다.
45 「題知己庭梅」, 「早行」, 「商山路作」을 들 수 있다. 그러나 주44)번의 작품과 여기 3편의 작품을 제한 나머지 작품에도 어딘가 얇은 이내처럼 우수 또는 비애의 정감이 감지되는 작품이 있다.

최치원: 「진정상태위(陳情上太尉)」

海內誰憐海外人,　해내에서 누가 해외 사람을 어여삐 여기리,

問津何處是通津.　나루를 묻노니 어느 곳이 통하는 나루인지.

(중략)

客路離愁江上雨,　객지에서 이별하는 시름은 강위에 비 내릴 때,

故園歸夢日邊春.　고원(故園)으로 돌아가는 꿈은 저 햇가.

濟川幸遇恩波廣,　내 건너다 요행히 은혜 물결 만나서,

願濯凡纓十載塵.　이 못난 사람 갓끈의 십 년 먼지를 씻었으면.

박인범: 「기향암산예상인(寄香巖山睿上人)」

(전략)

雲山凝志知何日,　어느 날사 운산(雲山)에서 마음 수양할까,

松月聯文已十年.　벌써 십 년이라오, 소나무 사이 달빛에 글 짓던 것이.

自嘆迷津依闕下,　나루를 못 찾는 궁궐 밑 내 신세 가엾어라.

豈勝抛世臥溪邊.　세상을 버리고 시냇가에 누워 지냄이 나으리.

(하략)

최승우: 「춘일송위태위자서천제회남(春日送韋太尉自西川除淮南)」

瘡痍從此資良藥,　백성들의 헌데, 생채기는 이제 좋은 약을 얻었고녀.

宵旰終須緩聖君.　밤낮으로 애쓰는 성군의 근심 늦추고야 말리.

應念風前退飛鷁,　바람 앞에 거꾸로 나는 익(鷁)새를 생각해 주오,

不知何路出鷄群.　어찌 하여야 닭무리에서 학처럼 뛰어날고.

낙방의 심정, 또는 구직의 하소를 읊은 작품에서 상대적으로 우수 또는 비애의 정감이 짙다고 생각되는 대목들이다. 그런데 모두 명의(命意)의 방향, 조사(措辭), 그리고 호흡이 대범하다. 최광유의 그 여성적 섬약과 감상과는 실로 거리가 멀다. 여기서 우리는 최광유의, 시적으로 체질적인 섬약성과 감상성을 다시 확인하게 된다. 결국 이러한 시적인 섬약성과 감상성이 대량의 삽입시로 유로(流露)된, 시에 의한 전기(傳奇)「쌍녀분기」를 창작하게 된 것이다.

그런데 한 가지 주목되는 사실은, 최치원과 최광유가 시의 풍격에 있어서는 판이하게 다르면서 시적 관습은 일정 부분 공유하고 있다는 점이다. 앞에서 이미 본 바와 같이 진운의 선호와 진운 중의 운각 '춘'·'진'·'인'·'신'의 선호 같은 것은 두 사람의 선호 정도는 약간 다르나 크게 보아 같은 경향성을 보이고 있다. 그리고 사어(辭語)에 있어서도 두 사람의 시 사이에 일정한 공유점이 보인다. 가령 '노기진(路歧塵)'과 같은 말은 일반적으로 우리가 접하는 당시나 기타 한시에서는 그 용례를 찾기가 힘드는데 두 사람의 작품에 이 말이 쓰이고 있다. 최치원이 "산에 오르니 길거리의 먼지 잠시 멀어졌나[登臨暫隔路歧塵]"(「등윤주자화사상(登潤州慈和寺上房)」) "동서로 떠도는 몸 길거리의 먼지에[東飄西轉路歧塵]"(「도중작(途中作)」)의 구절을 두고 있는데, 최광유 또한 "삼옷엔 길거리의 먼지도 털기 어려운데[麻衣難拂路歧塵]"(「장안춘일유감(長安春日有感)」)이라고 읊었다. '노기진(路歧塵)' 뿐 아니라 '진(塵)'자를 유별나게 애용하는 점도 서로 같은 경향을 가지고 있다. 번거로움을 피하기 위해 용례는 일일이 들지 않거니와 이 또한 주목되는 현상이다. 다음으로 역시 당시나 기타 한시에서 그 용례 찾기가 힘든 '강반(江畔)'·'계반(溪畔)'·'운반(雲

畔)'과 같은 말이다. 최치원이 "먼 나무는 강 언저리 길에 우뚝우뚝[遠樹參差江畔路]"(「송오진사만귀강남(送吳進士巒歸江南)」)·"흰 구름 긴 시내 언저리에 절을 짓고서[白雲溪畔刱仁祠]"(「증금천사주(贈金川寺主)」)·"구름 언저리에 절을 짓고서[雲畔構精廬]"(「증운문난야지광상인(贈雲門蘭若智光上人)」)의 구절을 두고 있는데, 최광유 또한 "형영은 부질없이 시내 언저리의 달빛으로 남아[形影空留溪畔月]"(「쌍녀분기」)라 읊고 있다.

이렇게 시적 내지 문학적으로 일정하게 동일한 경향성을 보이고 있는 것은 우연의 소산으로 치부하기엔 석연찮은 점이 있다. 두 사람 사이에 모종의 문학적 수수 관계가 있음이 확실한 것 같다. 「쌍녀분기」의 삽입시가 최치원의 시와 압운 취향·사어(辭語)에 있어서 일정한 공동성을 보이는 것은 최치원을 주인공으로 내세우니까 그럴 수 있겠다고 생각할 수도 있지만, 문제는 최광유의 재당 시절 작품에서부터 그의 작품에 압운 취향·사어에 있어서 일정하게 최치원적 경향성을 보이고 있다는 것이다. 시의 풍격과 같은 본질적인 문제, 체질적인 성향은 좀처럼해서 수수가 어렵거나 불가능하더라도 그 밖의 시의 이러저러한 형식적인 면은 작품을 애독함으로써 일정부분 전수가 가능하다. 우리는 실제로 문학사에서 그러한 사례를 항용 접한다.

최광유(867년경~?)의 최치원(857년~?)에 대한 관계는 충분히 그럴 수 있다. 최광유는 최치원의 10년 좌우 후배로,[46] 최치원이 당나라에서

---

46 당나라 國子監의 입학 연령이 14~19세로 되어 있었으므로 견당유학생은 여기에 맞추어서 일반적으로는, 崔彦撝의 경우처럼(『삼국사기』「薛聰」 말미 참조), 18세에 유학을 갔던 것 같다. 최광유도 이 일반적인 경우에 해당한다고 보아 885년에 입당했으므로(최치원의 「奏請宿衛學生還蕃狀」에 "臣의 亡父……晸(憲康王)이 陪臣 試殿中監 金僅을 慶賀副使로 充

귀국하던 헌강왕 11년(885)에 당나라로 유학을 떠났다. 최치원은 주지하는 바와 같이 신라의 견당 유학생 중 가장 성공한 경우다. 젊은 나이에 과거에 급제하고 당나라 문인들도 임용되기 어려운 지방 관부의 관료가 되고, 이어서 절도사의 막직을 가졌던, 능력과 함께 행운이 따랐던 인물이다. 당연히 후배들로부터는 선망의 적(的)이 되었을 터다. 최광유가 당나라에서 습업(習業)하는 동안 그때까지 유학에서 가장 성공한 선배인 최치원의 작품을 애독하는 것은 충분히 가능한 일이다. 최치원이 재당 시절 창작한 시문의 분량은 『계원필경집』을 제하고도 8권 분량이었다. 주지하듯이 당시 등주(登州)·초주(楚州) 지역의 신라방(新羅坊)을 중심으로 당나라에 신라의 교민 사회가 일정 범위로 형성되어 있었는데, 최치원의 시문은 주로 이 교민 사회에 저류(貯留)되어 최광유와 같은 후배 유학생에게 제공되었을 것이다. 뒤에서 말하겠지만 최광유는 나중에 귀국해서도 최치원의 측근에 있었던 것으로 보인다. 따라서 최치원의 귀국 후 작품도 최광유는 더욱 애독할 수 있는 기회를 가졌던 것이다. 최치원의 시적 취향 내지 관습의 일부는 이런 과정을 통해 최광유에게 전수되었을 것이다. 그리고 그것이 「쌍녀분기」에 일정하게 반영되었던 것이다.

任해 보내어……그 崔渙·崔匡裕 두 사람은 김근이 玉階에 얼굴을 조아려 유학할 것을 청하였던 바, 聖上께서 윤허하시니……[臣亡父 (중략) 晟, 遣陪臣試殿中監金僅, 充慶賀副使. (중략) 其崔渙崔匡裕二人, 金僅面叩玉階, 請留學問, 聖恩允許.]"라는 기록으로 최광유가 헌강왕 11년, 885년에 입당했음을 알 수 있으니, '慶賀副使'란 그 전해(884)에 黃巢의 亂이 평정된 것을 경하하는 사절로서 885년에 당에 갔기 때문이다.) 여기에서 18년 정도를 소급하면 867년경이 되고, 따라서 857년에 태어난 최치원과는 10년 좌우 후배가 된다.

3) '후치원탁제동환(後致遠擢第東還)'구와 관련한 결미 부분에 대하여

「쌍녀분기」의 말미에 나오는 '후치원탁제동환(後致遠擢第東還)'구로 하여 그 이하의 부분은 최치원의 원작에 후인이 『삼국사기』의 「최치원전(崔致遠傳)」을 보고 가필해 넣은 것이라는, 도저히 납득할 수 없는 주장이 제기되어 있다.[47] 대부분의 사람은 이 주장을 믿지 않는 터여서, 굳이 박정(駁正)할 필요를 느끼지 않으나, 초두의 '일거등괴과(一擧登魁科)'와 말미의 '탁제'가 모순에 해당하는 문제라서 여기에 해명하고자 한다. 그리고 『삼국사기』「최치원전」의 내용으로 보충한 것이라는 주장에 대해 거꾸로 「최치원전」이 「쌍녀분기」의 결미 부분을 참고했고, 따라서 「쌍녀분기」는 최치원의 측근의 창작임을 입증하고자 한다.

한마디로 '탁제'는 필사본으로 유전되는 과정에 생겨난 연문으로, 항용 보게 되는 전사간의 오류일 뿐이다. 이런 유의 오류 앞에 노출되어 있는 것이 필사본의 한 생리이기도 하다. 경서(經書)조차도 연문이 있음을 면할 수 없었다.[48] 「쌍녀분기」는 최소한 『신라수이전』에 수재(收載)될 때까지 필시 필사본으로 통행했을 터다. 이 과정에 연문 두 자의 오류만 있는 것이 아니라 여타 몇 자의 오자도 아울러 있다. 오늘날 「쌍녀분기」가

---

47 김건곤, 위의 논문 참조. 아울러 이혜순의 위의 질의서에도 이 설을 지지했음.
48 예를 들면, 『論語』 「公冶長」의 "(子曰): 始吾於人也."의 '子曰'(『論語』와 『中庸』에는 '子曰' 두 자의 연문이 한 두 군데가 아니다.) 『孟子』 「告子·下」의 "(異於)白馬之白也, 無以異於白人之白也."의 '異於', 「盡心·下」의 "仁之於父子也, ……聖(人)之於天道也."의 '人', 『周易』 「否」의 "否(之匪人)"의 '之匪人', 「同人」의 '(同人曰)' 등이다.

실린 『태평통재』 잔권(殘卷)마저 인멸되어 이인영과 최남선(崔南善)의 두 신연활자본에 의존할 수밖에 없는데, 이 두 본이 저지른 오자를 제외하고 명백히 『신라수이전』에 실리기 이전의 필사본으로부터 인습되어온 오자로 보이는 것이 몇 있다. "정시일쌍명옥(正是一雙明玉)", "하이시현미담(何以示現美談)", "주량작장(周良作將)", "유상광야천추월(唯傷廣野千秋月)", "천호적요수위개(泉戶寂寥誰爲開)", "시지풍우무상주(是知風雨無常主)", "심승어산림강해(尋僧於山林江海)", "심석대(尋石臺)"의 '옥(玉)'·'이(以)'·'량(良)'·'광(廣)'·'호(戶)'·'우(雨)'·'승(僧)'·'심(尋)'자가 작자의 원본에는 차례대로 '주(珠)'·'불(不)'·'낭(郎)'·'광(曠)'·'경(扃)'·'유(流)'·'승(勝)'·'축(築)'으로 되어 있을 것이다. '옥(玉)'·'광(廣)'·'호(戶)'는 딱히 오자라고 할 수 없으나 작자의 원본에는 아마 '주(珠)'·'광(曠)'·'경(扃)'으로 되어 있음직하고, 나머지 네 글자는 그 문맥에서는 명백히 오자다. 그런데 이들 오자는 오자임에도 불구하고 글을 읽어서 막히지는 않다. 어색한 대로 뜻이 이루어진다. 그래서 인습되어 온 것이다. 뿐만 아니라 '개기유력야(皆其遊歷也)'에 '지소(之所)'나 '처(處)'가 '유력(遊歷)' 다음에 들어가야 글이 완전하게 된다. 이처럼 불완전한 필사본에 연문 두 자가 있는 것이 그리 크게 이상한 일이 아니다.

  그런데 하필 '탁제' 두 자의 연문이 생겼을까? 나는 이렇게 생각한다. 견당 유학생이라면 누구나 금의환향을 꿈꾼다. 금의환향이란 일차적으로 당나라 과거에 급제하여 동쪽으로 고국에 돌아옴을 가리킨다. 그러므로 당시 사람들의 의식에는 당나라에서 동쪽으로 고국에 돌아올 때는 돌아오는 자체가 중요한 것이 아니라 과거 급제 여부가 중요한 관심사다. 즉 '---동환'에는 필연적으로 '탁제'를 관건으로 요구한다. 그래서 '탁제동환'이 나말 여초의 특히 문인들 사이에는 입에 익은 하나의 숙어로 자리잡게 된 것이다. 그래서 '후치원동환'이라고 써야 할 자리에 '후치원탁제동환'이라고 자연스레 연문이 생겨나고, 읽는 사람도 또한 크게 거역 없이 자연스럽게 받아들여진 것이다.

그리고 서사구조상 처음부터 말미 부분이 없고서는 온전한 작품이 되지 않는다. 앞에서도 지적한 바와 같이 작자는 최치원의 청년 시절과 만년의 사전(史傳)을 서두와 결미에 서술하여 하나의 액자 틀을 만듦으로써 최치원의 일생에 대응시키고 있다. 그리고 구조 내부적으로,

"나중에 치원은 동쪽으로 고국에 돌아오면서 길에서 이렇게 시를 읊었다. "는 세상 영화는 꿈 속의 꿈 / 흰 구름 깊은 곳에 좋이 지내세"라고. 그리고는 물러나 피세(避世)의 길로 가서……[後致遠(擢第)東還, 路上歌詩云: '浮世榮華夢中夢, 白雲深處好安身.' 乃退而長往……]"

의 대목은 유계의 두 여인과의 허망한 정사와 이 정사를 처음부터 허망하도록 만든 작중인물 최치원의 현실허무의식을 실제 인물 최치원의 만년 세외(世外)에서의 삶의 사전(史傳) 서술에 연결시켜 주는 거멀못 구실을 하도록 되어 있다. 말하자면 전체적으로 치밀한 집필 계획에 의한 결미 부분이다. 없어도 좋고 보충해도 좋은 그런 결미가 결코 아니다.

결미 부분의 최치원의 사전 서술은 후인이 『삼국사기』의 「최치원전」을 보고 보충한 것이 아니라 거꾸로 『삼국사기』의 「최치원전」이 『신라수이전』에 실린 「쌍녀분기」를 참고한 것이다. 「쌍녀분기」의 그 대목은 보다 구체적이고 친밀한 서술임에 대하여 『삼국사기』의 그 대목은 거리가 있

는, 상대적으로 추상적인 서술이다. 최치원의 측근에서 최치원의 동정을 잘 아는 사람이 아니고서는 「쌍녀분기」의 그 대목은 서술할 수 없다.

「쌍녀분기」의 최치원 만년 사전 서술: 이에 물러나 피세의 길로 가서 산림강해에 승경을 찾아 작은 집을 짓기도 하고 석대(石臺)를 쌓기도 하며, 책을 탐독하고 풍월을 읊조리며 그 사이에서 소요하며 한가롭게 지냈다. 남산의 청량사, 합포현의 월영대, 지리산의 쌍계사·석남사·묵천 석대(모란을 심었는데, 지금도 있다)가 모두 그의 유력(遊歷)하던 곳이다. 최후에는 가야산 해인사에 은거하여 형인 고승 현준 및 남악사 정현과 경론의 깊은 이치를 탐구하고 허정(虛靜)한 경계에 마음을 노닐며 노년을 마쳤다.[乃退而長往, 尋僧(勝)於山林江海; 結小齋, 尋(築)石臺; 耽玩文書, 嘯咏風月, 逍遙偃仰於其間. 南山清涼寺, 合浦縣月影臺, 智理山雙溪寺·石南寺·墨泉石臺, (種牧丹, 至今猶存.) 皆其遊歷(處)也. 最後隱於伽耶山海印寺, 與兄大德賢俊, 南岳師定玄, 探賾經論, 遊心沖漠, 以終老焉.)

『삼국사기』의 최치원 만년 서술: 치원이 서쪽에서 대당(大唐)을 섬긴 때부터 동으로 고국에 돌아와서까지 모두 난세를 만나 행세하기가 자못 곤란하고, 또 걸핏하면 비난을 받았다. 스스로 불우함을 한탄하고 다시는 벼슬에 나갈 뜻이 없었다. 그래서 산림 아래와 강해 가를 소요·방랑하며 대사(臺榭)를 경영하고 송죽을 심으며 서책으로 베개를 삼고 풍월을 읊조렸다. 이를테면 경주의 남산, 강주의 빙산, 합주의 청량사, 지리산의 쌍계사, 합포현의 별서(別墅)와 같은 곳이 모두 그의 놀던 곳이다. 최후에는 가족을 데리고 가야산 해인사에 은거하여 동복형인 승려 현준 및 정현사와 더불어 도우(道友)로 맺고 한가롭게 지내며 노년을 마쳤다.[致遠自西事大唐, 東歸故國, 皆遭亂世, 屯邅蹇連, 動輒得咎. 自傷不遇, 無復仕進意, 逍遙自

放, 山林之下·江海之濱, 營臺榭植松竹; 枕藉書史; 嘯詠風月. 若慶州南山, 剛州氷山, 陝州淸凉寺, 智異山雙溪寺, 合浦縣別墅, 此皆遊焉之所. 最後帶家隱伽耶山海印寺, 與母兄浮圖賢俊及定玄師, 結爲道友, 棲遲偃仰, 以終老焉.]

보다시피 전자의 서술은 사실이 구체적이고 친절하다. 그리고 현장에 밀착한 흔적이 있고 표현이 진솔하다. 말하자면 보다 사적인 서술에 가깝다. 이에 대하여 후자의 서술은 정사(正史)의 체통을 고려한 표현에 장식·미화 흔적이 있고, 당연한 일이지만 최치원을 이미 역사적 인물로 객관화시킨, 즉 일정하게 거리를 둔 서술이다. 아래에 몇 가지 문제에 대해 분석·음미해 보자.

먼저「쌍녀분기」에서는 "작은 집을 짓기도 하고 석대를 쌓기도 하며[結小齋, 築石臺]"라고 구체적이고 자상하게 표현되어 있었던 것이『삼국사기』에서는 "대사를 경영하고[營臺榭]"라고 개괄적으로 처리하고 있다. "결소재(結小齋), 축석대(築石臺)"에서 "영대사(營臺榭)"로의 개괄화는 쉬우나 "영대사"로부터 "결소재, 축석대"로의 구체화·자상화는 특별히 조작적인 서술이 아닌 한 가능하지가 않다.

다음「쌍녀분기」의 '남산청량사(南山淸凉寺)'의 '남산'은 해인사(海印寺)의 남산 즉, 해인사 남쪽 월류봉(月留峰)을 가리키는 말이다. 그 봉우리 밑에 청량사가 있다.[49] 지금까지도 그 산을 인근지역에서는 '남산제일봉(南山第一峰)'이라 부르고 있다. 그런데『삼국사기』에서는 그 '남산'

---

49 『新增東國輿地勝覽』권30, 陝川, 佛宇, "淸凉寺, 在月留峯下. 崔致遠嘗遊于此."

을 경주의 남산으로 오인하여 '경주남산(慶州南山)'이라고, 「쌍녀분기」의 '남산'에 따로 소재지명 '경주'를 보충하고 있다. 그리고 '청량사'는 또 따로 보아 역시 소재지명을 보충하여 '협주(陜州) 청량사'라 쓰고 있다. 『삼국사기』의 '경주남산'은 바로 최치원이 해인사에 은거하기 전의 거처였다.[50] 경주는 바로 최치원이 싫어서 떠나온 '난세'의 진원지인데 그 곳을 최치원이 세상을 피해 '놀던 곳'으로 적는 모순을 『삼국사기』는 결과적으로 범하고 있다. 그리고 최치원의 '놀던 곳'의 열거에서 '경주남산'을 첫머리에 놓은 것 역시 「쌍녀분기」에서 최치원의 '유력(遊歷)하던 곳'으로 '남산청량사'를 첫머리에 놓은 사실과 무관하지 않다. 『삼국사기』가 「쌍녀분기」를 참고한 명백한 증거다.

『삼국사기』에서는 최치원이 지리산에서 '놀던 곳'으로 '쌍계사(雙溪寺)'만 거명했으나 「쌍녀분기」에서는 '쌍계사' 외에 '석남사(石南寺)'·'묵천석대(墨泉石臺)' 등 다분히 지방적 성격을 가진 승지(勝地)까지 들고 있다. 물론 경주가 수도이던 시절에는 경주에서 상대적으로 가까웠던 곳이었던 만큼 반드시 지방적인 승지라는 인식이 없었을 수 있다. 아마 경

---

50 崔滋, 『補閑集』 上, "우리 太祖가 막 일어날 즈음에 신라의 최치원이 반드시 天命을 받을 것을 알고는 우리 태조께 上書하였다. 그 편지에 '鷄林黃葉, 鵠嶺靑松.'이란 말이 있었다. 신라왕이 듣고서 최치원을 미워하자 곧 가족을 데리고 伽倻山 海印寺에 은거하여 마쳤다. 이에 公이 이전에 거처하던 곳을 '上書莊'이라 이름하였다.[我太祖作興, 新羅崔致遠, 知必受命上書, 有'鷄林黃葉, 鵠嶺靑松.'之語. 羅王聞而惡之, 卽帶家隱居伽倻山海印寺終焉.]" 이와 같이 최치원이 살던 집을 고려 왕조에서는 王建에게의 上書를 기념하여 上書莊이라 이름하여 보존하였는데, 그 上書莊이 지금도 옛 자리인 南山의 북동쪽 기슭에 있다. 바로 신라 王宮과는 蚊川을 사이에 둔 至近한 거리다. 그리고 최치원이 남산에서 살던 정황을 鄭知常은 그의 「栢栗寺詩」(『신증동국여지승람』 권21, 慶州, 佛宇)에서 "지금 南山에는/오직 한 뙈기 채마밭만 남았네[至今南山中, 唯有一遺浦.]"라고 읊었던 것이다.

주 일원의 신라 지배층 사회에서는 십중팔구 그러했을 것이다. 그러나 개성이 수도가 된 지 2세기가 훨씬 넘어 『삼국사기』가 나온 시점에 '석남사'·'묵천석대' 따위는 이미 까마득히 잊혀진 지명이다. 그래서 『삼국사기』에서는 이 지명들을 올리지 않았던 것이다.[51]

그리고 위의 '남산청량사'란 표현 역시 그런 의미의 지방적 성격을 띤 표현이다. 당시 최소한 가야산(伽耶山) 인근 지역의 주민, 그리고 경주 일원의 신라 지배층 사회에서는 청량사가 해인사의 남산에 있다는 사실은 하나의 공공적(公共的)인 정보였다. 그러기 때문에 이 경우 '남

---

51 「쌍녀분기」의 "南山淸凉寺, 合浦縣月影臺, 智理山雙溪寺·石南寺·墨泉石臺, (種牧丹, 至今猶存.) 皆其遊歷(處)也."란 서술 방식으로 보아 '石南寺'와 '墨泉石臺'는 명백히 '雙溪寺'와 함께 '智異山'에 속해 있다. 그런데 역대로 '石南寺'라 이름하는 절은 李耘虛의 『불교사전』에 5개처가 소개되어 있으나 지리산에 있는 石南寺는 없다. 절이 세워지는대로 다 기록에 남을 리 없다. 작은 절은 더욱 그렇다. 생각건대 최치원이 유력했다는 石南寺는 그리 큰 절로는 생각되지 않는다. 그런데 지리산에서 지금의 河東湖의 상류가 靑鶴洞 골짜기를 흐르는데 현지인들은 그 시내를 '묵계'라고 부른다. 그리고 그 묵계의 언저리에 지금의 행정구역으로 '墨溪里'가 있다. 그 묵계리와 하동호 사이, 하동호에서 대략 4km 가량의 지점에 '절터'라는 조그만 마을이 있다. 나는 이 '절터'가 바로 廢石南寺의 터가 아닐까 한다. 물론 '묵계'의 '묵'은 '墨'이나 '黙'으로 필사될 수 있다. 더구나 신라 시대 명사 내지 고유명사의 音寫에 있어 漢字는 同音이면 꼭 한 가지 글자만을 고집하지 않았다. 일례로 아찬을 '阿湌'·'遏粲'·'阿餐' 등으로 記寫하듯이 '墨'이나 '黙'은 문제가 되지 않는다. 그리고 '墨泉'의 '泉'은 바로 '山谷間에 흐르는 물'을 뜻해서 산을 나와 '들에 흐르는 물'을 뜻하는 '川'과는 다르다. 그러니까 '石南寺'와 '墨泉石臺'는 상거가 먼 지점이 아니다. 그런 점에서 '절터' 근처에 시내가 굽이 돌고 巖石이 많아 경치가 빼어난 곳이 있다. 그곳을 중심으로 몇 개의 작은 마을들을 '가리바위'라 부른다. 여기의 이 경치 좋은 곳이 혹시 墨泉石臺 터가 아닐는지? 최치원이 "石臺를 쌓았다."고 했으니 墨泉石臺도 당연히 쌓은 것일 것이다. 이 추정에 신빙성을 더해 주고 있는 것이 '절터'에서 묵계 상류 청학동을 지나 고개 넘어에, 절터에서 11km 가량의 지점에 孤雲洞이 있다는 것이다. 현지인들은 최치원이 마지막에 이곳에서 살다가 죽은 것으로 믿고 있으며 무덤도 근처 어딘가에 있다는 것이다.(고운동은 지금은 揚水발전소의 댐이 되어 있음.) 뿐만 아니라 역시 지리산에 속하는 斷俗寺에는 최치원의 讀書堂이 있었다.(『신증동국여지승람』 권30, 晉州, 佛宇, 斷俗寺 참조.) 이처럼 최치원은 지리산에 많은 足跡을 남겼다.

산'이 어디에 있는지를 설명할 필요가 없었다. 그러나 중앙부가 개성으로 옮기고 난 뒤에는 신라 때의 공공 정보도 점차 지방화, 사사화(私事化)되어 마침내 『삼국사기』에서 경주의 '남산'으로 오인하게 된 것이다. 이것은 「쌍녀분기」의 창작이 최소한 최치원 사후로부터 경주가 중앙부로서의 위치를 완전히 상실하기 전에 있었음을 말해준다.

'남악사정현(南岳師定玄)'이란 표현 역시 위의 '남산청량사'와 같은 유의 표현인 것 같다. 당시 해인사에는 화엄종(華嚴宗)의 두 고승 관혜(觀惠)와 희랑(希朗)이 있어 각각 파당을 지어 전자는 후백제 견훤(甄萱)의 복전(福田)이 되어 있고 후자는 고려 왕건(王建)의 복전이 되어 있었는데, 당시의 무리들이 관혜의 계열은 남악(南岳)이라 부르고 희랑의 계열을 북악(北岳)이라고 불렀다.[52] 그런데 최치원은 북악계열인 희랑과 특히 가깝게 지냈다.[53] 따라서 여기 '남악사정현'의 '남악'은 '견훤'을 지지

---

52 赫連挺, 『均如傳』.
53 『伽耶山海印寺古籍』(日本東洋文庫 소장) "希郞大德이 여름날 伽倻山 海印寺에서 『華嚴經』을 강했다. 내가 오랑캐를 방어하는 일에 구애되어 나아가서 들을 수가 없다. 그래서 한 쪽은 吟體로 하고 한 쪽은 詠體로 하여, 5편은 仄聲字 韻을 쓰고 5편은 平聲字 韻을 써서 絶句 10편을 지어 그 일을 歌頌했다. 防虜太監 天嶺郡守 遏粲 崔致遠.[希朗大德君, 夏日, 於伽倻山海印寺, 講華嚴經. 僕以捍虜所拘, 莫能就聽, 一吟一詠, 五側五平, 十絶成章, 歌頌其事. 防虜太監 天嶺郡守 遏粲 崔致遠.]"(李佑成, 「南北國時代와 崔致遠」, 『韓國의 歷史像』, 1982, 160면, 주석에서 재인용) 10편의 절구는 오늘날 최치원의 문집에 「贈希望和尙」6수가 그것이다. 4편은 일실된 것이다. 6수 중에 仄성자 韻으로 된 작품이 4수, 平성자 韻으로 된 것이 2수다. '防虜太監'이란 당시 後百濟의 甄萱軍을 방어할 임무를 띤 직책으로, 天嶺郡守는 이 방로태감을 겸직했던 모양이다. 천령(지금의 咸陽)은 八良峙를 넘어 견훤의 본거지 全州와 통하는 要路에 있기 때문에 그곳 군수는 방로태감을 例兼했던가 보다. 진성여왕 8년(894) 최치원 38세에 阿飡이 되었으므로 그가 방로태감 겸 천령군수를 지낸 것은 최소한 894년 경 이후의 일이다.

하는 계열'의 정치적 파당을 가리키는 말로 보기는 어렵다.[54] 왕건을 지지하는 희랑과 가까운 최치원이[55] 견훤을 지지하는 관혜 계열의 승려와 함께 경론(經論)의 깊은 이치를 탐구한다는 것은 생각하기 어렵기 때문이다. 필경 '남악에 주석(住錫)하는 스님 정현(定玄)'의 뜻으로, 이 '남악' 역시 청량사가 있는 해인사의 남산을 가리킴이 확실한 것 같다.[56] 정현이 최치원 당대에는 알아줄 만한 고승이었는지 몰라도 후세에 그 자취가 전하는 바 없다. 그런 만큼 '남악사(南岳師)'란 주로 당대에 그를 아는 사람 사이에 통용되던 별호에 불과할 터다. 「쌍녀분기」가 최치원 당대를 최치원과 함께 산 사람의 작품이란 증거의 한 가지다.

그러한 증거는 '형대덕현준(兄大德賢俊)'이란 표현 속에서도 찾을 수 있다. 이 표현은 '남산사정현' 보다 더 사적이고, 그리고 주관적인 표현이다. '현준(賢俊)' 역시 '정현'과 함께 최치원에 의존하여 겨우 그 이름이 후세에 알려진 승려다. 그런데 '대덕(大德)'이란 칭호는 '지혜와 덕망이 높은 스님'을 가리키는 칭호다.[57] 지혜와 덕망의 높이에 있어 딱히 어느 등급을 지칭하는 것이 아니라 여러 등급을 포괄하는 개념이다. 승려로서의 단순히 장로에서 보살 지위에 오른 사람까지가 다 포괄된다. 말하자

---

54 定玄은 敎宗이므로 9세기초에 성립된 禪宗계열의 南岳禪門(智異山의 洪陟)의 法脈이랄 수는 더더구나 없다.
55 최치원도 신라에 대해 끝까지 신의를 저버리지는 않았지만 왕건에 대해 격려의 편지를 할 만큼 우호적 입장이었다.
56 '南岳'이 해인사의 '南山'을 가리킬 것이라는 것은 李鍾文의 견해다. '岳'과 '山'은 통용하되, '岳'은 산세가 험한 경우에만 특히 붙이는 것 같다. 필자는 해인사 남산을 등반해 보았는데 산세가 인근의 다른 산에 비해 상대적으로 좀 험한 것 같았다.
57 운허 용하, 『불교사전』.

면 주관적 판단이 개입될 여지가 많은 개념이다. 현준은 최치원에 의존하여 그 이름이 겨우 후세에 알려질 정도의 승려란 점에서, 지혜와 덕망이 그리 높은 승려가 아닐 것 같다. 즉 그에게 '대덕'이란 호칭은 만인이 공감할 수 있는 객관성을 가진 호칭은 아니라는 말이다. 말하자면 다분히 최치원과의 사정(私情)에 끌려 그의 형을 예우하는, 얼마쯤 사교적인 기분을 가미하고 있는 호칭으로 보인다. 여기에 대하여『삼국사기』에서는 '모형부도현준급정현사(母兄浮圖賢俊及定玄師)'라고 하여 '정현'과 함께 구분없이 '부도(浮圖)'란 객관적 호칭으로 묶고 있다. '부도'란 주로 유가에서 불승(佛僧)을 가리켜 부르는 가치중립적 호칭이다.『삼국사기』로서는 당연한 표현이다. 그런데「쌍녀분기」가 창작된 지 2세기 반 이후의 시점에서『삼국사기』의 가치중립적인 표현인 '부도현준'에서 어떻게 극존칭일 수도 있는 '대덕현준'이란 표현으로 비약하여 보충될 수 있단 말인가. 이로써「쌍녀분기」는 수미일관 최치원의 측근에 의한 창작임을 알 수 있다.

다만『삼국사기』의 서술 중 한 가지가「쌍녀분기」의 서술보다 더 구체적인 듯한 표현이 있다. '대가은가야산해인사(帶家隱伽耶山海印寺)'의 '가족을 데리고[帶家]'라는,「쌍녀분기」에는 없는 사실이 있다. 우선 최치원이 과연 해인사에 가족을 데리고 들어갔느냐, 단독으로 은거했느냐부터 문제될 법하다. 정지상(鄭知常)의「백률사시(栢栗寺詩)」에 몰락하여 졸오에 섞여 있는 최치원의 9세손을 경주에서 만난 감상을 읊고 있기 때문이다.[58] 그러나 이 사이의 자세한 사정을 모르기 때문에 이 사실 하나만으로 최치원이 가족을 데리고 해인사에 들어가지 않았다고 단정할 수는 없다. 최치원이 가족을 데리고 해인사에 아주 은거하게 된 결정적 계기가 '계림황엽(鷄林黃葉), 곡령청송(鵠嶺靑松).'의 구절이 든 편지를 왕건에게 보낸 데 있는 것으로 알려져 있다. 즉 이 사실이 신라 왕에게 알려져 왕이 최치원을 싫어했기 때문에 아예 가족까지 데리고 해인사로 아주 들어갔다는 것이다.[59] 만약 이것이 사실이라면 「쌍녀분기」가 이 사실을 쓰지 않는 데에는 아마 무엇보다 작품의 효과를 고려해서일 것 같다. '대가(帶家)'라 쓴다면 위와 같은 정치적인 사건이 떠오를 뿐만 아니라, 단순히 가족을 거느렸다는 사실 자체만으로도 현실 허무주의를 회포에 안고 만년을 세외에서 형이상학적 세계에 노니는 최치원의 형상화에 오히려 거추장스럽고 방해가 된다고 생각했음직하다. 당연하지만 서두나 결미의 사전(史傳)도 최치원의 개인사를 있는대로 다 서술한 것이 아니라 작품을 위해 필요한 사실만을 선택적으로 서술한 것이다.

이상과 같이 「쌍녀분기」 결미 부분의 최치원의 사전에 대해 『삼국사기』의 그것과 비교해서 분석적 검토를 가하고 그 의미를 음미해 보았다.[60] 그 결과 우리는 최치원 사전의 서술 태도에 경주가 중앙이던 시절

---

58 『新增東國輿地勝覽』 권21, 慶州, 栢栗寺, "崔儒仙(치원)을 기억컨대 / 문장이 중국을 감동시켰네 // (중략) 아득하구나 九世孫 / 머리를 묶고 졸오에 섞여 있네 // 불러서 보니, 冠을 높직이 쓴 것이 / 사람들로 하여금 어진 이의 후손임을 알게 하네[記憶崔儒仙, 文章動中國. (중략) 邈哉九世孫, 結髮混卒伍. 喚來岌其冠, 人識賢者後.]"
59 주50) 참조.
60 최치원에게는 行狀이나 墓誌는 없었음을 『삼국사기』 「崔致遠傳」을 통해서 알 수 있다. 「최치원전」은 주로 최치원의 「桂苑筆耕集序」 및 「上太師侍中狀」, 그리고 「雙女墳記」, 「顧

의 상황과 분위기가 있고, 그리고 최치원의 동정에 대해 최소한 심리적으로라도 근접 관찰이 있었음을 확인했다. 따라서 「쌍녀분기」는 최치원을 측근에서 따랐던 이름난 시인의 창작일 수밖에 없다. 우리는 그 시인이 최광유임을 앞에서 그의 시의 풍격, 시적 관습, 심상 등 전반적인 시풍의 「쌍녀분기」 삽입시와의 합치에서 이미 보았다. 그렇다면 「쌍녀분기」를 지은 최치원의 측근으로 최광유 말고는 따로 그 사람을 찾을 수가 없다.

최광유는 최치원의 측근이 될 수 있는 가능 요인을 많이 가지고 있었다. 우선 그는 20대 청년 시절부터 최치원의 작품을 애독하여 그 시적 관습의 일부까지 전수해 가졌던 만큼 정신적으로는 이미 최치원에게 다가서 있었던 셈이다. 그런데 최광유는 견당 유학생의 유학 허용 기간인 10년의 연한을 채우고도 과거에 급제하지 못했다. 그는 결국 진성여왕 10년(896) 초에 신라의 요청에 의해 송환 조치를 당했다.[61] 그 송환을 요청

雲送別詩」의 기계적인 모자이크로 이루어졌다. 행장이나 묘지가 있었다면 「최치원전」의 사정은 달라졌을 것이다. 이종문도 『三國史記』崔致遠 列傳에 투영된 金富軾의 意識의 몇 局面」(『어문논집』 35, 고대 국어국문학연구회, 1996)에서 「최치원전」의 불안정성, 편향성을 논했다.

61 최치원, 『崔文昌侯全集』 권1, 「奏請宿衛學生還蕃狀」, "그 崔渙·崔匡裕 두 사람은 金僅이 玉階에 얼굴을 조아려 유학할 것을 청하였던 바, 聖上께서 윤허하시어 學宮에 곁붙게 되었던 것이온데, 지금 이미 10년의 기한을 채웠고,……하물며 국경에는 난리가 많사와 부모들이 절절히 돌아오기를 기다리고 있사옵기로 비록 大成은 못했을망정 선뜻 갖추어 올려 청하오니……賀正使 金潁의 배편에 수행하여 본국으로 돌아가게 하여 주시오면……[其崔渙崔匡裕二人, 金僅面叩玉階, 請留學問, 聖恩允許, 得廁黌中, 今已限滿十年. (중략) 況乃國境尚多亂離, 家親切待放歸, 雖乖大成, 輒具上請. (중략) 隨賀正使級飱金潁船次還蕃. (후략)]" 앞 뒤 문맥으로 보아 특히 '비록 大成은 못했을망정'은 이들이 과거에 급제하지 못했음을 뜻한다. 그리고 최광유가 만일 급제했다면 '一代三崔'[崔致遠·崔彦撝(仁滾)·崔承祐. 「太子寺朗空大師白月棲雲塔碑後記」]가 아니라 필시 '一代四崔'의 일컬

하는 국서를 최치원이 썼다.[62] 그런데 최치원이 그 때 이미 실의기(失意期)로 접어 든 때다. 당나라에서 실의한 후배와 본국의 벼슬 길에서 실의한 선배, 그것도 아마 같은 골품인 선후배간에[63] 모종의 인간적인 관계가 성립될 가능성은 충분하다. 더구나 최광유는 귀국 후에도, 당나라에서 과거에 급제하지 못했다는 점에서 예상되는 바이지만 썩 득의하지는 못한 것 같다. 오히려 불우에 가까운 편이었을 것이다. 어쩌면 동병상련의 처지가 되었을 선후배간이라 그들은 쉽사리 가까워졌을 것이다. 최광유는 최치원에게 거의 심복하지 않았나 생각된다. "모란을 심어 두었는데 지금도 있다.[種牧丹, 至今猶存.]"는 이렇게 심복하던, 그리고 지금은 세상에 없는 선배 최치원을 회고하는 감회에 빠진 나머지에 나온 것이다.[64] 최치원이 승지를 찾아 방랑하다시피 한 것은 그의 40대부터다. 효공왕 2년(898)에 그의 마지막 관직으로 생각되는 방로태감(防虜太監)·천령군수(天嶺郡守)를 '죄가 있어 면직'되고[65] 난 뒤에 유력을 시작한 것 같다.

음이 되었을 것이다. 따라서 『海東繹史』 권67, 崔致遠條에 인용된 훨씬 후대에 이루어진 陸應陽의 『廣輿記』(明·淸代로 추정됨)에서 최광유가 최치원을 곧 뒤따라 進士가 되었다는 기록은 오류다. 아울러 安鼎福의 『東史綱目』 五上, 眞聖女王 3년조의 역대 빈공급제자의 記名에 '崔匡裕'가 있음도 오류다. 그리고 최광유가 진성여왕 10년초(896)에 송환되었음은 신라로 돌아오는 '賀正使 金潁의 배편' 바로 이때에 있었기 때문이다.

62 최치원이 「奏請宿衛學生還蕃狀」을 쓴 것은 진성여왕 9년(895) 후반기, 그의 나이 39세 때였다. 아마 天嶺郡守로 있을 때일 것이다. 그 뒤 3년만에 관직으로부터 영구히 떠난다.
63 최광유의 골품은 모른다. 그러나 십중팔구 6두품으로 짐작된다.
64 "種牧丹, 至今猶存."은 後人의 주석으로 볼 수도 있으나 최광유의 회고로 보는 것이 더 자연스러울 것 같다. 최광유는 최치원의 유력처를 최치원의 생전·사후 그도 유력한 것 같다. 물론 최치원의 생전에는 최치원과 함께 하는 경우도 있었을 터다.
65 安鼎福, 『東史綱目』 五下, 孝恭王 2년조, "아찬 최치원이 죄가 있어 면직되다.[阿飡崔致遠, 有罪免.]"

그 유력의 기간 석남사에 머물며 심어둔 모란[66], 최광유에게는 그냥 지나칠 수 없는 회억(懷憶)의 물건이었던 모양이다. 그래서 「쌍녀분기」에서 유력지(遊歷地)의 열거가 끝나는 대목에 이르러 최치원이 심어둔 모란을 감회롭게 주(註)로 언급하고 있는 것이다.

그렇다면, 「쌍녀분기」는 좀 더 정확하게 언제쯤 지어졌을까? 최치원은 최소한 60세(916) 경까지는 생존해 있었던 것으로 보이며[67] 그 뒤 어느 때에 사거(死去)한 것 같다. 최치원보다 10년 좌우 후배인 최광유는 신라가 멸망할 즈음(935)에 나이가 70세에 가까웠다. 그러니까 최치원 사후로부터 경주가 중앙부이던 시기에 「쌍녀분기」는 지어진 것이다. 최광유의 나이를 생각해 보면 아무래도 신라 멸망 이전, 어쩌면 최치원 사후 오래지 않은 시기에 지어졌을 가능성이 훨씬 크다.[68]

---

66 善德女王 때 唐나라에서 들여왔다는 모란은 최치원 당시는 아마 희귀한 꽃나무였을 것이다.
67 최치원이 王建에게 편지를 올린 것이 왕건이 최소한 侍中이 되고 난 이후 왕건이 즉위하기 전 즉 913에서 918년 사이의 어느 때, 아마 최치원의 나이 60세(916) 가까이 되어서의 일일 것이다. 그 때 가족을 데리고 해인사에 은거했다 했으니 최소한 그 때까지 생존했다.
68 졸고, 「고려 전기의 한문학」(『한국사』 17, 국사편찬위원회, 1994)에서는 「쌍녀분기」를 "최치원의 바로 다음 세대에 지어졌거나 늦어도 그 다음 세대를 넘지 않을 것"이라 했다. 근본적으로 다른 것은 아니나 좀더 정확한 창작 시기를 잡기 위하여 기존의 견해에 약간의 수정을 가한다.

III. 창작 배경

1. 최치원의 재당시 연애와 쌍녀분 제시

「쌍녀분기」의 주제는 시각에 따라 일정하게 다각적으로 파악될 수 있다. 그러나 주류적으로는 현실허무주의에 의한 출세(出世, 세외로 나감)가 그것이다. 이러한 주제를 하필이면 두 여인과의 정사를 제재로 한 데에는 그럴만한 계기가 현실 최치원에게 있었던 것이다. 즉 최치원의 재당 시절의 체험 두 가지가 「쌍녀분기」의 세재의 상황적, 또는 직접 제재적 배경이 되었다. 그 한가지는 최치원의 재당 시절 여도사와의 연애 사건이고[69], 다른 한 가지는 「쌍녀분」에의 제시다.

여도사와의 연애 사건은 28세 때 당나라를 떠나올 때 지은 두 수의 시로 알 수 있다. 그 중 한 수를 앞에서 이미 소개했거니와 필요상 여기에 다시 인용한다.

「유별여도사(留別女道士)」

每恨塵中厄宦途,　　　진세의 벼슬길에 쪼들림 매양 한하더니,

---

[69] 唐代 女道士들은 비록 修道를 명분으로 삼으나 실제에는 일종의 변형된 私妓들이 많았다. 그녀들은 머리에 芙蓉黃冠을 쓰고, 素服을 입고, 얇디얇은 너울을 걸치고, 화장을 해서 瀟灑한 韻致가 있었다. 그녀들은 사대부와 많이 오고 갔다. 때로는 醮祠를 핑계로 사대부의 집에 초대되어 술을 권하고 풍악을 잡았다.(『守節·再嫁·纏足及其它』, 陝西人民出版社, 1990, 219면, 참조)

數年深喜識麻姑,	수년래로 마고를 알아 매우 기뻤다오.
臨行與爲眞心說,	떠나감에 그대에게 진심을 말할 양이면,
海水何時得盡枯.	저 바다는 어느 때나 다 마를까요.

    내용으로 보아 기녀와의 일시적 정애와는 성격이 다르다. '수년' 동안 지속되어온, 그리고 시의 끝 구절과 다음에 소개할 시를 보면, 상당히 열정적인 연애였다. 말을 하자면 할 말이 바다처럼 한량없는 '진심'을 말하고 있다. 그런데 여인이 실제로 여도사이기에 '마고', 즉 '선녀'라 부르는 것은 오히려 근사한 표현이지만, 그 '선녀와의 연애'를 '진세의 벼슬길에 쪼들림'에 대비적으로 구성된 것이 주목된다. 즉「쌍녀분기」에서 유계의 두 여인을 '선녀' 또는 '선려(仙侶)'로 미화하고 그 두 여인과의 '풍류'(풍류에는 정사의 뜻이 있음)를 '풍진말리(風塵末吏)'의 '범류(凡流)'적 삶에 대비하고 있기 때문이다. 한 쪽은 시이고 한 쪽은 소설로서, 두 작품의 큰 틀이 같은 것은 작품적 교섭에 의해서기보다는 더 비중 크게는 최치원의 체험과 그 체험에 따른 심경이 최광유에게 전수되었기 때문일 터, 여기서 우리는 최치원의 연애 사건이 이 작품의 제재의 정황적 배경이 되었음을 확인하게 된다. 더구나「쌍녀분기」에서 두 유계 여인과 이별할 때 작중 최치원이 가졌던 애틋하게 아쉬운, 그리고 허망한 심정이 다른 한 수의 시적 상황에 방불함을 확인하게 되어 더욱 그런 생각이다.

「제해문난야류(題海門蘭若柳)」

| 廣陵城畔別蛾眉, | 광릉성 언저리에서 미인을 이별하고, |
| 豈料相逢在海涯. | 어찌 알았으랴, 이 바닷가에서 만날 줄을. |

只恐觀音菩薩惜,[70]　　관음보살이 아까워할까 봐,
臨行不敢折纖枝.　　　떠나며 여린 가지를 꺾어가지 못하네.

　이 시는 최치원이 귀국 길에 산동(山東) 반도의 동모현[東牟縣, 지금의 산동성 봉래현(蓬萊縣)] 동쪽 해안에서 일기 불순으로 겨울을 나고 이듬해 885년 이른 봄 그곳을 떠나기 직전에 지은 작품이다. 이별한 '미인[아미(蛾眉)]'은 앞의 시에서의 여도사다.

　여도사를 이별하고 이미 3~4개월 가량 지났건만 아쉬운 마음은 더욱 절실했던 모양, 봄을 맞아 파아랗게 물이 오르고 있는 버드나무 여린 가지를 보아도 그녀인냥 애틋해 하고 있다. 그래서 가능만 하면 여도사를 모국 신라로 데려가고 싶은 심정을 말하고 있다.[71] 이 열애의 중단에서 오는 애틋한 아쉬움을 뒤집으면 바로 허망감이다. 「쌍녀분기」에서의 최치원이 가졌던 허망함은 이 시에서와 같은 실제 최치원의 이별의 심정이 최광유에게 가서 추체험적(推體驗的)으로 심각화되어 나타난 것이다.

　다른 한 가지 제재적 배경으로서 가능한 것은 실제로 최치원이 쌍녀분에 제시했을 것이란 것이다. 쌍녀분은, 지금 그 분묘의 실체가 밝혀져 있고[72], 초현관(招賢館)은 원대(元代)의 지리지에 "쌍녀분은 율수주(溧水

70　관음보살상에는 으레 淨甁이 손에 들려져 있고, 그 정병에는 버드나무 가지가 꽂혀 있기에, 더구나 절에 있는 버드나무이기에 한 표현이다.
71　"떠나매 여린 가지를 꺾어 가지 못 하네.[臨行不敢折纖枝.]"라는 구절이 그런 심정을 표현한 것이다.
72　『人民日報』, 1996년 10월30일자에 「高淳發現唐代雙女墓」 기사가 실려 있다.

州) 남쪽 110리 지점 폐초현관(廢招賢館) 곁에 있다."[73]고 한 것으로 실재했음이 확인된다.

그런데 당대의 문사들은 기녀와의 유탕(遊蕩)으로 하나의 풍상(風尚)을 이루었다. 심지어 도(道)로서 자임하는 한유(韓愈)에게도 가무에 능한 두 첩이 있었으며, 단적으로 백거이(白居易)는 그의 시에 그 이름이 나타나는 가기(家妓)만 해도 20인에 안 들지는 않을 정도다.[74] 최애(崔涯)라는 시인은 시로써 기녀를 조희(嘲戲)하기를 능사로 삼아 그의 시에 어떻게 묘사되느냐에 따라 찾는 손님의 증감이 좌우되기도 했다.[75] 이런 풍상 속에 죽은 기녀의 무덤가 나무 위에 시를 써 붙이는 풍조까지 생겨났다. 오국(吳國) 명기 진낭(眞娘)이란 여인이 죽은 뒤에 당시 문인들이 그녀의 생전의 염려(艷麗)함을 못 잊어 그녀의 무덤가 나무에 허다한 염시(艷詩)를 써 붙였다.[76]

이런 풍조 속에 최치원이 쌍녀분에 제시했을 가능성은 충분하다. 그러니까 「쌍녀분기」의 '최치원이 쌍녀분의 석문에 시를 쓰다[致遠題詩石門]'란 실제 사건을 두 유계의 여인과 관계를 맺게 하는 결정적 계기로 삼는 제재로 채택한 것이다. 다만 「쌍녀분기」에서 석문에 쓴 시는 최치원의 실제 작품이 아니다. 시풍이나 내용으로 보아, 그리고 쌍녀분 현장의 정황으로 보아 그렇다.

---

73 張鉉, 『至大金陵新志』 권12下, 「古蹟志 下, 陵墓」, 雙女墳條註 "墳在溧水州南一百一十里廢招賢館側."(李劍國, 『『新羅殊異傳』考』, 『外遇中國』, 2001, 129면에서 재인용)
74 李志慧, 『唐代文苑風尚』, 陝西人民出版社, 1988, 290~291면.
75 이지혜, 위의 책, 294면.
76 이지혜, 위의 책, 같은 곳.

誰家二女此遺墳,	뉘 집 두 규수 여기에 묻혔던고,
寂寂泉扃幾怨春.	적막한 저승에서 몇 해나 봄을 원망했던가.
形影空留溪畔月,	형영은 부질없이 시냇가 달빛으로 머무니,
姓名難問塚頭塵.	무덤을 향해 성도 이름도 묻기 어려워라.
芳情倘許通幽夢,	꽃다운 정 그윽한 꿈에라도 통하여,
永夜何妨慰旅人.	기나긴 밤 이 나그네 몸을 위로한들 어떠랴.
孤館若逢雲雨會,	외로운 관사에서 운우로 어울리기만* 한다면,
與君繼賦洛川神.	그대들과 함께 「낙신부(洛神賦)」를 이어 부르리.

* 운우로 어울리기만: 남녀가 육체적으로 어울리는 것을 말함.

시풍에 관해서는 앞에서 논의했으므로 여기서 더 논급하지 않겠거니와 내용으로 보아, 특히 경련(頸聯) 이하는 양갓집 두 규수의 무덤을 향해 현장에서 할 소리가 아니다. 아무리 기녀의 무덤에 제시하는 풍조가 있었기로, 이런 풍조에 힘입어 최치원이 여인의 무덤에 제시할 수 있다는 것이지, 더구나 이국 땅에서 첫 출사길의 관료로 있는 몸이 어떻게 "기나긴 밤 이 나그네 몸을 위로한들 어떠리 // 외로운 관사에서 운우로 어울리기만 한다면"이라는, 거의 음담에 가까운 내용을 양가집 규수의 무덤을 향해 할 수 있겠는가. 최치원이 이처럼 철없는 경망한 짓을 했으리라고는 생각하지 않는다.[77] 그러나 최광유는 할 수 있다. 쌍녀분이 만

---

[77] 최치원이 高駢의 막하에서 '署充館驛巡官'에서 '署館驛巡官'으로 승진되고, 殿中侍御史內供奉의 內職을 받으며, 4·5품 관리의 章服인 '緋·銀魚袋'를 받게 된 데에는 고병 막하의 諸郎官들이 최치원을 "힘을 함께 하여 薦揚(同力薦揚)"한 힘이 크다.(최치원, 『계원필경집』 권18, 「長啓」 참조) 최치원의 인품을 짐작할 수 있는 대목이다.

리나 떨어진 이국 땅에 있을 뿐 아니라 최치원이 제시한지도 대략 반세기 가량이나 격해 있어서 현장의 박절한 윤리감으로부터 완전히 해방되어 있었기 때문이다. 그리고 현장에서는 무덤의 규모가 사람을 위압할 정도로 커서 위와 같은 내용의 시상이 떠오를 수 있는 계제가 아니기도 하다. 지표에서 2m 좌우 높이의 장방형으로 길이가 26m, 너비가 18m나 된다. 그리고 무덤의 뒤로 완곡한 반월형의 못이 무덤을 향해 둘러있다.[78]

「쌍녀분기」의 머리부분에 나오는 이 시는 「쌍녀분기」 전체의, 특히 두 여인과의 정사의 복선의 구실을 하는 작품으로, 「쌍녀분기」 전반에 관한 최광유의 면밀한 계획을 보여준다. 특히 "그대들과 함께 「낙신부」를 이어 부르리"의 구절은 이 작품의 작품적 배경으로 「낙신전」이 긴밀히 관련되어 있음을 암시하고 있는 듯하여 더욱 흥미롭다. 「낙신전」이 문헌적 배경이 되었음은 뒤에서 논의하겠다.

2. 최치원의 생애와 최광유의 현실허무주의에로의 경사

「쌍녀분기」에서 유계의 두 여인과의 정사를 통해 최치원은 고독과 울읍(鬱悒)의 정회, 그리고 현실허무의식에 사무친 인물로 형상화되고 있다. 실제로 그는 48세때 쓴 「법장화상전(法藏和尙傳)」의 말미에서 이와 유사한 심경을 토로하고 있다. 이러한 그의 만년의 심경이 「쌍녀분기」의

---

[78] 주72)와 같은 곳.

제재가 된 것은 어김없는 사실이다. 그러나, 최광유의 현실허무의식은 그 색조가 최치원보다 더 깊은 그것이었을 듯하다. 만년의 최치원이 세외로 나간 것은 사실이지만 적어도 30세 경까지의 최치원은 당나라에서, 그리고 귀국 직후 신라에서 득의의 생애였다고 할 수 있다. 그리고, 그 뒤 42세 경까지도 그는 입세(入世)의 관료로 있었다. 그런데,「쌍녀분기」에서는 이런 경력을 거의 완벽하게 무화(無化)시키고 있다. 그의 실제 경력은 작품의 먼 배경으로 잠잠한 침묵 속에만 존재시켰다. 그리고 최치원의 고독과 울읍, 그리고 현실허무의식에로의 작자의 끝없는 경사를 본다. 그러한 경사가 작품에 짙은 음영으로 배어 있다. 여기서 우리는 최광유의 고독과 울읍, 그리고 현실허무의식을 읽는다. 이 점은「쌍녀분기」창작의 근본 동기가 어디에 있는가를 우리에게 알려 준다. 좀 더 정확하게는 최광유의, 만년 최치원과의 고독과 울읍, 그리고 현실허무의식에서의 동병상련적인 시적 계합(契合), 이것이「쌍녀분기」창작의 근본 동기다.

최치원의 재당 생애는 전체적으로 보면 상대적으로 득의의 그것이었다. 18세에 급제하고, 20세~23세 말까지는 맹교(孟郊) 같은 시인도 진사 후 4년만에 그 현위가 된[79] 율수현(溧水縣)이란 상현(上縣)의 현위(종9품상)가 되어 월봉(月俸)으로 전 20관[錢 20貫, 이만전(二萬錢)]과 그밖에 정당한 수입이 적지 않았다.[80] 최치원은 이 때의 자신의 생활을 "봉급은 많고 공무는 한가하여, 편안히 날을 보내게 되었다."고 회고하고 있다.[81]

---

79 이지혜, 위의 책, 93면.
80 金榮華,「崔致遠在唐事跡考」,『中韓交通史論叢』, 福記文化圖書有限公司, 1985. 최치원의 在唐 생애 추적에 이 논문에 힘입은 바 많았다.
81 최치원,「桂苑筆耕集序」, "祿厚官閒, 飽食終日."

그래서 초현관에 가서 한유(閒遊)할 수도 있었다.

24세 여름경~28세 7월경까지 4년간을 당시 막강한 실력을 가진 고병의[82] 막료가 되었다. 처음 서충관역순관(署充館驛巡官)에서 서관역순관(署館驛巡官)을 거쳐 그의 25세 때에는 순관(巡官)으로 승진했다. 순관은 막부의 편제상 고위직에 해당된다. 그와 함께 관계도 종8품하의 승무랑(承務郞)에서 1년이 못 되어 종7품하에 해당하는 내직 전중시어사내공봉(殿中侍御史內供奉)의 직함을 받았다. 뿐만 아니라 고병은 최치원을 위해 조정에 그의 장복(章服)을 주청하여 종7품하의 신분으로서 4품·5품 관리의 그것인 '비(緋)·은어대(銀魚袋)'를 착용하게 했다. 고병에게 올린 감사의 장계에,

> 저는 강외(江外)의 한 상현위(上縣尉)로부터 문득 내전(內殿)의 헌질(憲秩)이 주어지고, 장복을 겸하게 되었습니다. 성조에 벼슬하는 혁혁한 집안의 자제들을 보더라도 과거에 급제하여 입사(入仕)한지 2·30년에 오히려 남포[藍袍, 8·9품 소관(小官)의 관복)]를 입고, 막부에 나아가지 못 하는 자가 많거늘 하물며 저와 같은 이역의 선비이겠습니까?[83]

---

82 최치원이 그 막하로 들어가던 당시 高騈은 淮南節度副大使知節度事였는데 실질적으로는 '正節度'와 다름 없었다. 安史의 亂 이후 절도사는 반독립적 割據 상태였는데 고병이 있던 淮南道節度使는 劍南道節度使와 함께 그 권한의 크기가 왕왕이 宰相과 出入할 정도였다. 고병은 여기에 檢校司空·檢校司徒의 高銜 外에 江淮鹽鐵轉運使라는 재정상의 요직도 갖고 있었다. 최치원이 署館驛巡官으로 승진되기 몇 달 전에 고병은 諸道兵馬行營都統으로 승진되었고, 나중에 渤海王으로 봉해졌다.(김영화, 위의 논문)

83 최치원, 위와 같은 책, 권18, 「長啓」, "某自江外一上縣尉, 便授內殿憲秩, 又兼章紱. 且見聖朝簪裾烜赫子弟, 出身入仕, 二三十年, 猶掛藍袍, 未趨蓮幕者多矣. 況如某異域之士乎."

라고 하여 최치원도 그러한 승진과 대우가 극히 어렵다는 것을 말했다. 이러한 일련의 승진과 대우는 최치원의 당나라에서의 벼슬길에서 장래의 전망을 아주 밝게 해 주었다.

그러나 884년 6월에 황소(黃巢)가 죽임을 당하고, 고병은 의기소침해졌다.[84] 최치원도 고병의 몰락을 예감하고 당나라에서의 자기의 벼슬길이 여의치 않으리라는 것을 알았다. 그래서 그는 그 해 8월에 이미 이직(離職)을 하고 10월 하순에 귀국길에 올랐던 것이다.

고병은 귀국 길의 최치원에게 최대의 호의를 베풀었다. 여러 가지 물질적 호의는 말할 것도 없거니와[85] 최치원이 신라에 돌아가서의 벼슬 길의 입지를 강화해 주기 위해 그는 실로 거의 파격적인 조지를 취해 수었다. '회남입신라(淮南入新羅) 겸 송국신등사(送國信等使)·전도통순관(前都統巡官)·승무랑·전중시어사내공봉·사비은어대(賜緋銀魚袋)'가 그가 중국을 떠날 때의 관함(官銜) 및 신분이었을 것이나,[86] 귀국 뒤 신라왕에게 『계원필경』 등 재당 시절 작품을 들이면서 올린 장주(狀奏)에는 '회남입본국(淮南入本國) 겸 송조서등사(送詔書等使)·전도통순관·승무랑·시어사내공봉·사자금어대(賜紫金魚袋)'라 되어 있다. 아마 산동 반도 동안(東

---

84 고병은 黃巢 토벌에 적극적으로 출병해 주기를 바라는 僖宗의 소망을 따르지 않고 자신의 이익에 견인되어 머뭇거리는 동안에 亂은 끝나고 말았다.

85 고병은 최치원에게 평소에도 거주할 집을 주고, 그를 위해서 專用船隻을 안배하고, 衣物과 節日酒食도 보내고, 땔나무 값으로 매월 二十貫(二萬)을 더 지급하는 등 베풀었다. 귀국할 때도 그는 최치원이 이미 離職했음에도 여전히 月俸을 지급하고 별도로 또 20만을 더 주었다. 귀국하는 배도 특별히 專船을 안배해주고, 심지어 당시 道敎 祕術의 하나로 뱃머리에 風浪을 진압할 藥袋도 걸어주었다.(최치원, 위와 같은 책 권17~20 및 김영화, 위의 논문 참조)

86 최치원, 위의 책, 권20, 「祭巉山神文」.

岸)에서 순풍을 기다리는 사이에 개함되었을 것이다.[87] 전후의 관함 사이에는 신분적으로 적지 않은 차이가 개재한다. 최치원이 가져가는 것이 회남절도사(淮南節度使) 발해왕(渤海王) 고병의 '국신(國信)'에서 당나라 황제의 '조서'로, 종7품하의 '전중시어사내공봉'에서 종6품하의 '시어사내공봉'으로, 그리고 4품·5품관이 착용하는 비복과 은어대가 아니라 3품 이상의 관원들이 착용하는 자복(紫服)과 금어대(金魚袋)로 승격했던 것이다.[88] 이렇게 고병으로부터 지우(知遇)를 입었던 것이다.

그런데, 이러한 득의의 전경(前景)만이 최치원의 재당 생애의 전부는 물론 아니다. 과거에 급제하고 난 뒤 1년여 넘게 낙양에서 낭인 생활을 한 적도 있고[89], 23세 말에 율수 현위를 만기로 면직하고 24세 여름에 고병의 막료가 되기까지의 반년여 동안 실직 상태에서 '글 읽을 양식이 모자라는' 처지를[90] 겪기도 했다. 이런 일시적인 낙탁(落拓)과 무관하지는 않지만, 그러나 이 일시적인 낙탁에 대응해서이기 보다는 최치원에게는 근원적인 고독과 불만이 있었다. 그는 인간적인 한 특징으로 자부심이 무척 강했던 것 같다.[91] 그래서, 현실적으로 상대적인 득의의 국면을 만났으나 외국인으로서의, 자신의 역량에 상칭하는 관직이 늘 보장되지 않

87　김영화, 위의 논문.
88　김영화, 위의 논문.
89　최치원, 위의 책, 「桂苑筆耕集序」, "얼마 안 있다가 洛陽에 遊浪하여 붓으로써 생활 밑천을 삼았다.[尋以浪跡東都, 筆作飯囊.]"
90　최치원, 위의 책, 권18, 「長啓」, "俱緣祿俸無餘, 書糧不濟."
91　최치원의 강한 자부심을 그의 시문 도처에서 접하나, 특히 「無染和尙碑銘幷序」의 첫머리에 있는 왕과의 대화를 전후한 부분, 「智證和尙碑銘幷序」의 꼬리에 있는 자기를 소개하는 부분의 서술 태도에서 단적으로 드러나 있다.

으리라는 절대 한계에서 오는 고독을 떨칠 수 없었던 것 같다.[92] 그리고 그는 무엇보다도 당시 당나라의 현실―민중의 처지, 관료 및 지식인들의 행태 등의 현실―에 대해 강한 불만을 가지고 있었던 것 같다.[93] 이런 절대한계에서 오는 고독과 현실 불만이 최치원의 재당 생애의 이면을 흐르고 있는 의식이었던 것 같다.

고병의 파격적인 지우를 입어 가며 귀국 길에 있는 최치원은 한껏 희망에 부풀었다.

知爾新從海外來,	동풍아 너 새봄 맞아 바다 건너서 불어 왔지,
曉窓吟座思難裁.	새벽 창 시 읊는 자리에서 생각마저 싱숭생숭.
堪憐時復撼書幌,	어여뻐라, 때때로 서재의 휘장 흔드는 것이
似報故園花欲開.	고향의 꽃 피려는 소식 알리려는 것 같아.

「동풍(東風)」이라 제한 이 시에는 확실히 최치원이 고국에서의 벼슬길에 대한 부푼 희망을 피력하고 있다. 단적으로 '고향의 꽃 피려는 소식'을 말하고 있는 끝 구절의 내용이 그것이다.[94]

그는 과연 헌강왕(憲康王)의 환대를 받았다. 마침 최치원이 귀국하기

---

92 「秋夜雨中吟」과 「蜀葵花」 같은 시에 그의 고독감이 잘 나타나 있다. "세상길에는 知音이 적네[世路少知音]", "사람들의 버림받음 참으로 한스럽네[堪恨人棄遺]" 같은 구절이 특히 그렇다.
93 그의 「寓興」·「江南女」·「古意」·「野燒」 같은 시에 잘 나타나 있다.
94 최치원은 시문에 寓意하기를 비교적 즐겨 했다. 가령 주93)에 든 작품도 거의 모두 우의시다.

두어 달 전에 지증대사(智證大師)가 입적하였다. 그래서 헌강왕은 "누갈(縷褐)을 걸친 동국의 선사(禪師)가 서방으로 천화(遷化)함을 처음 슬퍼하였으나, 수의(繡衣)를 입은 서토(西土)의 사자가 동국으로 귀환함을 심히 기뻐하노라."고 하며 귀국을 환영했다.[95] 헌강왕은 또 당나라 빈공급제자 방방(放榜) 때 신라와 발해와의 석차 서열에서 신라의 최치원을 발해 출신보다 위에 놓아준 점에 감사하는 뜻이 주된 내용이기는 하지만, 최치원을 뽑아준 시관 배찬(裵瓚)에게 감사하는 내용의 편지를 보내기도 했다.[96] 말하자면, 헌강왕은 그를 '국사(國士)'로 대우해 주었던 것이다.[97] 그리고, 시독 겸 한림학사·수병부시랑(守兵部侍郎)·지서서감(知瑞書監)에 임명했다.

그러나, 헌강왕으로부터의 지우도 잠깐이었다. 이듬해(876) 7월에 헌강왕이 죽자 최치원은 중앙 정계 진골 귀족으로부터 견제와 소외를 당했다. 『삼국사기』 「최치원전」에 "치원이 서토에 유학하여 얻은 것이 많아, 돌아와서 자기의 뜻을 실현하려고 하였으나 말세를 당하여 의심과 시기를 많이 받아 용납되지 못했다."[98]고 하여, 당시의 정황을 말하고 있다. 이 때 최치원은 귀국 길의 부푼 희망이 채 2년도 못 되어 허망하게 꺼지는 것을 경험했다. 헌강왕이 죽은 지 오래지 않은 시기에 쓴 것으로 보이는, 「당성(唐城)에 여행하니 당나라로 돌아가려는 선왕의 악관이 있었다. 밤

---

95 최치원, 「智證和尙碑銘幷序」, "縷褐東師, 始悲西化; 繡衣西使, 深喜東還."
96 『崔文昌侯全集』 권1의 「與禮部裵尙書瓚狀」이 그것이다.
97 최치원, 위의 책, 「無染和尙碑銘幷序」, "康王視國士禮待之."
98 김부식 등, 위의 책, 권46, 「최치원」, "致遠自以西學多所得, 及來, 將行己志, 而衰季多疑忌, 不能容."

에 두어 곡을 불며 선왕의 은혜를 그리워하여 슬피 울기에 시를 지어 주다[旅遊唐城, 有先王樂官, 將西歸, 夜吹數曲, 戀恩悲泣, 以詩贈之]란 긴 제목의 시가 있다.

人事盛還衰,	인사란 성했다가 쇠하는 것이,
浮生實可悲.	부생(浮生)이 참으로 서럽지 않은가.
(중략)	
攀髥今已矣,	선왕을 이제 뵈올 수 없으니,
與爾淚雙垂.	이 몸도 그대 더불어 눈물을 흘리네.

끝 구절에 악관과 더불어 눈물을 흘린다는 표현에서 분명히 알 수 있듯이 성쇠가 있는 '부생'을 서러워하는 것이 악관만의 일이 아니다. 무엇보다 자기에게 닥친 '부생'의 허망함을 슬퍼하는 것이다.

중앙 정계에서 좌절을 겪은 최치원의 그 뒤 관력은 대산군(大山郡)·부성군(富城郡)·천령군의 태수가 전부다. 42세에 죄가 있어 면직될 때까지다. 진성여왕(眞聖女王) 8년(894) 38세 때, 최치원은「시무십여조(時務十餘條)」를 올렸다. 신라를 위한 마지막 의욕과 충정(衷情)의 발로다. 그는 이 일로 해서 관계가 육두품의 마지막인 아찬으로 올랐다. 그러나 진성여왕은 이런 허례만 갖추었을 뿐「시무십여조」를 시행한 흔적도, 더구나 최치원을 중앙 관계로 불러 올린 흔적도 없다. 완강한 진골 귀족의 견제가 여전히 있었던 것 같다. 면직된 뒤, 최치원은 주로 승지를 찾아 독서에 침잠하며 시를 읊는 것으로 되어 있다. 그런데, 902년이나 903년 경에, 즉 그의 나이 46세나 47세 경에 당나라에 사신을 간 흔적이 있다.[99]「시무십여조」에서와 같은 정치적 개혁의 의욕은 사라졌어도 신라가 자기를 필요로 하는 곳에는 나아가는 정도의 충성심은 이때까지도 잃지 않고 있었던 셈이다.

최치원은 48세 때 해인사에서「법장화상전」을 쓰고 있었다. 그런데, 대략 7천여자의 이 긴 전기(傳記) 말미에 660자 가량의 부언(附言)을 붙여 당시의 심경을 토로하고 있다. 전래해온 필사본에[100] 오자가 있고, 묘서(描敍)의 방식이 난해하여 명확한 문맥 파악에는 어려움이 있으나, 한마디로 말해서 허탈 그것이다. 허탈한 속에 염세·자조·유희·허망·고독·울읍 등, 착잡하기 이를 데 없는 심경이다.

> 때 천복(天復) 4년(904) 갑자에 시라국(尸羅國) 해인사 화엄원(華嚴院)에서 난리도 피하고 병도 수양하여 두 가지 편리를 도모했다.
> 비록 하계에 태어났지만 다행히 높은 재실(齋室)에 의거하여 모든 봉우리와 나란히 읍하고 세상 길을 멀리 던져 버렸으며……게다가 병든 몸은 날마다 쑥뜸질 하기에 수고로운데……삶이 귀찮아 때로는 몸을 태워 버리려는 뜻까지 있었다.……

---

99 최치원, 위의 책, 위와 같은 곳, 「上太師侍中狀」이 그것인데, 『삼국사기』 「최치원전」에서는 언제갔으며, 太師侍中의 성명이 누구인지 알 수 없다 했다. 그런데 김영화의 위의 논문에서 당시의 태사시중은 楊行密로 밝히고, 그 연대를 추정했다. 한편 이종문은 그의「崔致遠 硏究(1)—그의 再入唐 與否와 現存 漢詩 作品의 創作 時期에 關한 考察」(『韓國漢文學硏究』 13, 한국한문교육학회, 1999)에서 최치원이 再入唐을 안 했을 수도 있음에 유의했다.

100 오늘날『崔文昌侯全集』에 실려 있는「法藏和尙傳」은 日本의『大正 新修大藏經』에 실려 있는 것이고, 그 이전에는, 최치원의 문집이 사라진 뒤로부터는 필사본으로 전래·통행했을 것이다.

공연히 해동(海東)의 한 냄새 나는 풀이 된 것이 부끄럽지만 향을 도둑질할 수도 없고,……「법장화상전」의 초안을 이룬 뒤 한 꿈을 꾸었는데……그 때 마침 법장대덕(法藏大德)의 유상(遺像)께 공양하던 차, 두 개의 짧은 대쪽을 깎아서 '시(是)'·'비(非)' 두 글자를 써서 꼬아서……어떤 사람이 웃으며 빈정거리기를 마지않으면서 말했다. "그대의 표(標)로써 증험하였다는 말은 봄 꿈이라고 하면 마땅하겠습니다." 나는 서서히 대답하였다. "이 몸은 꿈이 아닌가?" 그는 말했다. "옳습니다." "그렇지만 꿈속에서 꿈을 내치려 하니 그것은 눈을 밟으면서 발자국이 없기를 구하고, 물 속에 들어가서 물에 젖지 않기를 원하는 자와 같다.……지금 나가면 득실이 허망한 데를 군색하게 걷고, 들어오면 번뇌의 화택(火宅)에 단잠을 자니, 잠깐 동안 처처(凄凄)한 한탄을 그치고 마땅히 꿈속에 훨훨 날아 노니는 것을 좇겠네." 객은 이미 자기의 웃음에 빠져들었고 나는 이에 나의 졸음을 맡았다.[予乃宰予之睡興.]¹⁰¹ 이어 오(吳) 땅의 시수(詩叟) 육구몽(陸龜蒙)의¹⁰², "뜬세상 생각하니 이다지도 꿈 같을까 / 시험삼아 남창(南窓)에 졸아볼까 하노라"는 글귀가 생각난다. 이에 쥐었던 붓을 던지고 그윽한 베개를 끌어다, 멀리는 재여아(宰予我)¹⁰³를 찾고 가까이는 변효선(邊孝先)¹⁰⁴을 찾았더니 (낮잠을 자려는 것을 이름) 별안간 이 두 현인을 만났는데 (낮잠에 드는 것을 이름) 각기 5자씩 읊조렸다. "거름흙으로 된

---

101 "나는 이에 나의 졸음을 맡았다.[予乃宰予之睡興.]"는 절묘한 語戲다. '宰予'는 고유명사로 낮잠 자다 공자에게 "썩은 나무는 조각할 수 없고, 거름흙으로 된 담장은 흙손질할 수가 없다."는 핀잔을 들은 것으로 유명하다.
102 唐代 詩人.
103 宰予의 字가 子我다.
104 後漢 때의 학자 邊韶의 字가 孝先이다. 일찍이 낮잠을 자는데 제자가 몰래 비웃어 말하기를, "변효선은 배가 뚱뚱해서 글읽기에는 게으르고 잠자기만 좋아한다."고 하자, 효선이 가만히 듣고 있다가 "배가 뚱뚱한 것은 五經이 들은 상자이고, 잠자려고 하는 것은 周公과 꿈으로 통해 고요히 공자와 뜻이 같으려는 것이다."라고 응대했다는 것으로 유명하다.

담장엔 스승의 훈계가 있고 / 경전(經傳) 상자야 내 어이 부끄러우리"[105] 나는 황홀한 가운데 그 뒤끝을 이었다. "어지러운 이 세상에 무슨 일을 이룰까 / 다만 칠불감(七不堪)을[106] 더할 뿐이네"[107]

이와 같이 온갖 착잡한 정회를 거느린 허탈의 심경이다. 당나라에서는 외국인으로서의 절대 한계, 돌아와서는 육두품으로서의 절대 한계 속에 자신의 포부를 맘껏 펴 보지 못한 채, 당나라는 지금(904) 멸망 직전에 있고[108](907년에 멸망), 모국 신라도 이미 견훤이 입국(立國)한 지 13년째에 궁예(弓裔)가 선 지도 3년이 되어 나라가 온통 전란에 휩싸여 있다. 그래서 자기 자신은 그 전란 사태의 객체(客體)가 되어 그것을 피해 지금 해인사에 몸을 부치고 있는 처지가 된 것이다. 지난날의 득실·영욕이 한갓 꿈으로, 특히 세상을 광정(匡正)해 보겠다고 가졌던 날카로운 현

---

105 주101), 104) 참조.
106 중국 3국 시대 魏나라 嵇康이 당시 집권세력인 司馬氏 집단에 대해 불만을 품고, 그들이 選曹郞에 추천한 친구 山濤를 절교하는 편지에 자기가 벼슬할 수 없는 이유로 '일곱 가지 반드시 감당하지 못할 것'을 들었다. 후세에는 '七不堪'으로 '疏懶', 즉 '일에 등한하고 게으름'을 뜻한다.
107 최치원, 「法藏和尙傳」, "于時, 天復四年春, 枝幹俱首, 於尸羅國迦耶山海印寺華嚴院, 避寇養痾, 兩僞其便. 雖生下界, 幸據高齋, 平揖群峰, 复抛世路. (중략) 加復病躬日(曰)勞燒灸(灸). (중략) 厭生, 而或欲梵(焚)驅志. (중략) 空慚海畔一蒿, 無所竊香. (중략) 傳草旣成, (중략) 適得藏大德遺像供養, 因削二短簡, 書是非二字爲笑. (중략) 或人不止飄然且擄胡曰: '子所標證, 說春夢可乎哉!' 愚徐應曰: '是身非夢歟!' 曰: '是.' 然則在夢而欲黜夢, 其猶踐雪求無迹, 入水願不濡者焉. (중략) 今也出則窘步樵原, 入則酣眠燠室, 暫息凄凄之歎, 宜從栩栩之遊.' 客旣溺客之笑容, 予乃宰予之睡興. 因憶得吳中詩雙陸龜蒙斷章云: '思量浮世何如夢, 試就南窓一麻大.' 於是乎擲握筆, 引幽枕, 遠尋宰予我, 近訪邊孝先. 瞥遇二賢, 各吟五字曰: '糞牆師有誡, 經笥我無慚.' 僕於恍惚中, 續其尾云: '亂世成何事, 唯添七不堪.'"
108 최치원은 902~903년경에 당나라에 갔을 때 멸망 직전의 당나라의 참담한 상황을 보고 왔을 것이다.

실의식도(그의 시에 나타난), 그리고 그러한 의식이 기반이 된 현실개혁 의욕도(「시무10여조」에 나타났을) 지금은 아득히 하나의 꿈으로 느껴졌던 것이다. 즉, 현실허무주의의 허탈이 그의 흉회(胸懷)를 맴돌았던 것이다. 그래서, 그는 더욱 세외의 종교인 불교, 특히 화엄의 세계로 마음을 노닐어 갔던 것이다. 바로 당시 최치원의 이러한 삶을 포착하여, 최광유는 「쌍녀분기」에서 "뜬세상 영화는 꿈속의 꿈 / 흰 구름 깊은 곳에서 좋이 지내세[浮世榮華夢中夢, 白雲深處好安身.]"라고 했던 것이다.

그 뒤, 최치원의 생애는 「쌍녀분기」의 말미에 서술된 대로 해인사에서 형이상학적 세계에 마음을 노닌 것 외의 행적으로, 현재까지는 그의 마지막 작품인 52세(908) 때의 「신라수창군호국싱팔각등루기(新羅壽昌郡護國城八角燈樓記)」가 있고, 그리고 62세 이전 즉, 왕건이 즉위하기(918경) 전 멀지 않은 어느 때에 왕건에게 편지를 올려 격려했다는 것이 있다. 그가 왕건에게 편지를 올려 격려했다고 해서, 그리고 그 중에 "계림황엽(鷄林黃葉), 곡령청송(鵠嶺靑松)."의 구절이 들어있다고 해서, 그가 신라를 배반했다고는 생각치 않는다. 위의 구절은 장래할 객관적인 추세에 대한 예감을 피력한 것일 뿐, 고려에의 충성을 약속한 주관을 나타낸 것은 아니기 때문이다.[109] 최치원은 현실 개혁의 의욕을 체념했다가 노년에 왕건의 출현을 보고, 왕건에게 그런 기대를 걸었는지 모를 일이다.

최치원의 이와 같은 경력 중 그 전경(前景)을 최광유는, 초년의 율수

---

[109] 安鼎福은 그의 『東史綱目』 五下, 孝恭王 2년조에서 최치원이 왕건에게 편지를 올린 행위를 비판했는데 이는 도학자적 가치관에서 나온 것이다.

현위(溧水縣尉)와 만년의 세외에서의 삶을 제하고는 완전히 무(無)로 돌리고 그 자리에 하룻밤 유계 여인과의 정사로 대체해서 작품화했다. 가공 인물이 아닌 실존 인물을 주인공으로 하면서 그 실존인물의 현실적인 경력은 작품의 먼 후경(後景)으로 돌려버리고 그 자리에 순전한 허구의 정절(情節)을 엮은 것이다. 전기(傳奇) 중 실존 인물을 주인공으로 한 경우도 드물거니와, 실존 인물을 주인공으로 한 경우에도 「쌍녀분기」와 같이 실재를 허구로 대체한 사례는 극히 드물지 않나 생각된다. 주목할 또 한 가지 사실은 주인공 최치원의 고독과 울읍, 그리고 현실허무주의를 형상화한 허구의 정절이 실존 최치원의 재당 시절을 배경으로 하여 엮어졌다는 것이다. 앞에서 지적했듯이, 최치원이 재당 시절에 주로 외국인으로서의 절대 한계에 오는 고독이 없지는 않았지만 역시 앞에서 보았다시피, 실은 상대적으로 득의의 세월이라고 할 수 있다. 고독과 울읍, 그리고 현실허무주의는 주로 그의 생애의 만년, 특히 「법장화상전」을 쓰던 48세 이후의 일이다. 물론 헌강왕이 죽고 외직으로 내몰리면서 육두품으로서의 한계와 당시 신라의 현실에서 고독과 울읍을 때로 느꼈다고 할 수 있으나 현실허무주의로 발전한 것은 주로 48세 이후의 일일 터다. 그런데 「쌍녀분기」에서는 최치원의 이 만년의 의식과 정회를 그의 초년 재당 시절로 몽땅 소급시켜서 형상화했다. 그리고, 신라에서의 생애는 '흰 구름 깊은 곳에서 좋이 지내'고자 한 생애만 있다. 허구로써 실재를 대체하고, 그리고 만년의 현상을 초년의 사실로 소급하여 작품화한, 이 두 가지 점만으로서도 「쌍녀분기」가 얼마나 용의주도하게 구상되었나 하는 것을 알 수 있다. 게다가 유계의 두 여인과의 정사를 반추한 장편시의 삽입으로 작품의 구조를 중층화하고 있는 점까지를 고려하면 이 작품에 개재된 치밀한 작품적 전략, 고도한 기획성을 읽고도 남음이 있다.

고독과 울읍, 그리고 현실허무주의를 형상화하기에 이렇게 비상한 구상을 행사한 데에서, 그리고 정절(情節)의 묘서(描叙)에 배어든 정감의 특히 절실함에서 우리는 「쌍녀분기」가 결국 최치원의 이야기이면서 최광유 자신의 이야기임을 낌새채게 된다. 작가는 결국, 그리고 절대로 자기의 계급, 자기의 처지, 그리고 자기의 퍼스낼리티를 숨길 수 없는 것이다. 최광유는 앞에서 지적한 바와 같이 귀국 후 필경 불우의 처지에서 지낸 것 같다. 적어도 득의의 처지를 못 만난 것은 확실하다. 그와 같이 헌강왕 11년(887)에 입당(入唐) 유학한, 최언위(崔彦撝)는 과거에 급제한 뒤 내쳐 중국에 머물다가 효공왕(孝恭王) 13년(909)에 신라에 돌아와 집사성시랑(執事省侍郎), 서서원학사(瑞書院學士)로 벼슬하다가 왕건이 즉위하자 즉시 가족을 데리고 고려로 옮겨가 대상(大相)·원봉대학사(元鳳大學士)·한림원령(翰林院令)·평장사(平章事)까지 역임했다.[110] 그보다 5년 늦게(898) 입당 유학한 최승우는 입당한 지 4년 만에 급제[111], 귀국하여 견훤의 휘하로 가 그 문한(文翰)의 직임을 맡았다. 그리고 최치원과 같은 시기에 입당한 것으로 짐작되는 박인범은 당 건부(乾符) 4년(877)에 급제, 귀국하여 한림학사·수예부시랑(守禮部侍郎)을 역임했다.[112] 「명현십초시」에 작품을 남긴 사람으로서 오직 최광유만이 사록(史錄)에 그

---

110 鄭麟趾 등, 『高麗史』 「列傳」 권5, 「崔彦撝」.
111 김부식 등, 위의 책, 권46, 「列傳」 「薛聰」. 崔承祐의 과거에 급제한 연도가 '景福二年'이라 했으나, 과거가 子·午·卯·酉년에 시행되는 점을 고려하면 경복 2년(893)은 癸丑年이므로 아마 착오가 있는 것 같다.
112 조선총독부, 『조선금석총람』, 「興寧寺澄曉大師寶印塔碑」.

흔적이 전무하다. 동시대의 최씨자제(崔氏子弟)로서 당나라에서 빈공급제한 사람이 셋이나 되어, 즉 최치원·최언위·최승우를 가리켜 '일대삼최(一代三崔)'라 했거니와[113] 만일 최광유까지 급제했더라면 필시 '일대사최(一代四崔)'의 칭예(稱譽)가 있었고, 그리고 최광유도 신라·후백제·고려 중 어느 나라의 문한직(文翰職)의 말석에나마 이름이 비칠 법했다. 그런데 사록의 어느 구석에도 그의 이름은 없다.

최광유는 특히 시에만 능하고 문장 기량은 다른 사람과의 비교에서 상대적으로 떨어진 것 같았다. 당시의 문장은 변려체문이다.[114] 변려체문이 곧 당시의 관각의 문장이고 경세(經世)의 문장이다. 삼최는 말할 것도 없고 박인범도 문장을 잘 했다.[115] 그러니까 최광유는 전형적인 '조충전각지도(雕蟲篆刻之徒)', 즉 오늘날의 순수한 시인, 순수한 예술가의 기질이었던 것 같다. 그래서, 그렇지 않아도 6두품의 신분적 한계가 있음 직한 위에 관각의 문장, 경세의 문장에 능하지 못해서 문한직의 어떤 자리에도 참여해 보지 못한 그는 어쩌면 자신을 당세의 '기물(棄物)'로 자의식하고 살았을지 모른다. 그는 불우한 속에 자신의 고독과 울읍, 그리고 현실허무주의를 어루만지며 살면서 최치원의 생애 후반기, 특히 만년의 불우에 계합(契合)되어 간 것이다.「쌍녀분기」는 이렇게 하여 지어진

---

113 조선총독부, 위의 책, 「太子寺朗空大師白月栖雲塔碑」「後記」.
114 騈儷體文은 復古文運動 이후 그 기세가 꺾이는 듯 했으나 唐末에 다시 부활하는 勢를 보였다.
115 최치원의 변려체문 능력은 이미 주지의 사실이거니와 최승우도 四六만 모은 5권의 『餬本集』이 있었고, 박인범도 「澄曉大師寶印塔碑」를 撰하라는 王命을 받았으나 홀연히 죽어버렸기 때문에 崔彦撝가 대신 썼다.(「澄曉大師碑」)

것이다. 최치원이나 최광유는 다같이 당말(唐末)·나말의 역사, 즉 동북아 역사가 새 체제로 가기 위해 한 차례 쇠란을 겪는 틈바구니에 서식했던 두 지식인이다. 그래서 그들의 인생도 시대와 함께 쇠헐(衰歇)의 고뇌를 가졌다. 「쌍녀분기」는 그러므로 그런 각도에서 역사적 존재의 존재론적 고뇌의 문서다. 단순히 애정 문제 차원에 머무를 전기가 아니다.

3. 작품적 배경과 「낙신전」의 영향

유계의 두 여인과 허망한 정사를 나누고 그 계기로 최치원이 세외로 나가게 되는 「쌍녀분기」의 서사구조의 큰 틀은 당나라 문종(文宗) 때(827~840) 사람 설영(薛瑩)의 전기(傳奇) 「낙신전」에서 그 모티브가 왔다.

최광유는 '조충전각지도'답게 지괴(志怪)·전기류(傳奇類)와 만당의 사(詞)에 밝았던 것 같다. 「쌍녀분기」에서 후세 『태평광기』에 「임씨(任氏)」(권452)·「진랑비(陳朗婢)」(권375)란 제목으로 오른 작품을 명백히 전고로 쓴 자취도 있지만, 「쌍녀분기」에서 최치원이 장시(長詩)를 통해서 지난 밤의 정사를 반추하며 비감에 빠진 뒤 끝에 "대장부여, 대장부여 / 장한 기백으로 아녀자 같은 한(恨) 없이 해서 / 요괴한 여우에 미련을 두지 말아야지[大丈夫大丈夫, 壯氣須除兒女恨, 莫將心事戀妖狐.]" 같은 대목은 「앵앵전(鶯鶯傳)」의 "무릇 하늘이 낳은 절색미녀는 그 몸을 요괴롭게 하지 않으면 반드시 사람을 요괴롭게 한다. 최씨의 딸[鶯鶯]이 부귀와 어울린다면 총애를 타고 구름이나 비가 되지 않으면 교(蛟)나 이(螭)가 될 것이니 나는 그 변화가 어디까지 갈지를 알지 못한다.[大凡天之所命尤物也, 不妖其身, 必妖於人. 使崔氏子遇合富貴, 乘嬌寵, 不爲雲爲雨, 則爲蛟爲螭,

吾不知其變化矣.]"¹¹⁶라는 대목과 기식(氣息)이 상통함을 본다. 또 「쌍녀분기」의 두 여인과 시로써의 수작과 삽입시의 대량 구사, 그리고 변려문체로써의 묘서(描敍)는 「유선굴」의 체제를 본땄음이 확실하다. 「쌍녀분기」에서 아래에서 논급되는 「낙신전」을 포함하여 그 흔적을 찾을 수 있는 지괴·전기류가 한두 가지에 그치지 않는다는 점에서 최광유가 이 방면에 얼마나 밝았는가를 짐작할 수 있다.

뿐 아니라 그는 특히 만당의 사(詞)도 애독했다. 그의 시적 체질로 보아 만당의 사문학에 심취할 가능성은 충분하다. 「쌍녀분기」에 나오는 「소충정(訴衷情)」은 그가 애독한 많은 사 작품 중의 한 수일 터다. 그는 이미 사에 숙달되어 있었던 것 같다. 무엇보다 「쌍녀분기」의 후반부를 이루는 장시에서 "붉은 비단 소매, 자줏빛 깁 치마[紅錦袖, 紫羅裙]", "지다 남은 꽃을 대해, 맛좋은 술을 기울이네[對殘花, 傾美酒] 같은 구절은 바로 사의 구기(口氣)이기 때문이다. 최광유가 읽었을 「소충정」의 사패(詞牌)를 전사(塡詞)한 것으로는 온정균(溫庭筠, 812?~866)과 위장(韋莊, 836~910)의 작품일 터다. 어느 것이나 다 그 내용과 정감이 「쌍녀분기」의 내용과 정감에 어울리는 것이다.¹¹⁷

---

116 元稹,『元稹集外集』권6,「補遺」 6,「鶯鶯傳」.
117 溫庭筠,「訴衷詞」, "꾀꼬리 노래하고 꽃 춤추는 봄 한낮, 비는 부슬부슬. 玉縷金帶枕, 궁중의 비단, 봉황새 휘장. 버들 가녀린데 나비 서로 나는 것, 아련해. 邊方의 소식 드물어, 꿈으로 돌아가네.[鶯語花舞春晝午, 雨霏微. 金帶枕, 宮錦, 鳳凰帷. 柳弱蝶交飛, 依依. 遼陽音信俙, 夢中歸.]" 韋莊,「訴衷情」, "촛불 다하고 향기 쇠잔한데 주렴은 반쯤 걷혀 있어, 첫잠을 깨었네. 꽃은 지려하고, 밤이 깊은데, 달빛은 흐릿해, 어느 곳의 노래소리인가, 가볍게 가볍게. 춤 옷엔 먼지 몰래 생겨, 춘정을 저버리네.[燭盡香殘簾半卷, 夢初驚. 花欲謝, 深夜, 月朧明, 何處按歌聲, 輕輕. 舞衣塵暗生, 負春情.]"(趙崇祚,『花間集』, 華夏出版社, 1998)

지괴·전기나 사 같은, 오늘날로 말하면 순수문학에 심취한 최광유는 「낙신전」이란 그리 수작이랄 것도 없는 작품까지 찾아 읽었다.[118] 그런데 이 「낙신전」이 사실은 「쌍녀분기」의 서사의 큰 틀의 모티브를 제공해 주었다. 줄거리를 간략히 소개하면 다음과 같다.

태화중(太和中)에 처사 소광(蕭曠)이 낙수(洛水) 동쪽에서부터 놀아 효의관(孝義館)에 이르러 밤에 쌍미정(雙美亭)에서 쉬었다. 그 때 달은 밝고 바람은 맑아 소광이 금(琴)을 탔다. 야반(夜半)이 되자 가락이 몹시 괴로운 기상을 띠었다.
조금 있으려니 낙수 가에 한 미인이 길게 탄식하며 다가왔다. 소광이 물어보니 바로 낙포(洛浦) 신녀였다. 낙포의 신녀란 바로 위(魏)·문제(文帝)의 견황후(甄皇后)로, 자기가 조식(曹植)의 재주를 흠모했더니 문제가 노하여 마음 속의 고민으로 죽었다[幽死]는 것이다. 나중에 그 정백(精魄)이 조식을 낙수 가에서 만나 그 억울함을 말했더니 이에 조식이 느낀 바 있어 부를 지어 「감견부(感甄賦)」라 했으나, 부의 이름이 수상쩍게 여겨질까 염려하여 「낙신부」라 고쳤다는 것이다.
이런 「낙신부」의 유래를 이야기하고 조금 있노라니 한 비녀(婢女)가 자리와 주효(酒殽)를 가지고 왔다. 그래서 금(琴)·「낙신부」·조식을 화제로 이야기를 나누고 있노라니 한 청의(靑衣) 동자가 직초낭자(織綃娘子)라는 한 여인을 인도해 왔다. 낙포 신녀가 낙포 용군(龍君)의 사랑하는 딸이라고 소개하고, 수부(水府)에서 얇은 비단 깁을 잘 짜는데 자기가 불렀다는 것이다.
그리고는 소광과 용녀(龍女, 직초낭자) 사이에 용에 관한 긴 이야기가 있고 나서 신녀가 드디어 좌우에게 명해서 술잔을 돌리게 했다. 그리고는 소광과 두 여인은 정

---

118 李昉, 『太平廣記』 권311에 「蕭曠」이란 제목으로 실려 있다.

사에 들어갔다. 소광은 마치 왼쪽에 경지(瓊枝), 오른 쪽에 옥수(玉樹)를 낀 듯 긴 밤을 정이 끊이지 않았다. 그래서 정회를 시원하게 풀었다. 소광이 "두 선아(仙娥)를 여기에서 만났으니 그야말로 '쌍미정'이구나"라고 말했다.

홀연히 닭 우는 소리가 들리자 신녀와 용녀는 떠날 태세로 시를 남겼다. 시는 모두 헤어지고 난 뒤의 적막함과 슬픔을 말했다. 소광도 여기에 화답하여 다시는 못 만나는 정을 한하였다. 그리고는 두 여인이 선물로서, 신녀는 명주(明珠)와 푸른 깃[翠羽]을, 용녀는 가벼운 깁 한 필을 주었다. 전자는 조식의「낙신부」중에 "혹은 명주를 캐며, 혹은 푸른 깃을 주으며"라는 구절이 있어,「낙신부」의 영(詠)을 이루자는 뜻에서, 후자는 만약 호인(胡人)이 있어 살려고 한다면 만금이 아니면 불가할 정도로 진귀한 것이란 뜻에서라고 했다.

그리고 신녀는 소광에게 말한다. "그대의 골상(骨相)이 기이하여 마땅히 세외로 나가야 하오. 다만 속미(俗味)에 담박하고 맑은 금회(襟懷)로 양진(養眞)을 한다면 첩이 마땅히 음조(陰助)를 해 주겠소." 말을 마치고는 초연히 허공을 밟고 가버렸다.

나중에 소광이 그 명주와 비단 깁을 보존하여 많이 숭악(崇岳)에 놀았다. 친구가 일찍이 소광을 만나 그 일을 자세히 적어 두었다. 지금 세상을 피해 다시는 보이지 않는다.

보다시피 유계의 두 여인과의 정사와 그것이 계기가 된 최치원의 출세가, 소광과 유계의 두 여인과의 정사와 소광의 출세 그것과 닮아 있다. 다만「낙신전」에서는 두 여인의 관계가 자매간이 아니고, 각각 비녀와 청의 동자를 데리고 있는 수계(水界)의 독립적인 존재이나 용녀(龍女)는 신녀의 명에 의해 늦게 부름을 받고 나온 점에서 간주되는 관계는 자매간에 방불하다. 그리고 달 밝은 밤이라는 시간적 배경에 있어서나, 사건이 이루어지는 공간이 꿈[夢]이라는 명시적인 지시가 없어 마치 현실 공간에서 사건이 이루어지는 듯한 착각을 하게 되는 점에 있어서 두 작품은 전혀 일치한다. 또 「쌍녀분기」에서 장씨(張氏) 자매가 결혼 상대가 마음에 차지 않아 그것이 울결(鬱結)이 되어 그만 죽게 되었다는 것이 하나의 실제적 사실일 수도 있으나, 「낙신전」에서 견황후가 마음 속의 고민으로 죽었다는 것과 상통한다.

그러나 「낙신전」은 소광과 두 여인과의, 작품의 편폭의 대부분을 차지하는 대화와, 불과 20여자로 서술된 정사와, 그리고 역시 아주 짧게 서술된 소광의 출세가 균형도 맞지 않지만, 세 사건이 아무런 필연도 유인(誘因)도 없이 모두 갑작스럽게 일어난, 그래서 거의 부매개석인 나열로 되어 있다. 서사 구성이 지극히 미숙하다. 디테일에 있어서도 어색함을 면치 못 한다. 가령 구슬픈 이별의 시를 주고받는 자리에서 용녀가 선물을 주면서 소광에게 한 말, "만약 호인이 있어 살려고 한다면 만금이 아니면 불가하다."는 말 같은 것이 그것이다. 그리고 이 말은 바로 뒤의 신녀가 소광에게 출세를 권하는 말과도 전혀 어울리지 않는다. 여러 면에서 「쌍녀분기」와는 비교도 안 되는 작품이다. 「쌍녀분기」는 「낙신전」으로부터 납을 가져와 금으로 변화시킨 격이다.[119]

---

119 일찍이 池浚模가 그의 『新羅殊異傳』 研究,(『語文學』 35, 1976)에서 「洛神傳」과 「雙女墳記」와의 관련성을 말했으나 그 시각이 필자와는 다르다.

Ⅳ. 중국 강남 지방으로의 유전에 대하여

「쌍녀분기」는 최치원 사후 오래지 않은 시기에 창작되어 꽤 널리 읽혀진 것 같다. 널리 읽혀질 조건을 「쌍녀분기」는 충분히 가지고 있었다. 주인공이 유명한 최치원이고, 사건이 유계의 두 여인과의 정사요, 최광유의 시가 사람을 매료하는 수작이기 때문이다. 그리고 사실은 작품의 짜임새도 당대 전기(傳奇)를 망라하여 최상급이다. 작품 단독으로 전사되어 널리 퍼져 나갔을 것이다. 그래서 중국 강남 지방, 즉 쌍녀분이 있는 현장으로 유전되어 갔다. 그리고, 『육조사적편류』에 축약되어 실리게 된 것이다. 이 책은 강남 지방의 연혁·산천·고적 등을 소개하는 인문지리서이므로 그 체제에 맞게 「쌍녀분기」의 내용을 극히 간략하게 요약했던 것이다.

다만 여기에 요약 대본이 된 필사본은 적어도 송·태평흥국(太平興國) 6년(981) 이후에 주로 강남지방에서 유전되던 필사본 중의 하나다. 그것은 이 책에 실린 「쌍녀분기」 요약본에 송·태평흥국 6년에 생겨난 '개화현(開化縣)'이 본래의 '율수현'을 대체해 있기 때문이다. '개화현'은 송대 구주(衢州)의 속현이다.[120] 그런데 이 축약본에는 '선성군(宣城郡) 개화현'이라 되어 있다. 그러니까 군명(郡名)은 당대 율수현이 속했던 그 군명을 그대로 두고서 현명(縣名)만 '개화'로 대체되었다. 뿐 아니라 원본의 '초성향(楚城鄉)'이 축약본에는 '마양향(馬陽鄉)'으로 되어 있다. 그리고 원

---

120 이검국, 위의 논문.

본에 없는 쌍녀분에 관한 정보가 한 가지 더 첨가되어 있다. "천보 6년에 함께 이 곳에 묻혔다.[天寶六年, 同葬于此.]"가 그것이다. 이것은 최광유가 몰랐거나 알았더라도 작품상 꼭 필요한 요소가 아니라고 생각하여 서술에서 제외시킨 것이다. 그랬던 것이 쌍녀분의 현지에 가서 쌍녀분에 관해 전해오던 정보가 첨가된 것이다. 어쨌든 강남에 유전되던 필사본에는 이 『육조사적편류』에서 요약 대본이 된 필사본 이외에 이것과 필사상 차이 나는 이본이 더 있었을 것이다. 필사본의 생리는 본래 그런 것이다.

그런데 「쌍녀분기」의 중국 강남지방에로의 유전에 대해 회의하는 시각이 있다. 당시, 즉 나말 여초의 우리 나라와 중국 사이의 인적, 물적 교류를 생각해보면 「쌍녀분기」와 같은 중국과 연고가 있는 작품이 오히려 유전되지 않은 것이 이상할 정도다. 앞에서 잠시 언급한 바와 같이 등주·초주 등지의 신라방을 거점으로 하여 신라의 교민 사회가 일정하게 형성되어 있었다. 신라방은 그 장(長)으로서 총관(總管)과, 그리고 그 아래에 전지관(全知官)과 역어(譯語)가 있을 정도, 즉 일정한 규모의 행정 체제가 요구될 정도로 큰 것이었다.[121] 무엇보다 장보고(張保皐, ?~841)의 청해진(淸海鎭)을 근거지로 한 해상활동이 그러한 중국의 교민사회를 전제로 하고서야 가능한 것이었다. 특히 강남 지방에서 가까운 초주는 회하(淮河)와 양자강(揚子江) 하류 지역에 거주하던 신라인의 본거지이자 연락 거점이었다. 최치원이 당에 있을 당시에는 본국과의 사이에 2년마다 한 번씩 정기적으로 배가 다녔다.[122] 이것은 당시 신라에서 입회해사

---

121 정신문화연구원, 『한국민족문화대백과사전』 13, 신라방.
122 최치원, 『桂苑筆耕集』, 권20, 「酬楊瞻秀才送別」, "배가 비록 隔年으로 돌아가기를 정해졌지

(入淮海使)라고 하여 남중국을 내왕한 사절단과 관계가 있을 듯하다. 민간의 상선(商船)도 물론 내왕이 끊이지 않았을 터다. 본국의 후삼국기와 당나라 말기의 전란으로 한 동안 교류가 다소 저조해진 듯하지만[123] 전란 중에도 오히려 피난을 남중국으로 가는 경우도 있었다. 장연우(張延祐)의 아버지 장유(張儒)가 가족을 데리고 오초(吳楚)로 간 경우가 그것이다.[124] 남중국이 당시 우리 나라 사람에게 있어 얼마나 낯익은 지방이었는가를 잘 보여준다. 위에서 언급한 바 있지만 최언위도 유학을 떠난 지 24년 만에 귀국했는데, 그 한 아들 광윤(光胤)은 빈공진사로 북중국의 진(晉)에 들어갔다가 거란에 포로가 되어 그곳에서 벼슬을 했고, 또 한 아들 행귀(行歸)는 남중국의 오월(吳越)에 유학하여 비서랑(祕書郎)의 벼슬을 받은 바 있다.[125]

그러므로 최해가 빈공급제자로 당나라 멸망 이전 신라 사람 58인 이외에 오대(五代)때 32인을 "五代梁唐, 又三十有二人."이라고 하여 '양(梁)·당'에 귀속시키고 있는데,[126] 북중국에서 계기(繼起)한 왕조인 후량(後梁)·후당(後唐) 이외에 후당이 멸망한 뒤 937년에 남중국에 남당(南

만 / 錦衣還鄉할 재주가 없음이 부끄럽소[海槎雖是隔年迴, 衣錦還鄉愧不才.]"
123 羅末의 전란 사태로 인해 公的 교류가 저조해진 것은 최치원이 당나라에 보내논 국서에서 "근자에 이 땅에 안개가 자욱하여 (중략) 오래 뱃길이 막혔사오니[近屬霧暗醍岑, (중략) 久阻梯航]"(『新羅賀正表』), "관할하는 九州와 百郡이 모두 도적의 불난리를 만나서(중략) 使節이 서쪽[唐]으로 들어갈 적에는 배가 침몰되고, 冊書가 동쪽[新羅]으로 내릴 적에는 행차가 중간에서 되돌아가[所管九州, 仍標百郡, 皆遭寇火, (중략) 況乃西歸瑞節, 則鷁艦平沈, 東降冊書, 則鳳韜中轍]"(『讓位表』)라고 하는 등 表·狀에 누차 언급되고 있다.
124 李基東, 「羅末麗初 南中國 여러 나라와의 交涉」, 『歷史學報』 115, 1997.
125 정인지 등, 위의 책, 같은 곳.
126 최해, 『拙藁千百』, 권2, 「送奉使李中父還朝序」.

唐)이 세워져 975년까지 존속했다. 최해의 이 글은 수사상 오대십국(五代十國)을 두루 들지 못했고, 또 '당'은 '후당'을 지칭하는 것 같으나 남중국의 왕조에도 최행귀처럼 유학을 하고 그 중에는 빈공급제자가 나왔을지 모를 일이다. 최행귀나 장연우는 후일 본국으로 돌아와 고려 광종조(光宗朝)에 벼슬을 했다. 그와 동시에 여초, 특히 광종 대에는 중국인으로서 고려에 귀화한 사람 또한 적지 않았다. 그 중 쌍기(雙冀)는 북중국의 후주(後周)에서 왔지만 왕융(王融)은 남중국의 민(閩) 지방에서 왔다.[127] 어쨌든 나당간(羅唐間) 교류가 오대 시기를 지나 고려 전기 여송간(麗宋間)의 교류로 이어졌는데,[128] 중국인의 고려에로의 귀화가 활발했다는 점에서 교류는 더욱 심화되어 온 양상이나. 후일 김택영(金澤榮)이 망명지로 남통주(南通州)를 선택한 것이 결코 우연이 아님을 알겠다.

물론 당시 재당 신라인, 또는 재중국 후삼국인 및 고려인은 주로 상업·운송업·무역업·조선업 등에 종사하는 사람이었다.[129] 그러나, 본국에서 중국의 각 왕조의 빈공과를 목표로 유학하는 사자(士子)가 적지 않았고, 또 중국 현지에 정착한 교민 가운데서도 식자인이 나왔을 것이므로 당시 본국과 중국과의 교류에서 공적 영역은 말할 것도 없지만 사적 영역에 있어서 지식인의 비중은 적지 않았다. 이러한 지식인의 공사간의 교류를 통해 「쌍녀분기」가 남중국, 특히 강남 지방으로 유전될 가능성은 충분한 것이다. 더구나 최광유는 강남 지방에 사는 이처사(李處士)란 이

---

127 이동환, 위의 논문.
128 이기동, 위의 논문.
129 정신문화연구원, 같은 책, 같은 곳.

와 아주 절친하여 일찍이 그의 집을 방문한 적도 있는, 강남 지방에의 개인적인 연고도 있었음에랴.[130]

V. 맺음말

이상에서 여러 문제에 걸쳐 다각적인 시각에서 분석·검증함으로써 「쌍녀분기」의 작자와 창작 배경을 밝혀내었다.

종래 「최치원」의 원제는 「쌍녀분기」이며, 신라시대의 '수이'한 일을 기록한 여러 다른 자료들과 함께 박인량에 의해 『신라수이전』으로 찬집되었다. 「쌍녀분기」의 작자는 실전되었으나, 그동안 학계에서는 최치원·박인량·김척명, 또는 여말 선초의 어느 작가일 것이라고들 했다.

「쌍녀분기」는 당대(唐代) 전기(傳奇)를 망라하여 삽입시(插入詩)의 밀도가 가장 높다. 따라서 이 풍부한 삽입시와 나말 견당유학생들의 시를 대조하여 검증하는 것이 작자를 밝히는 신빙할 만한 첩경이다. 그 결과 최광유의 시가 그 수염(愁艶)한 풍격, 압운 취향, 심상 등에 있어 일치됨을 밝혀냈다. 따라서 작자는 최광유다. 아울러 「쌍녀분기」 결미 부분 사전(史傳)의 서술 태도를 분석하여 최광유가 최치원의 만년 사생활을 근접 관찰한 최치원의 측근 후배임을 알았다. 그리고 창작 시기는 신라 멸

---

[130] 『협주명현십초시』, 「憶江南李處士居」, "일찍이 江南 隱者의 집에 들렸었지.[江南曾過戴公家.]"

망 이전 최치원 사후 오래잖은, 경주가 중앙부이던 시기다.

　창작 배경으로서는, 나당이 함께 쇠란해가는 시기에 살았던 실의한 최치원과 최광유의 고독과 울읍, 그리고 현실허무주의에서의 계합(契合)이 근본 동기가 되었으며, 그밖에 최치원의 재당시 연애 사건, 쌍녀분에의 제시(題詩), 그리고 당대 전기「낙신전」등이 각각 정황적 및 제재적 배경과 작품적 배경이 되었다.

　그리고 이 작품이 중국 강남 지방으로 유전하여 현지에 있는 쌍녀분의 고사로 자리잡았다.

　그 작자와 창작 배경을 검증하는 과정에 우리는「쌍녀분기」가 고도한 기획, 치밀한 전략에 의해 창작된, 당대 전기를 망라해서 발군의 작품임을 알았다. 그리고 이 작품은 동아시아가 쇠란을 겪는 역사의 틈바구니에 서식했던 두 실의의 지식인의 세계내에서의 존재상황을 묻는 역사적 존재의 존재론적 고뇌를 담은 문서임을 알았다. 그 세계내에서의 존재상황에 대해 묻는 형식이 세계외 탈리(脫離)로 형상화된 것이 이 작품의 특징이다. 유계(幽界)의 두 여인과 허무의 정사에 파멸적으로 침몰함으로써 이 세계를 하강 방향으로 탈리하는 상징과, 마침내는 '유심충막(遊心沖漠)'이라는 초월계로의 상승 방향으로 탈리하는 실제 사이에 존재하는 이 세계내, 그곳에 모아진 의미를 찾는 것이[131] 앞으로 연구 과제다.

131　이동환, 위의 논문(1994) 및「고려전기 정신사에 있어서의 浪漫主義的 및 耽美主義的 성향에 대하여」,『韓國學論集』25, 계명대학교 한국학연구소, 1998. 참조.

고려전기 정신사에서의 낭만주의적 및 탐미주의적 성향에 대하여

― 주로 문학·예술을 통한 연구를 위한 하나의 점검 ―

I

누구나 느끼는 바이겠지만 고려의 정신사적 지형도는 매우 착잡하다. 허무의 정적이 심연으로 굽이돌고 있는가 하면 현세에의 열정이 분출하고 있다. 상(相)과 색(色)의 추구에 몰입하는 국면의 다른 한 편에서는 일미(一味) 청정(淸淨)의 선경(禪境)으로의 비약을 기도(企圖)하고 있다. 운명을 신불(神佛)에 맡기는가 싶으면 굳세게 저항하는 힘을 아울러 보게 된다. 이와 같은 일견 모순항들의 착종이 우리들로 하여금 그 정신사의 형세를 쉽사리 장악하지 못하게 한다.

현상이 이러한 만큼 이 현상의 소유래도 쉽사리 짚어지지 않는다. 유·불·도·도참 등 여러 계열의 사상의 혼효와 결코 무관할 수 없고, 오대·거란·송·요·금·원의 대륙의 어지러운 왕조 교체에 대응한 자기조정의 분주함과도 무관할 수 없고, 향리도 고관으로 진출할 수 있는 내부의 명분 체계의 각박하지 않음도 일정하게 유관할 터이고, 그리고 신라 말대의 문화를 승습한 출발로서의 전변도 깊이 유관할 터이다. 하지만 이러한 조건들 사이의 응당 있을 내적 유기 관계로 앞의 현상에 대응되는 원인이나 계기를 제시하기란 결코 쉽지 않다. 이래서 도학이 수용되어 하나의 이데올로기로 정착되어 가던 말기 이전의 고려의 정신사의 형세를 입체적·구조적으로 파악하기 지난하다. 고려 전기의 경우 이 점은 그 정도가 더욱 심하다. 여기에는 물론 유관자료의 거의 절대 결핍에서 오는, 사태의 불가지(不可知) 국면이 있음도 한 몫 거들기는 할 것이다. 그러나 자료가 부족하기로는 그 정도가 더 심하다 할, 가령 신라시대와 비교해 보면 고려의 정신사 형세의 파악하기 어려움이 뚜렷이 드러난다.

고려 정신사의 완결적 자기 정체가 쉽사리 파악되지 않음은 마침내 우리 역사에서의 고려시대의 위상이 그 자체대로 긍정되지 않는 결과까지 낳고 있는 듯 하다. 말하자면 그 자기 정체성이 확연하지 않는, 앞 뒤 시대를 연결해 주는 교량적 성격의 것으로 간주하기조차 한다는 것이다. 이런 인식은 물론 올바르지 않다.

체계적 파악이 어려운 형세의 정신사는 바꾸어 말하면, 그것의 전개가 순조롭지 못했음을 뜻하기도 하겠지만 다른 한편으로는 그만큼 다양했음을 뜻하기도 한다. 다양한 정신사적 인소 내지 현상들의 얼크러짐은 해석학적 잠재 가능성이 그렇지 않는 경우에 비해 상대적으로 그만큼 더 풍부한 것이다. 이런 점에서 고려의 정신사는 우리에게 흥미를 돋우는 매력을 가지고 있다. 이런 만큼 자료의 절대 한계는 우리를 더욱 답답하게 한다. 그러나 이 한계에 끊임없이 지혜롭게 도전, 그야말로 지(知)의 고고학을 수행하여 우리의 정신사의 지평을 한 뼘이라도 넓혀가야 마땅할 터이다.

이런 점에서 자료의 한계에 도전하며 힘써 이룩한 그 동안의 유관성과는 다른 어느 시대의 것에 비해 보다 값진 의의를 가진다 할 것이다. 특히 정신사적 접근과 관련하여 고려 문학의 사상사적 이해의 틀이 일단 정립된 단계에 이르게 된 것은[132] 그만큼 정신사적 접근에서의 진전을 직접 촉구하는 의의를 가진다. 나는 고려 전기 한문학사에 관한 전고(前稿)[133]에서 사상사적 틀로써의 이해에 일정한 진척을 시도해 보았다. 이제 이를 바탕으로 하여 여기서는 사상사적 접근과는 그 시각에 일정한 편차가 있는 정신사적 모색을 시도하고자 한다. 그리고 여기서는 먼저 고려 전기 문학·예술에 나타난 바 정신사적 현상 중 이 시기의 특징적인 것이라고 생각되는 낭만주의적 및 탐미주의적 지향의 두 국면에 주목하고자 한다. 이 두 가지가 물론 여기서 처음 제기되는 것은 아니다. 기왕의 분산적 또는 부차적 성과를 바탕으로 탐구를 보다 본격화하고자 한다. 우선 자료를 중심으로 현상 자체의 검증에 중점을 두고, 그 좀더 깊은 이론적 탐구는 후일로 기약한다.

---

[132] 특히 李鍾文 교수의 유관 성과가 여기에 크게 기여했다.
[133] 국사편찬위원회, 『한국사』 17, 「고려전기의 교육과 문화」 중 「한문학」.

II

"낭만주의라는 술어를 정의 내리고자 하는 사람은 이미 많은 희생자들을 낸 바 있는 위태로운 작업에 착수하고 있는 셈이다."라는 말이 있다.[134] 낭만주의라는 술어는 그만큼 다기하게 정의되지만 그 어느 정의도 그 개념 내용을 충족시켜 주지 못할 정도로 그 개념 내용이 다기하다는 뜻이다. 어떻게 보면 낭만주의라는 술어의 개념은 끊임없이 유동하는 생성의 과정에 놓여 있다고 할 수도 있다. 더구나 서구의 문예 내지 정신사, 그것도 근대의 그것으로부터 태생해 나온 이 술어의, 동양 내지 한국의 과거 정신사적 문맥에서의 개념 규정은, 이 술어의 통념적 개념에 의거한 실제 검증이 일정하게 이루어지기 전까지는 오히려 유보해 두는 편이 현명할 것 같다. 아니 오히려 실제 검증이 바로 개념의 새로운 지평을 탐구하는 행위라고 하겠다. 다만, 단순히 문학·예술의 표현 양식으로만 한정되지 않고 넓게 삶의 태도 양식까지를 포괄하는 개념으로 쓴다는 것만은 밝힌다. 아울러 통념적으로 그러하듯이 주로 고전주의적·현실주의적과 대대적(對待的)으로 사용된다는 점도 유의할 필요가 있다.

---

134 E. B. 버어검, 『낭만주의론』, 1941.

*

과거 역사에서 왕조의 교체와 함께 문학·예술 또는 문화가 바로 새로운 노선을 잡아서 시작하는 경우가 거의 없듯이, 그리고 아는 바와 같이 고려의 경우도 신라말의 문학·예술 또는 문화의 상당 부분의 연속적 흐름 위에서 출발했다. 그런데 이 문학·예술에서의 연속의 주조가 바로 다름 아닌 「처용가」며 최치원의 변려문 등으로 대표되는 낭만주의적 또는 탐미주의적 성향 그것이었다.

*

낭만주의는 일차적으로 전기(傳奇) 장르를 통해 집중적으로 실현되었다.

㉮ 최치원 ㉯ 조신 ㉰ 김현감호(金現感虎) ㉱ 수삽석남(首揷石枏) ㉲ 온달 ㉳ 설씨녀 ㉴ 도미(都彌) ㉵ 백운(白雲)·제후(際厚)

나말·여초의 전기 목록이다. 모두 하나같이 남녀 애정 모티브에 의해 발동된 이 작품군은 각기 고유한 해석적 지평을 가질 터이다. 그러나 그 애정 향유는 역시 모두 삶의 일상적 정식의 범용성에 저항함으로써 성취되는 점에 있어서는 공통적이다. 이 시기 역사의 어떤 조건들이 현실 삶의 범용성에의 저항으로 사랑을 모험하고 꿈을 추구하게 했는지는 아직 알 수 없지만 우리의 정신사에 유례없는 한 현상임에는 틀림없다.

저항이라고 했지만 그것은 다 밝은 역동의 에네르기로서가 아니다. 이 시기의 전기를 그 수준에 있어 대표하는 「최치원」은 그 반대다. 유계(幽界)의 미녀를 선녀로 표상, 허무의 색정에 파멸적으로 침몰함으로써 현실 세계를 하강 방향으로 탈리(脫離)하는 상징과, 마침내는 '유심충막(遊心冲漠)'이라는 초월계로의 상승 방향으로 탈리하는 실제 사이의 의미 공간에 내함되어 있는 의미는 뒷날 정지상의 작품에서 보는 바와 같은 낭만주의와는 전혀 성격을 달리한다.

*

사랑을 모험하고 꿈을 추구함으로써 실존의 고양을 실현시킨 애정 모티브의 낭만주의는 고려 속요로 양식을 달리하여 그 내용을 새로이 확이충지(擴而充之)했다.

㉮ 서경별곡 ㉯ 만전춘[滿殿春, 별사(別詞)] ㉰ 이상곡(履霜曲) ㉱ 가시리

이들 작품 중의 일부는 그 발생 내지 향유가 고려의 전기에 속할 개연성을 배제할 수 없다. 아니면 최소한 그 주제 모티브의 전기로의 소급성까지 부정될 근거는 없다.

어름우희 댓닙자리 보아
님과나와 어러주글만뎡
어름우희 댓닙자리 보아
님과나와 어러주글만뎡
정(情)둔 오눐밤 더듸 새오시라 더듸 새오시라

이 사랑의 초절성(超絶性), 그러나 「최치원」에서의 색정에의 침몰에

서와 같은 허무의 심연이 그 사랑에 몰입하는 실존의 발 아래에 놓여 있음을 읽게 된다. 고려 낭만주의의 주요 특색의 하나다.

*

13대 왕 선종(宣宗)은 다음과 같은 사(詞) 작품을 남겼다.

露冷風高秋夜淸,	이슬 차고 바람 높아 가을밤 맑은데,
月華明.	달빛 휘영청 밝구나.
披香殿裏欲三更,	궁전에 밤은 깊어 가는데,
沸歌聲.	노랫소리 끓어올라라.
擾擾人生都似幻,	분잡한 인생 도무지 허깨비 같은 것,
莫貪榮.	영화 탐할 것 없어라.
好將美醞滿金觥,	그저 맛 좋은 술 금잔에 가득 부어,
暢歡情.	맘껏 즐겨 보세나.

국왕이 외국[요(遼)] 사신을 접대하는 자리에서「하성조사(賀聖朝詞)」라는 제목으로 불려졌다는 작품의 지취(旨趣), 즉 정신지향이 이토록 화려한 무상(無常), 또는 무상한 화려에 탐닉했다는 사실에서 우리는 이 시기 정신사의 주요 국면을 명백히 포착하게 된다. 선종은 또 병중에 약을 들이게 하고는 문득 시를 지었는데 그 끝부분이 이러했다는 것이다.

藥效得否何敢慮,	약효 있고 없음이야 어찌 감히 헤아리랴,
浮生有始豈無終.	뜬 인생 시작이 있었으니 마침이 없을라고.

| 唯應願切修諸善, | 간절히 소원하는 바는 제선(諸善) 닦아, |
| 淨域超昇禮梵雄. | 청정의 세계로 뛰어 올라 부처님께 예배드리는 것. |

역시 인생무상에의 자의식이다. 허무에로 침전하는 막막한 자의식이 청정세계로의 초월을 희구하는 종교적 기원으로 표백된 것이다.

*

여기에서 우리는 심연으로의 침전과 창공으로의 초월의 의상(意象)을 한 색조로 아우른 고려자기의 그 특유의 정적(靜寂)의 색조를 만나게 된다. 고려자기는 그 전형태(典型態)에서 볼 때 허무의 낭만의 성향이 짙은 예술이다.

*

그러나 고려 전기의 낭만주의가 허무의 그것만으로 일관한 것은 아니다. 곽여(郭輿)의 도교적 또는 도가적 사유와 상상이 빚어내는 낭만주의는 세계를 이상화하며 도(道)의 경계를 구상화하여 향유하는, 즉 낙천적 성향의 것이다. 「동산재응제시(東山齋應製詩)」는 전자에 해당하는 작품이고, 「수레 따라 장원정 위에서 누대에 올라 저무는 정경을 바라보는데 한 촌 노인이 소를 타고 시내 가로 돌아가다[隨駕長源亭上登樓晚望有野叟騎牛傍溪而歸]」는 후자에 해당하는 작품이다.

*

정지상의 작품들에서 읽어내는 낭만주의는 단순히 낙천적인 데에 그치지 않는다. 이상에의 갈구가 역동하거나 고양되는 그러한 양식의 것이다. 그는 자연 경물과, 인간사로서는 이별을 주제재로 삼았다. 전자 작품들에서는 경물을 매개로 상징 또는 암시하는 방식으로 이상경(理想境)에의 그지없는 동경 내지 갈구를 노래했다. 후자의 작품들의 경우 이별의 정서가 현실에서의 결핍의식의 굴절적 현상이란 점에서, 그 충족을 지향하는 것은 곧 이상으로의 지향과 같은 범주다. 그가 묘청(妙淸)의 대위국(大爲國) 수립 운동에 가담한 것은 지역주의의 소치가 아니다. 자신의 낭만주의의 정치적 행동화다.

*

묘청의 대위국 수립운동은 고려 전기 긍정적, 나아가 혁명적 낭만주의 정신이 연출해 낸 일대 드라마다. 긍정적 낭만주의는 결국 이상주의에 다름 아니기 때문이다. 호국백두악태백선인실덕문수사리보살(護國白頭嶽太白仙人實德文殊師利菩薩) 등, 본방(本邦)의 신들과 불교의 불보살을 결합시킨 팔성(八聖)의 창조를 중핵으로 한 대위국 수립 운동은 주로 국풍파(國風派)의 현실 저항의 낭만적 열정의 결집으로서의 표출이다.

III

탐미주의적 지향은 낭만주의적 지향과 일정한 친연성은 있을 수 있으나 서로가 별개의 정신사적 범주다. 고려 전기의 탐미주의—고려 전기는 우리 문학·예술사에서 이것을 그 특징의 하나로 규정할 수 있는 유일한 시기다―는 최치원의 변려체와 나말의 여타 유당학생들의 시풍으로부터 시작된 데서 알 수 있듯이 만당(晩唐)·오대(五代) 때의 중국의 시문풍과 무관하지 않다. 그러나 중국의 송시풍(宋詩風)의 성립 이후에도 고려에 여전히, 오히려 보다 본격적으로 탐미주의적 지향이 추구된 점에 비추어 이 정신사적 현상의 주된 동인도 역시 우리 내부에 있었다.

*

넓게 보아 탑비(塔碑)들의 문체, 표전류(表箋類)의 문체, 그리고 영물송축시류(詠物頌祝詩類)의 시풍에 두루 일정하게 탐미주의적 성향이 실현되어 있거니와(여기에서 가령 표전류 같은, 중국과도 연계되어 하나의 관습으로 굳어지다시피 한 경우는 그 정신사적 의의가 그리 크지 않을 수 있다.) 전기소설 「최치원」의 삽입시를 위시한 일련의 시작(詩作)과, 공예작품, 그리고 왕과 귀족들의 생활 취미 등에서 그 본격적 양태들이 확연하게 드러나 있다.

*

「최치원」의 삽입시는 전반적으로 그러하지만 특히 최치원과 팔랑(八娘)·구랑(九娘)이 달을 두고 주고받는 연구(聯句)에서 그 탐미지향을 집약적으로 볼 수 있다. 강일용(康日用)의 '비할벽산요(飛割碧山腰)'의 일화도 탐미지향이 그 동인이었다고 볼 수 있거니와 특히 예종(睿宗)과 곽여와의 연구 지음은 이 시기 궁정과 귀족 사회에서의 탐미주의적 취향의 전형적인 형태이며, 이래서 지어진 연구는 역시 전형적인 탐미적 작품 그

것이다. 일례로 「희우연구(喜雨聯句)」는 47련의 장편으로 아래와 같은, 희우의 주제와 상관없는 구절들의 나열이 대부분을 차지하고 있다.

野岸草寒團鷗鶩,   들판 물가엔 풀이 써늘해 오리 떼 모여 있고,
柳陰苔滑撲蜻蜓.   버들 그늘엔 이끼 미끄러워 잠자리들 곤두박질하네.

희우는 가뭄 끝에 비가 와서 백성들의 농경에 유익함을 기뻐함이 그 주제방향이다. 여기에 비추어 볼 때 이런 구절의 나열은 결국 탐미적 몰입일 뿐 그 이상의 의의는 없다. 이러한 풍상(風尙)이 마침내 장편의 집구시(集句詩)까지 그 문예적 의의를 인정해 주게 될 정도로 된 것이다.

*

선종 연간에 세운 원주 법천사(法泉寺) 지광국사현묘탑비(智光國師玄妙塔碑) 등도 이 시기 정신사에서의 탐미주의적 성향의 한 표출이다.

IV

고려 전기의 문학·예술에는 물론 낭만주의적 및 탐미주의적 지향 이외의 국면, 이를테면 낭만주의와 그 대대관계성이 상대적으로 더 깊은 고전주의적 지향도 당연히 있다. 그러나 우리 문학·예술사에서 정신사적으로 일정한 의미를 띨 정도로 낭만주의가 실현된 경우는 이 시기와 함

께 조선후기가 있을 뿐이며, 탐미주의가 실현된 경우는 이 시기가 유일할 것이 아닌가 한다. 이런 점에서 이 시기 문학·예술사에서의 이 정신사적 두 범주에 대한 탐구는 매우 의의 있는 과제가 아닌가 생각한다.

『동문선(東文選)』의 선문(選文) 방향과 그 의미

I. 머리말

결론부터 말한다면『동문선(東文選)』은 이 책의 편찬주체인 15세기 후반 조선왕조의 문학·문화의 주도층이자 정치의 주도층이기도 한 당시 훈구관료세력의 가치관을 위시한 일련의 사고양태의 일면을 잘 집약해 보여준 책이라고 하겠다.『동문선』은 물론 그 자체로서는 이들의 창작적 저작은 아니다. 그것은 기존의 시문들을 선취(選取)해 엮은 하나의 선집에 불과하다. 그러나 기존 시문 자료의 단순한 물리적 집적 그 자체는 아닌 만큼 책의 편찬 의도에서부터 시문의 질적 선택은 물론이려니와 선택의 양적 안배에 이르기까지에 편찬 주체가 가진 사고의 일정한 제약이 가해졌음은 말할 필요도 없다. 다시 말하면 일정한 정도의 적극성을 띠는 의식의 지향성을 가진 책이다. 바로 여기에서 우리가 이 책을 하나의 정신사적 맥락에서 문제 삼을 수 있는 근거를 가지게 된다.

II.『동문선』의 편찬 경위 문제

『동문선』을 문제 삼을 때 우리에게 가장 먼저 떠오르는 의문의 하나는, 이 책이 당시 국가적 편찬물의 하나이고, 그 양적 규모의 방대함에 있어서는 그 전후 시기에 나온 일련의 국가적 편찬물 중 『고려사(高麗史)』를 제외하고는 으뜸에 놓일 정도임에도 불구하고 이 책의 편찬 동기나 시말을 밝혀 놓은 기록이 거의 없다는 사실이다. 물론 이 책에 딸린 서문과 전문(箋文)에는 이 책의 편찬 배경과 의도 등이 서술되어 있지만 내용이 매우 개괄적이기도 하려니와 서문과 전문 정도는 이 책만의 유별난 것도 아니다. 무엇보다 이 책이 편찬된 성종조(成宗朝)의 『실록(實錄)』에는 이 책을 위해 쓰여진 기사가 더러 나오리라 기대됨직하나, 세 곳 정도의 관련이 있거나 또는 관련이 있는 것으로 추측되는 기사의 그 어느 것도 이 책 자체를 위해 바쳐진 것이 아닐 뿐 아니라 내용도 극히 단편적이다. 즉, 그중의 한 곳은 성종 7년 12월 노사신(盧思愼)·서거정(徐居正)·이파(李坡) 등이 『삼국사절요(三國史節要)』의 편찬을 완료하여 왕에게 진헌하는 자리에서 왕이 이들에게 "동국 문사들의 시문을 수집하여 양성지(梁誠之) 소찬(所撰) 지리지에다 첨재(添載)하라."고, 후일 『동국여지승람(東國輿地勝覽)』으로 이루어진 책의 편찬을 명한 것으로서, 『동문선』의 편찬과 관련이 있는 것으로 다만 추측만 될 뿐인 내용이고, 관련이 있는 나머지 두 곳은 당시 어떤 인물에 대한 사평(史評)과 어제시문(御製詩文)의 편찬에 대한 양성지의 건의에 부수되어 이 책의 이름만 나오는 정도일 뿐이다. 이 책의 서문과 전문에 의하면 이 책은 성종 9년(1478) 2월 하순에 편찬 완료되었는데 당연히 있음직한 진헌 기사 한 토막도 『실록』에는 실려 있지 않다. 공적인 기록에서만 이러할 뿐 아니라 당시의 사적인 기록에서도 이 책에 관한 기사는 거의 찾기 어렵다. 단지 이 책이 나온 지 10여 년이 지난 뒤 성현(成俔)이 그의 『용재총화(慵齋叢話)』에서 "『동문선』은 유취(類聚)이지 선(選)이 아니다"라고 한, 이 책에 대한 비판만이 찾아질 뿐이다.『동문선』에 관한 공사간 기록의 이러한 소략은 그것이 국가적 사업이었고 규모도 방대했음에도 불구하고 이 책의 편찬 동기가 소극적이었고, 그 의의가 경미하게 인식되었던 것이 아닌가 의심하게 하기에 족하다.

아닌 게 아니라 위의 성종 7년 12월의『실록』기사를『동문선』의 편찬과 관련이 있는 것으로 볼 수 밖에 없다면—『동문선』이 성종의 명찬(命撰)이고, 이 책의 편찬을 명한 분명한 기록이 달리 없는 터이므로—『동문선』의 편찬은 당초 그것 독자로서 기획된 것이 아니라 뒷날『동국여지승람』으로 완성된 책의 편찬을 위한 전제로서의 부수적인 사업으로 발단된 것으로 볼 법하다. 더구나 성종 9년 정월에 양성지가『팔도지지(八道地誌)』를 완성해 바치고 뒤이어 2월에 서거정 등이『동문선』을 편찬해 바치자 성종이 다시 노사신·서거정 등에게 명하여 시문을『지지(地誌)』에 첨입하라 했다는 서거정의「동국여지승람서(東國輿地勝覽序)」의 기록과 연결해 본다면 더욱 그렇게 볼 수 있음직하다.

그러나, 백보를 양보하여『동문선』편찬의 당초 계기가 설령『동국여지승람』의 구상에서 발단했다고 하더라도 그것은 어디까지나 간접적인 계기일 뿐이지 편찬의 직접적인 동기 자체는 아니다. 그러기 때문에 오늘날 우리가 볼 수 있는 바와 같이『동문선』은 그것 독자적인 의도의 실현과 의의의 추구를 위해 그 내용의 질적, 양적 선택을『승람(勝覽)』의 시문과는 전혀 방향을 달리 하여 별개로 편찬되고 간행되기에 이르렀던 것이다. 즉, 편찬 당사자들이 쓴 그 서문과 전문의 어느 구석에도『승람』과의 관련 흔적이 나타나 있지 않기도 하지만, 무엇보다『승람』의 시문이 특정 지역이나 누대·불사(佛寺) 등에 관련되는 시(詩)·기(記)·부(賦)를 위시하여 20여종의 문체에 한정될 수밖에 없음에 대하여 『동문선』의 경우는 그 배수가 넘는 55종의 문체에 이르게 된 것이다. 그리고 가령 『동문선』이 『승람』의 부수적인 편찬이라면 적어도 후자에 첨입될 시문은 일단 빠짐없이 포용됐음직한데, 여러 차례의 수정, 특히 성종 16년 왕명을 받은 김종직(金宗直) 등에 의한 수정 과정에 '황잡(荒雜)한 시문이 삭제'되기 이전의 『승람』의 최초본의 면모를 알 수 없는 터이기는 하나, 현존 『신증승람(新增勝覽)』의 신증 이전의 시문군(詩文群)에는 들어 있으되 정작 『동문선』에는 들어 있지 않은 시문이 수월찮이 많다는 점도 특히 고려할 만하다.

여기에서 우리는 『세조실록(世祖實錄)』의 기사 한 토막을 떠올릴 필요가 있겠다. 즉, 세조는 그 6년 8월(정미일)에 팔도관찰사 및 개성유수에게 "고금의 동인 소제(所製) 시문을 좋고 나쁨을 따지지 말고 비록 잔편(殘篇)·단장(短章)이라 하더라도 빠짐없이 찾아내되 불가(佛家)의 저작도 함께 찾아내어 보내라."고 지시한 적이 있었다. 이 지시의 결과가 어떻게 되었는지는 알 수 없으나 이로 미루어보면 『승람』과 같은 책의 구상이 있기 이전에 『동문선』과 같은 책의 편찬의 기운이 이미 태동하고 있었던 듯하다. 여기에, 세조 이전 성삼문(成三問) 등 집현전 학사들에 의해 『동인문보(東人文寶)』라는, 우리나라 역대 산문의 선집 편찬을 진행하다가 미완성으로 끝난 사실이 있음을 가리킨 성현의 『용재총화』의 기록과 신종호(申從濩)의 「동문수발(東文粹跋)」을 아울러 고려해 본다면 더욱 그러한 심증이 간다.

아무튼 『동문선』을 『동국여지승람』의 부수적 산물로는 결코 볼 수 없다. 나아가서 당시 공사간 관계 기록의 소략을 이유로 이 책 편찬의 동기나 의도, 의의를 적어도 그 편찬 주체 스스로가 소극적으로 인식했다고 볼 수도 없을 것이다. 『고려사(高麗史)』처럼 왕조 성립의 명분에 관련되면서 그 편찬에 우여곡절이 많은 책이거나, 『경국대전(經國大典)』처럼 국가의 기본체제에 관한 책을 제외하고는 관찬서라고 하더라도 『실록』과 같은 공적 기록에 그렇게 많은 지면이 할애되어 있지 않은 것이 일반적인 예이기도 하려니와, 『성종실록(成宗實錄)』이 편찬되던 시기의 객관적 여건의 소극적 방향으로의 작용도 있을 수 있기 때문이다. 물론 성현의 경우에게서 보는 바와 같이 그 편찬의 결과나 또는 편찬 그 자체가 당대나 후대의 객관적 입장에 있는 사람들에 의해서는 소극적으로 인식될 수가 얼마든지 있을 수 있다. 그러나 이 경우는 편찬에 임하는 편찬 주체의 주체적 태도 그것과는 별개의 문제다.

　요컨대, 『동문선』 편찬 주체의 자기표현의 한 계기로서의 이 책의 선문(選文) 방향, 따라서 우리가 그들의 사고양태의 일면을 파악해 볼 수 있는 근거로서의 이 책의 선문 방향이 가지는 일종의 신빙성·진지성에 대해 회의할 만한 확실한 객관적 증빙은 없다.

III. 서(序)·전(箋)의 검토

주지하듯이 『동문선』에는, 지난날의 책 일반이 그러하듯이, 가령 선문의 구체적인 지침을 밝혀 놓은 범례 같은 것은 없다. 그러나, 선문 주체가 쓴 이 책의 서와 전 가운데에는 선문의 기본 방향의 일부로 명시된 내용과 기본 방향의 일부를 암시해 주는 성격을 갖는 이 책 편찬의 의도 또는 목적이 서술되어 있으므로 이들 자료의 검토와 아울러 선문의 실제로서의 이 책이 포용하고 있는 시문의 질적, 양적 양상의 검증을 통해 선문 방향 전반의 대체적인 윤곽에는 접근할 수가 있다.

먼저 서序와 전箋을 살펴본다. 이 두 글은 실은 서거정 동일인이 쓴 것으로서,[『동문선』에는 전의 집필자가 양성지인 것처럼 되어 있으나 『사가문집보유(四佳文集補遺)』에 서거정의 글로 실려 있다.] 전은 변려체를 사용하여 보다 수사적으로 표현했을 뿐 그 내용에 있어서는 서의 그것과 대동소이하므로 서를 중심으로 하여 전을 참작하며 살펴본다.

(1) 먼저 주목되는 것은 『동문선』의 편찬으로 우리 나라 역대 문학 발달의 가장 높은 단계로서의 자기들 왕조의 문운을 확인, 이를 선양·과시하고, 아울러 우리 나라 역대 문학의 질량(質量)을 중국 역대의 그것에 나란히 대대(對待)시키려 했다는 점이다.

즉, 나말(羅末) 이전은 문헌의 태무(殆無)를 개탄하면서 을지문덕(乙支文德)이 시로써 수(隋)의 대군에 항거한 일, 신라자제(新羅子弟)의 입당 등제(入唐登第)), 최치원(崔致遠)의 「격황소서(檄黃巢書)」에 의한 중국에서의 명성을 예로 들어, 고려시대는 광종(光宗)의 과거제 실시, 예종(睿宗)의 호문(好文), 인(仁)·명종(明宗)의 유학 숭상 및 이 문치(文治)들의 결과로서의 호걸지사(豪傑之士)의 찬연한 배출, 이들의 문학역량에 의한 중국 쪽과의 외교적 갈등의 해결, 그리고 고려후기 문사(文士)들의 원조(元朝) 과거에의 합격과 그쪽 재사(才士)들과의 경쟁을 예로 들어 우리 나라 역대 문학역량을 상승일로의 발전으로 인식하고 나서, 자기들 왕조에 이르러서는 시운(時運)이 성세(盛勢)이고 열왕(列王)들의 함양으로 왕조 개창 백년에 빼어난 인물들이 나와 그들에 의해 발양된 '동탕발월(動盪發越)'한 문장 역시 옛것에 양보되지 않는다 하고, 다시 "우리 동방의 문학은 삼국에서 시작하여 고려에 성하여 성조에서 극에 달했다."고 강조하여 상승과정의 가장 높은 위치에서 자기들 왕조의 문학역량을 인식했다. 그리고는, 역대 문학역량을 주로 중국과의 접촉의 측면에서 파악하고 있는 시각에 이미 충분히 암시해 두기도 했거니와, 다음과 같이 당당하게 천명함으로써 우리 나라 역대 문학을 중국의 그것에 대대시키려는 의도를 분명히 드러내었다. 즉, "이것(자기들 시대까지의 우리 나라 역대 문학)은 우리 동방의 문학이다. 송(宋)·원(元)의 문학도 아니요, 한(漢)·당(唐)의 문학이 아니라 바로 우리 나라의 문학이다. 마땅히 중국의 역대의 문학과 함께 천지간에 나란히 통행해야 할 것이거늘 어찌 없어지는 채로 두어 전하지 않을까보냐."라고. 이 편찬 의도가 시문의 선취(選取)에는 어떤 방향으로 작용했겠느냐는 선문 실제의 검증과 함께 논의되겠거니와 일단은 다음의 문헌충비(文獻充備)의 의도와 연결해서 생각할 문제다.

(2) 『동문선』 편찬의 다른 한 가지 의도는 전통있는 문화국가로서의

문헌충비의 의도다.

서문에서 전래의 선집류(選集類)인 김태현(金台鉉)의 『동국문감(東國文鑑)』과 최해(崔瀣)의 『동인지문(東人之文)』을 비판하되 선집으로서의 선문기준이라든가 책의 체재 따위를 비판하는 것이 아니라, 작품 선취에 있어 소략하고 산일(散逸)이 많아 문헌의 일대 개탄할 일이라고 문헌이라는 관점에서 그 자료의 미비성을 비판함으로써 책 편찬의 의도의 하나가 문헌의 충비에 있음을 분명히 했다. 『동문선』 편찬이 조선 초기 일련의 문헌 구비 사업의 일환임은 새로울 것이 없는 사실이나, 우리가 주목하는 바는 문헌으로서의 제일의적(第一義的)인 목적 또는 의미 부여를 자국의 문학·문화 전통에 대한 긍지를 배경으로 역대의 문학을 중국의 그것에 대대시키려는 것으로 했다는 바로 이 점에 있다. 즉, 앞에서 살펴본 바대로 "마땅히 중국의 역대의 문학과 함께 천지간에 나란히 통행"하도록 하기 위해서란 점을 명백히 했다. 이 두 번째의 의도는 앞 첫 번째 의도를 구현하는, 목적에 대한 방법의 성격을 가지고 있는 셈이다. 어쨌든 이 문헌 충비의 의도가 선문에 있어 자료를 두루 포괄하는 방향을 취하게 하여 『동문선』을 양적으로 방대하게 했던 것이다.

(3) 서와 전에서 명시적으로 밝혀진 두 가지 선문의 기준 가운데의 한 가지는, 서문에서 말한 "사리(詞理)가 순정해서 치교에 도움이 있을 것들을 취했다."는 것이 그것이다.

말할 것도 없이 이 기준은 선문의 질적 기본방향을 제시한 것이다. 유교국가의 관찬 선집에 있어, 아니 사찬 선집의 경우라 하더라도 당연히 제시됨직한 작품 평가의 척도로서, 그 자체로서는 특이할 것이 없다. 문제는 선문 실제가 어느 정도로 여기에 부합되느냐에 있다. 그런데, 서와 전은 책의 편찬이 완료된 뒤에 쓰여졌지만 여기에서 밝힌 편찬의 의도나 선문의 기준 등의 생각들은 책의 편찬에 임할 때에 가졌던 것들이란 전제에서 위의 언표를 일단 선문에 임할 때에 가졌던 기준으로 이해했지만, 실은 편찬이 완료된 뒤에 쓰여진 글의 다음과 같은 그 앞뒤 문맥에서 보면 사전의 준칙이 아니라 사후의 규정인 것이다. 즉,

"臣等仰承隆委……取其詞理醇正, 有補治教者, 分門類聚, 釐爲一百三十卷, 編成以進."

에서 보면 '사리순정(詞理醇正)', '유보치교자(有補治教者)'를 '취해야 한다'나 '취할 것이다'가 아니라 '취했다'가 되는, 이미 뽑혀진 『동문선』 소재 시문들의 질적 성향을 규정한 것이 된다. 그런데 선문의 실제가 여기에 과연 어느 정도로 부합되느냐가 문제인데 역시 선문의 실제에 비추어 논의될 문제다.

한편 위의 언표는 선문 전의 기준, 선문 후의 규정의 성격을 복합하고 있기도 하지만 다시 거슬러 이해하면 『동문선』의 편찬의도 또는 목적의 하나이기도 하다. 즉, 『동문선』은 왕조의 치교를 돕기 위해 편찬된 것이 된다.

(4) 명시적으로 밝혀진 선문 기준의 다른 한 가지는, 전(箋)에서 말한 "진실로 체례(體例)가 법도에 합치되기만 한다면 여간 흠이 있어도 채택에서 빠뜨리지 않았다."는 것이 그것이다.

앞 (3)의 경우와 마찬가지로 이 경우도 선문 전의 기준이자 선문 후의

규정이다. (3)에서의 '사리순정'이 주로 글의 문체(이른바 '스타일'로서의 문체)와 내용의 성질에 관련되는 기준이라면, 이 경우는 주로 글의 형식에 관련되는 기준이다.

(5) 끝으로 『동문선』 편찬의 또 한 가지 의도는, 당연히 예상할 수 있는 바의 것이지만, 후세에의 전범에 이바지하려 했다는 것이다.
즉, 전에서, 문학과 정교와의 뗄 수 없는 관련성, '문사(文詞)란 재도지기(載道之器)임'을 전제로 하고 "지나간 선철(先哲)들의 정수를 모아 앞으로 오는 배우는 이들의 모범에 도움되게 하라."고, 왕의 명령투 형식을 빌어 한 말에 잘 드러나 있다. 편찬 주체가 '내학(來學)'들이 문학에서 지향하기를 기대하는 전범이란 말할 것도 없이 '재도(載道)'라는 유가의 문학적 교의에의 충실 그것 외에 달리 없다. 전의 이 부분과 대응되는 서의 한 부분에는 좀더 구체적으로 길게 서술해 두었는데, 요컨대 "도에 마음을 두고 문 자체의 조탁에 매달리지 말아서 아(雅)[전아(典雅)·아정(雅正)·아순(雅順)]를 숭상하고 부(浮)[부화(浮華)·부허(浮虛)·부박(浮薄)]를 몰아내며, 육경에 근본하고 제자(諸子)에 구차스럽게 갇히지 말아서 고명정대(高明正大)하게" 글을 쓰라는 것이다. 이 전범에의 이바지라는 편찬 의도가 선문 방향에 대해 가지는 관련은 시문 선택을 가급적 기대되는 전범의 내용에 접근되도록 통제하는, 적어도 논리적으로는 그러한 관련일 터이다. 결국 내용으로 보아 위의 (3)의 기준에 연결될 성질의 것이다.
서와 전에 대한 이상의 검토를 마무리하면서 이 두 글이 모두 다분히 격식성을 띠는 글이기 때문에 전반적으로 의례적, 수사적 과장이 있음은 분명한데, 단순히 과장에만 머무느냐 아니면 위에서 살펴본 바 편찬의 의도와 선문의 기준들에 사실성 자체가 인정될 수 없는 허구도 있을 수 있느냐 하는 문제를, 앞에서도 잠시 유의한 적이 있지만, 다시 제기하지 않을 수 없다. 만일 허구가 있다면 그것은 단순히 행문의 상투(常套)로 보아 끝날 문제는 아니다. 이 문제의 논의는 선문의 실제를 떠나서 달리 논의의 근거가 없다.

Ⅳ. 선문 실제의 검증

선문의 실제, 즉 포용된 시문의 질적 성향과 양적 안배의 양상을 통해 선문 주체의 어떤 생각을 탐색하는 데에는 한계로 작용할 가능성이 예견되는 다음 한두 가지 문제가 있다.

첫째는 객관적 소여(所與)로 주어진 기존 시문자료의 질적, 양적 형편이 선자(選者)들이 희구하는 이상적인 선문모형을 반드시 충족시켜 주었으리라는 보장이 없다는 점이다. 이 점은 비단 『동문선』의 경우에만 한하는 것이 아니라 선집이라면 정도의 차이는 있어도 다 부딪히기 마련인데, 『동문선』의 경우 적어도 선문 주체의 사고지향의 일면을 추구하기 위한 선문 방향의 탐색이란 점에서는 한계의 정도가 그리 클 것으로는 보이지 않는다. 일례로 이규보(李奎報)의 작품을 대량 선취하면서도 「동명왕편(東明王篇)」 같은 작품은 제외되었다든가, 불가의 작품을 상당량 수용하면서도 혜심(慧諶)·경한(景閑) 등의 우수한 선시(禪詩)들은 제외되었다든가 한 것은 어디까지나 선문주체의 주관적 가치관 때문이지 자료

부재의 객관적 여건 때문은 아니기 때문이다.

둘째는 편찬에 참여한 사람이 23인이라는 다수인 점에서 예견되는 선문 방향의 혼선 가능성 문제다. 편찬의 자세한 과정을 알 수 없는 터라 단언하기는 어렵지만 사전에 선문방향의 일정한 집약을 보고난 뒤에 작업을 분담했다고 보는 것이 상식이라면 이 문제도 크게 우려할 것은 아니라 생각된다. 더구나 23인이라고는 하지만 선문 방향 같은 주요 문제는 역시 전箋에 등장하는 네 사람—노사신·강희맹(姜希孟)·서거정·양성지—정도에 의해 재결되었을 것이요, 특히 핵심이 되어 총괄한 1인(서거정)이 있었다는 점을 상기한다면 더욱 그러하다. 『동문선』 찬집관으로 함께 참여한 최숙정(崔淑精)이 요사(夭死)한 자기 막내아우의 글을 선(選)에 넣어주기를 서거정에게 청했다가 뜻을 이루지 못했다는 『성종실록』의 기사 한 토막은 저간의 소식의 일단을 전해 준다.

사정이 이렇더라도 한계가 물론 전혀 없을 수는 없다. 선문의 실제에서 보면 더러 그런 실마리가 보이는 것이 사실이다. 그러나 이 논의의 근거 자체를 흔들 정도는 아니다. 현상적으로 뚜렷하게 드러나는 몇 가지만 검증하여 문제 삼아 보기로 한다.

(1) 양적으로 망라적이고 포괄적이다.

『동문선』의 인상적인 특징은 그 양적 규모의 방대함이다. 가급적 많은 작가를 등장시키고, 가급적 많은 종류의 문체를 망라하고, 일정한 한계 안에서 가급적 많은 작품을 수재(收載)하려 하였다. 산술적으로 제시하면, 『동문선』에는 작가의 수로는 29명의 승려와 약간의 무명씨를 포함하여 500명 가까이가 등장되어 있고, 문체의 종류로는 55종이 망라되어 있으며, 시문의 양으로는 4,240여제 130권으로 수재되어 있다. 그래서 일종의 물량적 위압감을 자아내기조차 할 정도다. 어느 정도로 망라하고 포괄하려고 힘썼는가는, 단 1편의 작품을 가지고 올린 작가가 전체의 절반에 육박하는 220여명에 이르고, 문체에 있어 '표전(表箋)' 한 항목으로 460여 편을 뽑으면서 단 2편의 작품으로 '대(對)'를, 단 1편의 작품으로 '노포(露布)'를 설정하기조차 한 데에 잘 드러나 있다. 그 결과 문체의 종류에 있어서는 중국『문선(文選)』의 39종, 40년 뒤『속동문선(續東文選)』의 37종에 비해 압도적으로 많은 종류의 문체를 망라하게 되었다.

『동문선』은 확실히 어떤 엄정한 가치규준의 고수보다 너그러운 자세로 양적으로 보다 많이 포괄하려고 한 선집이다. 이 책의 이런 면이 가까운 시대의 성현과 후세의 홍만종(洪萬宗)으로부터 '선'이 아니라 '유취'라는 비판을 받았고, 남용익(南龍翼)의 '박이부정(博而不精)'이란 비판도 불러 일으켰다. 그리고, 무엇보다 책이 편찬된 지 10년도 넘기 전에 김종직으로부터『동문수(東文粹)』편찬을 통해 정면의 항변을 받은 이유의 하나가 되기도 했다. 후대의 문학 전범에 이바지하려 했던『동문선』은 선문 실제에 있어서 양적 포괄의 추구에 따른 전범성의 선명치 못함이 그 이유의 하나가 되어 결국 후대로부터 외면당하게 된 셈이다.

그러나『동문선』은 비판의 액면 그대로 자료의 단순한 유취는 아니다. 유취적 망라·포괄성은『동문선』으로서는 그 자체 의도를 가진 분명한 선문 방향의 하나인 것이다. 즉, 문헌충비의 의도가 그것이다. 최치원·김부식(金富軾)·이인로(李仁老)·이규보·이제현(李齊賢)·이색(李穡)·이첨(李詹)·정도전(鄭道傳)·권근(權近) 같이 당시로서 자료 여건이 허락하는 경우 가급적 다량을 선취한 것은 문학 문헌으로서의 질량의 충실화를 위한 것이 분명하거니와, 단 1편의 작품을 가지고도 220여명—전체의 절반에 육박하도록 올린 이유는 무엇인가? 문적(文籍)의 민멸로 비록 그들 작품 전부의 물리적 실체가 전하지는 않는다고 하더라도 분명히 우리 나라 문학사 위에서 활약한, 따라서 우리 나라의 문학사적 질량의 밀도를 그만큼 높인 존재들이란 인식에서 그들을 문학사적 기록(동문선)에 분명하게 등록시켜 문헌화하여 역대 문학의 본래 존재했던 그 질량의 밀도를 근거짓자는 의도 외에 다름 아닐 터이다. 그 거질의 선집에서 1, 2편의 작품으로 따로 문체의 항목을 설정하여 한 종류의 문체라도 더 망라하려 한 것도 이에 준해서 이해할 일이다. 어쩌면 『문선』보다 훨씬 후대에 편찬하면서 우선 양적으로 이보다 빈약하게 할 수는 없다는 생각이 쌀녀 있었거나, 또는 송대(宋代)의 관찬 선집인 『문원영화(文苑英華)』가 1천권이란 사실을 크게 의식했을 법도 하다.

그런데 이러한 문헌의 충비가 일의적(一義的)으로는 정태적인 참고를 위해서라기보다 동태적인 선양·과시를 위해서였던 것이다. 앞에서 살펴 본 바 서문에서 확인할 수 있듯이 자국의 역대 문학·문화 전통에 대한 긍지를 자기들 왕조의 문운으로 모아 대내적으로 왕화(王化)를 선양·과시하고, 대외적으로 중국의 역대에 대대시키자는 의도에서였다. 그러기 위해서는 가급적 많은 작가·문체·작품을 망라·포괄하여 그 규모를 방대하게 하고, 그 질량을 풍후하게 할 필요가 있었다. 말하자면 물량적 시위로 권위를 보다 당당하게 하자는 계산이 있었던 것이다. 이러한 대내·대외에의 선양·과시의 의도는 『동문선』 편찬 주체, 즉 15세기 후반 훈구관료세력의 문화적·정치적 자신감의 한 표현에 다름 아니다. 다시 말하면 『동문선』의 망라·포괄적 선문에 의한 규모의 방대화, 질량의 풍후화는 바로 이 편찬 주체의 당당한 자신감의 반영인 것이다. 이 점은 다음의 다른 선문 방향들까지를 고려하면 더욱 분명해진다.

(2) 시(詩)보다는 문(文)에, 문은 정교(政敎)·의례성(儀禮性) 문장에 압도적 비중이 두어졌다.

전체 4,240여제 가운데 고근체(古近體)의 시는 1,140여제에 그칠 뿐이고 나머지 거개는 문이다. 『속동문선』이 전체 600제 약(弱)에서 고근체의 시가 386제로서 거의 3분의 2에 육박하고 있는 점과는 아주 대조적이다. 여기에 문의 압도적 비중이, 조칙·교서·제고(制誥)·비답·주의·차자·첩(牒)·책제(策題) 등 정교 관계 문장과, 책(冊)·표전·장(狀)·송(頌)·치어(致語)·축문·소(疏)·도량문[道場文]·재사(齋詞)·청사(靑詞) 등 정교성보다 의례성이 강한 문장에 두어져 있는 것이 『동문선』의 선문 방향의 두드러진 특징의 하나다. 이들의 합한 수는 1,130제 가량인데 이 가운데 특히 '표전'이 460여제로 이 책 전체 55종—4,240여제—의 10%를 넘어서고 있는 것이 그 중에도 더욱 두드러진 특징이다. 주지하듯이 '표전'은 신이 군에게 올리는 글로서, 그 사용 빈도로 보면 주로 신이 군에 대해 축하나 감사를 드리거나, 사양하거나 진상할 때에 올리는 경우가 많은, 따라서 의례성이 강한 문장이다. 그리고 『동문선』에도 '하표(賀表)'·'사표(謝表)' 류가 절대 다수를 차지하고 있다. 문체의 이런 양적 안배의 수치를 가지고 『속동문선』이나, 특히 약간의 운문에 산문을 주로 뽑되 '서(序)'·'기(記)'류의 일반 문장에 치중된 김종직의 『동문수』에 비추어 보면 『동문선』의 성격이 선명하게 드러난다. (『동문선』에도 물론 '기'가 260여 편, '서'가 230여 편으로 '표전'을 제외한 다른 문에 비하면 많은 편이나, 중요한 것은 '표전'과 같은 성격의 문과의 상대적 비례관계다.)

요컨대 『동문선』은 지배층의 봉건적 상하관계를 원만하게 유지하고, 사대외교를 순조롭게 수행하며, 통치층의 권위를 장식하는 등의 효용에 주안을 둔, 전형적인 관각적 문학관의 산물이다. 정교·의례 관계의 글 가운데는 『고려사』 같은 데에 이미 실려 있는 글도 상당량 포함되어 있는데, 이로 보면 이 방면의 글을 다량 선취한 것이 보사적(補史的)인 의도에서가 아님을 알 수 있다. 뿐만 아니라 유교국가의 관찬서이면서 소·도량문·재사·청사 등 도불(道佛)의 의례문을 195편이나 실어 둔 것은 유교국가라고는 하지만 이 시기 지배층의 유교적 이념에의 불철저성을 드러내는 의미도 되겠지만 『동문선』에 실린 이런 유의 의식문의 내용이 대부분 국가·군왕·귀족 자신들을 위한 기복적 송도(頌禱)의 그것이란 점을 생각하면 그 의도의 소재는 명백해진다. 더구나 이들 정교·의례성 문장의 거개가 변화하고 장식적인 것이 그 수사적 특성인 사륙변려체임을 고려에 넣는다면 사과반(思過半)할 것이다. 『동문선』이 후대에 외면당하게 된 주원인도 바로 이 관각문학적 특성과 후대의 문학사적, 정신사적 조류의 변화와의 상대관계에서 온 것이다.

특히 「표전」이 압도적인 양을 차지하고 있는 점이 흥미로운데, 선문의 이런 방향은 세조(世祖) 이래 성종 연간에 이르는 동안의 강화·안정된 왕권과 여기에 봉사한 훈구관료세력과의 원만한 관계 유지를 반영한 것으로 이해해도 좋을 듯 하다. 『동문선』 편찬 주역 네 사람이 모두 공신함(功臣啣)을 가지고 있는 사실과 무관하지 않을 듯 하다.

그리고 시보다 문에 편중된 것은 역시 문헌충비의 의도에서 문이 시보다 상대적으로 문헌성이 높다는 점에 관련되면서 한편으로 시를 상대적으로 경시하는 관각적 문학관의 작용도 받은 것으로 보인다.

(3) 시문의 형식미에 치중하고 내용의 의리에는 관용적이다.

앞에서 지적한, 문의 압도적인 비중을 차지하고 있는 정교·의례성 문장의 거개가 사륙변려체란 점이 『동문선』에 있어서의 형식미의 지배도를 약여(躍如)하게 보여주는 바이거니와, 시에 있어서도 형식미 추구의 선문 지향은 도처에서 볼 수 있다. 단적인 예로 창작이 아니라 타인의 시구를 교묘하게 모으는 기교의 과시에 불과한 집구시(集句詩)를, 그것도 오율에서 11수, 칠률에서 26수, 칠언배율에서 1수, 시체(詩體)까지를 고려해가며 무려 38수나 뽑아 넣어두고 있는 점을 들 수 있다. 이 한 가지 사례만으로써도 이 문제에 대한 증거는 족하리라.

그런데 이 형식미 추구와 무관하지 않는, 거의 표리관계에 놓이다시피 하는, 내용의 의리 문제에 대한 놀랄 정도의 관용성을 보게 된다. 좀 과장해서 말하면, 적어도 『동문선』에 있어서는 충신도 없고 역적도 없으며, 숭유이념도 없고 배불이념도 없으며, 존화(尊華)도 없고 양이(攘夷)도 없다고 해도 과언이 아니다. 몇 가지 사례를 보이면 다음과 같다.

『고려사』 열전에서 명백히 역적으로 단죄해 놓은 최충헌(崔忠獻) 부자를 미화·찬양한 시문이 한두 편에 그치지 않는다. 김구(金坵)의 칠언율시 「상진양공(上晉陽公)」, 이수(李需)의 칠언배율 「교방소아(敎坊小娥)」와 동차운(同次韻) 3편 등의 시와, 「중서령진강공도형후공신재창찬교서(中書令晉康公圖形後功臣齋唱讚敎書)」·「봉진양후교서(封晉陽後敎書)」·「진양후처이씨증변한국대부인교서(晉陽侯妻李氏贈卞韓國大夫人敎書)」, 그리고 이규보의 「진강후모정기(晉康侯茅亭記)」·「최승제십자각기(崔承制十字

閣記)」 등 7~8편의 문이 그것이다. 이런가 하면 초기 무신정권에 강렬한 저항을 보인 임춘(林椿)의 「장검행(杖劍行)」 같은 작품은 제외되어 있다.

앞에서 이미 29명의 승려 작가와 도불의 의례문의 포함을 지적했거니와, 불교관계 시문은 시나 의례문 외에도 탑명, 승려의 비명(碑銘), 그리고 불교 교리의 본령을 설파한 원효(元曉)의 일련의 불서의 서문이 정도전의 「불씨잡변(佛氏雜辯)」과 함께 실려 있기까지 하다. 그러나 여기에는 양적인 제한을 가한 흔적을 읽을 수 있으니, 한 예를 들면 승려들의 시를 싣기는 했어도 82편에 그친 것이 그것이다. 그리고 승려의 시라 하더라도 혜심·일연(一然)·경한·보우(普愚) 등 쟁쟁한 선승들의 선의 세계를 구현한 작품은 거의 한 편도 싣지 않아 실석인 세한을 가한 흔적도 있다.

다음 한 가지 흥미로운 것은 호원(胡元)에의 관용이다. '표전'에 들어있는 수많은 사대의례문(事大儀禮文)은 그렇다 치더라도 원의 일본 원정을 노래한 원감(圓鑑)의 오언배율 「동정송(東征頌)」, 원의 고려 소녀 징발을 긍정적으로 다룬 김찬(金贊)의 칠언배율 「동녀시(童女詩)」와 동차운을 실어두었다. 그런가 하면 같은 원감의 작품으로 원의 동정에 따른 고려 민중의 참상을 다룬 「영남간고상(嶺南艱苦狀)」같은 작품은 제외되어 있다.

이 밖에도 가령 이규보의 일련의 구관시(求官詩), 조충(趙冲)의 「하금평장득외손(賀琴平章得外孫)」과 동차운 따위의 아부문자(阿附文字)도 상당량 실어둔 것도 짚고 넘어갈 만한 문제다.

선문에 있어서 이러한 의리 문제에 대한 관용성은 무엇을 의미하는가? 서나 전의 어디에도 가령 공자 산시(刪詩)의 정신, 즉 내용이 좋은 시는 선심을 감발하게 하기 위해서, 나쁜 시는 일지(逸志)를 징계하기 위해서라는 유의 어떤 실마리도 비쳐져 있지 않다. 따라서 그런 의도로 뽑아 넣었다고 볼 근거는 없다. 그렇다면 일차적으로, 확실하게는 형식미의 추구에 주안이 있었다고 볼 수밖에 없다. 가령, 최이(崔怡)의 집 연회석상에서 춤추는 소녀를 제재로 한 작품으로 보이는, 그래서 귀족적 향락의 짙은 분위기가 화려하게 묘사된 이수의 「교방소아」와 여기에 차운한 이규보·최자(崔滋)의 같은 제재, 같은 주제의 작품 3편을 아울러 4편이나 뽑아둔 의도는 형식미에의 관심에 따른 글재주의 비교 말고는 달리 이유를 찾기 어렵다. 이런 예는 가령 이변(李弁)의 칠언장시 「소양행(昭陽行)」과, 같은 운자를 밟은 다른 세 사람의 작품을 모두 뽑아 넣은 것 등 다른 곳에서 더 찾을 수 있다.

그리고 혜심 등 선승들의 고격의 선시가 거의 한 편도 실려 있지 않은 것도 자료의 부재 때문도 아니요, 숭유의 이데올로기와의 저촉 때문이 아니라 실은 미의식에 관련되어 있다. 이것은 서거정의 한 글 「계정집서(桂庭集序)」에서 시사받을 수 있다. 즉, 그는 '대각지시(臺閣之詩)'='기상호부(氣象豪富)', '초야지시(草野之詩)'='신기청담(神氣淸淡)', '선도지시(禪道之詩)'='신고기핍(神枯氣乏)'의 세 부류로 나누고, 선도의 시는 신기가 고핍(枯乏)해서 초고청수(峭古淸瘦)한 기는 넘쳐도 우유중화(優游中和)의 기는 없다고 하여 비하했다. 『동문선』에 선시가 거의 한편도 들지 않은 것은 바로 이 미에 대한 선호 때문이다. 서거정의 이 미적 가치관이 전형적인 관료귀족의 미의식, 대각문학적 미의식이다. 그래서 『동문선』은 호부·숭엄·화미·우아·온유의 미에 지배되어 있고, 비장이나 골계의 범주에 드는 미는 극히 드물게 된 것이다.

위에 든 사례의 다른 경우도 대체로 이상의 해명에 준해 이해할 성질의 것이나, 내용의 의리에 대해 이렇게 관용적이면서 형식미를 선호한 이 선문 태도에 성리학의 의리정신·엄숙주의가 아직 뿌리내리기 전인 이 시대의 시대분위기, 그들의 관료귀족적 가치지향이나 의식상태가 잘 반영되어 있다. 왕실과 귀족들의 생활 속의 고려적 불교 침윤의 온존, 세조의 정변으로 인한 정치의리의 도괴(倒壞), 여기에 영합한 세력으로서의 『동문선』 편찬 주체의 정치적 입장 등이 선문의 이러한 방향에 연결되어 있다고 보아야 할 것이다. 그런 점에서 강희맹이 「제임후사홍병풍(題任侯士洪屛風)」의 시에서 강태공을 찬미하면서 백이(伯夷)·숙제(叔齊)를 "감히 한 치 혓바닥을 가지고 삼강(三綱)을 다투는구나."라고 기롱조로 표현하고 '권경일률(權經一律)'의 설을 내세운 것은 이 선문방향과도 관련하여 깊이 음미해볼 만한 사실이다.

김종직이 『동문수』를 편찬한 것은 『동문선』 선문의 이 방향에 정면 항변으로서의 의미일 터이다. 후대에 『동문선』이 외면당한 주원인도 바로 선문의 이 방향에 있었다.

전문(箋文)에서 밝힌 기준 또는 선문 후의 규정의 하나 일체례(一體例)가 법도에 합치되기만 한다면 여간 흠이 있어도 채택에서 빠뜨리지 않았다는 것이 선문의 이 방향에 그 전면은 아니더라도 일단 연결된다. 그러나 '사리순정'이라는 기준 또는 규정이나, '아(雅)'를 숭상하고 '부(浮)'를 몰아내어 '고명정대'하게 써야한다는 전범에의 기대는 결국 하나의 허구임이 여기서 드러난 셈이다. 국가의 공적 리념과 당시 왕실이나 관료귀족들의 현실적 입장 및 체질과의 괴리·당착의 일면이 노출된 것에 다름 아니다.

(4) 기층문화·민중사회에 관련되는 시문은 소외되고, 거의 철저하게

상부 지배층 중심의 문헌으로 방향 잡혀 있다.

앞에서 『동문선』의 선문 방향의 하나가 망라적·포괄적 임을 제시했거니와 그 망라·포괄의 실상이 이제 여기서 밝혀진다. 즉, 어디까지나 상부 지배층 중심으로 시문 자료의 문체와 편수를 양적으로 망라·포괄한 것이지 그 질적인 성향에 있어서는 오히려 단조로운 편에 속하는 책이다. 앞 항목에서 미적 특질의 편향성이 지적되었거니와 그 제재나 주제의 측면에 있어서도 그 시문량의 방대함에 비추어 보아서는 다양한 편이 못된다. 아니, 실은 미적 특질의 편향성이 바로 제재나 주제가 다양하지 못한 데에서 연유된 것이다. 그리고 그것은 기층문화·민중사회를 다룬 시문이 소외된 데에서 크게 연유되고 있다.

기층문화를 제재로 한 한문학 작품이 본래도 그리 많은 편이 못됨은 사실이다. 그러나, 서거정이 『삼국사절요』를 편찬할 때에 자료를 채취했다는 [서씨(徐氏)의 「삼국사절요서(三國史節要序)」] 『수이전(殊異傳)』과 『삼국유사(三國遺事)』 같은 책에서의 선문은 워낙 작품관의 한문학적 교의 때문에 기대할 수는 없다 치더라도, 가령 이규보의 「동명왕편」을 위시한 그의 「노무편(老巫篇)」, 이승휴(李承休)의 「제왕운기(帝王韻記)」, 이제현의 「소악부(小樂府)」, 이색의 「관격구(觀擊毬)」 등 민족의 기층문화를 다룬 일련의 웅편(雄篇)·가작(佳作)들을 외면한 곳에서 『동문선』과 이 책 선문 주체의 한계를 보게 된다. 이 일련의 작품이 제외된 것은 아마도 육경에 근본하고 제자에 구차스럽게 갇히지 말아서 고명정대하게 글을 써야 한다는 그들의 재도적 문학관에 의한 가치재단 때문일 것이다. 유가적 도의 구현만이 문학의 정통이라는 생각 때문이다. 그렇다면 앞에서 본 바 도불 관계 시문은 이 기준에서 어째서 제외되었는가? 그것은 두 가지 이유 때문이다. 첫째는 그 시문들이 도불 관계라고는 하나 유가적 여러 규준의 원용(援用)에 의해 운영되고 있는 국가·왕실·귀족의 현실적 존재체제에 봉사·순응하는 성질의 것이기 때문이다. 이런 점에서 실은 재도적 문학관의 기준 안에 들어온다고 보았기 때문이다. 여기서 우리는 다같이 '재도'라는 용어를 사용해도 그 '도'의 실질개념이 육경을 문학의 관점에서 숭상했던 조선초기, 사서(四書)에 핵심을 두고 사유에 침잠했던 중기, 그리고 육경을 현실에 연결하여 해석했던 후기의 그것들이 서로 달랐음을 알아야 할 필요가 있다. 다음 한 가지 이유는 그 형식미가 특히 마음에 들었기 때문일 터이다.

어쨌든 여기서 우리는 『동문선』 편찬의 제일의적인 의도였던, 우리나라 역대 문학을 중국의 역대 문학에 대대시키려 한 것이란 이 명제의 실상도 이해하게 된다. 한 마디로 중국에 대해 자국의 문학 전통의 독자성을 엄연히 인식은 하되, 대대시키려 한 그 독자의 실체는 어디까지나 선진(先秦) 육경이란 동일근원에서 흘러나온 것이어야 한다는 것이 그것이다. 『동문선』과 그 선문 주체의 한계이기 이전에 바로 역사의 한계인 것이다.

민중사회를 다룬 시문의 경우, 이곡의 「기행일수증청주참군(紀行一首贈淸州參軍)」, 윤여형(尹汝衡)의 「상률가(橡栗歌)」, 이석형(李石亨)의 「호야가(呼耶歌)」 등 약간 편의 시가 수록되어 있어 아주 제외된 것은 아니었다. 주지하듯이 이 계열의 시문도 그 시대까지는 본래 그렇게 많이 산출되지는 않았기 때문에 이 정도의 고려라면 어떻게 보면 뽑을 만큼 뽑았다고 볼 수도 있다. 역시 통치 관료로서 민중에 대한 최소한의 관심은 읽을 수 있음이 사실이다. 그러나, 가령 이규보의 「문국령금농향청주

백반(聞國令禁農餉淸酒白飯)」 등 일련의 이 방면의 작품, 안축(安軸)의 「삼탄(蔘歎)」, 원감의 「영남간고상」 같은 작품이 제외된 데에서 역시 일정한 한계를 볼 수 있을 것이다.

V. 맺음말

『동문선』은 밖으로는 통일제국 명(明)과의 원만한 관계로 동아질서의 안정을 누리고, 안으로는 세조 이래 강화·안정된 왕권 아래 훈구관료문화가 극성을 이루었던 15세기 후반 바로 그 관료문화의 결정체다. 우리는 여기에서 주로 비판적인 시각으로 그 선문 방향을 논의하면서 그 선문 주체의 사고양상의 일면을 탐구해 보았거니와 반드시 비판만 받아야 할 책은 물론 아니다.

삼국 이래 선초(鮮初)까지의 우리 나라 문학 자료의 나름대로의 집성(集成)으로서의 의의라는 예거는 그만 두고라도, 이 책과 그리고 선문 주체의 사고에는 우리가 상대적으로 긍정으로 보아야 할 측면이 없는 것이 아니다. 모든 사실이 양면성을 갖듯 위의 선문 방향에서 본 사실들도 마찬가지다. 가령 그 실체의 인식에 역사적인 한계는 있지만 자국의 문학 전통을 중국의 그것과 병행적 독자존재로 인식한 것, 그리고 미의식이나 제재·주제에 있어 일정한 편향성을 보였다고는 하나 후대 주자학적 문학의 그것들과 상대적으로 보면 오히려 훨씬 다양·다채한, 따라서 의식의 보다 넓은 폭도(幅度)를 보여준 것 같은 것을 들 수 있다. 도불(道佛)에 대한 일정한 포용성의 문제도 사고나 문화감각의 경직·편협을 부정적으로 본다면 역시 긍정적으로 이해할 여지가 있는 것이다. 그러나 여기에서는 이들 문제에 대해 상론할 겨를을 얻지 못한다.

회재(晦齋)의 도학적 시세계

I

회재(晦齋) 이언적(李彥迪)은 자신의 인생목적을 '양진(養眞)·경세(經世)'로 설정했다.[135] 자신에 내재하는 천부(天賦)의 도덕성을 함양하여 성인의 경역으로 나아가며, 여기에 의거하여 자기시대의 군민(君民)을 요순시대화하고자 하는 것을 자신의 인생이상으로 삼았다. 그의 이러한 이상은 21세 때 지은 「문진부(問津賦)」[136]에서 공자(孔子)의 제세활동(濟世活動)에 대한 열정적인 찬미를 통해 간접적이기는 하나 이미 표방되어 있었다. 즉 "도(道)는 요순(堯舜)을 이어받고 인(仁)은 만물을 생육하는 천지와 나란해서 생민에 대해 책임감을 무겁게 느끼고 천하에 대해 근심을 크게 하고서는" "우주를 경륜하고 민물(民物)을 화육하고자" 동분서주하는 "위대한 공자"의 출사의 의도를 일개 소장부적(小丈夫的)인 은자인 장저(長沮)·걸닉(桀溺) 따위가 어떻게 알겠느냐는[137] 논리와 호흡 속에서 회

---

135 『晦齋先生文集』(이하 『文集』이라 약칭) 卷三, 「次一善東軒韻」, "養眞經世兩無成." 또 同, 「奉次惠韻」, "養眞經世兩堪羞." 自註에 "平生有志兩事, 今俱未遂, 豈非可羞耶."라 하였다. 또, 晦齋의 은거지였던 慶州郡 安康邑 玉山里에 있는 그의 당시의 거처 獨樂堂에 부속되어 있는 溪亭에는 '養眞菴'이라 현액하기도 했다.

136 『文集』卷五 所載. 이 賦는 추측컨대 과거 답안으로 쓴 것으로 여겨지나 창작적 진실성이 매우 높은 작품이다.

137 앞의 賦, "偉哉仲尼, 天縱其德. 道揖堯舜, 仁並覆育. 責旣重於生民, 憂亦大於天下. (中略) 謇欲濟而無梁, 遇沮溺之耦耕. (中略) 彼固避世之士兮, 獨非聖人而自是. 焉知君子之仕兮, 乃所以行其義也. (中略) 豈若小丈夫然兮, 果於忘世, 坐視墊溺而不救. 而且賢人不時出, 聖

재 자신의 인생이상의 강렬한 투사를 읽을 수 있다.

특히 양진의 이상은 그 뒤로 거듭 직접적으로 표명되었다. 24세 때 문과에 급제하고 첫 출사를 위해 서울에 당도해 지은 「서정시(西征詩)」에서 "평생토록 뜻이 구차하지 않으리니, 희구하는 바는 오직 성철(聖哲)이라네."[138]라고 한 것을 위시해서 27세 때 쓴 「원조오잠(元朝五箴)」중의 「독지잠(篤志箴)」에서 "학문을 하면서 성인을 희구하지 아니하는 것, 이것을 일러 스스로 한계지음이라 하지."[139]라고 한 것과 30세 때 쓴 「입잠(立箴)」에서 "진(眞)을 쌓아가고 힘씀을 오래 하면 성인의 경역에 들어가기를 기약할 수 있으리."[140]라고 한 것 등이 그것이다. 주염계(周濂溪)가 "성인은 하늘을 희구하고, 현인은 성인을 희구하고, 사(士)는 현인을 희구한다."[141]고 했거니와, 성인을 희구함[希聖]은 도학자 일반이 다 갖는 이상으로서 유독 회재만이 가졌던 것은 아니다. 그러나 그 희구의 독실함과 아울러 은연중의 자신감―그 신념화의 정도―에 있어서 회재는 다소 남달라 보이는 듯하다.[142] 위리안치라는 극한상황 속에서도 "하늘을 섬김에 극진하지 못함이 있는가? 군친을 위함에 성실치 못함이 있는가?

人不世有. 上而爲君, 堯舜禹湯. 下而爲臣, 伊周稷契. 彼皆經綸宇宙, 化育民物, 際天極地, 咸受其澤. 當今之世, 非我伊誰."

138 『文集』 卷一, 「西征詩」, "生平志不苟, 所希惟聖哲."
139 『文集』 卷六, 「元朝五箴」, 其五 「篤志箴」, "學不希聖, 是謂自畫."
140 『文集』 卷六, 「立箴」, "眞積力久, 期入聖域."
141 『近思錄』 卷二, "濂溪先生曰, 聖希天, 賢希聖, 士希賢."
142 晦齋의 『文集』을 통독한 뒤에 자연스럽게 가져지는 생각이다. 『文集』 卷十四, 附錄에 실려 있는 「晦齋李先生行狀」에서 "於是始知先生之於道學, 其求之如此其切也, 其行之如此其力也, 其得之如此其正也."라고 한 退溪의 언급도 참고가 될 것이다.

마음가짐에 바르지 못함이 있는가?"라고 일일삼성했다는[143] 그의 만년 적소(謫所)에서의 생활 같은 것도 그 단적인 예의 하나가 될 것이다.

이러한 양진의 인생목적에 설정된 이상적인 자아상으로서의 성인에 대응하는 경세에서의 그것은 본인 자신 구체적으로 표명한 바는 없다.(실은 본인이 구체적으로 표명할 성질의 것이 아니다.) 그러나 퇴계(退溪)가 회재의 행장에서 "(회재는) 항상 군민을 요순시대화하는 책임을 자임했다."[144]라고 한 말에 비추어 생각해 보면 그의 「문진부」에 등장하는 이윤(伊尹)·주공(周公)·후직(后稷)·설(契) 같은 경세가가 아니었을까 생각된다. 실은 회재 자신으로부터의 간접적인 시사가 전혀 없지는 않았다. 「서정시」에서 "머리 들어 북극을 바라보니, 백일(白日)이 지척에 임했구나. 풍운이 호연히 가없으니, 구만리 하늘로 날개 떨칠 만 하구나."[145]라고 한 것, 그리고 27세 때의 작품 「고송(孤松)」에서 "기둥이며 들보 되려 하지만, 도끼질들 해오니 어찌 하랴."[146]라고 한 것이 의미하는 바가 그것이다. 회재의 이 경세에의 의지는 동시대의 다른 도학자들, 이를테면 회재보다 2년 위인 서화담(徐花潭)과 10년 아래인 이퇴계(李退溪)·조남명(曹南冥) 같은 이들이 양진에만 치중했던 점과는 확실히 다른 면모다. 29세 때 조정암(趙靜菴)의 참담한 좌절을 목격하고서도, 그리고

---

143 위의 글, "其處困行患, 有以自安. 進學著書, 不輟其功. 未明而起, 乾乾夕惕. 其几案上書自戒之辭曰, 吾日三省吾身, 事天有未盡歟. 爲君親有未誠歟. 持心有未正歟."
144 위의 글, "常以堯舜君民之責自任."
145 『文集』卷一, 「西征詩」, "擧頭望北極, 白日臨咫尺. 風雲浩無際, 九萬期奮翼." 이 詩에서 '北極'·'白日'은 왕궁의 군왕을 의미하고, '風雲'은 군신의 만남에서 대업을 성취할 수 있는 가능성의 상황을 뜻한다.
146 『文集』卷一, 「孤松」, "棟樑雖有待, 斤斧奈相加."

바로 그 자신 정변의 희생을 겪으면서도 하세(下世)의 마지막 순간까지 '요순군민'의 경세의지를 포기하지 않았던[147] 회재의 인생 자세는 그의 인간 자체에 대한 이해에도 시사하는 바 크지만 16세기 사상사적 문맥에서도 유의해 볼 만한 점이라고 하겠다.

    현재 우리가 접하고 있는 회재의 저작은 주로 그의 인생 목적이 양진·경세라는, 개인 및 사회 차원에서의 실천에 구심점을 둔 바로 이 점에 의해 주로 규정되고 있다. 「원조오잠」을 위시한 일련의 잠(箴)·명(銘)과 『구인록(求仁錄)』은 개인차원에서의 실천인 양진의 심화 내지 확대에의 요구에, 「일강십목소(一綱十目疏)」를 위시한 일련의 소(疏)·차(箚)·계(啓)·상(狀)과 「진수팔규(進修八規)」·『중용구경연의(中庸九經衍義)』 및 그 『별집』은 사회차원에서의 실천인 경세의 시무와 확전(擴展)에의 요구에 응해 나온 것이다. 그의 저작 중 이론성이 가장 높은 「서망재망기당무극태극설후(書忘齋忘機堂無極太極說後)」·「답망기당서(答忘機堂書)」 4편과 『대학장구보유(大學章句補遺)』·『속대학혹문(續大學或問)』도, 도학의 이론들은 기본적으로 실천지향성을 가지기는 하지만, 그 이론들의 총체에서 놓일 좌표는 그 실천지향성이 상대적으로 높은 곳이다.[148] 결국 회재의 저작 대부분은 그의 도저한 실천의식의 지평 안에서 이루어졌다고 결론할 수 있다.

---

147 謫所에서 찬술된 「進修八規」, 『中庸九經衍義』 및 同『別集』은 주지하듯이 모두 경세 관계 저작이다. 특히 後二者는 집필 도중 下世로 미완의 書로 남기는 했지만 그 거대한 구도와 세심한 안배에서 晦齋의 경세에의 사명의식과 열정을 족히 읽을 수 있다.
148 이를테면 四端七情 문제, 人物性同異 문제 등에 관한 理論들과의 비교의 시각에서 보면 그렇다는 뜻이다.

여기에서 우리는 그의 생애에서 가지게 되는 하나의 의안(疑案), 즉 김안로(金安老) 일파에게 구축되어 산림에 은거하던 그의 41세에서 47세 사이에 가령 「무극태극론(無極太極論)」에 후속되는 이론적 저작이 나올 법 했음에도 어찌하여 나오지 않았던가 하는 문제에 대한 해답의 한 단서도 얻게 된다. 즉 당시 우리나라의 도학 수용의 정도가 가진 객관적 한계에도 요인의 일부가 있었겠지만, 회재 자신의 주관적 입장에서는 자신의 실천이 감당할 만한 지평을 넘어서는 이론적 추구의 필요성을 느끼지 않았던 때문이 아닌가 생각된다.

위에 열거한 저작들과 함께 회재의 저작 중 중요한 일부가 되고 있는 그의 시 작품도 그의 양진·경세의 실천적 삶과 무관하게 이루어진 것이 아니다. 특히 양진과는 밀접한 연관을 가지고 있다.

도학자들에 있어 시를 짓는 일이 필수적으로 요구되었던 것은 물론 아니다. 그러나 도학의 사유나 도학적 인격경계에는 확실히 심미정조를 유발할 소지나 일종의 심미적 국면이 있다. 생성과 화해를 특징으로 하는 그 세계관, 객관적·분석적이 아니라 직관적·지각적인 그 사물인식의 방식에는 사유주체로 하여금 심미정조를 유발하게 할 계기들이 충분히 깃들어 있다. 그리고 그 인격함양의 과정이나 결과에서 체험하는, 흔히 '광풍제월(光風霽月)'이라고 매우 시적으로 묘사되는 정신경계는 자기초극(自己超克)에서 오는, 대자적(對自的)으로는 자아의 자유의 상황, 대타적(對他的)으로 자아의 세계와의 화해의 상황을 함유하고 있어, 흥취·열락이라는 일종의 예술적 정감이 일어날 소지를 가지고 있다. 이 경계의 극치를 도학에서는 주회암(朱晦庵)이 "천지만물과 더불어 상하가 함께 흘러 각각 그 곳을 얻은 묘함[與天地萬物, 上下同流, 各得其所之妙]"이라고 규정한 공자의 유명한 '여점지탄(與點之嘆)'에 묘사된 경계로[149] 설명하고 있는데, 이 '여점지탄'에 묘사된 경계는 실은 매우 예술적이다. 이로 보면 도학 내지 유학에서의 도덕적 인격의 성숙과정에는 일정한 예술적 성향이 빚어지게 된다고 할 수 있다. 이러한 정신 경계를 현실적인 사회관계에서 구체적인 실천으로 실현하는 것이 도학 내지 유학에서의 삶의 기본 지향이나, 경우에 따라서는 음악 또는 시와 같은 예술양식으로서의 표현욕구가 있게 되는 것이다. 이것이 도덕가치를 지상(至上)으로 추구하는, 더구나 '완물상지(玩物喪志)'를 경계하는 도학자들이 도덕가치와는 그 범주를 달리하는 예술가치에 속하는 시작행위를 하게 된 도학 자체내에서의 경로다.

회재의 시작의 동인도 주로는 이 도학자체내의 경로에 있었다. 그러므로, 진실로 도학을 지향한 사람이라면 거개 그러하겠지만, 회재는 시를 쓰기 위해 자신의 평상적 삶의 자리를 떠나 따로 자아의 입지를 마련하지 않았다. 자신의 평상적 삶의 지평이 곧 시의 지평이다. 동양예술의 일반적 성향이 대개 그러했지만 특히 도학자들, 이 중의 한 사람인 회재는 원초의 '시언지(詩言志)'관에 매우 투철했던 셈이다.

---

[149] 『論語』卷十一,「先進」, "(點)曰, 莫春者, 春服旣成, 冠者五六人, 童者六七人, 浴乎沂, 風乎舞雩, 詠而歸. 夫子喟然嘆曰, 吾與點也." 朱晦庵은 註에서 이 글에 인용한 바와 같은 논평을 했다.

II

　회재는 모두 248제―390수의 시작품을 남겼다. 그의 문집의 편차에 의거하면 이들 작품은 그의 24세에서 작고하던 63세까지 40년에 걸쳐 지어진 것이다. 이로 보면 그는 시작에 매우 절제적이었던 셈이다. 절제적이었다는 것은 시작을 한갓 한사(閑事)로 보았다는 뜻이 아니라 거꾸로 시작에 임하는 자세가 매우 진지했음을 뜻한다. 이 점은 그의 작품 전체에서 사교적인 수작(酬酌)으로 보이는 작품이 점하는 비율이, 시를 전업으로 하지 않은 과거 식자인들의 시집에 보이는 일반적인 정황에 비추어, 상대적으로 낮은 편이며(20여 제 정도) 이들 작품도 대부분 허투가 아니라 '언지(言志)'적 진실을 표명하고 있는 데에서도 단적으로 드러나 있다.

　그런데 우리에게 도학자들의 시가 문학사에서 여타 작가들의 작품성향과의 사이에서 변별적인 인식이 요구된다면 그것은 그들의 시에 있어서의 도학적 사유나 체질과의 연관성 때문일 것이다. 이런 점에서 회재의 시는 한 전형적인 면모를 보여 주고 있다. 그의 작품 중 질적 성취도가 상대적으로 높은 작품들은 대부분 도학적 사유, 특히 그 세계관 사유 자체를 시적 사유로 삼은 경우다. 망기당(忘機堂) 조한보(曺漢輔)와 무극태극 문제를 쟁론한 27·8세로부터 마지막 적거시기에 이르기까지 도학의 세계관 사유가 그의 시적 사유의 기조로 흐르고 있는 가운데에 특히 망기당과의 논쟁 이후 몇 해 동안과 40대 은거기 6·7년 동안에 지어진 작품들에 이 방면의 작품이 일정한 양적 밀집을 보이고 있다. 그러나 그

질적 성취도에 있어서는 은거기의 작품들이 단연 두드러져 보인다. 여기에서 우리는 회재의 은거기 생활에 대한 퇴계의 묘사에 유의할 필요가 있다.

정밀함을 다듬고 사색을 깊이 하여 고요함[靜] 가운데에 공을 들임이 그 이전에 비해 더욱 깊고 전일하였다. 이러고 난 뒤에야 종래에 듣기만 하고 마음에 썩 계합되지 못했던 문제들이 비로소 심신(心神)에 융회되어 자상하고도 절실하게 체험됨이 있었다. 충염(冲恬)한 의취를 함양하여 오랜 세월을 두고 쌓으면서 성리에 침잠하여 성현들의 진수(進修)의 방도를 따르고 고명(高明)의 경계에 마음을 놀아 솔개 날고 고기 뛰어 오르는 천리유행의 오묘함을 즐겼다.[150]

그런데 회재는 정작 퇴계의 이러한 묘사에 상응할 만한 도학 관계의 이론적 저작을 남긴 바 없다. 오직 1권 분량의 시작품만 남겼을 뿐이다. 결국 그는 이 시기에 철학으로 시를 짓고, 시로써 철학을 사색했다고 함 직하다. 퇴계의 위와 같은 묘사도 아마 회재의 이 시기의 시작품에 나타난 바에 의거해서 한 것이 아닌가 생각된다.[151] 철학으로 시를 지었다는 것은 유독 그의 은거기의 작품에만 해당되는 것은 아니다. 정도의 차이는 있을지라도 그의 도학시 전반에 해당된다고 하겠다. 작품으로서의 성

---

150 주 142)와 같은 글, "其罷歸也, 卜地於州西北紫玉山中, 愛其巖壑壞奇, 溪潭潔淸, 築室而居之, 名其堂曰獨樂. 益樹以松竹花卉, 日嘯詠釣遊於其間, 謝絕世故, 端坐一室, 左右圖書, 硏精覃思, 靜中下功夫, 比之前時, 尤深且專一. 然後向來有聞而未甚契者, 始若心融而神會, 親切而有驗焉. 養以冲恬之趣, 積以歲月之久, 潛神性理, 遵聖賢進修之方, 玩心高明, 樂鳶魚流行之妙."

151 退溪는 晦齋의 이 시기의 대표적 작품인 「林居十五詠」을 차운해서 같은 제목의 詩를 짓기도 했다. 『退溪先生文集』 卷三 「林居十五詠」 참조.

취도가 이 방면의 작품들이 상대적으로 높은 밀도를 보이는 점에 유의하여 본고에서는 이 방면의 작품을 대상으로 논의하고자 한다.

먼저 회재 도학시의 일반적인 특성을 검증해 볼 필요가 있다. 이 검증에는 역시 회재의 대표작으로 공인되어 온[152] 「임거십오영(林居十五詠)」 중의 「무위(無爲)」[153]를 예로 드는 것이 적합할 것 같다.

萬物變遷無定態,　　철따라 만물은 새론 모습 다투어 오는구나,
一身閑適自隨時.　　내 사뭇 한적해 절로 따라 사네.
年來漸省經營力,　　이즈막엔 점차 일 꾀하는 힘 줄이어,
長對靑山不賦詩.　　길이 청산 마주하고 시조차 짓지 않네.

보다시피 이 작품은 시로서의 형상적 표현이라고는 끝 행의 '장대청산(長對靑山)' 정도일 뿐 전편이 주로 개념적 진술로 되어 있다. 진술된 내용으로서의 시상 자체도, 마지막 행이 가진 실제와의 역설성(이 시를 지으면서 짓지 않는다는)이 주는 일정한 긴장을 제하고 나면 별로 참신하다고 할 것도 없는, 평범한 것으로 보인다. 이럼에도 불구하고 이 시가 신선하고 중후한 감동력을 가지게 된 것은 거의 전적으로 이 진술을 받쳐주고 있는 호연한 기의 역량에 의해서다. 호연한 기에 실림으로써 평

152　李晬光, 『芝峰類說』 卷十三, 「文章部」 六, 「東詩」, "晦齋先生詩曰, 萬物變遷無定態, 一身閑適自隨時. 年來漸省經營力, 長對靑山不賦詩. 語意甚高, 非苟苟作詩者所能及也." 또 申緯, 『警修堂全藁』, 「北禪院續藁」 二 「東人論詩絶句三十五首」, 其八, "晦齋不屑學操觚, 長對靑山一句無. 好向先生觀所養, 一身還有一唐虞." 晦齋有長對靑山不賦詩之句. 又曰, "待得神淸眞氣泰, 一身還是一唐虞." 非操觚家可及.
153　『文集』 卷二.

범해 보이던 진술 내용에 은장(隱藏)되어 있던, 춘·하·추·동 사시의 변환으로 대변되는 우주운행과 여기에 평행하고 있는 시적 자아(즉 작자)의 삶의 태도가 거대한 하나의 이미지로서 떠오른다. 그리고 거대한 이 우주운행의 이미지는 그 속에 도학적 관점에서의 우주의 속성, 즉 영원과 무한, 그리고 무작위의 침묵 속에서의 만물생성의 지속적인 움직임에의 환기를 함유하는 한편, 이 우주태(宇宙態)에 전폭(全幅)으로 평행·일치하고 있는 시적 자아의 삶의 태도(무위의 삶)는 이러한 삶이 지고의 성적(聖的)인 삶의 경계로 인식되어 온, 작품외의 문화적 문맥에 의해 가치론적 공감을 일거에 전폭으로 울려줌으로써 작품의 의미가 완결된다. 기의 받침에 의하여 진술 내용이 함유하고 있던 이러한 의미가 발휘될 때 끝 행의 역설성이 갖는 긴장이 비로소 의미의 발휘를 비상하게 제고시켜 주는 효능을 발휘하게 되었다.

그렇다면 평범해 보이던 진술 내용을 시적인 형상적 의미로 완결케 한 기의 역량은 작품의 어느 요소를 매개로 작용해 오는가? 이것은 주로 운율을 매개로 해서다. 작품의 형식요소에 대한 작자의 재량폭이 극히 제한적인 근체시의 경우 작자가 운율에 재량할 수 있는 곳은 주로 글자의 소리 및 소리의 연결양식과 이것이 빚어내는 호흡에 있다. 이 예시의 경우 특히 첫 행과 끝 행에서 그 소리의 효과가 고도화되어 있다. 첫 행의 경우 일곱 글자의 종성이 모두 유성음계인데다가 첫 두 글자의 초성까지도 유성자음계여서 전행(全行)의 소리 감각(또는 호흡의 양태)이 막힘없는 흐름의 그것으로 되어 진술 내용인 '자연 물상들의 계절에 따른 변화의 흐름'이란 의미와 혼연히 합치되고 있음을 볼 수 있다. 끝 행의 경우 특히 '장대청산' 네 음절 중 세 음절이 'ㅇ·ㅇ·ㄴ'과 같은 강한 유성종성음에 'ㅈ·ㅊ·ㅅ'과 같은 강한 무성 초성음이 대극적(對極的)으로 어울리는 데에서 오는 높은 긴장은 소리의 영상(映象)을 특히 강화시켜 전행을 압도함으로써 진술된 내용에 대한 강한 진실감을 부여해 주고 있음을 볼 수 있다. 그리고 둘째 행은 무성음계에 대한 유성음계의 비율이 첫 행에 비해 급격히 떨어지면서 상대적으로 첫 행의 의미를 더욱 고양시키고 있으며, 셋째 행에 이르러서 그 비율이 다시 높아지면서 끝 행의 강한 소리 영상의 절정을 향하는 고조감이 마련되어 있다. 소리 효과의 시행(詩行) 사이의 허실 안배다. 그런데 이 시의 문맥상의 의미의 비중은 끝 행에 가장 크게 놓여 있고(절구체의 일반 준칙이기도 하지만) 그 다음으로는 첫 행이다. 이 문맥상의 의미 비중이 소리의 시행간의 허실 안배와 일치됨으로써 확연하게 드러나게 되었다.

이 시의 작자가 시를 지을 때 위에서 분석해 보인 바와 같은 소리의 효과를 세세히 저울질해서 안배해 지었다고 볼 수는 없다. 객관적으로 명확히 입증할 수는 없지만, 이 예시뿐 아니라 회재시의 전반적인 표현 감각에 비추어 보건대 지배적으로는 기의 자연스러운 유출에 의지했다고 보는 편이 타당할 것 같다.

그렇다면 동양예술론에서 주요 범주의 하나인 이 기의 실체는 무엇인가? 맹자(孟子)는 "기는 사람의 몸에 충만되어 있는 그 무엇이다.[氣, 體之充也.]"[154]라고 했다. 즉 사람의 몸에 충만되어 있는, 생리요소의 하나, 생명의 정수적 요소로서의 일종의 에네르기다. 그런데 순전한 생리

---

154 『孟子』,「公孫丑上」, 浩然章.

요소로서의 기 자체만으로는 예술 작품의 효과와는 무관하다. '양기(養氣)'의 과정을 거쳐야 한다. 양기는 한마디로 생리작용의 정신화다. 또는 정신의 생리작용화다. 맹자가 "지(志)는 기의 통솔자다.[志, 氣之帥也.]"[155] 라고 한 논리에 근거해서 바꾸어 표현하면 생리작용에 대한 정신의 지배력의 확충이라고 할 수 있다. 정신은 어떤 성질의 가치든 가치에 대한 일정한 지향성을 가진다. 따라서 도학자들에게 있어 양기란 그들이 생각하는 도덕가치에 지향된 정신으로 자신들의 생리작용을 길들이는 일이다. 회재의 양진이란 다름 아닌 바로 이 양기다.

그러나 도덕가치에 지향한 정신이 아무리 높은 정도로 자신의 생리작용을 지배하게 되었다 하더라도, 바꾸어 말하면 인격함양이 아무리 높은 수준에 도달했다 하더라도 이 자체로서는 그 수준에 상응하는 수준의 예술작품의 산출이 자동적으로 보장되는 것은 아니다. 여기에 표현기능의 수련이 가담되어야 한다. 기능의 수련도 결국 기 즉 생리작용의 기능화, 또는 기능의 생리작용화다. 일종의 양기인 것이다. 정신의 생리작용화에는 선천적인 품성이 작용력을 가지듯이 기능의 생리작용화에는 선천적인 재질이 작용력을 지닌다.

정신과 기능과의 관계는 한 주체의 기를 각각 다른 방향에서 지배하고 있다는 점에서는 구분되나 지배영역을 공유하고 있다는 조건에 의해 유기적인 연계·결합 가능성을 가지고 있다. 이 둘을 연계·결합시켜 주는 매개자가 표현욕구 또는 창작충동이다. 예술작품은 결국 한 주체의 기에

---

155 주 154)와 같음.

대한 정신과 기능의 두 지배력이 표현욕구의 매개로 연계·결합된 결과의 산물이다. 그러므로 작품의 감동력의 강약은 정신과 기능이 도달한 수준의 높낮이와 이 둘의 기의 영역에서의 결합 정도의 높낮이에 의해 결정된다. 그리고 이 둘의 결합 정도의 높낮이를 결정하는 것은 표현 욕구 또는 창작충동의 진실성의 정도다.[156]

퇴계가 회재를 두고 "역학능문(力學能文)"[157]이라고 했거니와 회재는 문학에 대한 일정한 선천적인 재분(才分)과 그리고 과거제도하의 사자(士子)의 한 사람으로서 표현기능에 대한 일정한 수련이 있었을 것임에는 틀림없다. 그러나 그의 시에서 보는 바로는 양진에 의한 정신역량, 즉 정신화된 기의 역량과 표현욕구의 진실성에 더 힘입은 것으로 보인다. 이지봉(李芝峰)과 신자하(申紫霞)의 "문학을 전업으로 하는 사람들의 미칠 바가 아니다."[158]라고 한 평언도 역시 그의 시의 이런 풍격에 착목해서일 것이다.

여기에서 우리는 회재의 인격에 대한 퇴계의 묘사를 상기해 볼 필요가 있다. "말은 입 밖에 내지 않을 듯, 몸은 옷의 무게를 이기지 못할 듯

---

156 氣는 주지하듯이 동양의 의학을 위시해서 철학·예술 등 문화 전반에 걸쳐 있는 주요 범주다. 이 방면에 종사하는 사람치고 이 氣의 문제에 대해 나름대로 사색해 보지 않은 사람은 아마 없을 것이다. 필자 역시 이 문제를 두고 생각을 쌓아온 터다. 그러나 氣란 결국 물질의 연장선상에 있는 하나의 실체이기 때문에 이 문제에 대한 객관적 설명은 자연과학적 실험이나 검증에 의거하지 않고는 불가능하다는 생각이다. 그리고 현대 과학의 수준으로도 이 실체에 대한 완전한 검증은 아직 불가능할 것으로 생각된다. 다만 직관적 가설도 일정한 유효성을 가진다는 일반 관례에 따라 그동안 생각해 온 바의 일부를 여기에서 試用해 본 것이다. 이렇게나마라도 試用하게 된 데에는 徐復觀 교수의 이 방면의 논문 「中國文學中的氣的問題」가 鼓舞와 아울러 실제적인 도움을 주었다.
157 주 142)와 같은 글.
158 주 152) 참조.

했으나, 간사를 물리치고 나라의 위의(危疑)를 안정시켜야 할 계제에 이르러서는 곧바로 앞으로 나아가 두려움이라고는 없는 품이 맹분(孟賁)·하육(夏育)같은 용사라 하더라도 그 정신을 빼앗지 못할 정도였다."159라고 했다. 유서애(柳西厓)의 "그 세운 바가 우뚝이 솟아⋯⋯평생 직도(直道)로써 행하고, 돌리고 꼬는 바가 없었다."160라고 한 묘사도 아울러 참작하는 것이 좋을 듯하다. 그리고 회재 자신 흔히 '청산(靑山)'·'청송(靑松)'을 가지고 스스로 조망하는 자아상을 비유해 표현하기도 했다.161 회재의 인격경계에 대한 이러한 타인들의 묘사나 자신의 조망이 위의 예시에서 감각되는 풍격의 형태와 상통하고 있음을 알 수 있다. 사람과 작품과의 일치를 강조해 온 것이 동양예술의 주조였거니와 회재와 그 시와의 관계에서 우리는 그 전형적인 한 예를 보게 된다.

III

회재의 도학시에서 주로 다루어지는 주제는 우주생명과 자아와의 교

---

159 주 142)와 같은 글, "其立乎本朝也, 進退建白, 如彼其光明正大. 言若不出口, 體若不勝衣, 至其斥姦邪, 定危疑, 直前無畏, 雖賁育莫之奪也."
160 『文集』卷十四, 附錄, 柳成龍, 「恭書御札答館學諸生疏後」, "晦齋以道學名世, 爲百代儒宗. 其所樹立, 卓然奇偉(中略) 平生直道而行, 無所回互."
161 특히 『文集』卷一의 「孤松」과 卷二의 「兄山江上」은 自況詩임이 분명하다. 전자에서는 "群木鬱相遮, 孤松挺自誇."라 했고, 후자에서는 "萬古不隨淸濁變, 巍然江上數峯靑."이라 했다.

감이다. 도학의 세계관은 기본적으로 생명 화해의 생기론적(生機論的) 성격이 강하고 보면 도학의 이 세계관 사유를 자신의 시적 사유로 삼은 회재 도학시의 당연한 추향이라고 할 수 있다.

「감흥(感興)」[162]

萬象紛然不可窮,	삼라만상 어지러워 종잡을 수 없더니,
一天於穆總牢寵.	심원한 한 하늘이 모두를 주무르고 있는 걸.
雲行雨施神功博,	신령한 공덕 넓기도 해라, 구름 다니며 비 내리게 하고,
魚躍鳶飛妙用通.	오묘한 작용 두루 사무쳤구나, 고기는 뛰고 솔개는 날게 했네.
雖曰有形兼有跡,	형상으로 있고 자취로 있다 하나,
本來無始又無終.	본래 처음도 없고 끝도 없는 걸.
沈吟默契乾坤理,	나직히 건곤리(乾坤理)와의 묵계(黙契) 읊조리며,
獨立蒼茫俯仰中.	창망한 천지 가운데에 홀로 섰네.

이 시는 회재의 31세 때의 작품으로 도학에서의 '천도유행' 또는 '화육유행'이라는 본체계(本體界)의 만물생성의 장관을 향한 '감흥'을 시화한 것이다. 시상은 도학의 세계관 사유의 전형적인 틀의 하나이고, 시어와 어법과 또한 도학에서 항다반(恒茶飯)으로 쓰는 것들이다. 그럼에도 불구하고 이 작품의 일정하게 시적 전환에 이르게 된 것은 도도하게 억양하는 운율의 호흡이 '심원한 한 하늘'의 만물생성의 장관에 부합하면서 이러한 호흡

---

162 『文集』 卷一.

과 함께 마지막 연에서의 자아의 우주와의 감개하게 고양된 만남이 의미의 여운을 남겨 주기 때문이다.

이 시의 사유에서 특히 유의할 국면은 셋째 연과 넷째 연에 있다. 셋째 연에서의 고기며 솔개 같이 "형상으로 있고 자취로 있는" 것이 "본래 처음도 없고 끝도 없는" 것이라 했다. 이것은 구체적 개체로서의 현상계(現象界)의 만물 각자는 고립적이고 유한한, 따라서 허망한 존재가 아니라 그 자체로서 영원한 실재인 우주생명의 현전자(現前者)임을 말한 것이다. 따라서 세계내 구체적 개체들의 생멸은 고립적인 허망한 일회사(一回事)가 아니라 과거로는 "처음도 없고" 미래로는 "끝도 없는" 우주생명의 영원성을 함섭(涵攝)하고 있는 것이 된다. 더구나 도학적 관점에서 인간은 우주생명의 온전한 품수자(稟受者), 따라서 만물 가운데 가장 빼어난 현전자. 그 구극의 지위는 천지의 화육도 협찬할 수 있어서[可以贊天地之化育]163 천지와 병립할 수 있는[可以與天地參矣]164 자다. 넷째 연에는 우주의 주체로서의 자아에의 이 같은 비전이 함축되어 있다. 특히 끝 행의 "홀로 섰네[獨立]"에는 우주생명질서에 닿은 초인으로서의 주체적 자아에의 조망이 강하게 함축되어 있다. 자아를 우주생명과 함께 영원하며 우주와 병립하는 비전에서 감개로운 고양으로 인식하는 것은 우주생명과의 즉자적(卽自的) 합일, 바꾸어 말하면 내적 초월이다.

회재의 시에는 몇 가지 특정 낱말이 빈번하게 나오고 있어 그의 시세계의 이해에 요긴한 단서가 되고 있다. 이 시에 나오는 '독립(獨立)'의 '독

---

163 『中庸』, 第二十二章.
164 주 163)과 같음.

'(獨)'은 그 중의 하나로, 자아의 강한 주체의식을 징표하는 하나의 모티프로 되어 있음을 본다. 그리고 이 자아의 강한 주체의식은 세속적인 것으로부터의 초탈·고고나, 우주생명과의 합일의 비전에서 자아를 인식하는 데에 근거를 두고 있는 것이 그 특징이다.

위의 시와 거의 같은 시각으로 쓰여진 그의 45세 때의 작품을 음미해 보자.

「낙천(樂天)」[165]

乘興逍遙展眺迢,	흥겨워 거닐다 머얼리 바라보니,
暮天雲盡碧山多.	저녁 하늘 말끔해 산 빛 더욱 짙구나.
茫茫宇宙無終極,	망망한 우주는 끝남이 없어라,
俯仰長吟浩浩歌.	굽어보고 우러러 보며 느긋이 "넓기도 해라 하늘이여"[166] 읊조리네.

---

[165] 『文集』卷二.

[166] 원문 '浩浩歌'는 『古文眞寶』前集 所載 宋代의 馬存이란 사람의 「浩浩歌」를 가리키는 것으로 볼 수도 있다. 이 작품의 기본 취지를 보면 晦齋의 이 詩의 문맥에 맞지 않는 것은 아니다. 더구나 작품 안에 묘사된 이 작품의 창작 동기가 不遇란 점에서는 회재의 이 시가 지어질 때의 처지와 상통하는 점도 있다. 그러나 이 작품은 전형적인 문인적 기질에 바탕한 것으로 語辭가 다분히 放逸로 흐르고 있고, 그 호흡의 억양이 매우 격렬한 데가 있어서 이 「樂天」을 포함한, 회재의 이 시기 일련의 詩篇들이 보여 주는 바 冲恬한 情調와는 상당히 거리가 있다. 따라서 회재가 馬氏의 이 작품 내용을 이 詩에 끌어들였을 것으로 보기에는 매우 회의적이다. 그래서 필자의 생각으로는, '浩浩歌'는 『中庸』 제32장에 나오는, 韻文體로 된 "肫肫其仁, 淵淵其淵, 浩浩其天."을 그렇게 지칭한 것이 아닌가 한다. 이 경우 이 「樂天」의 시상 전개와 情調에는 말할 것도 없거니와 회재의 여타 도학시의 시적 사유와 감각에 전적으로 부합한다.

자아와 우주와의 관계 설정의 시각에 있어서나 내함하고 있는 시적 사유의 맥락에 있어서나 위의 작품과 크게 다르지 않으면서 전반적으로 위의 작품에 비해 내향적이면서 다분히 정적이다. 위의 작품에서의 현상계 만물을 매개로 한 '심원한 한 하늘'의 거대한 생성의 장관이 이 시에서는 구름 한 점 없이 투명하고 정적인 하늘의 영상에 융해되어 이면화(裏面化)되어 있다. 따라서 '말끔함'이 단순히 허가 아니라 지실(至實)을 함유하고 있으며, 정 가운데에는 생성의 거대한 동의 지속이 함유되어 있다. '말끔한 하늘'에 함유된 이 우주생명의 실상은 이 시의 끝 행에 이르러 전폭으로 자아에게로 내면화된다.[167]

여기에서 우리는 회재 자신의 『구인록』 중의 다음과 같은 안설을 참고할 필요가 있다.

> 성인이 인륜의 도를 극진하게 발휘하여 천하 후세에 법이 되는 것은 모두 지성(至誠)·간측(懇惻)한 마음에 뿌리를 두고 있기 때문에 "도탑기도 해라 그 인(仁)이여."라고라 한 것이다. 그 성(性)이 된 바 본체를 온전하게 하여 치우치거나 기울어지

---

[167] 앞에서 든 「感興」시에서와 아울러 이 詩에서의 우주의 내면화를 이해하고자 하는 데에는 그것을 문맥으로 보다 분명하게 객관화시킨 그의 31세 때의 작품 「喜晴」(『文集』卷一)을 참고해 보는 것이 좋을 것 같다. "안개 사라지자 산은 이전대로, 구름 걷히자 하늘은 그대로. 멋진 광경 森然해 셀 수 없고, 우주의 참모습 활짝 열려 남김이 없네. 本體의 오묘함은 萬物의 사라짐과 자람에서 보겠고, 玄妙한 機動은 萬象의 말아들여짐과 펼쳐짐에서 느끼겠네. 마음의 어두움과 밝음 멀지가 않나니, 사람은 누구라도 자신에게로 돌이켜야 하리.[霧盡山依舊, 雲收天自如. 奇觀森莫數, 眞象豁無餘. 一妙看消長, 玄機感卷舒. 昏明要不遠, 人孰反求諸.]" 맑게 개인 날 청명한 천지간의 물상들과 이들을 이렇게 있게 한 우주 본원의 지속적 계기를 '人欲이 사라지고 天理가 流行하는' 사람의 마음에 대응시켜 끝 聯에서 인격수양의 교훈적 의도를 실어 內面化로 轉回시키고 있다.

는 폐단이 없이 진원(眞源)이 고요하고 깊어서 그 내놓음이 다함이 없기 때문에 "깊기도 해라 그 심연이여."라고 한 것이다. 본성을 극진하게 발휘하여 천명에 도달하여 지성(至誠)·인애(仁愛)의 마음이 천지가 만물을 조화·생육하는 공에 묵계(默契)됨이 있어 그 덕이 넓기가 마치 하늘이 덮어 주지 않는 것이 없음과 같기 때문에 "넓기도 해라 그 하늘이여."라고 한 것이다.168

이 시 끝 행의 "넓기도 해라 하늘이여."에는 이 안설에서와 같은 사유가 함축되어 있다. '끝남이 없는' '망망한 우주'를 '굽어보고 우러러 보며' 이미 '천명에 이른' 성인의 덕을 읊조리는 시적 자아의 몸짓에는 그 성인의 자리에 자아를 들여세움으로써 영원하고 무한한 우주생명을 자아 안에 함섭, 내재화시키는 계기가 움직이고 있다.

우주 보편생명의 함섭으로 천지의 화육에 계합(契合)하는 삶—구체적으로는 인(仁)의 고도한 실현—이 곧 천명에의 도달이다. 이러한 천명에의 도달을 향한 상승으로 세속적인 영욕에의 관심과 유한한 개별자로서의 인간의 현실적인 조건을 넘어서는 자리에 도학적 낙천의 삶이 있다. 이 시에 '낙천'이라 제목한 연유가 바로 여기에 있다. 따라서 주어진 삶의 조건을 소극적으로 순수(順受)하는 태도의 낙천과는 다른 성격의, 말하자면 적극성이 그것이라고 할 수 있다.169

---

168 『求仁錄』卷三, "愚按, 聖人盡人倫之道, 而爲法於天下後世者, 皆本於至誠懇惻之心, 故曰腌腌其仁. 全其所性之本體, 而無偏倚之累, 眞源靜深, 而其出無窮, 故曰淵淵其淵. 盡性至命, 至誠仁愛之心, 有以默契於天地造化生育萬物之功, 其德廣博如天之無所不覆, 故曰浩浩其天."
169 회재의 이 詩에서의 '樂天'은 『周易』「繫辭上傳」第四章의 다음 대목과 이에 대한 朱熹의 「本義」에 관련되어 있다. "與天地相似, 故不違. 知周乎萬物, 而道濟天下, 故不過. 旁行而不流, 樂天知命, 故不憂. 安土, 敦乎仁, 故能愛."「本義」, "此, 聖人盡性之事也.(中略) 旣樂天理, 而又

낙천으로 귀결되는 회재의 이 시에서의 우주와 자아와의 관계는 가령 당대(唐代)의 시인 진자앙(陳子昂)의 「등유주대가(登幽州臺歌)」같은 작품을 떠올려 보는 데에서 보다 선명하게 이해될 것이다.

前不見古人,　　앞으로는 옛 사람들을 보지 못했고,
後不見來者.　　뒤로는 오는 이들을 보지 못하리.
念天地之悠悠,　천지의 유유함 생각하노라니,
獨愴然而涕下.　홀로 구슬피 눈물이 흘러내리네.

다같이 우주와 자아와의 관계를 다루면서도 진자앙의 시에서는 한 개체의 삶이 우주의 영원함으로부터 유리된, 따라서 허망한 일회사로 되어 있음을 본다. 그래서 진씨의 시에서의 '독(獨)'은 한없이 왜소하고 고독한 존재로서의 영상을 함유하고 있어, 회재의 시에서의 '독'이 우주에 맞닿으려는 초인으로서의 영상을 함유하고 있음과는 대극적으로 다름을 아울러 알 수 있다.

앞에서 든 작품에서의 '감흥'이나 위의 작품에서의 '낙천'의 '낙(樂)'은 모두 우주생명과의 교감에서 오는 즐거움을 가리킨다. 굳이 제목으로 표출해 두지 않은 그의 여타 도학적 사유의 어느 작품에서나 이 즐거움의 정감이 흐르고 있어 그의 도학시 전반의 기조 정감이 되고 있다. 우주생명과의 교감에서 오는 회재시에서의 이 즐거움의 정감을 필자는 '우주

知天命, 故能无憂, 而其知益深. 隨處皆安, 而无一息之不仁, 故能不忘其濟物之心, 而仁益篤焉.

적 유열(愉悅)'이라고 일컫고자 한다. 이 우주적 유열이 실은 회재 도학시 창작의 근본 동인이다.

회재의 시가 늘 거시적인 시각으로만 우주생명과의 교감에 접근하는 것은 아니다. 20대말에서 30대에 지어진 이 계열의 작품들에서는 대체로 외향적 거시성이 두드러지게 나타나 있으나 40대 은거기에 이르러서는 주로 산수의 국소적 경물을 매재(媒材)로 접근하면서 전자에 비해 보다 내면화로 침잠하는 경향을 보임과 함께 작품의 정련도도 훨씬 높아진다. 이 시기 그의 생활에 대한 퇴계의 묘사에서 알 수 있는 바 그의 도학이 체험적으로 정숙(精熟)하게 된 사실에 직접적으로 관련되어 있는 것으로 보인다.

「임거십오영·모춘(暮春)」[170]

春深山野百花新,   봄 깊자 산과 들에 온갖 꽃들 새로워,
獨步閑吟立澗濱.   한가로이 읊조리며 호올로 거닐다 시냇가에 선다.
爲問東君何所事,   묻노니 봄의 신(神) 한 일이 무엇이더뇨,
紅紅白白自天眞.   붉은 꽃은 붉게 흰 꽃은 희게 피어 저절로 천진일세.

시적 사유가 깊을수록, 그리고 그 정취의 격이 높을수록 형식과 표현이 보다 단순해지는 것을 한시 일반에서 우리는 흔히 본다. 위의 작품도 그 문면에 나타난 바로는 시상의 구도나 표현이 칠언절구체 치고도 단순

---

170 『文集』卷二.

한 편에 속한다. 이 단순함으로 해서 오히려 이 작품이 담고 있는 탈속적 은자의 임거의 고아한 정취가 온전하게 전달되고 있다. 이런 점에서 위의 작품은 한편의 성공적인 서정시임에 틀림없다.

그러나 이 서정시에서의 자연경물에의 인식도 단순히 감각적 심미에만 그치지는 않는다. 고아한 정취의 기저에는 역시 작자의 우주 사유가 잠겨 있다. 이런 점에서 내면적으로는 여전히 거시적 시각이다. 개념적으로 규정하면 '천도유행'과 '이일분수(理一分殊)'가 그것이다. 첫 행에서의 '새로워[新]'는 '온갖 꽃들'의 감각적인 신선만을 의미하지 않는다. 우주생명의 '생생불식(生生不息)'으로부터 온 새로움임을 의미한다. 그러나 이 새로움은 또 '생생불식'으로부터 온 새로움을 감탄하는 데에만 그치지 않는다. 여기에는 자아의 삶에 대한 자기회시(自己回視)가 투사되어 있다. "나날로 새롭고 또 나날로 새로워라.[日日新, 又日新.]"[171]가 그것이다. 끝 행은 이 시에서 서정성을 가장 짙게 감각케 하는 표현이다. 이 서정적 표현 속에는 그러나 '붉은 꽃'과 '흰 꽃'과의 인상적인 대조에서 '일리(一理)'의 각기 다른 구체생명으로서의 현전(現前)을 보는 감탄을 읽을 수 있다. 마지막 어구인 "저절로 천진일세.[自天眞.]"에서는 각기 다른 구체생명들은 그 각기 다른 가운데에 우주의 보편생명을 함께 함섭하고 있음을 전제로 하고서 보편생명이 각기 다른 면모의 구체생명으로서 현전함은 어떤 주재자도, 작위도 없는 자연 그 자체임을 말하고 있다. 그리고 이러한 자연태(自然態)로서의 삶—무위의 삶—이 존재자의 최고의

---

171 『大學章句』, 「傳」 第2章.

존재방식이라는 철학적 신념과 이 신념에 따르는 자아의 그러한 삶에 대한 흥취를 전하고 있다. 둘째 행 "호올로 거닐다"의 '호올로[獨]'에는 그러한 삶을 살고 있는 초출(超出)·고고한 자아의 상이 투사되어 있다. 결론적으로 이 시는 그 구도와 표현에 있어 단순화 방향으로 정련된 한 편의 서정시로서, 그 서정성을 높은 수준에서 발휘하면서 도학의 대표적인 두 세계관 사유를 정체적(整體的)으로 함유하고 있어서 시로서는 철학적 깊이와 넓이를, 철학으로서는 시적인 흥취를 가지게 한, 시와 철학과의 융합의 한 전범을 보여주는 작품이라고 하겠다.

위의 시가 모춘의 경물을 매재로 하고 있거니와 회재의 시에는 '봄[春]'이 주요한 상징으로 설정되어 있으며 봄에 관련되는 의상(意象)이 특히 빈번하게 나온다. 「임거십오영」에서도 사시 가운데 유독 봄에 대해서만은 「조춘(早春)」과 「모춘」 2수나 편입시키고 있다. 회재의 시에 등장하는 봄이나 봄에 관련되는 의상은 물론 거의 예외 없이 생명과 화해의 표상으로서다.

그런데 생명과 화해를 '봄[春]'으로 표상한 것은 회재로부터 시작되었거나 회재에게만 있었던 특징은 아니다. 실은 도학에서 오래전부터 있어 온 하나의 관용적인 것이다. 주지하듯이 그것은 '원(元)-춘(春)-인(仁)'으로 정식화한 데[172]에 의거한 것이다. 문제는 회재는 바로 이 정식을 그의 사유의 중심에 놓고 있었던 듯 한 데에 있다.

---

172 『朱子大全』卷六十七, 「雜著」, 「仁說」, "蓋天地之心, 其德有四. 曰元亨利貞, 而元無不統其運行焉. 則爲春夏秋冬之序, 而春生之氣, 無所不通. 故人之爲心, 其德亦有四. 曰仁義禮智, 而仁無不包其發用焉."

여기에서 이 문제를 길게 논의할 수는 없거니와 요컨대 그의 사상은 인(仁)을 지상으로 표방·실천했고,[173] 생명 문제에 깊이 관심했다.[174] 그가 같은 시대의 다른 도학자들에 비해 천인상감론(天人相感論)에 특히 민감했던 것도 당시 정치사적 요인도 작용했겠지마는[175] 그의 사유의 생기론적 편향에 더 근원적인 이유가 있었던 것으로 보인다. 그의 시에서 생명과의 교감이라는 주제를 즐겨 다루게 된 연유도 따지고 보면 여기에 있었다고 하겠다.

'봄[春]'과 함께 회재의 시에 자주 나오는 말로서, 위의 시에도 나왔지만, '신(新)'·'진(眞)'이 있다. '신'·'진'도 '봄[春]'과 마찬가지로 그의 시적 사유의 중심에 놓인 우주생명과의 교감과 긴밀하게 연관된 말들이다.

'신'에 관해서는 위에서 이미 언급했거니와, 요컨대 생명실체의 부단한 창생적 움직임에의 지향을 보여주는 모티브의 기능을 하고 있다.

'진'의 경우는 단순하지가 않은데, 이것과 관련해서는 '진'(명사형)·

---

173 仁은 유학 내지 도학의 사상 체계에 대한 도덕론적 시각에서의 최고범주이니만치 회재에게뿐 아니라 모든 도학자들에게 있어서도 至上의 이념이다. 적어도 논리적으로는 그렇다. 그러나 삶의 실제 국면에서는 여러 양상의 변용이 있을 수 있다. 晦齋思想에 있어 仁이 至上이란 표현은 이런 관점에서다. 이 문제에 관해서는 따로 논의가 되어야 할 것이다.

174 일례로 조선중기 억불 분위기의 고조 속에서도 僧舍 撤去를 겨울철에 해서 승려들을 추위에 내모는 施政을 생명을 애호하는 정책이 아니라는 관점에서 비판한 것을 들 수 있는데, (『文集』卷七, 「一綱十目疏」, 其五曰順天道條 참조) 그의 疏箚에는 이런 유의 주장이 도처에 나온다. 그가 거듭 강조해 마지않았던 '薄稅斂'·'省刑罰'도 일차적으로는 그의 생명애호사상에 기초하고 있다. 생명애호는 다름 아닌 仁이다.

175 이를테면 당시 貴戚勢力의 발호에 대항하여 왕권의 권위를 강화하는 한편 왕권의 전제적 행사에도 제약을 가하려는 의도.

'천진'·'진원'·'진흥(眞興)'·'진락(眞樂)'[176] 등의 말이 특히 유의할 필요가 있는 것들이다. '진'·'천진'·'진원'은 이(理) 또는 태극의 인(人)과 물(物)에 부여된 차원에서의 일컬음으로서 논리적으로는 결국 '성(性)' 내지 '심(心)'과 같은 개념이다. 논리적으로는 같은 개념인 이 전후자(前後者) 사이에 어감상으로는 상당한 차이를 가지고 있다. '성'·'심'자가 추상적 고고감(枯槁感)이 없지 않음에 대해 '진'·'천진'·'진원'은 상대적으로 구상적(具象的) 생기성(生氣性)이 짙다. 시에서이니까 추상적 고고감이 있는 말을 피하는 것이라 예사로 보아 넘기기 쉬우나, 흥미로운 점은 회재는 산문으로 된 다른 저작에서도 특히 '성'자는 쓰기를 되도록 회피한 듯하다는 사실이다. 그는 '성'자를 써서 마땅한 자리에도 '본연지천(本然之天)'이라는 말을 주로 썼다.[177] 그리고 드물기는 하나 '재기지천(在己之天)'이라는 말을 쓰기도 했다.[178] 그의 사유성향의 시각에서 유의해 봄직한 문제다. '진'·'천진'·'진원'·'본연지천'·'재기지천'이 갖는 공통점은 개념어로서 구상적 생기성이 '성'·'심'자에 비해 짙은 점 외에, 논리적 감각에 있어 '성'·'심'자가 본체인 '천(天)'으로부터의 일정한 탈리성(脫離性)을 가지고 있음에 대해 전자 계열의 말들은 '바로 본체 자체임'의 뉘앙스를 가지고 있다는 점이다.[179] 따라서 이 계열 말들에 대한 회재의 편향적 기호는 '자

---

176 각기 용례 한 가지씩 들면 다음과 같다. 『文集』 卷三, 「次一善東軒韻」, "養眞經世兩無成" 『文集』 卷二, 「暮春」, "紅紅白白自天眞" 同, 「觀心」, "眞源更向靜中尋" 同, 「川上敬次朱先生韻示同遊諸子」, "蒼波白鳥供眞興" 同, 「贈友人」, "從容眞樂自天然."
177 일례로 『文集』 卷五, 「答忘機堂第一書」, "戒慎乎其所不睹, 恐懼乎其所不聞, 有以全其本然之天, 而絶其外誘之私."에서 '本然之天'을 '本然之性'으로 고친다고 해도 논리상 하등 문제가 없다.
178 『文集』 卷七, 「一綱十目疏」, 前文, "是乃所謂求在己之天, 而天不敢違者也."
179 '眞'자는 周濂溪의 「太極圖說」에 나오는 '無極之眞', 晦齋의 『文集』 卷五의 「答忘機堂第一書」

회재(晦齋)의 도학적 시세계 173

아가 가급적 본체이고자' 하는 성향의 한 표현이라고 해석할 수 있다. 이러한 그의 사유 성향이 그의 시에서 자아와 우주생명과의 합일 지향의 구도를 즐겨 설정하게 했던 것이다.

여기에 비추어 생각하면 '진흥'·'진락'의 의미는 자명해진다. 앞에서 말한 바 있는 '우주적 유열'에 다름 아니다. 즉 외물에 의지하여 얻어지는, 따라서 외물과 함께 허망하게 사라질 수 있는 일시적 쾌감 또는 쾌락이 아니라 영원한 실재인 우주생명을 주체의 내면에 함섭하는 데에서, 그리하여 자아의 심저(深底)로부터 오는 '진실무망한 흥취 또는 열락'이라는 의미다.

자아가 가급적 본체이고자 한 회재의 사유 성향이 보다 선명한 의상으로 표현된 작품이 다음의 시다.

「관물(觀物)」[180]

唐虞事業巍千古,	요순이 이룩한 대업 천고에 우뚝하지만,
一點浮雲過太虛.	한 점 뜬 구름 태허를 지나감일세.
瀟灑小軒臨碧澗,	푸른 시냇물가의 조촐한 헌함에서,
澄心竟日玩游魚.	마음 맑히자고[181] 종일토록 노는 고기 본다.

에 나오는 '太極之眞'과 같이 바로 본체 자체를 가리키기도 하는데, '性'·'心'과 같은 개념으로 쓰일 때의 '眞'이 '본체 자체임'의 뉘앙스를 가지게 되는 것은 바로 여기에 연계되어서다.

180 『文集』卷二.
181 원문 '澄心'을 ① '澄心臺' ② '맑은 물속' ③ '맑은 마음' 등으로 訓釋하는 견해가 있는 것으로 아는데, ①의 견해는 어불성설이다. 작품중 화자는 지금 '小軒'에 있기 때문이다. ②로 보면 어법상 무리가 있다. '心'자가 '中心'·'속'의 뜻으로 쓰이자면 '心'자 앞에 오는

'천고에 우뚝한' '요순이 이룩한 대업'은 공자 이래 유자들이 지향해 마지않았던 지상의 이상이었다. 그리고 작자 회재 자신의 경세의지의 궁극적인 목표이기도 했다. 그런데 그것을 '태허를 지나가는' '한 점 뜬 구름'이라 했다. 여기서 '한 점 뜬 구름'이 비유하는 바는 일반적인 그것과 다르지 않다. 즉 '지극히 경미해서 대수롭지 않은 것'이라는 뜻이다. 그렇다면 요순의 대업을 '한 점 뜬 구름'이 되게 하는 그 상대는 무엇인가? 나에게 있는 본체인 마음[心]이 그것이다. 나에게 있는 본체인 마음을 전량(全量)으로 청징하게 가지는 것, 이것에 비하면 요순의 대업도 '한 점 뜬 구름'에 불과하다는 것이다. 이 작품이 지어진 것은 회재가 당시의 귀척세력(貴戚勢力)에게 구축되어 사환(仕宦)에서 떠나 있은 지가 4·5년이나 되는 때였다. 그렇다면 요순의 대업을 '한 점 뜬 구름'으로 본 것은 이 시기 회재의 현실허무주의의 표현인가? 이런 심경이 당시 그에게 전혀 없었다는 보장은 없다. 그러나 이 시에 있어서의 진실이 아닌 것은 분명하다.

회재는 31세 때 「이윤오취탕론(伊尹五就湯論)」을 지어 이윤의 천하에 대한 유작위적(有作爲的) 자임을 비판하면서 "천하를 가지고 자임한다면 천하가 무겁고 나에게 있는 것이 가볍게 된다."[182]라고 표명한 바 있다.

말이 '江心'처럼 명사형이어야 한다. ③으로 볼 경우 文面의 뜻으로는 안될 것이 없겠으나 시 전체가 싱거운 소리가 되고 만다. '노는 고기를 보는' '觀物'의 목적이 바로 '마음을 맑게 하는 일'이기 때문이다. 따라서 이 시에서 '마음을 맑게 하는 일'과 '노는 고기를 보는 일'은 따로 떨어져 있는 것이 아니라 한 계기와 과정에서 동시적으로 진행되는 일이다.

182 『文集』卷五, 「伊尹五就湯論」, "道旣行, 則天下自無不治矣. 伊尹不及是, 而以天下自任, 則天下重而在己者輕."

'나에게 있는 것'이란 나의 마음을 가리킨다. 이윤을 비판하는 한편으로 회재는, 공자는 오직 '사도(斯道)'를 자임하고 천하의 문제에 대해서는 '무가(無可) 무불가(無不可)'의 무위적 태도를 취했다고 찬양하였다. 그리고 이 찬양은, 무위의 태도는 '확연대공(廓然大公)한 천지'의 본태 그것이라는 생각을 전제하고 있다.[183] 이 시의 첫 두 행의 의미는 회재가 진작부터 가지고 있었던, 우주적 도덕주체로서의 자아수립을 절대 우선시하는 인생관에 연계되어 있다. 공자가 자임했던, 그리고 회재 자신도 자임했던 사도 그것의 본원은 나의 마음이고, 나의 마음은 곧 '재기지천'이다. 이 '재기지천'을 전량으로 청징하게 함으로써 우주본체인 '확연대공한 천(天)'의 무위의 자연으로 뇌는 깃에 비교히먼 요순이 대업(大業)도 상대적으로 '태허를 지나가는' '한 점 뜬 구름'일 뿐일 수 있다는 것이다.

따라서 둘째 행의 '태허'는 끝 행에 나오는 '마음 맑히자고'가 지향하는 '재기지천'(마음)의 구극경계(究極境界)를 상징하는 기능을 하고 있음을 알 수 있다. 이처럼 '뜬 구름'의 비유에 부속적 기능을 하면서 끝 행의 시상에 연계되어 주요한 상징 기능을 겸해서 하는 '태허' 이미지의 제시는 말을 절약하는 가운데 끝 행의 의미의 증폭을 가져오는 효과를 거두고 있어 기교로서도 매우 세련된 형태라고 할 수 있다.

끝 행에서의 마음 맑히는 것과 노는 고기 보는 것과는 무슨 관계가 있는가?

---

183 위와 같은 글, "然則孔子之所自任者, 蓋可知矣. 其所自任者, 斯道而已. 故其於天下, 無可無不可, 唯義之歸, 彼天下惡足爲己任哉. 道旣行, 則天下自無不治矣." "蓋其心, 廓然大公, 無所偏繫, 與天地無爲之妙爲一."

이 시에서의 '고기'는 '연비어약(鳶飛魚躍)'에서의 고기와는 다르다. 형태적으로 크기부터가 이 시에서의 고기는 미물로서의 그것이고, '어약(魚躍)'에서의 고기는 이것과는 대조되는 크기의 것이다. 그러나 중요한 차이는 고기의 크기에 있는 것이 아니라 이들에 접근하는 시각에 있다. '연비어약'에서의 고기는 존재자들의 '소이연지고(所以然之故)'의 시각에서 본 것으로, 사람에게서의 '소당연지칙(所當然之則)'을 여기에 일치시키려는 전제—즉 가치와 존재의 합일을 꾀하는 전제—로서 접근된 것이나, 이 시에서의 고기는 우주 본원생명의 빠뜨림 없는 보편·미만성(瀰滿性)의 계시자로서 접근된 것이다. 그러므로 여기에서 일차적으로 중요한 것은 본원생명의 생의(生意)의 현전(現前)으로서의 미물인 고기의 생명성, 즉 '노는' 상태인 것이다. 본원 생명의 생의의 보편·미만성의 계시를 접하는 데에는 그것이 미물일수록 계시력이 강하다. 그래서 이 시에서의 고기는 미물인 것이다.

그런데 마음을 청징하게 하는 것에 미물의 생명성이 어떻게 연계되는가? 우리는 먼저 이 시의 제목이기도 한, 도학에서 사물인식의 방식으로 흔히 말해지고 있는 '관물'의 양식에 대해 살펴볼 필요가 있다.

> 물을 관찰하고 자신을 성찰한다는 것[觀物察己]은 물을 보고 나서 돌이켜 자신에게서 도리를 찾는다는 것입니까? 이천선생(伊川先生)이 말했다. "그렇게 말해서는 안된다. 물아가 일리(一理)이므로 저쪽[物]에서 밝혀짐과 동시에 이쪽[我]에서도

밝혀진다. 이것이 내외[物我]를 합일하는 방도다."[184]

　이천(伊川)의 말의 취지는 관물과 찰기(察己)가 별개로 분리되어 있는 것이 아니라 하나의 계기 안에 합치되어 있는 동시적이라는 것이다. 즉 대상에 대한 객관적 변별로서의 인식이 아니라 주체적 인증으로서의 인식이다. 다시 말하면 자아가 대상에게로 나아감으로써 대상을 자아에게로 받아들이는 함섭적 양식이다.

　이 시의 시적 자아는 일단 고기의 생명성에로 나아가고 고기의 생명성은 자아에게로 함섭된다. 물아간의 생명적 교통으로 일체에로의 지향이다. 그런데 여기서 시석 사아가 일체회를 꾀하고 있는 대상은 실은 고기 그 자체만이 아니다. 이 '관물'의 장에서의 고기, 생의 발랄한 이 미물은 우주 보편생명이 그 한 곳으로 쏠린, 촉수와도 같은 현전자(現前者)로 등장되어 있다. 시적 자아는 이 촉수와도 같은 현전자를 통해 깊숙이 우주 본원생명계에로 나아가고 있는 것이다. 동시에 자아 안에 깊숙이 그것을 받아들임으로써 실은 고기만이 아닌 만물과의 일체에로 지향해 가고 있는 것이다. 따라서 여기에서 고기는 자아와 우주 본원 생명과의 교통을 매개해 주는 매개자 또는 통로의 구실을 하고 있는 셈이다. 우주 본원생명에로 나아감으로써 그것을 자아 안에 받아들인다는 것은 기실은 자아 안에 이미 주어져 있는 생명원리, 인(仁)의 인증에 다름 아니다. 인의 인증은 곧 개체간의 온전한 교통을 가로막는 장애인 인욕을 소거해

---

184 『近思錄』卷三, "問觀物察己, 還因見物反求諸身否. 伊川曰, 不必如此說, 物我一理, 纔明彼, 卽曉此. 此合內外之道也."

가는 과정과 표리관계에 있다. 그러므로 인체(仁體)의 온전한 정현(呈現)에의 지향은 곧 인욕 정진(淨盡)에의 지향이다. 이것이 다름 아닌 '마음을 맑히어 감[澄心]'이다. 마음을 청징하게 하는 것과 노는 고기—미물(微物)의 생명성—를 보는 것과는 바로 이렇게 연계되어 있다.[185]

우주 본원생명계에로 보다 깊이 나아갈수록 인의 인증은 보다 넓고 깊어진다. 바꾸어 말하면 마음—즉 나의 심저에 있는 하늘[在己之天]은 더욱 넓고 깊어가서 마침내 확연 청징하게 전량으로 열리기에 이른다. 이 전량으로 열린 나에게 있는 하늘이 바로 요순의 대업조차도 '한 점 뜬 구름'이게 하는 '태허'인 것이다.

한편 이 시의 해석에는 또 하나의 다른 관점이 가능하다. 그것은 '한 점 뜬 구름'이 비유하는 바를 '지극히 경미해서 대수롭지 않은 것'으로 보는 것이 아니라 '무위의 극치'로 보는 데에서 성립한다. 이 관점으로 보면 '천고에 우뚝한' '요순이 이룩한 대업'이란 엄청난 유위의 결과가 아니라 반대로 '태허를 지나가는' '한 점 뜬 구름'처럼, '무위히 통치에 임한 결과'이자 구극적으로는 우주자연 원리의 무위중의 한 현현이고, '마음 맑히자'는 노는 고기 구경은 이러한 무위의 경지에 이르기 위함이라는 뜻이 된다. 이 해석 관점 또한 회재의 시적 사유로 보아 위의 관점과

---

[185] 마음을 청징하게 하는 것을 고기가 노니는 '푸른 시냇물'의 청징함에 연계시켜 유추적으로 보는 견해가 있을 수 있는데, 物我 사이의 유추적 교섭도 觀物의 한 형태이기는 하나, 이 詩의 의미맥락으로 보아 '太虛'의 이미지가 투사되어 있음이 분명한 '澄心'의 '心'의 양적 규모를 산골 시냇물 한 굽이 정도의 비유적 이미지로 대응하기에는 부적합할 뿐만 아니라, '心'이라는 한 사물에 서로 다른 두 가지 이미지가 동시에 적용되는 혼란이 있어 타당치 않다. 그러나 노는 고기를 보는 것에 心體의 認證을 연계시키면서 굳이 '澄心'이라고 '澄'자를 쓰게 된 데에는 시냇물의 청징함이 그 계기로 작용했음이 분명하다.

거의 비등한 타당성을 가지고 있다. 이 관점에 서더라도 셋째 행 이하의 해석은 위의 해석 관점과 공유한다.

이상의 논의에서 중심 문제가 되어 왔던 우주 보편생명과 자아와의 교감은 개별성과 유한성에 제약된 자아가 현상 너머의 보편·무한 세계를 지향, 그것을 함섭해 가는 교감이란 점에서 그 교감의 양식적 성격을 내적 초월로 규정할 수 있다. 그리고 이 초월적 교감에는 어떤 비원(悲願)이나 숭경(崇敬)의 정감이 아니라 흥취나 열락의 정감이 동반되고 있어 이를 우주적 유열이라고 앞에서 일컫은 적이 있었다. 이로써 우리는 회재시의 중심 주제를 '우주생명과의 초월적 교감과 우주적 유열'이라고 결론할 수 있다.[186]

IV

회재의 시적 사유의 양식으로서 가장 두드러지게 드러나는 특성은 앞에서 이미 검증된 바 있는 거시성과 초월성이다. 이 거시-초월의 양식을 보다 분명하게 하면서 그의 시적 사유의 다른 특성도 아울러 이해하

---

[186] 이 글에서 써온 '宇宙生命'이란 말은 실은 도학에서의 '天·天命·天道·太極' 등 究極的 實在를 가리키는 말들의 개념을 포괄한 개념이다. 그런데 晦齋의 다른 저작—銘이나 經世 관계 저작—에서는 이 구극적 실재에 대해, 특히 '天·天命'으로 표현될 때의 그것에 대해 그는 외경의 정감을 표하고 있다. 일종의, 인격신에 대한 종교적 태도를 보이고 있어 그의 詩에서의 그것과는 다르다. 이 문제는 사상사적 시각에서 따로 논의가 필요한 문제다.

고자 한다.

    회재의 시적 사유에서의 초월은 요컨대 천인일리(天人一理)와 물아일리(物我一理)를 전제로 한 '천인함섭'의 양식이다. 즉 물을 매재로 하여 자아가 물에게로 나아감으로써 천을 자아에게로 이끌어 들이어 내재화하는, 결국 앞에서 본 '관물'의 양식과 같은 것이다. 천의 내재화는 도학적 논리로 바꾸어 말하면 자아에게 이미 있는 천을 인증하는 것에 다름 아니다. 이런 방식의 초월은 역시 도학 일반의 것으로 회재 특유의 것은 아니다. 가령 "성(誠)은 하늘의 길이요, 성(誠)하려는 것은 사람의 길이다.[誠者, 天之道也. 誠之者, 人之道也.]"라는 『중용(中庸)』의 유명한 명제에서 천인관계를 내면화시키면 바로 이러한 초월에 귀착된다.

    그런데 이러한 초월을 특히 거시적으로 보여준 것이 회재의 시적 사유의 특징이다. 회재시에 나타난 바로는 자아의 위를 둘러싼 하늘이 있고, 그리고 자아의 밑쪽에 이와 맞먹는 하늘이 열려 있다. 자아의 밑쪽에 있는 하늘은 물에게도 이어져 있으며 마침내 자아의 위를 둘러싼 하늘에게로 이어지는 그런 구조다. 자아와 하늘과의 이런 관계 구조는 논리적으로는 '천명지위성(天命之謂性)'으로부터 근거해 왔겠지마는 천인이 직접된 그 거시적 비전은 다시 그대로 이 명제로 환원될 수 없는 의미를 함유하고 있다. 앞에서 회재의 사유의 특성의 하나로 '자아가 가급적 본체이고자 함'을 말한 바 있거니와 이 거시적 비전을 굳이 명제화한다면 '아즉천(我卽天)' 또는 '인즉천(人卽天)'이라고 함직하다. 여기에는 서로 역으로 움직이는 두 가지 동인이 함유되어 있다.

    그 하나는 천에 대한 아에의 거시적 대대 인식의 동인이다. 여기에서 천으로부터 독립해 나와 천에 병립하는 초인으로서의 자아상이 세워진다. 회재의 시에서 모티브의 하나로 되어있는 '독(獨)'이 이 점을 징표해 주고 있거니와 가령 다음의 시구 같은 것은 이 '독'이 징표하는 바를 잘 뒷받침해 주고 있다.

「병중서회기조용수(病中書懷寄曺容叟)」[187]

待得神淸眞氣泰,　　정신 맑아지고 진기(眞氣) 편안해지면,
一身還是一唐虞.　　이 몸 역시 한 당우천지(唐虞天地)이다.

즉 자아를 요순이 천하를 다스리던 화해의 대시공(大時空)으로 형상화하고 있다. 원문 '일당우(一唐虞)'에서 우리는 우주적 거시성을 쉽사리 읽을 수 있다.

회재의 이 자아에의 거시적 비전은 가령 『장자(莊子)』에서의 "홀로 천지의 정신과 함께 오간다.[獨與天地精神往來.]"[188]에 나타난 바와 같이 천지에 대대하는 초인으로서의 자아상이라는 점에서는 상통하면서도 그 지향은 서로 달리하고 있다. 후자가 세계로부터의 자아의 대해탈(大解脫)을 지향하고 있다면 전자는 세계에의 자아의 대수립(大樹立)을 지향하고 있다고 하겠다.

천과 아와의 대대는 양자 사이의 구분을 전제로 한다. 이에 대하여 그 다른 하나의 동인은 양자 사이의 합일로 향하는 그것이다. 회재의 시적 사유에서 큰 비중을 차지하고 있는 '무위'의 사유가 여기에 해당된다. 천의

---

187 『文集』 卷二.
188 『莊子』, 「天下」 篇.

천다움은 만물을 생성하면서도 무위의 자연으로 하는 데에 있다고 보기 때문이다. 「무위」시가 바로 이 사유의 표현이거니와 그의 「무현금명(無絃琴銘)」[189] 또한 이 사유를 집약적으로 보여 준다.

理契天載,	이(理)가 하늘의 일과 합치자,
樂寓吾心.	즐거움 내 마음에 깃드네.
妙得其趣,	그 의취 오묘히 얻어진지라,
不仮於音.	소리로 표현할 수 없네.
冥然寂然,	그윽하고 고요히 소리 없는 소리에,
萬物皆春.	만물은 모두가 봄.
神游太古,	정신은 태고에 노니네,
手撫天眞.	손으로 천진을 어루만지자.

일견 장자적(莊子的) 기미(氣味)가 농후한 이 명(銘)에서의 '태고'는 존재의 근원으로서의 천에 대한 시간감각적 표현이다. "그윽하고 고요히 소리 없는 소리에. 만물은 모두가 봄"이란, 자아의 그 근원에의 복귀의 장이 갖는 무위중의 화해의 비전이다. 뿐만 아니라 회재의 시에서 하나의 상징으로 설정되어 있는 '백운(白雲)'[190], 또 하나의 모티브인 '한(閑)'[191]도 이 무위

---

189 『文集』卷六.「無絃琴銘」은 『文集』卷六에 실려 있는데 著作年記가 없다. 그 주제나 표현감각으로 보건대 玉山隱居期 이후 귀양가기 이전의 시기에 지어진 것으로 보인다.
190 일례로 『文集』卷二, 「山亭卽景」, "無心淸樂無人會, 竟日憑軒伴白雲."
이런류의, '白雲'이 등장된 시적 상황이 여러 곳에 나온다.
191 앞에서 다룬 「無爲」에서의 "一身閑適自隨時"를 위시하여 『文集』卷二, 「川上敬次朱先生韻示

의 화해에로의 지향에서 나온 것이라고 할 수 있다. 회재의 시적 사유에서 어떤 점에서는 가장 상위 범주라고 할 수 있는 이 무위의 사유에서 우리는 노장(老莊)의 그것과는 개념을 일정하게 공유하면서도 다른 국면을 가지는 회재적 무위사상을 만나게 된다.

아와 천과의 구분과 합일의 두 동인은 아와 천 사이의 관계 정체(整體)의 표리양면일 뿐이지 둘이 별개로 유리되어 있는 것은 아니다. 곧 '독립'과 '무위'는 한 자아의 두 존재양식으로 그 한 자아 안에서 통합되어 있다. 회재는 「해월루기(海月樓記)」(『문집』 권6)에서 홍원(弘遠)한 바다의 덕을 체득, 마음을 확연하게 하여 '호연지기'가 천지 사이에 꽉 차도록 하고, 청허(淸虛)한 달의 덕을 체득, 가슴을 깨끗하게 하여 '본연지천'이 마음에 그득히 차도록 하는 것이 해월루(海月樓)를 지은 의의임을 말한 적이 있다.[192] 그의 시에서의 '독립'은 이 기문에서의 '호연지기'에, 시에서의 '무위'는 이 기문에서의 '본연지천'에 대응된다.

여기에서 우리는 회재의 무위사상과 그의 경세의지와의 일면 모순되어 보이는 듯한 관계를 밝힐 필요가 있다. 이것은 길게 논의할 필요도 없이 유학에서는 '성기(成己)'가 곧 '성물(成物)'이라는[193] 명제에 의해 설명

同遊諸子」, "滿目湖山霽景新, 浩然天地一閑人" 등 '閑'을 구사한 표현이 매우 빈번하게 출현한다.

192 『文集』 卷六, 「海月樓記」, "邑之有樓觀, 若無關於爲政, 而其所以暢神氣, 淸襟懷, 以爲施政之本者, 亦必於是而得之.(中略) 以養其弘遠淸虛之德, 而政由是出, 其所關顧不大哉.(中略) 使人心境廓然廣大寬平, 而浩然之氣, 充塞於兩間, 此則觀海之善者也.(中略) 使人胸次洒落, 査滓淨盡, 而本然之天, 浩浩於襟靈, 此則玩月之善者也."

193 『中庸』, 第二十五章, "誠者, 非自成己而已, 所以成物也. 成己, 仁也. 成物, 知也. 性之德也, 合內外之道也."

된다. 자아성취의 효능이 물―모든 객체―에 미치는 것이라는 이 명제의 내용에 의거해 말하면 자아의 무위자연이 경세의 근본이 된다는 것이다. 그러나 성기와 성물을 한 주체의 일생에서 선후 두 단계의 정서(程序) 관계로 이해해서는 안된다. 성기와 성물은 사위(事爲)의 한 계기 안에서 동시적으로 움직이는, 역시 함섭관계의 것으로 보아야 한다. 회재의 경우에 있어서도 마찬가지다. 회재에게 있어 무위자연이란 아와 물과의 관계의 장에 있어선 '확연대공'에 다름 아니다.[194] 확연대공과 경세행위는 선후로 유리될 수 없는 성질의 것이다. 경세행위와의 연계에서야 확연대공의 자아가 이루어지고, 확연대공과의 연계에서야 경세의지의 자아가 실현되는 그런 관계다. 회재의 무위자연이 노장의 그것과 다른 국면이 바로 여기에 있다.

끝으로 회재의 시에는 그 경계에 자아가 등장하지 않는 작품은 거의 없다는 점을 들 수 있다.(회재의 시뿐 아니라 도학자들의 시는 거개가 이러한 것으로 보인다.) 주지하듯이 송(宋) 엄우(嚴羽)의 묘오설(妙悟說)에서 청(淸) 왕국유(王國維)의 의경설(意境說)로 이어지는 계열의 비평안목으로는 시의 경계에 자아가 등장하지 않는 작품, 즉 '무아지경'의 서정시를 품급에 있어 가장 높은 것으로 보아 왔다. 그래서 이 기준에서는 대체로 도(道)·선적(禪的) 세계관을 배경으로 한 무아의 공적(空寂)한 분위기의 작품이 일급으로 평가되어 왔다. 이 안목으로 보면 적어도 도학자들의 시에서는 일급의 작품은 찾기 어려울 것이다.(그러나 이것은 사실이

---

194 주 184) 참조.

아니다.) 도학자들의 사유로는 자아가 잠적한 세계란 생각할 수 없기 때문이다. 회재의 산수경물시에 무아지경의 작품이 한 편도 없다는 것은 역시 자아가 있음으로써 세계가 있다는 도학적 사유의 필연의 결과다. 바로 회재 자신이 조망기당(曺忘機堂)과의 논쟁에서 "이쪽[道學]에서 말하는 허는 비었으면서도 있는 것이나, 저쪽[道·佛]에서 말하는 허는 비었으면서 없는 것이다.[此之虛, 虛而有. 彼之虛, 虛而無.]"[195]라고 밝힌 철학적 주장에 대응된다.

회재시에서 이 유아(有我)의 사유와 밀접한 관계에 있는, 매우 의도적으로 보이는 고려의 한 가지는, 시의 경계를 공적은 물론이려니와 정적(靜寂)의 분위기로 묘출(描出)한 경우조차도 거의 없다는 점이다. 시의 제재상으로 보아 정적의 분위기를 묘출하기에 적합함직한 시공이나 사물을 쓰는 경우에도 어떤 형태로든 정적 그 자체로는 두지 않음을 쉽사리 엿볼 수 있다. 일례로 다음 작품을 보자.

「존양(存養)」[196]

山雨蕭蕭夢自醒,	산 비 쓸쓸한데 꿈 저절로 깨자,
忽聞窓外野鷄聲.	홀연히 들리는 창밖의 꿩 우는 소리.
人間萬慮都消盡,	세상일 온갖 생각 모두 녹아내리고,
只有靈源一點明.	한 점 마음만이 초롱초롱해라.

---

195 『文集』 卷五, 「答忘機堂第二書」.
196 『文集』 卷二.

우선 이 시에 등장된 시공에서는 비상한 긴장을 불러일으키는 '꿩 우는 소리'가 주목된다. 그런데 이 비상한 긴장을 불러일으키는 소리는 시에서 항용 정적을 더욱 심화시키는 효과로 기능하기 일쑤다. 그런데 이 시에서는 끝 행에 와서 '한 점 마음만이 초롱초롱'한 자아를 등장시킴으로써 정적의 분위기를 영활의 그것으로 전환시키고 있음을 본다. 그것은 꿩 우는 '소리'의 긴장이 끝 행의 초롱초롱이라는 '빛'의 긴장으로 전이된 때문이다. '나에게 있는 하늘'인 마음을 '한 점'이라는 초점화적(焦點化的) 감각으로 표현한 데에서 '꿩 우는 소리'의 긴장을 '한 점 마음'의 '초롱초롱'함의 긴장으로 전이시키고자 한 의도적 고려를 읽을 수 있다. 회재의 이런 시적 사유는 "잠잠히 움직이지 않다가 교감해서 천하의 일에 통한다.[寂然不動, 感而遂通天下之故.]"[197]라는 도학의 생기관과 무관하지 않다. 바로 이 관점에 입각해서 조망기당과의 논쟁에서 "이쪽에서 말하는 적(寂)은 잠잠하면서도 교감하는 것이나, 저쪽에서 말하는 적은 잠잠하면서 죽어있는 것이다.[此之寂, 寂而感. 彼之寂, 寂而滅.]"[198]라고 한 자신의 이론적 견해에 대응된다고 하겠다.

이상의 논의에서 보듯이 회재 시는 주제와 아울러 그 시적 사유의 양식에 있어서도 철저히 도학적이다.

---

197 『周易』,「繫辭上傳」, 第十章.
198 주 195)와 같음.

V

　회재가 시적 사유로 삼은 도학적 사유는 회재만이 아니라 도학자 일반이 공유했다는 점에서 다른 도학자들의 작품에서도 회재의 시에서 보는 바와 같은 주제나 사유 방식이 얼마든지 찾아질 수 있다. 그러나 사람에 따라서, 그리고 도학의 역사적 전개 양상에 따라서 도학적 사유 총체에서 그 특히 편향하는 국면을 시로 나타냄으로써, 그 표현이 갖는 개성적 국면은 제외하고서라도, 결코 천편일률로 귀결된 것 같지는 않다. 일례로 퇴계 시의 경우는, 회재 시에 비추어 우주생명에로의 초월보다는 현상세계의 화해의 국면에 더 비중이 두어져 있는 것으로 보인다. 앞으로 송유(宋儒)들을 포함해서 도학가들의 시문학에 대한 토구(討究)가 깊어지면 회재의 시가 도학가 계열 시문학의 전체에서 놓이는 좌표, 나아가 그 문학사적 위상도 보다 확연하게 드러날 것이지만 현재까지의 논의로도 그의 시가 적어도 도학이 거둔 문학적 성과의 현저한 사례의 하나로 규정되는 데에는 별 문제가 없을 것 같다. 그러나 시언지관(詩言志觀)에 입각된 문학이 가지기 쉬운 일반적인 약점이기는 하지만 회재의 시 역시 일정한 이념적 틀을 벗어나지 않는 데에서 오는 문학적 상상력의 한계성을 불가피하게 가지고 있음도 함께 유념해야 할 것 같다.

　도학자들의 시문학이 도학의 문학적 실현이란 점에서 이들 시문학을 단순히 문학사적 관심의 대상으로만 본다면 그것은 도학자체에 대한 이해의 심화에 적잖은 손실일 것으로 본다. 도학자들의 시문학은 도학이라는 학문의 생리를 깊이 알게 하는 데에 기여도 하지만 경우에 따라서는 개별 도학자들의 이론의 감각이나 체질의 이해에도 일정한 효능을 발휘할 것으로 보이기 때문이다.

앞에서 필자는 회재의 무위사상을 시론적으로 제기했거니와 회재의 사상에 대한 접근도 종래의 다분히 평면적인 시각에서 벗어날 때가 되었다고 생각한다. 보다 구조적 시각으로 접근할 필요가 있다. 가령 그의 일련의 명(銘)과 경세 관계 저작에 주로 나타나는, 구극적 실재에 대한 외경의 태도와 여기 그의 시에 나타난 유열의 그것과의 사이의 구조적 이해 같은 것도 당면한 과제 중의 하나다.

퇴계(退溪)의 시작(詩作) 개황과 그의 작품 세계

— 도학시에서 '청정(淸淨)'의 세 가지 의상(意象)을 중심으로 —

I. 퇴계의 시인적 위상

　도학의 거봉으로 알려진 퇴계의 위상은 상대적으로 그의 시인으로서의 위상에 대한 인식을 소극적이게 해 왔다. 더구나 도학자들의 '애호하는 사물에 침혹되어서 원대한 이상을 상실한다[玩物喪志]'는 명제를 마치 도학은 시와의 양립을 인정하지 않는 계율이나 되는 것처럼 과도하게 인식해온 것이 은연중에 퇴계를 위시한 여타 도학자들의 시를 소극적으로 인식하게 한 저간의 사정이다. 그러나 실제는 오히려 거의 그 반대에 가깝다. 도학의 사유나 도학적 인격경계에는 확실히 심미정조(審美情調)를 유발할 소지나 일종의 심미적 국면이 있다. 생성과 화해를 특징으로 하는 그 세계관, 객관적·분석적이 아니라 직관적·지각적인 그 사물 인식 방식에는 사유주체로 하여금 심미정조를 유발하게 할 계기들이 충분히 깃들어 있다. 그리고 그 인격함양의 과정이나 결과에서 체험하는, 흔히 '광풍제월(光風霽月)'이라고 매우 시적으로 묘사되는 정신경계는 자기초극에서 오는, 대자적(對自的)으로는 자아의 자유 상황, 대타적(對他的)으로는 자아와 세계의 화해 상황을 함유하고 있어, 흥취·열락이라는 일종의 예술적 정서가 일어날 소지를 지닌다.[199] 무엇보다 주희(朱熹)나 퇴계

199　李東歡, 「晦齋의 道學의 詩世界」, 『晦齋의 思想과 그 世界』, 大東文化硏究院, 1992.

등 위대한 도학자들이 적잖은 시작품을 남긴 실제가 증명하지 않는가.

퇴계의 시는 현재 1,200여 제, 2,270여 수가 전한다. 제목만 전하고 작품은 일실된 것만도 800여 제나 된다.[200] 우선 양적으로 호한(浩瀚)하며, 양뿐만 아니라 퇴계라는, 도학적으로 크나큰 성취를 이룬 정신의 질량이 빚어낸 작품들이란 점에서 질적으로도 결코 범연하지 않으리라는 기대를 갖게 된다. 도학적 역량과 시적 역량이 물론 반드시 일치하는 것은 아니다. 그러나 퇴계의 경우 도학적 역량이 되는 논리사유 능력과 시적 역량이 되는 심미사유 능력이 높은 수준에서 서로 함섭관계(涵攝關係)를 이루고 있는 것으로 보인다. 그런데 정작 퇴계의 시작품에 대한 인식은 여기에 상응하는 적극적인 단계에 이르지 못하고 있다. 아직도 퇴계의 시인적 위상에 대한 인식이 국문시가 「도산십이곡(陶山十二曲)」의 연구를 통한 인식의 수준을 크게 못 벗어나고 있다.

퇴계도 도학자 일반이 그러하듯이 시는 말기(末技)라고 했다.[201] 그러나 이 말은 어디까지나 시 또는 문학에 대한 도학의 상대적인 우위를 강조한 말일 뿐이다. 인간이 하는 여러 가지 문화활동 가운데 문학이 어느 경우에나 우위라는 주장이 타당성을 갖지 못한다면 문학에 관한 도학자들의 발언에 지나치게 반응할 이유는 없다. 도학자가 아닌 두보(杜甫)같은 시인도 "문장은 한낱 작은 재주, 도에 대해 높을 수 없네.[文章一小技,

---

200 鄭錫胎, 「退溪詩의 書誌와 年代記的 特性 考察」(고려대 박사학위논문, 1999.) 부록 「退溪詩作年譜」 참조. 퇴계 시의 양에 대해 위 논문에서 조사된 결과가 뒤에 본인에 의해 다소 수정되었다. 여기서는 수정된 題·首數를 대충 들었다.
201 李滉, 「與鄭子精」, 『退溪先生文集』 권35, "夫詩雖末技, 本於性情."(이하 『退溪先生文集』은 『문집』이라고만 표기함.)

於道未爲尊.]"라고 했던 점을 상기할 필요가 있을 것이다. 도학자들은 실은 문학 자체를 부정한 것이 아니라 문학의 어떤 경향, 이를테면 '조충전각(雕蟲篆刻)'의 기교주의나 또는 지나치게 격정적인 것 따위를 배격했을 뿐이다. 그리고는 그들 나름의 문학적 준거 위에서 양식상 다분히 폐쇄적이기는 하지만 독자적인 문학세계를 이루어 놓았다.

퇴계의 시작(詩作)에 대한 태도는 자신의 다음과 같은 말과 그의 제자들의 기록에서 확연하게 드러난다. 즉 그는 "시가 사람을 그르치는 것이 아니라 사람이 제 스스로 그릇된다.[詩不誤人人自誤.]"[202]라고 했고, 한 제자[정탁(鄭琢), 자는 자정(子精), 호는 약포(藥圃), 1526~1605]에게 준 편지에서 "시는 비록 말기이나 성정에 근본하며 체(體)가 있고 격(格)이 있어 진실로 용이하게 하지 못할 것이다.……그저 입에서 나오는 대로 붓이 가는대로 마구 아무렇게나 써서는 비록 일시의 쾌감은 살지 모르나 아마도 만세에 전하기는 어려울 것이다."[203]라고 했다. 시작태도의 신중성 또는 진지성을 깨우친 말이다. '만세'라는 말은 다분히 관용적 과장이기는 하지만 시를 만세에 전할 무엇으로까지 보고 있었다는 점은 특히 유의할 만하다. 그리고 그 자신 즐겨 시를 짓되 우연히 읊는 일절이라도 한 구 한 자를 반드시 정밀히 생각하여 완정(完定)하고 가벼이 발표하지 않았다[204]고 제자들은 기록하고 있다. 양적으로 많은 작품을 지었으면서도

---

202 李滉,「吟詩」,『문집』권1.
203 위 201)과 같은 곳, "夫詩雖末技, 本於性情. 有體有格, 誠不可易而爲之. (중략) 而信口信筆, 胡亂寫去, 雖取快於一時, 恐難傳於萬世也."
204 鄭惟一,「雜記」,『退溪先生言行通錄』권5 類編, "先生喜爲詩, 平生用功甚多." 誰偶吟一絶, 一句一字, 必精思更定, 不輕示人."(이하『退溪先生言行通錄』은『언행통록』이라고만 표기함.)

그 시작태도가 비상하게 진지하였음을 알 수 있다.

사실 퇴계 시에 대한 논란이 없었던 것은 아니다. 이를테면 그의 제자 권응인[權應仁, 호는 송계(松溪)]이 퇴계에게 "선생님께서 '싱거운 풍월[澹薄風月]'과 '먹빛 짙은 초서[濃墨草書]'를 조금 그만두신다면 선생의 도덕이 더욱 높으실 것입니다."라고 얘기했다는 일화는,[205] 퇴계의 시가 당시 문인 사회 일각에서 다소 비판적으로 받아들여졌음을 짐작케 한다. 그러나 시를 보는 눈이 한결같을 수는 없다. 후대에 이익[李瀷, 호는 성호(星湖), 1681~1763]은 위 권응인의 말을 강력히 반박하였다.

> [송계(松溪)는] 퇴계가 시에 대해 '불위(不爲)'이지 '불능(不能)'이 아님을 전혀 알지 못한다.……퇴계의 「금호 임형수에게 율시 2수를 줌[贈林錦湖亨秀二律]」은……구절구절이 비동(飛動)하고 준상(俊爽)한 기운을 움킬 만해서 삐죽삐죽 솟은 화악(華岳)의 봉우리나 들판을 노려보는 차갑고 사나운 수리의 자세로도 이를 능가할 길이 없다. 저 금호의 평생 호기 있는 읊조림도 반드시 이에 미치지는 못할 것이다. 요컨대 금호가 아니면 퇴계도 또한 끝내 모를 드러내지 않았을 것이다. 송계가 어찌 이를 충분히 알았겠는가.[206]

「금호 임형수에게 율시 2수를 줌[贈林錦湖亨秀二律]」은 퇴계의 중년

---

205 李德懋, 「寒竹堂涉筆」上, 權松溪, 『靑莊館全書』 권68, "權松溪應仁, 居星州, 退溪先生弟子也. (중략) 嘗言于退溪曰: '先生少止澹薄風月, 濃墨草書, 則先生之道德益高.' 風月者, 東俗所謂詩也."

206 李瀷, 「論文門」退溪詩, 『星湖僿說類選』 권10下, "退溪喜作詩, 今見於集中者, 人多稱欠體裁. 當時權松溪應仁謂: '先生不爲詩若草, 差强人意.' 殊不知其不爲也, 非不能也. (중략) 退溪贈林錦湖亨秀二律云. (중략) 句句飛動, 俊爽可掬, 雖華岳峯尖, 寒鵰睥野, 無以逾此. 彼錦湖之平生豪吟, 未必逮及也. 要是非錦湖, 退溪亦終不露圭角, 松溪何足知之."

작으로 '비동·준상'한 점에서 퇴계의 작품 중에서 다소 특이한 작품이다. 요컨대 임형수[林亨秀, 호는 금호(錦湖), 1504~1547]의 사람됨에 호응해서 거기에 맞게 '비동·준상'한 작품을 썼다는 것으로, 재제에 따라 자유자재로 시를 지을 수 있다는 말이다. 그리고 허균(許筠, 1569~1618)은 그의 『국조시산(國朝詩刪)』에서 퇴계의 작품을 뽑아 넣고 다음과 같이 논평했다.

> 비단 이학(理學)만이 아니라 시에 있어서도 역시 제공(諸公)을 압도한다.

주지하듯이 허균은 감식안이 날카롭기로 유명하다. 여기에 퇴계가 자신의 시에 대해 완곡하게 자부를 내보인 다음과 같은 말을 아울러 음미해 볼 필요가 있을 것이다.

> 나의 시가 고담(枯淡)해서 그리 좋아하지 않는 사람이 많다. 그러나 내가 시에 대해 용력한 바가 자못 깊기 때문에 처음 읽어보면 비록 냉담한 것 같지마는 오래 두고 읽어보면 의미가 없지 않을 것이다.[207]

이상의 여러 사실을 종합해 볼 때 퇴계의 시인적 지위에 대한 인식을 소극에서 적극으로 전환해야 마땅하다고 본다. 그리하여 국문시가 몇 편에만 의존해온 퇴계의 문학적 측면에 대한 인식에 획기적인 전환이 이루

---

[207] 鄭惟一, 「雜記」, 『언행통록』 권5, "吾詩枯淡, 人多不喜. 然於詩用力頗深, 故初看雖似冷淡, 久看則不無意味."

어질 것을 기대한다. 현재 퇴계 시에 대한 탐구는 다소 이루어지고 있는 형편이어서 그의 시문학에 대한 인식이 과거에 비하면 호전되었다 하겠으나, 예상되는 탐구 행정(行程)에 비추어 보면 아직은 시작 단계라 할 수 있다.

II. 퇴계의 시작 개황과 작품 경향

퇴계는 수학 초기부터 노학과 시작에 적극적인 관심을 표명했다. 그것은 관심이라기보다는 하나의 기호처럼 빨려들어 갔다. 퇴계의 자술에 의하면, 12세에 『논어』를 그의 숙부 이우[李堣, 호는 송재(松齋), 1469~1517]에게 배웠는데 망연히 그 맛을 알지 못하다가 「자장(子張)」편에서 '이(理)'자를 주해한 데에 이르러 황연히 마음에 터득되는 바가 있는 것 같아, "무릇 사물의 마땅히 그러한 것을 이(理)라 이릅니까?"라고 물었더니 그의 숙부는 기뻐하며 "네가 이로부터 학문에 깨달음이 있겠다."라고 했다는 것이다.[208] 그 뒤 17세 때부터 비로소 도학이 있는 줄을 알아 마음이 끌려갔다는 것이다.[209] 한편 자신의 시작의 기호에 대해서는 다음과 같이 자술한 바 있다.

---

208 鄭惟一, 「學問」, 『언행통록』 권2, "先生曰: 余年十二, 受論語於松齋, 茫然不知其味. 至其篇(按 艮齋錄, 作子張篇.)註理字, 恍然似有得於心, 便請曰: '凡事物之當然者謂之理乎?' 松齋喜曰: '汝 自由有悟於學矣.'"
209 주 208)과 같은 곳, "先生自年十七歲, 始知有此學, 而有企向之心."

> 나는 평소에 시를 잘 짓지 못하지만 다만 짓기를 즐긴다. 무릇 눈에 보이고 마음에 흥이 일어나면 문득 시를 짓고 싶어 견딜 수 없어 읊조리기를 그치지 않는다. 이미 이루어진 작품은 남이 보고서 타기하고 싶어 하는데도 나는 오히려 부끄러워 할 줄을 모른다. 이 때문에 남들에게 비웃음을 산 적이 한두 번이 아니건만 이 고질병을 치료할 수 없는 지경에 미쳤으니 단지 가소로울 뿐이다.[210]

33세 때 쓴 이 자술을 통해 보건대 퇴계는 시작을 무척이나 좋아한 것 같다. 그래서 앞에서 제시한 방대한 양의 작품을 남겼다. 그러나 퇴계의 작품은 실제는 이보다 훨씬 많았을 것으로 추측한다. 퇴계의 작품으로 현재 전하고 있는 것 가운데 가장 이른 것이 15세 때 작품인데, 이 때부터 위의 자술을 하기 직전인 32세까지 남아있는 작품이 모두 10여 수에 불과하다는 사실에서 알 수 있다.

퇴계는 이렇게 수학 초기부터 도학과 시작에 나란히 몰두했다. 그에게 시작은 도학을 하는 데 결코 장애가 되지 않았다. 아니 오히려 끊임없이 도학을 고무해 주었다. 도학의 세계관은 생명 화해의 생기론적 성격이 강하다. 세계관 자체가 아주 심미적이요 심미사유의 대상으로서 적합하다. 그러므로 논리사유로서는 설진(說盡)에 한계가 있기 마련이다. 그 한계가 감당할 수 없는 몫을 퇴계는 가슴에 남은 '남에게 전할 수 없는 오묘함[不可傳之妙]'이라고[211] 했다. 퇴계는 이 몫을 주로 자연현상과의

---

210 「南行錄·西行錄後識」, 『陶山全書』, 遺集, 外篇, "余平生不工詩, 顧嘗嗜之. 凡寓目興會, 輒撓此技, 吟諷不絕於口. 旣成, 人之見者, 或欲唾棄, 余猶不知愧. 以是得嗤笑於人非一, 而膏肓之癖, 迨不能藥, 直可笑也."
211 李滉, 「陶山記」, 『내집』 권3.

유기적 연계나 그 비의·비유를 취하여 시로 표현해 내었다. 그런 점에서 퇴계는 시의 효능을 아주 적극적으로 긍정했다. 그는 "문장(시)을 작은 재주라 비웃지 마소, 가슴 속 오묘한 곳의 진실을 형상해 낸다오.[莫笑文章爲小技, 胸中妙處狀來眞.]"라고[212] 시로 읊었다. 그러므로 퇴계에게 시는 도학의 매단계의 완결이요 정화를 뜻했다. 한편 도학이 시작에 유익함은 새삼 말할 필요도 없다. 그것이 시가 요구하는 다양한 형태의 정서의 유로(流露)에 폭넓게 대응하지 못하는 한계가 있기는 하나, 일정한 범위내의 여러 형태의 정서의 표현에 진실성을 보장해 준다. 정감을 인위적으로 만들어 표현하지는 않는다는 말이다. 퇴계의 작품에는 차운한 것이 많지만 성감을 소삭하는 역시가 없다.

그렇다고 해서 퇴계의 작품을 모두 다 도학적이라고 말하기는 곤란하다. 정감의 진실성, 일정한 관점에서의 진실성의[213] 소종래가 도학 역량이란 점에서 보면 모두 다 도학적이라고 할 수 있다. 그러나 도학적 진실성이 유교문화권 일반의 진실성과 별로 다름이 없기 때문에 굳이 구별할 필요를 느끼지 않을 뿐이다. 그래서 다만 도학 특유의 개념이나 논리에 대응하는, 또는 개념이나 논리의 여백에 대응하는 의상(意象)이나 비전으로 이루어진 작품만을 특히 도학시라고 한다. 그런데 퇴계의 경우 이런 작품은 초년에 한두 수 정도 보이고 중년부터 본격적으로 나타난

---

212 李滉, 「復用前韻」, 『속집』 권2.
213 정감의 진실성은 그 구체적인 實現相에서는 일정한 관점의 제약을 받는다. 가령 동서양 간의 인간의 근원적인 진실성에 있어서는 같다고 할 수 있으나 그 구체적인 실현상에 있어서는 일정한 차이가 있다. 마찬가지로 인간은 그 신념하는 관념체계에 따라 진실성의 구체적인 실현상에 차이가 있다.

다. 상당수의 작품이 없어졌다고 추측되는 32세까지의 초년작에[214] 도학시가 어느 정도까지 있었는지는 모르지만 아마 일정량은 저작되지 않았는가 생각된다.

퇴계의 도학 공부에는 『사서대전(四書大全)』 외에 19세 때에 『성리대전(性理大全)』 수(首)·미(尾) 2권, 성균관 유학(游學) 시절인 23세 때 『심경부주(心經附註)』를 입수한 것이 아주 신선한 충격을 주었다.[215] 『성리대전』 수권은 주지하듯이 주돈이(周敦頤)의 「태극도설(太極圖說)」이다. 그리고 미권은 주로 송유(宋儒)들이 문학양식에 의해 도학적 내용을 표현해 놓은 것이다. 위의 퇴계의 자술에 드러난 그의 작시벽(作詩癖)으로 미루어 보아 적어도 위의 두 책을 읽고 난 뒤 새로운 사색의 지평에 감흥되어 시를 썼을 가능성이 크다. 실제로 19세 때의 다음 작품은 시의 내용으로 보아 「태극도설」을 읽고 난 뒤에 쓴 것임이 확실하다.

「영회(詠懷)」[216]

獨愛林廬萬卷書, 임하(林下)의 집 만권서를 유독 사랑해,
一般心事十餘年. 한 마음 따로 쓰기 십여 년.

---

214 현재 『문집』 『내집』의 詩卷 부분의 편집체제를 보면 작품의 저작 年月次가 거의 정확하다. 이로 보면 적어도 내집의 시권은 퇴계 자신에 의해 편차되었을 가능성이 높다. 따라서 초년작의 거의 대부분에 해당되는 작품은 퇴계 자신에 의해 폐기처분되었을 가능성이 높다. (정석태군과 『문집』의 편집에 대해 담론하면서 얻은 결론이다.)

215 鄭惟一,「學問」,『언행통록』 권1, ① "先生自言: 十九歲時, 初得性理大全首尾二卷, 試讀之, 不覺心悅而眼開. 玩熟蓄之, 漸見意味, 似得其門路. 自此始知性理之學, 體段自別也."
② "先生嘗游學泮宮, (중략) 嘗訪上舍姓黃人, 始見心經附註, 心甚愛之, 授紙求得一本."
「年譜」에 의하면 퇴계는 23세때 成均館에 유학했다.

216 李滉,『외집』 권1.

邇來似與源頭會,　　근래에 만물의 근원과 만남이 있는 것 같네,

都把吾心看太虛.　　내 마음을 태허로 보니.

기실 퇴계는 「영회」를 쓰기 한 해 전, 그러니까 18세 때에 아주 전형적인 도학시를 쓴 바 있다.

「야지(野池)」[217]

露草夭夭繞碧坡,　　고운 풀 이슬에 젖어 둔덕을 둘렀는데,

小塘淸活淨無沙.　　고요한 맑은 못에는 모래가 없네.

雲飛鳥過元相管,　　나는 구름 지나가는 새의 그림자야 원래 비치는 것이지만,

只恐時時燕蹴波.　　나는 제비 때때로 물결 찰까 두렵네.

천명의 관섭 아래 있는 마음, 즉 도심의 흐름을 인욕이 방해한다는 도학의 명제를 형상화한 작품이다. 본연의 마음을 '작은 못의 고요한 맑은 물'에 비유한 것, '날으는 구름 그림자 비치는' 것 등으로 보아 주희의 「관서유감(觀書有感)」의 의상과 흡사하다(주희의 이 작품은 『성리대전』 미권에 실려 있다.) 그러나 퇴계의 「야지」가 주희의 「관서유감」의 영향으로 지어졌다고 할 수 있는 객관적인 근거는 없다. 『성리대전』의 입수와 「야지」 저작 시점은 모두 퇴계 자신의 말에 의거한 것이므로[218] 믿을

217　李滉, 『외집』 권1.
218　『성리대전』 수미권 입수의 연령 귀속은 주 215)의 ① 참조. 그리고 「야지」시 저작에 대해서는 주 215)와 같은 곳에, "辛酉夏德弘問: '此(野池)何時所作?' 先生曰: '吾十八歲時作也. 當時以爲有得, 到今思之, 則極可笑.'"라고 18세 시작이라고 밝혔다.

수밖에 없다. 더구나 후일 퇴계가 이 작품을 두고 "당시에는 얻음이 있다고 생각했으나 이제에 이르러 생각해보면 극히 가소롭다."[219]라고 자평한 것이 주희의 작품과는 무관한 쪽으로 심증을 굳혀주고 있다. 주희의 작품에 관계된 작품이라면 퇴계의 말투가 달랐을 것이기 때문이다. 그렇다면 퇴계가 주로 『사서대전』의 공부만을 토대로 하여 지은 작품으로 보아야 하겠는데, 수학 초기의 이 주희와의 우합(偶合)이 그로 하여금 주희에게 더욱 경도하게 했는지도 모를 일이다.

어쨌든 퇴계는 그의 도학에의 열정과 작시벽으로 보아 그의 수학 초기에 「야지」나 「영회」 같은 도학시를 더러 썼을 것으로 짐작되나 현재 전하는 것으로는 50세 전후 중년 이전까지는 위의 두 수가 전부이다. 그리고 중년 이후 아주 원숙한 솜씨로 다양하게 표현되어 나타난다. 그리고 노년으로 갈수록 도학시의 수가 늘어난다. 퇴계는 50세 이전은 주로 사환(仕宦)에 종사했고, 이후에도 계속 조정에서 벼슬을 내려 벼슬살이를 아주 청산하지는 못했지만 주로 퇴계와 도산(陶山)에 은거하며 학문에 정진했다. 그러니까 도학에 정진하는 것과 더불어 도학시 저작도 늘어난 셈이다. 위에서 말한 바와 같이 시작이 도학에의 정진을 고무했고, 도학에의 정진이 시작을 더욱 활발하게 한 것이다.

이상 시의 제재(題材)상, 특히 도학의 개념이나 논리, 또는 그것의 여백이 제재가 된 작품의 저작 상황을 말하였다. 그렇다면 그토록 오랜 시작생활에서 시풍에는 변화가 없었는가? 50세 전후 중년을 분수령으로

---

219 주 217) 참조.

하여 크게 전후시기로 나누어 볼 수 있다. 이것은 작품을 통해서 알 수 있거니와 퇴계의 제자들이 한결같이 지적하는 바다.

> 그 시가 처음에는 몹시 청려(淸麗)했다. 이윽고 화미(華靡)함을 잘라내고 한결같이 전실(典實)한 데로 돌아가 장중(莊重)·간담(簡淡)했다.[220]

정유일(鄭惟一, 1533~1576)의 논평이다. 조목(趙穆, 1524~1606)도 퇴계의 시편과 글씨를 아울러서 그 풍격을 논하고, 전후 두 시기의 작품이 "마치 두 사람의 손에서 나온 것 같다."[221]라고 했다. 요컨대 퇴계 생애의 전기 소작은 정감에 징낭하는 수식적 표현을 하려 했고, 후기 소작은 그런 수식적 표현을 가급적 떨어뜨리고 정감의 질량보다 항상 적고 낮게 표현하려 함으로써 고담한 시풍을 드러내었다. 겉으로는 고담하나 시의 내면은 실하고 다사롭다. 권응인의 '싱거운 풍월'도 퇴계 만년의 시풍을 피상적으로만 평가한 표현이다. 그런데 퇴계 시풍의 이 양분적 변화는 그의 삶의 변화와 밀접히 관련되어 있다. 즉 전기는 사환에 종사하면서 도학 공부에 상대적으로 느슨했던 시기이고, 후기는 본질적으로는 은거기로서 도학에 정진해 마지않았던 시기이다.

---

220 鄭惟一,「言行通述」,『언행통록』권1, "其詩, 初甚淸麗, 旣而翦去華靡, 一歸典實, 莊重簡淡."
221 趙穆,「言行總論」, "至如詩章字畫之妙, 特其餘事, 而典雅精硏, 早有能聲. 晚年所作, 則皆渢華剝彩, 斂鍔韜鋒, 而冲淡健奧, 端方縝密, 如出兩手, 獲之者如靈龜拱璧."

Ⅲ. 도학시의 의상: 선계·달빛·매화

퇴계시의 의상은 물론 한두 가지가 아니다. 그 가운데 두드러진 것으로 선계·달빛·매화가 있다. 퇴계가 좋아하는 이들 의상에는 공통점이 있는데, '청정(淸淨)' 또는 '청진(淸眞)'이 그것이다. 선계는 '청정한 공간', 달빛은 '청정한 분위기', 매화는 '청정한 빛'이다. 이 세 가지 의상이 둘 또는 셋이 유기적으로 얽혀 나타나기도 한다. 요컨대 청정 또는 청진의 세계의 희구와 향유가 퇴계 도학시의 세계다. 주리론(主理論)의 시적 대응인 것이다.

1. 선계

선계에 관련된 의상은 그 자체로서는 실상 바로 도학적인 의상은 아니다. 그러나 퇴계 시의 경우 그것은 대부분 도학적 의상의 주변에서 그것을 긴밀히 보조하고 있다는 점에서 도학적 의상의 외곽 구실을 한다. 특히 시적 자아가 선인과 함께, 또는 선인적 존재로서 천공(天空) 또는 선계를 비상하는 의상은 특히 퇴계의 중년 무렵의 시에서 매우 중요한 의의를 지닌다. 그것은 '혼탁한 현실의 구속에서 벗어나 청정한 자유의 세계를 지향하고 싶은 이 시기 퇴계의 열망을 표현하는 의상이기 때문이다.

「칠월십삼야월(七月十三夜月)」[222]

初秋夕霽天無雲,	초가을 갠 저녁 하늘에 구름 없어,
月色萬里纖毫分.	만리의 달빛은 가는 털도 분별되네.
天風湛湛吹玉波,	하늬바람 맑디맑아 옥물결 일으키니,
銀河掩彩星韜文.	은하수 빛 가리고 별 무늬 감추어라.
眼前忽失世湫隘,	눈 앞에 갑자기 좁은 세상 없어지고,
坐我瑤臺與瓊閣.	요대(瑤臺)라 경각(瓊閣)에 이 몸이 앉았구려.
海上仙人如可招,	해상의 선인들을 부를 수도 있겠거니,
月裏姮娥相唯諾.	달 속의 항아(姮娥)와도 이야기할 만하네.
彼美桂樹生蟾宮,	아름다운 저 계수 섬궁(蟾宮)에 생겼으니,
宜與天地無終窮.	천지와 같이 가서 끝이 없겠구려.
婆娑本不礙月明,	너울너울하는 그 그림자 어찌 달에 구애되리오만,
吳質妄欲饕天功.	오부(吳斧)[223]는 망령되이 천공(天功)을 탐내려네.
我勸姮娥一杯酒,	나는 선뜻 항아에게 한 잔 술을 권하면서,
願乞玄霜玉杵臼.	옥절구로 빻은 현상(玄霜)을 빌었네.
凌風炎忽游八表,	바람 타고 문득 저 팔표(八表)로 두루 노닐며,
萬丈紅塵不回首.	만 길이라 홍진에는 고개 아니 돌리련다.

초가을 밝은 달밤, 달을 둘러싸고 펼쳐지는 상념을 읊은 것이다. '계

222　李滉, 『내집』 권2.
223　달 속의 계수나무를 깎아내는 사람. 그러나 계수나무는 곧 상처가 아문다 함.
　　　이하 『내집』의 역시는 辛鎬烈의 『국역 퇴계서』에 의함. 단 필요한 경우 약간의 수정을 가함.

수나무', '항아(姮娥)의 선약(仙藥)' 등 달에 관한 신화·전통의 오랜 제재를 그대로 사용하여 시인의 염원을 표했다. 즉 시적 자아는 '가는 털도 분별되는' 밝은 달빛과 '맑디맑은 하늬바람'이 어울린, 광대무변한 청정의 공간 앞에서 홀연히 천공의 '요대라 경각'에 앉는다. 그곳은 '해상의 선인들을 부를 수도 있는' 곳으로 거기에 앉아 '달 속의 항아와' 수작을 한다. 그리고는 항아에게 선약을 빌어 그것을 먹고 신선이 되어 '팔표로 두루 노닐며' '홍진을' 돌아보지 않으려 했다는 것이다. 일견 상식적 시상으로 보일 법하다.

 퇴계의 시는 작품 자체의 문면 또는 문맥만으로 일단 의미가 충족된다. 그러나 많은 작품의 경우 그것으로 충분한 감상이 이루어졌다고 할 수는 없다. 작품의 문맥이 작품을 에워싸고 있는 작품외적인 사실에 깊이, 그리고 은미하게 연계되어 있는 경우가 많다. 한시는 일반적으로 그러하지만 퇴계의 작품은 특히 그러하다. 이 문맥 밖의 문맥을 아울러 읽을 때 비로소 작품의 참의미가 드러난다. 앞에서 인용한 퇴계의 자평, "처음 읽어보면 비록 냉담한 것 같지마는 오래 두고 읽어보면 의미가 없지 않을 것."이라는 말에도 그러한 뜻이 의당 포함되어 있다. 문맥 밖의 문맥은, 대부분의 한시가 그러하지만, 퇴계의 경우도 주로 현실의 인간관계이다. 그리고 도학논리가 그것이다.

 위 작품의 문맥 밖의 문맥은 주로 현실 인간관계이다. 그러나 도학논리와 무관한 것은 결코 아니다. 돌아보고 싶지 않은 '만 길 홍진 이는 세상'은 혼탁을 극한 세상으로, 그 표현에 시적 자아의 강한 부정이 드러나 있다. 여기서 혼탁을 극한 세상이란 정치 현실을 의미한다. 결국 퇴계의 당시 정치현실에의 환멸을 반영한 것이다. '바람을 타고 문득 저 팔표로 두루 노니는' 데에서, 우리는 구속으로부터 탈각한 시적 자아의 면모를 본다. 무엇이 퇴계를 구속했던가? 그것은 환멸을 느끼는 정치현실에서 억지로 사환생활을 하는 데서 오는 괴리, 그 자아와 현실 사이의 깊은 괴리가 그로 하여금 한없는 구속감을 갖게 했다. 환멸을 느끼게 하는 정치현실이란 물론 퇴계의 생애에 해당하는 기묘사화 후 문정왕후(文正王后, 1501~1565) 사거에까지 이르는, 즉 사림이 등장하기까지의 정치 현실이다. 이러한 현실에서 사환한다는 구속에서 풀려나, 시적 자아로 하여금 밝은 달빛과 맑은 하늬바람이 어울린 청정의 공간에서 항아와 선인과 계수 등 초세적(超世的)인 존재들에 관심을 갖고, 선약을 먹고 팔표를 노닐게 함으로써 퇴계는 자유를 누리고 청정을 호흡한다. 이 작품이 지어진 것은 퇴계 51세, 그가 풍기군수(豊基郡守)를 직무유기하다시피 하여 그만둔 지 1년 반 남짓한 때로, 실질적으로 은거를 결행한 시기이다.

선인과 함께 또는 선인적 존재로서 천공 또는 선계를 비상하는 의상이 혼탁한 현실에서의 사환으로부터 벗어나 청정한 자유의 세계로의 지향을 의미한다는 것을 극명하게 보여주는 사례를 우리는 그의 49세, 즉 풍기군수를 그만두기 약 6개월여 전에 쓴 「군재에서 소백산을 노닐 생각이 있어 경유[周世鵬]가 창려[韓退之]의 형악시운을 사용한 시를 소급해서 차운하다[郡齋有懷小白之遊, 追次景遊, 用昌黎衡岳詩韻]」(『퇴계선생문집』내집, 권1)에서도 볼 수 있다.

一朝振翮出雲外,   하루아침 날개 치고 구름 밖을 벗어나면,
似馭鶴背超虛空.   학의 등에 올라앉아 허공을 뛰넘 듯.
國望峯頭望四海,   국망봉 마루에서 사해를 바라보면,

蓬萊杳杳心神融.　　봉래산 아득아득 마음이 풀릴 걸세.
羣仙綽約官府呈,　　아름다운 뭇 신선 관부에 가득하여,
朝遊崑崙暮天宮.　　아침저녁으로 곤륜산과 천궁에 노니니.
下憫蒼生蟻益然,　　아래로 서캐 같은 창생 안타깝기도 해라,
惟見塵埃千丈紅.　　보이는 건 저 천 길로 이는 홍진뿐이네.

이로써 우리는 퇴계의 중년 무렵의 작품에서 천공 또는 선계에 비상하는 의상이 그가 배리(背理)의 정치현실이 주는 구속으로부터 벗어나 자유의 공간으로 이동하고 싶은 염원의 표상임을 알았다. 이런 류의 작품으로 44세작「독서당 매화가 늦봄에 처음으로 핌. 소동파 운을 사용하여 2수를 짓다[湖堂梅花, 暮春始開, 用東破韻二首]」(『퇴계선생문집』내집, 권1), 46세작「사수가 시를 부치기에 차운함[土遂寄詩次韻]」(같은 곳), 47세작「황중거의 방장산유록에 씀[題黃仲擧方丈山遊錄]」(같은 곳), 같은 47세작인「꿈을 기록함[記夢]」(『퇴계선생문집』별집, 권1), 50세작「『도연명집』의「음주」29수에 화운함[和陶集飮酒二十首]」(『퇴계선생문집』내집, 권1) 등이 더 있다.

　그는 실상 벼슬길에 들어선지 3년만인 36세 때에 이미, "삼년이라 지루한 서울의 봄에, 답답하기 멍에 맨 망아지였네.[三年京洛春, 局促駒在轅.]"「감춘(感春)」,『퇴계선생문집』내집, 권1], "명리의 덤불에서 낯을 들자니, 어색하여 뜻이 절로 상실될 밖에.[强顏名利藪, 掩抑徒自失.])"「세밑에 고향의 편지를 받고 회포를 씀[歲季得鄕書書懷]」, 같은 곳)라고 읊어 사환 생활의 구속감과 환멸감을 표현했던 것이다. 그리고 42세 때 강원도 재상어사(災傷御使)로 춘천 청평산(淸平山)에 있는 고려 때의 은자 이

자현(李資玄)의 유적지를 지나며 그의 은거의 삶을 극구 칭향·흠선해마지 않는 시와 문을 쓰기도 했는데, 여기서 그는 이자현의 초세적인 삶을 "마침내 영화를 사양하고 지위를 피하여 고원(高遠)의 경지에 노닐되 마치 매미가 더러움 속에서 허물을 벗고, 기러기가 만물의 밖에서 아득히 날 듯하였다."라고[224] 표현한 바 있다. 역시 선계와 같은 물외계 지향으로 사환의 현실로부터 자유롭고자 하는 모티브가 강하게 작용하고 있는 표현이다. 퇴계가 이 즈음 벼슬에서 물러나려 했던 것은 제자 정유일이 "선생은 본래 벼슬할 마음이 적었다. 게다가 시사에 큰 화기(禍機)가 있음을 보고서 계묘년(43세)부터 비로소 물러날 뜻을 결정했다."라고[225] 하고, 퇴계 자신이 43세부터 52세 사이에 "세 번 퇴귀(退歸)했다가 세 번 소환되었다."라고[226] 한 객관적 기록들이 분명하게 증명해 주고 있어, 천공 또는 선계 비상의 의상의 의미가 더욱 또렷이 드러난다.

위의 작품의 문맥 밖의 문맥은 이와 같이 주로 현실 인간관계이나 도학논리와 무관하지 않다. 현실의 혼탁을 도학의 교화로 순화시켜 청정한 사회를 구현하는 것이 도학 구극(究極)의 목적이라고 보면 청정한 천공 또는 선계에 비상하는 의상은 궁극적으로 도학적 염원의 상징적 표현이기도 하다. 개인이든 사회든 '홍진'의 혼탁을 버리고 청정을 지향해가는 데에 도학의 구극의 길이 있다. 그런데 위 작품에서 시적 자아는 팔표로 두루 노닐며 홍진 이는 세상은 돌아보려 하지 않았다. 이것은 당시 정

---

224 李滉, 「過淸平山有感幷序」, 『내집』 권1, "乃能辭榮避位, 高蹈遠引, 蟬蛻於濁穢之中, 鴻冥於萬物表."
225 鄭惟一, 「언행통술」, 『언행통록』 권1, "先生本少宦情, 又見時事有大機, 自癸卯始決退休之志."
226 李滉, 「與曹楗仲書」, 『내집』 권10, "自癸卯至壬子, 凡三退歸而三召還."

치현실이 퇴계가 생각하기에는 도학의 교화를 논의할 여지가 없는 '황탁(黃濁)', 그것으로 여겼음을 의미한다. 즉 "싯누런 탁한 물결이 넘실대는"227 형국으로 퇴계는 당시 정치 현실을 인식했다. 따라서 그들과는 '겸선(兼善)'할 수 없다고 생각했다. 그래서 퇴계는 '독선기신(獨善其身)'의 길, 혼자 팔표로 노니는 길을 생각했다. 그것의 현실적인 공간이 퇴계요 도산의 공간이다. 이곳에서 퇴계는 자신이 희구하던 청정의 공간, 자유의 공간을 얻었다. 그러나 도학의 궁극적 목적을 등질 수는 없었다. 아니 등져지지가 않았다. 그래서 다른 방면으로 겸선의 길을 생각했다. 문제자(門弟子)의 양성이다. 선류(善類)를 많이 길러 내는 길이 궁극적으로 정치현실을 맑게 하는 길이라고 생각했던 것이다. 퇴계는 독선기신함으로써 '겸선천하'의 길을 걸었다.

2. 달빛

이덕홍(李德弘, 1541~1596)이 안회(顏回)의 '석 달을 어기지 않는 인(仁)'228에 관해 스승 퇴계에게 한 질문 가운데 다음과 같은 대목이 있다.

> 인자의 마음은 혼연히 천리라서 오롯이 하나로 되어 흔들림이 없어, 먼지 안 낀 거울 같고 물결 일지 않는 물과 같다. 그 공부가 광명을 이어받아 석 달 동안이나 되도록 한 터럭도 사사로운 뜻이 간섭한 바도 없고, 한 순간도 게으름이 끼어들

---

227 李滉,「陶山雜詠」,「盤陀石」,『내집』 권3, "黃濁滔滔便隱形, 安流帖帖始分明."
228 『論語』 7, "回也其心三月不違仁."

적이 없다.[229] ('석 달 동안이나 되도록' 이하는 퇴계에 의해 수정됨)

마음을 먼지 안 낀 거울과 물결 일지 않는 물에 비기는 것은 이미 오랜 비유다. 앞에서 인용한 「야지」에서도 이 오래된 비유를 구사하였다. '고운 풀이 이슬에 젖어 못 둑을 빙 둘렀는데, 그 가운데에 차 있는 모래도 보이지 않는 고요한 맑은 물'로 마음의 온전한 체(體)의 담연허명(湛然虛明)함을 비유하고, 거기에 '하늘을 나는 구름이며 지나가는 새의 그림자가 비치는 것'으로 마음의 체가 '적연히 움직이지 않다가 감해서 드디어 천하의 일에 통하여'[230] 사물이 다가오면 반드시 비치는 것을 비유했다. 이 작품은 주희의 「관서유감」을 보기 전에 쓴 것이라 젊은 퇴계의, 마음에 관련된 오랜 비유를 구사하는 과정에 얻어진 참신성을 전적으로 퇴계에게 돌려야 할지 모르지만, 어쨌든 특히 퇴계 노년의 시에는 일견 참신성 넘치는 작품이 드물다. 시상이며 수법이 대개 상식선을 크게 넘지 않을 뿐 아니라 비유 같은 것도, 여기의 물과 마음의 경우처럼 대개 사람들에게 익숙해진 것을 구사하기 때문이다. 퇴계는 신기(新奇)를 추구하지 않을 뿐 아니라 오히려 피했다. 시작뿐 아니라 근본적으로 인격 자체의 지향에 있어서도 그러하다. 이 점이 조식[曹植, 호는 남명(南冥), 1501~1572]과의 크게 다른 점이다. 특히 시작에 있어서 그러하다. 하지만 퇴계의 시는 결코 진부하지 않다. 그 자신의 평처럼 고담한 가운데 깊

---

[229] 鄭惟一, 「學問」, 『언행통록』 권2, "德弘問顔子之不違仁曰: 顔子之心, 渾然天理, 專一無撓, 如鑑未塵, 如水不波. 其工夫接續光明, 至於三月之久而無一毫私意之干, 無一刻怠忽之間."

[230] 『周易』, 「繫辭」 上9, "易, 無思也, 無爲也, 寂然不動, 感而遂通天下之故."

이 음미해야 비로소 다가오는 의미가 있어 그 의미가 얕고 가벼운 것이 아님을 알게 된다. 퇴계시의 이러한 힘의 소종래는 어디일까? 아마 무엇보다 그의 인간됨으로부터 오는 것이 아닐까. 간독(懇篤)한 진실성으로부터 오는 것이 아닐까. 참은 아무리 낡은 재료와 수법도 새롭게 하는 힘을 갖는다. 위의 「야지」도 이런 점에서 우리에게 새롭게 다가선다.

그런데 마음의 의상으로 물만 사용되어 온 것이 아니다. 달빛이 함께 사용되어 왔다. 특히 퇴계시의 경우 주로 물에 어울린 달빛이 담연허명한 심의 체의 의상으로 등장한다.

「산거사시음(山居四時吟)」[231]

月明寒潭玉宇清,	찬 못에 달 비쳐와 옥우(玉宇)는 하 맑으니,
幽人一室湛虛明.	숨어사는 사람의 방도 하나 가득 맑고 밝아라.
箇中自有眞消息,	이 가운데 참다운 소식 있다마다,
不是禪空與道冥.	선(禪)의 공(空)과 도(道)의 명(冥)은 단연코 아니로세.

실제적으로는 밝은 달빛이 고루 스며 비치는 밤 정경, 그 가운데 '찬 못'과 '옥우', 그리고 '숨어사는 사람의 방'의 묘사를 앞세웠다. 묘사래야 맑고 밝은, 즉 청정 또는 청진 일색이다. 그런데 맑고 밝은 그 청정 또는 청진 속에 '참다운 소식이 있다'고 했다. 그리고 그 소식은 선종의 공과도 다르고 도가의 명과도 다르다고 했다. 뒤 2구로 해서 앞 2구가 서경에

---

[231] 李滉, 『내집』 권4.

서 비유로 전환했다. 그렇다면 무엇을 비유했는가? 마음이다. 시의 문면에는 없는 마음이 어디로부터 왔는가? '참다운 소식'이 단서를 제공해 준다. 공도 아니요 명도 아닌 참 소식이란 마음의 소식일 수밖에 없기 때문이다. 그리고 보면 '하나 가득 맑고 밝은, 숨어사는 사람의 방'이 단순히 방이 아닌, 마음의 은유임을 알 것이다. 시적 자아의 마음도 '찬 못'과 '옥우'와 한가지로 맑고 밝다는 뜻이다. 그런데 마음인 순간 내외의 구별이 없도록 구도된 것이 이 시의 최종적인 문맥이다. 마음이 하나 가득 '맑고 밝은' 순간 그것은 지상의 '찬 못'과 천상의 '옥우'('천상'과 '옥우'는 사실 동의어이다.)의 맑고 밝음과 하나가 된다. 요컨대 천지간의 청정과 마음의 청정이 하나가 된다는 말이다. 그러니까 이 시는 청정 또는 청진의 세계를 읊었다.

그런데 주체를 포함한 이 세계를 이렇게 청정 또는 청진으로 하나 되게 해주는, 공도 아니요 명도 아닌 소식은 무엇인가? 그것은 다름 아닌 이(理)다. 퇴계는 이를 이렇게 묘사했다.

> 지극히 허하면서 지극히 실하고, 지극히 없으면서 지극히 있고, 움직이면서 움직이지 않고, 고요하면서 고요함이 없다. 깨끗하디 깨끗하고 맑디맑아 한 터럭을 더할 수도 없고 한 터럭을 감할 수도 없다.[232]

이 역설의 논법을 제대로 이해하기란 쉽지 않다. 그것은 지혜로 '이

---

[232] 李滉,「答奇明彦」別錄,『내집』권16, "昔能窮究衆理, 到得十分透澈洞見, 得此物事, 至虛而至實, 至無而至有, 動而無動, 靜而無靜, 潔潔淨淨地, 一毫添不得, 一毫減不得."

해'하기보다 몸으로 '감각'해야 할 대상인지 모른다. 요컨대 마음의 빛은 이 이에서 온다. 앞서 안회의 인에 관한 인용문에서 안회의 '공부가 광명을 이어받아'란 말이 나오는데, 마음이 이로부터 광명을 이어받는다는 말이다. 그래야 담연허명하게, 즉 청정 또는 청진하게 된다는 말이다. 마음에 빛을 주는 이, 그것은 퇴계에게서 형체 없는 상제의 마음, 곧 신앙의 대상이다. 그리고 그 신앙 행위가 바로 경(敬)이다.

「거경재(居敬齋)」[233]

一寸膠無千丈渾,　　한 치의 아교에 천 길 탁류 없어지니,
玉淵秋月湛寒源.　　옥연(玉淵)이라 가을 달빛 근원이 차고 맑네.

흐린 마음을 청정하게 하는 경의 효험을 흐린 물을 맑게 하는 아교에 비유했다. 그래서 청정하게 된 마음을 '옥연에 비친 가을 달'의 의상으로 표현했다. '한담(寒潭)'·'옥연'·'방당(方塘)'·'소당(小塘)' 등과 함께 그 물에 어울린 달빛은 퇴계 시에서 비중이 가장 큰 심상이다.

이런 심상의 작품으로 「15일 밤 서헌에서 달을 대하여[十五夜西軒對月]」(『퇴계선생문집』 내집, 권2), 「천연대에서 달을 구경함[天淵玩月]」(같은 책, 권3), 「7월 16일[七月旣望]」(같은 곳), 「광영당(光影塘)」(『퇴계선생문집』 별집, 권1) 등이 더 있다.

233　李滉, 『내집』 권5.

3. 매화

　퇴계는 운명하던 날 아침에 기르고 있는 분매(盆梅)에 물을 주라고 명했다. 이것이 퇴계 생애 마지막 말이 되다시피 했다. 퇴계는 이토록 매화를 혹애(酷愛)했다. 매화를 '매형(梅兄)'·'매군(梅君)'·'매선(梅仙)' 등으로 부르며 깍듯이 하나의 인격체로 대우했다. 물론 주로 백매(白梅)를 두고서다. 대체로 매화는 식물로 묘사되고 있지만, 때로 의인화시켜 증답(贈答)하기도 했으며, 시의 제재로 가장 빈번히 다루어졌다. 매화를 제재로 한 시만을 따로 모아『매화시첩(梅花詩帖)』을 간행했을 정도다. 여기에 대략 90여 수가 실려 있으며 오늘날 전하는 작품은 대략 100여 수가 된다.

　매화는 퇴계만이 아니라 뭇 사람들에게 환영을 받아온 꽃나무다. 그 중에는 매화를 아내로 삼은 송대(宋代)의 임포(林逋)같은 사람도 있다. 그러므로 더 사랑하고 덜 사랑한다는 정도의 차이는 있으나 퇴계가 매화를 사랑한다는 사실 자체만으로는 큰 의미를 부여할 수 없다. 왜 사랑하느냐가 중요하며, 또한 작품화의 수준에 주목해야 한다.

　매화를 좋아하는 이유를 대개 그 꽃의 세한삼우(歲寒三友)의 하나로서의 특성을 든다. 또 동지의 일양초동(一陽初動)으로 봄이 왔음을 알리는 우주의 기별자로 여겨 사랑하기도 한다. 그러나 이 두 가지는 무관하지 않다. 퇴계도 도산서당에 절우사(節友社)를 두고 고절(孤節)의 상징의 하나로서 매화를 가꾸었다. 그러나 퇴계는 경직된 절의관(節義觀)으로 매화를 대하지 않았다. 그는 아주 유연하게 심미적인 안목으로 절의를 해석한 높은 차원에서 매화를 대했다. 매화는 그에게 윤리성이 심미화한 고상한 품격을 갖춘 인격체의 표상이었다.

이에서 한 걸음 나아가 나는 퇴계가 청정 또는 청진의 의상으로 매화를 고도로 활용했다고 보고 싶다. 퇴계가 매화를 제재로 시를 쓰기 시작한 것은 꽤 이른 시기부터일 것으로 짐작되나 현재 전하는 작품 가운데 33세작 2편이 가장 이른 것이며, 그러고는 42세작 1편, 44세작 1편, 46세작 1편이다. 그러니까 100여 편의 매화시가 대부분 중년 이후의 소작인 셈이다. 흥미로운 것은 퇴계의 노년 도학이 무르익어 갈수록 매화시의 저작 빈도도 높아 갔다는 사실이다. 매화시와 퇴계의 도학적 정신세계와의 연관의 암시다.

100여 편의 많은 매화시에서 퇴계는 매화에 관해 실로 다면적으로 묘사해 내었다. 그러나 그 다면의 많은 부분을 아우르는 주조(主調)는 크게 보아 청진 또는 청정의 의상이다. 44세작 한 편을 살펴보자.

「독서당 매화가 늦봄에 처음 핌. 소동파운을 사용함[234]
[湖堂梅花, 暮春始開, 用東坡韻]」

藐姑山人臘雪村,	막고산(藐姑山) 신선님이 눈 내린 마을에 와,
鍊形化作寒梅魂.	형체를 단련하여 찬 매화 넋이 되었구려.
風吹雪洗見本眞,	바람 맞고 눈에 씻겨 참 모습 나타나니,
玉色天然超世昏.	옥빛이 천연스레 속세를 뛰어났네.
高情不入衆芳騷,	이소(離騷)의 뭇 화초에 끼어들기 싫어하고,
千載一笑孤山園.	천년이라 고산(孤山)에 한 번 웃음 웃어다오.

---

[234] 李滉, 『내집』 권1.

世人不識嘆類沈,	세상사람 몰라보니 심양(沈梁) 같음 한탄이나,[235]
今我獨得欣逢溫.	나는 지금 백온(伯溫)[236] 만나 호올로 반가우이.
神淸骨凜物自悟,	뼈가 차고 정신 맑아 저절로 깨쳐지니,
至道不仮餐霞噉.	지극한 도야말로 노을 먹음을[237] 빌릴까.
昨夜夢見縞衣仙,	어젯밤 꿈에 문득 호의(縞衣)의 신선 만나,
同跨白鳳飛天門.	흰 봉황을 함께 타고 천문으로 날아들어,
蟾宮要授玉杵藥,	옥절구로 빻은 약을 월궁에서 받을 적에,
織女前導姮娥言.	직녀는 인도하고 항아는 얘기했네.
覺來異香滿懷袖,	깨어나니 맑은 향기 옷소매에 가득해라,
月下攀條傾一罇.	달 아래 가지 잡고 한 병 술 기울이네.

'막고산 신선님'·'눈 내린'·'찬 매화'·'바람 맞고'·'눈에 씻겨'·'참 모습'·'옥색'·'정신 맑아'·'뼈가 차고'·'호의의 신선'·'흰 봉황'·'월궁'·'항아'·'맑은 향기'·'달 아래'와 같은 청정계의 의상으로 가득 차 있어 그것들로 하나의 청정한 공간을 이루고 있는 느낌이다. 즉 매화를 둘러싸고 청정한 의상들로 하나의 서사적인 공간을 형성함으로써 순백의 매화의 그 청정함을 웅변적으로 강조한 작품이다. 그렇다면 청정 또는 청진함의 실체는 무엇인가? 그것은 이이다. 우리는 앞에서 퇴계의 이에 대한 묘사, 즉 "깨끗하디 깨끗하고 맑디맑아"라는 등의 묘사를 보았다. 매화의 빛 그것은

---

235 어진 이를 볼라 본 부끄러움을 개탄함. 沈梁은 沈諸梁으로, 공자를 몰라 보았음.
236 伯溫雪子가 魯나라에서 묵었는데, 공자가 보더니 "이런 사람은 한 번 보기만 하면 道를 닦을 사람임을 알 수 있다." 했음.
237 九霞眞妃가 노을을 먹고 지냈다 함. 여기서는 황당한 仙術을 의미함.

이의 빛에 다름 아니다. 매화에 관한 갖가지 묘사나 서술의 디테일이 어떤 문법을 따르건 그것에 관계없이 매화 자체는 퇴계에게 있어 이의 상징이다.

「분매답(盆梅答)」[238]

聞說陶仙我輩凉,	말 들으니 도선(陶仙)도 우리마냥 쓸쓸한 이,
待公歸去發天香.	임 가실 때를 기다려 천향을 풍기리다.
願公相對相思處,	임이여 원컨대 대할 때나 그릴 때나,
玉雪淸眞共善藏.	옥설과 청진을 함께 잘 간직하도록.

마지막 구절은 '임'(퇴계)을 향한 당부로, "옥설과 청진을 함께 잘 간직하도록."이라고 한 데에서 보다 명료한 시사를 얻을 수 있다. 퇴계에게 매화는 옥설과 청진, 즉 이의 품격이 잘 간직된, 고상하게 인격화된 식물이다. 역으로 매화는 이의 청진 또는 청정을 표현하는 의상으로 기능한다.

IV. 맺음말

우리는 여기서 앞에서 인용한 허균의 말, "비단 이학만이 아니라 시

---

[238] 李滉, 『내집』 권5.

에서도 역시 제공을 압도한다."는 말을 다시 한 번 떠올리게 된다. 퇴계는 날카로운 개성이 아니라 보다 큰 개성을 가지고 여러 시인들 속에서 그 시인적 위상을 웅점(雄占)하고 있다. 그리고 그의 시풍이 전후 두 시기로 아주 확연하게 구분되어 있다. 중년을 분수령으로 한 출사기와 은거기에 대응해서 말이다. 노년으로 갈수록 고담한 시풍의 도학시를 많이 남기고 있다.

도학시의 의상으로 주로 선계·달빛·매화가 활용되었다. 선계 비상의 의상은 그의 중년기에 많이 나타나는 것으로, 그것은 '혼탁한 정치현실의 구속에서 벗어나 청정한 자유의 세계를 지향'하려는 열망을 나타낸다. 달빛은 못물과 함께 담연허명한 심체를 표상한다. 그리고 매화는 순백의 그 빛이 곧바로 '이의 청정 또는 청진한 세계'를 상징한다. 요컨대 퇴계의 이 청정 또는 청진의 의상은 궁극적으로 그의 이철학에 대응된다.

16세기 사림에서의 출처관의 문제

― 조식(曺植)과 이언적(李彦迪)의
관계를 중심으로 ―

I. 머리말

　남명(南冥) 조식(曺植, 1501~1572)은 회재(晦齋) 이언적(李彦迪, 1491~1553)에 대하여 매우 비판적이었다. 근본 이유는 서로 출처관이 다르기 때문이다. 조식의 이언적에 대한 비판적 자세에는 아마도 이언적의 서자로 말미암은 사적 선입견도 없을 수 없겠지만 근본적으로 당시 사림의 공적인 문제—출처관에 기인한다. 즉 조식은 자기가 보는 당시 정국의 추이에 비추어 보아 이언적이 은퇴할 줄 모르고 줄곧 출사해 있는데 대하여 몹시 못마땅하게 여겼던 것이다. 조식이 당시 사림으로서 출사하고 있는 이들에 대해 못마땅하게 여긴 대상은 비단 이언적만이 아니다. 평소 담화중의 논평은 알 수 없지만 오늘날 문집에 명시적 기록으로 전하는 이만도 이언적 외에 3~4인이 더 있다. 그런데 이언적에 대한 비판은 거의 냉소에 가까울 정도로 차가왔다.
　아무리 냉소에 가까운 차가운 비판을 했다 하더라도 조식과 이언적은 권간(權奸)이 설쳐대는 당시 정국에서는 역시 우군(友軍) 관계일 수밖에 없었다. 고향을 서로 멀지 않은 지역에 둔 같은 사림파로서 정치이념을 공유하는 사이였다. 더구나 10년장인 선배로서 일찍이 출사한 이언적은 조식을 조정에 유일(遺逸)로 천거한 일까지 있는 터였다. 그러니까 조식과 이언적의 갈등은 결코 이념적 적대 관계가 아닌 우군 내부의 문제로서 당시 정국에 대한 인식과 여기에 대응하는 출처관의 차이에서 기인한 것이다.

우군 내부의 문제로서 당시 사림의 출처 문제는 이렇게 첨예하게 떠올랐던 것이다. 퇴계(退溪) 이황(李滉, 1501~1570)의 칠진칠퇴(七進七退)가 무엇을 뜻하는가? 그것은 당시 사림에서의 출처관 문제의 첨예성과 그 첨예성에 대응하는 사림의 고민의 반영에 다름 아니다. 그런데 우리 역사에서 왕조교체기를 제외하고는 사자(士子)의 출처 문제가 이렇게 첨예하게 떠오르기는 전무후무한 것이다. 16세기의 역사적 현상의 하나임에 틀림없다. 더구나 17세기 이후 조선조 정치사에서 막중한 비중을 갖는 '사림'의 성립이 이 현상과 직접적으로 관련 있을 것 같아 더욱 우리의 흥미를 끈다.

이제 조식과 이언적의 출처관을 중심으로 이 문제와 관련을 갖는 16세기적 현상의 일단(一端)을 해명해 본다.

II. 16세기 역사적 현상으로서의 유일(遺逸)

『연려실기술(燃藜室記述)』에는 오직 중종(中宗)·명종대(明宗代)에만 「유일(遺逸)」 항목을 두고 있다. 전후 어느 왕대에도 두지 않는 「유일」 항목을 이 두 왕대에 두고 있는 것이다. 심상히 보아 넘길 일이 아니다. 이 두 왕대가 전후의 어느 왕대보다 유일이 특히 많은 역사 실제의 반영이 아닐 수 없다. 우선 『연려실기술』에 유일로 기록된 사람을 들어 보자.

중종대에 서경덕(徐敬德, 1489~1546), 유우(柳藕, 1473~1537)에 이

어 명종대에 조식을 위시하여 성수침(成守琛, 1493~1564), 이희안(李希顔, 1504~1559), 성제원(成悌元, 1506~1559), 조욱(趙昱, 1498~1557), 이항(李恒, 1499~1576), 성운(成運, 1497~1579), 한수(韓脩, ?~?), 임훈(林薰, 1500~1584), 남언경(南彦經, ?~?), 김범(金範, 1512~?), 정렴(鄭𥖝, 1505~1549), 정작(鄭碏, 1533~1603)을 유일로 기록하고 있다. 여기에 선조대(宣祖代)에 「유현(儒賢)」으로 기록되어 있는 이지함(李之菡, 1517~1578)도 『연려실기술』의 기준으로는 유일이 되기에 족한데 단 한 사람으로 「유일」 항목을 두기가 좀 불안해서 「유현」에 편입시킨 것으로 보인다. 이 밖에 『연려실기술』에 기록되지 못한 유일 내지 유일적 인물들을 이 시대의 문헌에서 우리는 적잖게 산견한다. 이를테면 성효원(成孝元, 1497~1551), 이중호(李仲虎, 1512~1554), 민순(閔純, 1519~1591) 같은 이들이 그들이다.

그런데 여기에 든 인물들은 유우를 제외하고는 그 일부가 성동(成童)을 16세기에 들어와서 맞을 뿐 아니라, 그 대부분의 생몰년이 16세기에 당한다. 요컨대 16세기, 거개는 그 전·중기 사람이다. 다른 왕대에는 「유일」 항목을 둘 필요성이나 의의를 느끼지 않는 반면에 중종·명종 두 왕대에는 「유일」 항목을 두어야 하는 바로 그 측면에서는 16세기 역사가 그 전후의 역사와 질적으로 일정한 변별이 있음을 지표한다고 하겠다. 따라서 우리는 이 16세기 '유일'을 하나의 역사적 현상으로 파악할 수 있다. 앞서 말한 출처관의 문제와 당연히 관련을 가지고 있다.

'유일'이란 과거 시대 왕권치하에서 조관(朝官)이 될 수 있는 실질적 자격을 갖추고서도 조관의 신분이 아닌 재야 신분으로 있는 사람을 가리킨다. 그래서 주로 조관이 될 수 있는 공적 추천을 받는다. '은사(隱士)'

또는 '처사(處士)'에 다름 아니다. 용어상으로는 후자들과 혼용되기도 한다. 다같이 출처관의 문제에 연계되어 있지만 왕조교체기나 정변기의 '절신(節臣)'과는 그 개념이 다르다.

우리 역사에서 유일의 존재가 16세기 이전 과연 몇 사람이나 되었을까? 문헌이 한계적이기는 하지만 여기에 등장하는 인물 가운데 유일 내지 유일형(遺逸型)의 인물이 퍽 드물다. 역사적 현상의 어느 것인들 그렇지 않으랴만 특히 이 유일의 문제는 정치·경제적, 그리고 사상적 여건과 밀접히 관련된다. 이 시대에 유일의 존재가 드문 것은 아마도 유일형이 될 만한 인물들의 거개가 불교의 승려가 된 데에도 일인(一因)이 있을 것이다. 주지하듯이 삼국 및 통일신라, 그리고 고려시대에 이르기까지 귀족 내지 준귀족의 자제들이 많이 승려가 되었던 것이다. 당시 상층계급에서 개인으로서 사회적으로 공인받는 자기실현의 길이 관직과 승려의 두 길이 있었다. 다만 신라, 특히 통일신라시대에는 화랑(花郎)의 길이 한 가지 더 있었다. 영랑(永郎)·요원랑(邀元郎)·난랑(鸞郎) 등과 같이 풍류도(風流道)의 실현으로 사회적으로 성망을 모은 경우다. 유일이라고 할 만한 이로 먼저 고구려 고국천왕대(故國川王代)의 을파소(乙巴素)를 들 만하다. "때를 만나지 못하면 숨고, 때를 만나면 출사하는 것이 사(士)의 상례(常例)다."[239]라는 그의 출처관에 있어서나, 재상으로 발탁되어 훌륭한 치적을 이룩한 그의 행적에 있어서나 유일에 해당한다. 그리고는 통일신라 진성여왕대(眞聖女王代)의 거인(巨仁)이 신라 조정으로부터 불온

---

239 金富軾,『三國史記』권45,「乙巴素傳」.

분자로 의심받은 그의 생애로[240] 미루어 보면 유일형이다. 천여 년의 역사에서 고작 이 두어 사람을 꼽을 수 있다. 그렇다면 만약 문헌이 완비되었다면 사정이 달라졌을까? 삼국 및 통일신라 시대는 귀족제 사회로 알려져 있다. 그리고 사상적으로는 신교(神敎) 및 불교가 지배하는 가운데 전장(典章)·문사학적(文辭學的) 유학이 통치 기구를 중심으로 점차 수용을 넓혀 가고 있었을 뿐, 개인 윤리에 관련된 교의는 의식에 그다지 침투하지 못한 것이다. 이런 여건 하에서는 유일형의 인물이 존재하기 어려우리란 것은 쉽게 짐작되는 바다.

사실 유일형의 존재는 유학과 관련이 깊다. 주지하는 바와 같이 유학은 개인의 처세에 대해 은(隱)·현(見) 두 상반된 방향의 가르침을 아울러 가지고 있다. 그러나 공자(孔子)의 생애가 웅변하듯이 현의 방향이 그 본령이다. 어디까지나 '겸선천하(兼善天下)'·'입신행도(立身行道)'가 유학의 근본 지향이다. 그러나 "천하에 도가 있으면 나타나고, 도가 없으면 숨으라."[241]고, 또는 "나라에 도가 있으면 벼슬하고, 나라에 도가 없으면 거두어 속에 감춰두어라."[242]고 가르친다. 어쨌든 통일신라 이전은 어느 방향의 가르침이건 그리 크게 영향을 준 것 같지는 않다.

고려시대에는 그 앞 시대에 비해 유학의 그 개인 윤리에 관련된 교의가 의식에 침투한 정도가 넓어진 점에서는 유일형의 인물이 존재할 가능성이 상대적으로 점증했다. 여기에다 과거제도가 하나의 변수로 등장했

---

240 一然, 『三國遺事』 권2, 「眞聖女王 居陀知」.
241 『論語』, 「泰伯」.
242 『論語』, 「衛靈公」.

다. 그러나 개인의 재량 폭이 상대적으로 큰 공음전(功蔭田)이 일정하게 존재했지만 관직을 가짐으로써 등급에 따라 과전(科田)을 받도록 되어 있는 전시과체제(田柴科體制)에다 사인(士人)들의 가문의식·공명의식이 결합되어[243] 유일의 존재가 있기 어려웠다. 역시 관직의 길 아니면 승려의 길로 몰렸다. 고려 국초의 망명 지리산 은자[244], 그리고 무신난 때의 안치민(安置民)·한유한(韓惟漢) 정도가 문헌에 올라 있을 정도이다.[245] 그리고 간언 때문에 왕의 미움을 산 의종(毅宗) 연간의 신숙(申淑), 무신난 때 관직을 버리고 은거한 권돈례(權敦禮)·신준(神駿)·오생(悟生)들은 유일 그 자체는 아니라고 하더라도 현실에의 대응 자세에 있어서 곧 유일형이라고 할 만하다.[246] 오백 년에 가까운 역년(歷年) 동안에 겨우 이런 수의 사람을 들 수 있을 뿐이다.

조선 왕조에 들어 와서는 오직 유교 한 가지 사상을 드높임으로써 사상적으로는 신라·고려에 비해 오히려 일원적(一元的)으로 단순화되었다. 그래서 유교의 교의가 사자들의 의식에 깊이 침투할 수 있었다. 그런데 이 때의 유교는 위에서 말한 은·현 두 방향의 상반된 가르침을 가졌다는 뜻에서가 아닌, 또 다른 의미에서 두 상반된 방향이 아니면서 실질적으로는 상반된 세(勢)에 있는 방향을 가졌다. 조선조에 들어서의 유교는 말할 것도 없이 전조(前朝) 말기부터의 도학이다. 말하자면 철학화·종교화

---

243 졸고, 『어문논집』 19·20, 「林椿論」, 고려대학교 국어국문학연구회, 1977.
244 崔滋, 『補閑集』 하.
245 李奎報, 『東國李相國集』 권27, 「軍中答安處士置民手書」; 『高麗史』 권99, 「韓惟漢傳」.
246 『高麗史』 권99, 「申淑傳」; 林椿, 『西河集』 권4, 「代李湛之寄權御史(敦禮)書」, 「答同前書」; 李齊賢, 『櫟翁稗說』, 권1.

된 유교다. 종래의 현해서 이룩한 과업, 즉 치인(治人)의 과업에 대하여 은해서 이룩한 수기(修己)의 과업이, 그야말로 인생의 한 과업이자 보람으로서 송학(宋學)에 의해 발단되어 있었다. 공맹(孔孟)의 원시유학에서의 수기·치인이 송학 이래로 그 내적 함의가 달라졌다는 말이다. 원래 수기와 치인은 위에서 지적한 것처럼 상반된 방향이 아니라 체(體)와 용(用)의 관계다. 적어도 도학에서 이념적으로는 그렇다. 그리고 개인적 범위에서의 윤리실현에 있어서는 이 이념적 체용 관계가 실제화 되는 것을 어느 정도 보장할 수도 있다. 그러나 사회·국가 차원에서는 사정이 다르다. 치자(治者) 개인의 윤리가 아무 굴절 없이 실현되어지는 사회·국가란 실제에는 있지 않다. 소박한 원시공동체를 제외하고는. 그러므로 수기가 반드시 치인의 체로 작동하리란 보장이 없고, 치인이 반드시 그 체에 꼭 대응되는 그 용일 것이란 보장이 없다. 즉 웬만큼의 체제와 조직을 갖춘 국가와 사회의 차원에 들어서면 수기와 치인의 관계는 이렇게 유리되어 마치 상반된 방향의 과업인냥 세(勢)를 짓게 된다. 그래서 특히 개인의 성향에 있어서는 대체로 어느 한 방향으로의 편향성을 면하지 못한다. 국가·사회의 운영에도 이 현상이 반영되어 15세기말 16세기 이래 한동안 조선 왕조가 수기에의 편향성을 보여 민생의 곤궁이 심각해지자 치인의 학문—실학(實學)—이 일어났음은 주지의 일이다. 수기와 치인의 이 편향성의 불균형을 체용관계로서 균형있게 작동하도록 끊임없이 돌려 세우려는 데에 도덕적 이상주의로서의 도학의 이념과 함께 고민이 있다. 15세기말 김종직(金宗直)의 일부 문인에게서 이 수기에의 편향이 드러나고 있다.

한편 경제적으로는, 과전법(科田法)에 이어 직전법(職田法)이 실시되었으나 오래지 않아 폐지되고, 실질적으로 사대부 계층이나 양민 계층은 토지의 사적 점유를 발달시켜 갔다. 중소지주로서의 사대부의 면모를 보다 뚜렷이 해갔다. 이렇게 경제적으로 일정하게 안정된 기반과 함께 출사하지 않고도, 사회적으로 안정된 자기실현이 가능한 길—은거해서 도학적으로 수기하는 과업, 곧 심성(心性)·이기(理氣)의 학문과 종교적인 자기고양의 과업—이 마련됨으로써 유일형이 출현할 수 있는 기본 조건은 갖추어진 셈이다. 도학에 대한 이해가 깊어갈수록 은거해서 수기하는 자기실현에 대한 사회적 인정도 점점 더 높아갔다. 15세기말에서 16세기에 걸치는 인물—정여창(鄭汝昌, 1450~1504)·김굉필(金宏弼, 1454~1504)·유우(柳藕)·서경덕(徐敬德)들은 수기로 명성이 드러난 인물이다. 김굉필은 바로 유일이기도 하다. 뒤이어 등장한 조광조(趙光祖, 1482~1519)도 성균관의 관천(館薦)이 출사의 계기가 되었다.

 그러나 유일형의 출현은 사상적·경제적 조건으로는 충분치 못하다. 위에서 지적했듯이 유사(儒士)들은 출사해서 치인하는 데에 본령을 두고 있기 때문이다. 그러므로 치인할 조건이 됐느냐의 여부가 일단 논리적으로는 그 관건이다. 즉 세상에 도가 있느냐, 없느냐가 은거와 출사의 조건이다. 그런데 실제 역사에서는 이 공맹의 가르침이, 소수의 사람을 제하고는, 그대로 준행된 적이 없다. 그런데 우리나라의 15세기말에서 16세기에 걸치는 시기의 유일형의 출현에는 주지하듯이 사화(士禍)의 연속이라는 세상의 '무도(無道)'가 한 몫 했다. 분명 당시 사화의 연속은 유사들로 하여금 출사 욕구를 저상(沮喪)하기에 족했다. 그리고 보신을 위해서 좀 더 명철할 필요가 있었다. 그래서 출사하기를 꺼리는 분위기가 분명 있었다. 그러나 출사 욕구가 저상당하는 보다 실제적인 원인은 출사의 관문이 되어 있는 과거의 문제에도 있었다. 즉, 도학이 점차 심화됨으로써 과거의 고시 과목과 '경명행수(經明行修)'의 유사와의 관계는 더욱 모순적이 되어 갔던 것이다.

원래 과거제도에 대해서는 문제성이 늘 지적되어 왔다. 고려 중기의 임춘(林椿)은 과문(科文)을 가리켜 '배우(俳優)의 사설' 같다고 했고, 후기의 이제현(李齊賢)은 "부화(浮華)한 문체를 창도하여 후세의 폐단이 말할 수 없다."247고 했다. 사장(詞章) 위주의 고려의 과거제는 유교를 국시로 하는 조선조에서는 경학의 비중을 상대적으로 높이는 수정을 받았다. 국초 정도전(鄭道傳)은 "사장을 배척해야 진유(眞儒)가 배출된다."248고 하여 의욕적으로 문과 초장에 제술 대신 강경(講經)을 넣었다. 그러나 정도전이 죽임을 당하자 권근(權近)이 문형(文衡)을 잡아 강경을 다시 제술로 돌렸다. 그러다가 세조 때에 드디어 문과 초시 초장에는 사서의(四書疑)·오경의(五經義)로 하고, 진사시는 국초에 한 때 없어지기도 하는 등 곡절을 겪었으나 시험 과목만은 시(詩)·부(賦)의 범위를 벗어나지 않았다.

경학의 비중이 고려의 과거에 비해 상대적으로 높아지기는 했으나 위의 시험 과목을 보아 알 수 있듯이 시·부의 사장 과목이 대·소과 시험 과목으로 필수적으로 자리잡고 있다. 그리고 경서의 의(疑)·의(義)나, 논(論)·책(策)들과 같은 제술의 과목도 사장적 기술이 상대적으로 우수해야 유리할 것은 말할 것도 없다. 경명행수의 유사에게는 불리한 고시 방법임에 틀림없다. 조광조가 주변에서 과거 공부하기를 권하면 "글 짓는 데

---

247 林椿, 『西河集』 권4, 「與趙亦樂書」; 李齊賢, 『益齋亂藁』 권9하, 「史贊」.
248 鄭道傳, 『三峯集』 권7, 『朝鮮經國典』 上.

에 능하지 못하다."고 사양했다는 사실이 그런 소식을 잘 전해준다. 치인에 내세울 인재로서 경명행수의 유사를 선발할 유교 국가의 고시 제도의 모순이 아닐 수 없다. 이 모순을 해소하기 위해서 조광조가 현량과를 설치하지 않았던가.

실제로 위에서 거명한 유일들의 거개는 생진(生進)이거나 생진시를 치렀으나 실패한 경우다. 생진이 유사로서의 자격을 인정받는 시험이란 점에서 출사에 관계없이 기본적으로 생진은 되어야 했다. 생진조차도 몇 대 끊어지면 상인(常人)으로 전락할 위험이 있기 때문이다. 가문의 격을 떨어트림으로써, 또는 가문의 영구한 하락을 막지 않음으로써 조상에 득죄하지 않기 위해서다. 화담(花潭)도 43세에 생원이 됐다.

생진시가 비록 유사로서의 자격을 부여하는 시험이라고는 하나 대과(大科)로 가는 계제로 되어 있기 때문에 단순치가 않다. 유일 중에는 당초 출사 의도를 가지고 생진시에 응했을 수도 있다. 더러는 부모의 명을 거역할 수 없어서 말이다. 그러나 과목과의 모순을 극복하지 못해 좌절하고 말았다. 어쨌든 이 시기 유일의 출현에는 시국과 함께 과거제가 중요한 변수가 되었음에 틀림없다. 시국에 대한 부정적 인식은 출사 의욕을 저상하고, 출사 의욕의 저상이 소극적이거나 부정적으로 되게 하는 것은 자연스러운 심리 연쇄다. 그러나 과목과의 모순이 큼으로 해서 과거에 대해 소극적이거나 부정적인 태도는 출사하여 시국의 부조리를 광정(匡正)할 의욕을 저상 당하는 그 도(道)의 연쇄도 있었을 것임에 틀림없다.

이유야 어찌 되었건 유일은 유일이다. 다시 말하면 이 시기의 유일은 조관이 될 수 있는 실질적 자격, 즉 유교국가 조선왕조에서 본질적 역량인 경명행수의 역량을 갖추고, 따라서 사회적 존경을 받으며 초야의 산림에 은거해 있던 사람들이다. 물론 공적 추천을 받아 조관으로 나가기도 했고, 나가지 않기도 했다. 나가건 나가지 않건 자신의 본분이 유일이란 사실을 잊지 않았다. 그것은 긍지였다. 사회적 존경과 이러한 긍지는 유일들에게 마침내 일종의 성적(聖的) 권능은 가지게 했다. 이 성적 권능은 같은 사림파라도 처음부터 과거를 통해 출사한 조관들로부터 자신들을 일정하게 분리하여 변별적이 되게 했다. 과거로 조관이 된 사람들에 다분히 세속에 오염된 존재로 부시(俯視)하는 성향을 가졌다. 중국의 경우 한조(漢初)의 상산사호(商山四皓)의 예에서 보듯이 일찍부터 은거하는 고사(高士)와 출사한 조관을 선속(仙俗)으로 대비해 보는 전통이 형성되어 있었다. 그러나 우리나라의 경우 그런 대비를 중국의 전통에 의지하여 대개는 의사적(疑似的)으로 해 왔을 뿐 역사 실제의 바탕이 약했다. 더구나 바로 앞 시대의 지배층 사이에는 '성시산림(城市山林)'의 관념이 유행하고 있었다. 그런데 이 시기에 와서는 두 세계의 분리와 선속적, 또는 성속적(聖俗的) 구분이 우리 역사 실제에 바탕한 확실한 것이 되었다. 17세기 이래 출현한 '산림'의 그 고답적 권능이 여기에서부터 배태되었다. 이렇게 되자 이 시기 조선 사회가 수기의 편향으로 빠져들기 시작한 것이다. 이 시기에 유일이 대량으로 출현한 데에는 위와 같이 중소지주적 경제적 여건에다 도학의 심화, 도학이 심화됨으로써 더욱 모순 관계가 커진 과거 과목, 그리고 사회가 연속된 시국의 분위기가 있었다. 사화의 연속 자체가 도학을 이념으로 한 사림파의 정계 진출 과정과 무관하지 않는 역사 현상이다. 이러한 시대 상황에서 출처관이 첨예하게 떠오른 것이다.

Ⅲ. 이언적과 조식의 출처관의 충돌

조식은 43세 때 경상감사로 와 있는 이언적의 한 번 만나보자는 편지에 이렇게 답했다.

> 어찌 자천(自薦)하는 거자(擧子)가 있겠습니까? 다만 생각건대 고인(古人)은 네 조정에 걸쳐 벼슬하였지만 조정에 있었던 것은 겨우 46일이었습니다. 저는 상공(相公)께서 벼슬에서 물러나 고향으로 돌아갈 날이 멀지 않았을 것이라 생각합니다. 그때에 제가 각건(角巾)을 쓰고 안강리(安康里)에 있는 댁으로 찾아가 뵈어도 늦지 않을 것입니다.[249]

요컨대 현직에 있는 한 안 만나겠다는 것이다. 두 사람의 각각 은·현의 출처관이 정면으로 충돌하고 있다. 같은 사림파로서 이언적의 출처관이 어떠했기에 이렇게 냉소적으로까지 비판을 하는가? 먼저 이언적의 출처관을 알아본다.

이언적은 시종 진출에 적극적이었다. 그는 21세 때 지은 「문진부(問津賦)」에서 공자의 제세활동에 대한 열정적인 찬미를 통해 자신의 진출의 의욕을 간접적으로 표발했다. 즉 "도는 요순을 이어받고 인(仁)은 만물을 생육하는 천지와 나란해서, 생민에 대한 책임감을 무겁게 느끼고

---

[249] 曹植, 『南冥集』 권2, 「解關西問答」.

천하에 대해 근심을 크게 하고서 우주를 경륜하고 민물(民物)을 화육하고자" 동분서주하는 "위대한 공자"의 출사하려는 의도를 일개 소장부적(小丈夫的)인 은자인 장저(長沮)·걸닉(桀溺) 따위가 어떻게 알겠느냐[250]는 논리와 호흡 속에서 이언적 가신의 인생 이상의 강렬한 투사를 읽을 수 있다. 뿐 아니라 퇴계는 이언적의 행장에서 "(이언적은) 항상 군민(君民)을 요순시대화하는 책임을 자임했다."고 증언하고 있다.[251] 이언적은 아마 그의 「문진부」에 등장하는 이윤(伊尹)·주공(周公) 같은 경세가(經世家)가 되려는 꿈을 가졌을 듯하다. 요컨대 치인에 대한 강렬한 욕구와 이상을 가지고 있었다. 그는 치인에 대해서만이 강렬한 욕구와 이상을 가진 것이 아니다. 사림파답게 수기에 대해서도 성인을 기약하는 다짐을 거듭하고 있다. 24세 때 문과에 급제하고 서울에 당도해 지은 「서정시(西征詩)」에서 "평생토록 뜻이 구차하지 않으리니 / 희구하는 바는 오직 성철이라네[252]"라고 읊은 것을 위시해서 27세 때 쓴 「원조오잠(元朝五箴)」 중의 「독지잠(篤志箴)」에서 "학문을 하면서 성인을 희구하지 아니하는 것 / 이것을 일러 스스로 한계지음이라 하지"[253], 30세 때 쓴 「입잠(立箴)」에서 "진(眞)을 쌓아가고 힘씀을 오래 하면 / 성인의 경역에 들어가기를 기약할 수 있으리."[254]라고 한 것 등 스스로를 경각시키는 내용의 시문이 그것이다.

---

250 李彦迪, 『晦齋集』 권5, 「問津賦」.
251 李滉, 『退溪集』 권49, 「晦齋李先生行狀」.
252 李彦迪, 『晦齋集』 권1, 「西征詩」.
253 李彦迪, 『晦齋集』 권6, 「元朝五箴·其五篤志箴」.
254 李彦迪, 『晦齋集』 권6, 「立箴」.

결국 그의 인생 목표는 양진(養眞)과 경세(經世)였다. 그는 때로 자신의 인생 목표를 돌이켜 보고 "양진과 경세 어느 것 하나 이룩하지 못했네."[255] 또는 "평생에 이 두 가지 일에 뜻을 두었는데, 지금 둘 다 이룩하지 못했으니 어찌 부끄러워 할만한 일이 아니겠는가."[256]라고 자성을 하곤 했다. 양진과 경세는 바꾸어 말하면 수기·치인이다. 이 두 가지가 고도한 수준에서 균형 있는 체용 관계로 작동하도록 추구하는 것이 바로 도학의 이상이라고 말했다. 그는 확실히 낙관적 이상주의자였다. 도학은 기본적으로 낙관적 세계관에 근거하고 있는 이상주의다. 그러나 이언적은 도학자 일반과 같이 세계에 대해 본원적으로 낙관적이고 이상주의적일 뿐만 아니라 현실 자체를 다분히 낙관적이고 이상주의적으로 보는 듯하다.

그의 낙관적 이상주의자로서의 면모는 이미 21세 때의 「문진부」를 통해서도 그 징후를 충분히 감득할 수 있지만, 24세의 비교적 이른 나이에 대과를 합격한, 순탄한 출발이 그것을 부추겼음직하다. 더구나 시관(試官)인 김안국(金安國)이 그의 대과의 종장 과목인 책문(策文)을 보고 '왕좌재(王佐才)'라고 칭찬한 말이 그를 고무했을 법하다.[257] 또 정치적인 모함을 받을 때 자신을 '동량(棟樑)'에 비겨 한탄한 것도 역시 낙관적 이상주의자의 면모다. 27세 때의 작품 「고송(孤松)」에서 그는 "동량이 되려 하지만 / 도끼질을 해오니 어찌하랴"[258]라고 읊었다.

---

255 李彦迪, 『晦齋集』 권3, 「次一善東軒韻」.
256 李彦迪, 『晦齋集』 권3, 「奉次惠韻」.
257 李彦迪, 『晦齋集』, 「文元公晦齋先生年譜」.
258 李彦迪, 『晦齋集』 권1, 「孤松」.

연산군대(燕山君代)의 무오사화(戊午士禍, 1498)에서 문정왕후(文定王后)가 하세하는 명종 20년(1565)까지 약 70년에 사화가 크게 4차례, 반정이 한 차례 있었지만 정국이 언제나 비극적인 것은 아니었다. 이언적이 출사를 작정하고 과거 공부를 하던 때는 중종반정이 성공되고, 연산군대의 폐정(弊政)을 극복하려는 노력을 기울이던, 희망과 기대에 찬 일신된 정국이었다. 특히 연산군의 통치로 타격을 입은 유교정치의 진작을 위해 사류(士類)를 등용하여 사림의 의기가 한껏 높아갈 무렵이었다. 조광조가 등용되기 1년 전인 중종 9년(1514)에 이언적은 과거에 급제했다. 이 일신된 정국에 대해 이언적이 얼마나 낙관했는지는 첫 출사를 위해 서울에 당도해 지은 「서정시」에 잘 나타나 있다. "머리 들어 북극을 바라보니 / 백일(白日, 군왕)이 지척에 임했구나 // 풍운(風雲, 군신의 의기가 서로 합치되는 것)이 호연히 가이 없으니 / 구만리 하늘로 날개 떨칠 만하구나"[259]라 읊고 있다. 자신의 경세 의지를 맘껏 펼칠 수 있을 것 같은 기대에 차 있다.

그러나 그 뒤 6년 만에 기묘사화가 발생했다. 이언적 29세 때다. 이언적은 당시 정8품 저작(著作)이란 하급 관료로 있었다. 게다가 사화가 일어나기 1년 전에 조부상을 당해 승중손(承重孫)으로 경주부(慶州府) 양좌촌(良佐村)에 가 있었다. 그래서 기묘 사류와 이언적과의 직접적 연계는 없었던 것 같다. 31세 때 정7품 홍문관 박사로 승진하여 조정에 돌아온다. 그런데 이 즈음 이언적은 「이윤오취탕론(伊尹五就湯論)」을 지어 탕

---

[259] 주252)와 같음.

(湯)에게 다섯 번이나 출사한 이윤을 유심(有心)한 경세가로 설정하고, 하루도 천하를 잊은 적이 없되 벼슬할 만하면 벼슬하고, 그만둘 만하면 그만두어 오직 의에 따를 뿐인 공자의 무심한 경세 행위를 찬양했다. 기묘사화 이후 출처의 기본 자세에 대해 변화가 온 것 같다. 출사 초기는 경세 자체에 집착하는 듯했는데 기묘사화 이후는 경세 의지에는 변함이 없으나 거취는 의(義)에 따라 할 뿐, 집착하지 않겠다는 뜻으로 받아들여진다.

그런데 의의 판단 기준은 한결같지가 않다. 쉽게 객관화될 수 있는 평이한 차원의 것이 있는가 하면 객관화하기 어려운 난해한 차원의 것이 있다. 그래서 주자도 곧잘 "천하의 의리는 무궁하다."라고 하지 않았던가. 말하자면 의란 인간사의 높은 단계에 이르면 자칫 주관적인 기준을 객관적인 기준으로 믿기 쉽다는 뜻이다. 거취를 의에 따라 정할 뿐이라는 이언적의 경우도 여기에 해당한다. 조식과의 출처관의 차이도 요컨대 의의 소재에 대한 판단을 달리하기 때문이다.

도학적 이상주의자인 이언적이 당시 조정에 똬리를 틀고 있는 권간과 무사히 넘어갈 수가 없었다. 41세에서 47세까지, 그러니까 중종 26년(1531)에서 중종 32년(1537)까지 7년간을 김안로(金安老) 일파에게 구축되어 조정을 떠났다. 이언적은 고향 땅 자옥산(紫玉山) 아래에 독락당(獨樂堂)을 지었다. 뜻을 얻지 못해 홀로 도를 즐긴다는 뜻일 터이다. 중종 32년(1537) 김안로가 패사(敗死)하자 이언적을 가장 먼저 재기용했다. 조식은 특히 김안로 세력이 아직 성장하기 전, 그리고 상대적으로 하급 관료 시절에 이언적이 기미를 보고 벼슬에서 물러나지 않은 데 대해 불만을 가지고 있다가 김안로 패사 후 재기용을 주저 없이 받아들인 데에서 이언적의 명철하지 못함을 딱하게 여겼던 것 같다. 왜냐하면 그 때에 이미 조정에는 대(大)·소윤(小尹) 쟁투의 기미가 있음이 조식에게는 보였기 때문이었다. 그러나 경세가로 자임하고 현실을 어떻게든 고쳐서 이상으로 나아가고자 한 이언적의 입장에서는 설령 그런 기미가 보였다 하더라도 그 기미 자체를 개선의 대상으로 삼음직했다. 어쨌든 재기용된 뒤 명종 즉위년(1545) 을사사화 때까지 관직이 의정부 좌찬성의 종1품직에 오르기까지 정국은 점점 자신에게 벅차왔다. 이제는 전말 진퇴양난이었다. 조식의 예견대로 관직이 높아지면 물러나는 것도 실은 어려운 것이었다. 마침내 권간들에 의해 을사사화의 마지막 종결을 짓는 마당에 희생이 되고 말았다. 보신이란 점에서는 조식의 예견이 맞았던 것이다.

이언적과 기묘 사류와 직접 연계는 위에서 지적한 이유로 없었던 것 같으나, 그러나 기본적으로 그 후계 세대임은 말할 것도 없다. 이언적의 36세 시 사헌부 장령으로 있을 때 이항이, 대간에 '조광조의 여습(餘習)'이 있으니 금지시켜야 한다고 왕에게 청하자 이언적은 차자를 올려 그 잘못을 극언하여 저지시켰다. 사실 조광조와 이언적의, 도학 정치의 비전은 다를 이유가 없다. 수기와 치인이 고도한 수준에서 체용적 관계로 작동하도록 한다는 점에서는 말이다. 그러나 그 작풍에 있어 다르다. 조광조는 말하자면 도학근본주의자다. 입조(立朝) 4~5년 동안에 촉진한 조광조의 지치주의(至治主義)는 도학 정치의 명암을 보여주었다. 그의 성공과 실패는 그 뒤 도학 정치의 전개에 막중한 영향을 주었다. 그의 지치주의는 도학 정치의 여러 규범을 세우고 범례를 보여주었다. 그리고 지치주의의 실패는 사림파로 하여금 도학 정치에의 접근을 보다 신중하게 하도록 해 주었다. 이언적의 작풍은 체는 원칙을 지키되 용은 권도(權道)를 허용하는 그런 것이었다. 현실과 잠정적으로 타협을 할 수도 있다는 입장이다. 말하자면 중화주의자(中和主義者)라고나 할까. 그런데 이 언적이 이렇게 조광조와 작풍을 달리하게 된 것은 물론 개인의 개성에 관계되지만 조광조의 급진주의가 기묘사화를 불러왔음에 감계되어서이다. 조광조가 적극면에서 '올 오어 낫싱(all or nothing)'주의자라면, 미리 밝히거니와 조식은 소극면에서 '올 오어 낫싱'주의자다.

조식의 출처관은 이상필(李相弼)에 의해 잘 구명되어 있다.[260] 이상필이 조식에 대해 규정한 '엄정한 출처관'이란 다른 한 편으로 '과단한 출처관'으로 이해해도 좋을 듯하다. 조식은 조광조의 적극면에서의 행도의 과단성을 소극면에서의 은거의 과단성으로 계승한 유일이다. 물론 도를 같이 하나 그 만난 처지가 다르기 때문에 적극과 소극으로 달리 행세(行世)하게 되었다. 조광조와 조식의 처지가 바뀌면 그 역(逆)의 형세가 성립될 것이다. 16세기 도학사에 조광조와 조식은 참으로 이채로운 존재다. 조광조의 출에서의 과단성과 조식의 처에서의 과단성이 마치 동일인의 양면 같다. 요컨대 조식의 출처관은 '올 오어 낫싱'주의다.

조식도 처음부터 은거를 지향한 것은 아니다. 55세 때의 「을묘사직소(乙卯辭職疏)」에 "과거시험을 보기 10여 년 동안에 세 번이나 떨어진 뒤 물러났으니, 애초부터 과거 공부를 일삼지 않은 사람은 아니었습니다."[261]라고 왕에게 스스로를 소개하고 있다. 「연보」에 의하면 조식의 첫 응거는 20세 때이다. 바로 기묘사화가 있던 다음 해, 사림이 쑥대밭이 된 상황이다. 이런 상황에 출사하려고 했으니 당초에 조식도 진출에 아주

---

260 이상필, 『南溟學派의 形性과 展開』, 고려대학교, 1998.
261 曺植, 『南冥集』 권2, 「乙卯辭職疏」.

적극적이었다. 이런 자세로 10여 년, 조식은 세 번이나 실패를 했다. 고시 과목과의 모순을 해소하지 못해서다. 그러다 30세 경『성리대전』을 통해 원(元)나라 허형(許衡)의 말에 접했다. 대체로 알려졌거니와 "이윤의 뜻한 바를 뜻하고 안연(顔淵)의 배운 바를 배워서, 세상에 나가면 남들을 위해 크게 일하고 들어앉으면 스스로 지키는 것이 있어야 한다. 대장부는 마땅히 이러해야 한다. 세상에 나가서 남을 위해 크게 일하는 것이 없고, 들어앉아서 스스로 지키는 것이 없으면 뜻한 바와 배운 바로 장차 무엇을 할까."[262]하는 것이다. 이 말을 접하고 조식은 그야말로 코페르니크스적인 전환을 했다. 마침 그 때 5년 동안 파직 상태에 있던 김안로가 다시 입조(入朝)할 태세를 갖추었다. 정인홍(鄭仁弘)이「남명집후지(南冥集後誌)」에 "선생이 가정(嘉靖) 기축년(1529)에 음도(陰道)가 점장(漸長)할 조짐을 보고 문득 군자가 결단할 의리를 생각하여 빛을 임하(林下)에 묻었다."[263]라고 한 바 있는데, 여기서 '음도가 점장할 조짐'이란 당시 정국의 상황으로 보아 김안로의 복귀를 가리키는 듯하다. 조식은「연보」에 의하면 36세까지 과거에 응시한 것으로 되어 있는데, 이것은 출사와는 상관없고 그의 모부인의 명령을 거역할 수 없어서였다. 그리고 38세 때에 이언적에 의해 유일로 헌릉참봉(獻陵參奉)에 천거되나, 이미 8년 전에 출사를 단념한 조식이 나갈 리가 없었다. 그 뒤 조식은 10여 차례나 조정으로부터 소명을 받았으나 나가지 않고 처사로 일관했다. "사군자의 대절

---

262 鄭仁弘,『來庵集』권12,「南冥曺先生行狀」.
263 鄭仁弘,『南冥集』권2,「南冥先生與李龜巖絶交事後識」.

은 오직 출처 한 가지 길에 있을 뿐이다."[264]라고 출처를 사(士)의 규범의 최상층에 두고, 처사의 절의를 일관되게 지켜가는 조식은 중망을 모았다. 마침내 재야 지성의 한 권화(權化)가 되었다. 광해군(光海君) 때 정인홍에게서 그 단초가 시작된 '산림'의 뿌리는 이렇게 조식에게 소급된다.

    조식이 유일로도 출사하지 않은 것은 당시 군주들이 더불어 도를 행할 만하지 않기 때문이라고 보아서다. 이언적이 끝내 물러나지 않은 것은 도를 행할 만한 한 점의 가능성이라도 찾기 위해서다. 단호한 부정은 부정을 당하는 주체로 하여금 자신의 현실과 이상과의 거리를 알게 해 주고, 한 점의 가능성이라도 찾기 위한 자세는 희망에 대한 신뢰를 준다.

---

[264] 金宇顒, 『南冥集』 권4, 「南冥行錄」.

퇴계(退溪)와 남명(南冥) 사이의 사상적 대결과 그 의의

Ⅰ. 머리말

　퇴계(退溪)와 남명(南冥) 사이는 서로 경이원지(敬而遠之) 하면서 겉으로는 말을 아꼈으나, 이면으로는 사상 '투쟁'이라고 해도 좋을 만큼 치열했다. 16세기 사상사에서 여러 가지 면에서 아주 호적수였다. 다만 두 사람이 각자의 사상·학문을 개진하며 논쟁을 벌리지 않았던 것이 사상사를 위해 크게 유감이 아닐 수 없다. 그러나 그만한 대결이라도 있었기에 우리나라 16세기 사상사는 그만큼 풍요로울 수 있었고, 오늘날 많은 사상사적 문제에 대한 지적 상상력이 우리에게 일어나게 할 수 있었다.
　내가 제기하는 문제는 대개 이러하다. 첫째, 남명은 진정한 도학자인가 하는 문제다. 왜냐하면 퇴계는, 남명은 '장주(莊周)와 한 꿰미'라고 하는 등 진정한 도학자로 보지 않았기 때문이다. 둘째, 남명이 임종에 문인들에게 자신은 '유자가 아니라 처사다'라고 실토한 사실을 어떻게 받아들여야 하는가의 문제다. 셋째, 그럼에도 남명은 도학의 공부, 특히 '경의(敬義)'의 수련에 열심이었다는 문제다. 넷째, 유명한 하종악처(河宗岳妻) 징벌 개입 사건을 어떻게 이해해야 하느냐 하는 문제다. 다섯째, 남명의 문학적 역량은 뛰어났으며, 이것이 남명 사상에 어떤 기능을 했을까 하는 등의 문제가 있다.
　이 문제들을 하나의 체계 안에 정합적으로 이론구성을 하기가 무척 어렵다. 솔직히 고백하건대 지금의 나로서는 불가능하다. 다만 문제 제기 삼아 나의 소견을 피력해볼까 한다. 이들 문제에 관해 해답을 줄 논문들이 많을 것으로 짐작되나, 여러 가지 사정으로 참고하지 못하고 일차 자료에만 의존한다. 양해를 바란다.

II. 퇴계와 남명의 두 위도의식(衛道意識)의 대결

조광조가 소격서를 혁파함으로써 좌도·이단을 숙정(肅正)하고 도학 근본주의를 표방했듯이, 퇴계는 수사 설내주의를 위해 좌도·이단이라고 생각한, 장자적(莊子的)인 사고와 취향, 육왕학(陸王學), 기학(氣學) 등을 비판하고 경고해 마지않았다. 주요 표적은 서화담(徐花潭)과 노소재(盧穌齋), 그리고 남명이었다.

퇴계가 주자학에 거스르는 좌도·이단에 대해 변척해 마지않은 것은 말할 것도 없이 그의 도저한 위도의식(衛道意識) 때문이다. 공맹(孔孟)의 도(道)를 호위하기 위해, 그 적통인 주자학을 그토록 옹호한 것이다. 그러나 선배 화담(당시 작고한 뒤라 주로 화담의 제자들을 상대로 변척했음)과 15년 후배인 소재와는 달리 남명에게는 순수한 위도의식의 발현 외에 모종의 인간적 관계도 있었다. 즉 사대부 사회의 헤게모니를 의식한 상호 관계가 그것이다. 남명에게도 퇴계에 대해 역시 사상문제와는 일단 별개인 인간적인 관계가 있었음은 물론이다. 엄밀히 말하면 어떤 사상, 어느 학설이 지식인 사회에 더 많은 지지를 받느냐에 따라 헤게모니의 판도가 좌우되게 되어서 사상·학설의 문제를 떠나서 헤게모니를 말하기 어렵다.

퇴계가 독실한 주자학 신봉자인 것은 새삼 말할 필요가 없다. 문제는 남명의 사상적 정체성이다. 퇴계는 남명이 장자에 연루되어 있다고 생각했다.

> (퇴계)선생이 일찍이 말씀했다. "남명의 소견은 실상 장주와 한 꿰미다.[與莊周一串.]"[265]

퇴계는 이렇게 제자들에게 남명의 사상이 장자와 동철(同轍)임을 확신에 찬 어조로 말했다. 퇴계는 또 제자들에게,

> 남명은 장자의 사상을 창도하고, 소재는 상산(象山)의 견해를 수호하니 매우 두려운 상황이다.[266]

라고 하였다. 당시 명(明)나라에서는 양명학이 주자학을 누르고 성세(盛勢)를 보이자, 좌도·이단이 조선사회에 내습할까 위기의식을 느끼고 제자들에게 주자학을 위해 분발할 것을 당부하는 마당에 소재와 함께 남명을 거론한 것이다. 주자학을 위한 위도의식으로 퇴계가 얼마나 남명의 장자적 취향을 경계했는가를 짐작할 수 있다.

퇴계는 자기와 같이 주자학을 위하는 같은 유파에 속하는 후배들과는 공개적으로 학설 논쟁을 사양하지 않았으나, 남명·소재와 같이 사상

---

265 정유일, 『퇴계언행록』 5, 「人物」(文錄).
266 이덕홍, 『퇴계언행록』 2, 「衛道之嚴」(艮錄).

본령을 자기와는 달리한다고 생각하는 사람들에게는 논쟁을 삼갔다. 정면으로, 공개적으로 논쟁을 일으킬 경우, 첫째는 역으로 사대부 사회에 퇴계가 물리치고자 하는 사상을 선전해주는 결과로 되기 쉽다는 생각에서다. 둘째는 그러한 논쟁이 정치적으로 불순한 세력에게 이용될까 저어해서다.

그래서 퇴계는 남명에게도 직접적으로 논전을 거는 것이 아니라, 주로 제3자를 대해서 비판·변척해 마지않았다. 남명의 사상에 대한 변척의식이 그 내적 강도와 집요함으로 보아서는 한 바탕 논쟁을 일으키고도 남을 정도였다. 더구나 남명과는 두세 차례 편지 왕복이 있었음에도 불구하고 평소에 생각하는 상대 사상의 본질적 문제는 피했다.

마침내, 주지하는 바와 같이 남명으로부터 학문적 문제에 대해 정면으로 도전받는다.

> 손으로 물을 뿌리고 비질하는 절도도 모르면서 입으로 천리를 담론하여 헛된 이름이나 훔쳐서 사람들을 속이려 하고 있습니다만, 도리어 남에게 중상을 당하여 그 피해가 다른 사람에게까지 미칩니다. 아마도 선생 같은 장로께서 꾸짖어 그만두게 하지 않기 때문일 것입니다.[267]

퇴계학단(退溪學團)의 도학하는 '행태'에 대해 변척한 것이다. 이것은 퇴계가 학자는 먼저 도의 본체를 알지 않을 수 없다고 해서 「태극도설(太

---

[267] 조식, 「답퇴계서」, 『남명집』(『남명집』은 韓國文集叢刊本과 경상대학교 남명학연구소 간행의 '역문 附原文'본을 참고한다. 단, 번역본에서 인용할 경우 적절히 가필·첨삭을 한다.)

極圖說)」·「서명(西銘)」·「역학계몽(易學啟蒙)」 등 형이상학적인 논의들을 많이 강론했기 때문에 남명이 듣고 그런 교학의 '행태'에 대해 비판한 것이다.[268] 퇴계가 남명의 사상은 '장주와 한 꿰미'라고 말했지만, 도학 안에 들어가 도학의 교학 방식을 퇴계에게 충고하는 위 편지가 보여주듯이, 남명은 사상적 거점이 도학에 있음을 당연하게 자의식하고 있었다.

남명은 그의 제자·지인들에게도 위의 편지 내용과 같은 취지로 기회 닿는 대로 비판해 마지않는다. 그의 제자 오건(吳健)에게 준 편지다.

> 시속이 숭상하는 바를 자세히 들여다보면, '당나귀 꼴에 기린 거죽을 덮씌운 것' 같은 고질이 있습니다. 온 세상이 모두 그러해 혹세무민하는 데 급급하고 있습니다. (중략) 이는 실로 사문(斯文)의 종장인 사람이 오로지 상달(上達)만 주로 하고, 하학(下學)을 궁구하지 않아 구제하기 어려운 습속을 이루었기 때문입니다. 일찍이 그와 더불어 서신을 왕복하며 논란을 했지만 돌아보려 하지 않습니다. 공은 지금 이 폐단을 구제하기 어렵다는 것을 알지 않으면 안 됩니다.[269]

남명은 그의 손서 김우옹(金宇顒)에게 준 편지에서도 "이 늙은이에게 교학상장할 힘이 조금 있기는 하지만, 어찌 주자(周子)·정자(程子)가 입언한 데에 털끝만큼이라도 더하겠는가."[270]라고 하거나, 또 제자 김효원(金孝元)에게도 한 편지에서 "송(宋)나라 때 현인들이 강구해 밝혀 놓은

---

268 김성일, 『퇴계언행록』 2, 「教人之方」(鶴錄).
269 조식, 「與吳子彊書」, 『남명집』.
270 조식, 「奉謝金進士肅夫」, 『남명집』.

것이 갖추어지고 극진해서, 물을 담아도 새지 않는 그릇처럼 빈틈이 없습니다. 따라서 후세의 학자들은 그것에 힘을 쓰는 것이 느슨한가, 맹렬한가에 달려 있을 뿐입니다."[271]라고 말한 적이 있다. 즉 도학의 모든 의리며 상달에 대한 논의는 송대 도학자들에 의해 완벽히 갖추어져 있으므로 오직 그것의 실천 강도가 문제라는 것이다. 그러므로 우선 그럴듯한 형이상학적인 문제를 주로 강론하고, 삶의 현장에 절실한 형이하학적인 문제는 궁구하지 않는 퇴계학단 교학의 '행태'가 마치 '당나귀 꼴에 기린 거죽을 덮씌운 것'과 같은 것으로, 이 혹세무민하는 교학의 '행태'가 하나의 습속을 이루고 있으니, '이 폐단을 구제하기 어렵다는 것을 알지 않으면 안 된다'고 했다. 특히 '이 폐단을……안 된다' 마지막 당부의 말은 퇴계가 주자학의 위기라는 인식에서 제자들을 격려한 것과 상호 조응된다.

여기서 우리는 퇴계의 '벽이단(闢異端)'과는 다른 차원의 남명의 위도의식을 간파하게 된다. 남명은 도학이 삶의 현장에 절실한 '하학'을 뒤로 돌리고, '상달'에 매달리는 것은 유가의 도의 실현을 저해한다고 여기고, 이를 반드시 변척해야 된다고 생각하기 때문이다. 이는 물론 도학에 대한 인식을 서로 달리하는 데서 온다. 남명은 형이하학적으로 철저한 실천위주의 도학, 퇴계는 형이상학적으로 도의 뿌리까지 넘보는 도학이라고 할 수 있다. 즉, 전자는 도학을 완벽한 신념체계로 보았고, 후자는 신념체계 이상을 가진 것으로 보았다. 퇴계와 남명의 관계는 일단 도학관

---

271 조식, 「答仁伯書」, 『남명집』.

을 달리하는 두 도학자의 위도의식의 대결이다.

남명은 오건에게 준 또 다른 편지에서 퇴계에게 준 편지 내용을 좀 더 부연하여 다음과 같이 말했다.

> 성(性)과 천도는 공자의 문하에서 드물게 말하는 것입니다. 윤순(尹惇)이 이에 대해 설을 내자, 정선생(程先生)이 경박한 설을 함부로 내지 말라고 저지하였습니다. 그대는 요즘 선비들을 살펴보지 않았습니까? 손으로 물 뿌리고 비질하는 절도도 모르면서 입으로 천상의 이치를 말하는데, 그들의 행실을 공평히 살펴보면 도리어 무지한 사람만도 못합니다. 이 점에 대해서 반드시 꾸지람이 있어야 한다는 것은 의심할 나위도 없습니다. 이런 때에 주저 없이 현자의 지위를 외람되게 차지하고서 허위의 우두머리가 되어야 하겠습니까?[272]

도학의 형이상학적 문제는 송유(宋儒)들의 논리에서 한 걸음도 나아갈 수 없으므로, 더 이상 설을 내지 말아야 한다는 남명 자신의 신념을 하나의 역사적인 당위로 인식한 듯, 공자·정자의 전례까지 들었다. 이러한 당위로의 인식은 형이상학적 논의까지 아우르는 퇴계학단의 도학 '행태'를 금하지 않는 퇴계에게의 원망이 극에 이르러 마침내 퇴계를 '허위의 우두머리'로 규정하기에 이르렀다. 도를 행하지 않고 논의만 무성히 해 '기세도명(欺世盜名)'하는 허위의 무리로 퇴계학단을 규정했기 때문이다. 제자 정인홍(鄭仁弘)에 답한 편지에서도 "이것이 어느 때이더뇨?

---

272 조식, 「與吳御史書」, 『남명집』.

또 어느 곳이더뇨? 허위의 무리가 모두 '당나귀 꼴에 기린 거죽을 덮씌운 꼬락서니'입니다. 이러한 상황에 엄연히 현자의 지위를 외람되이 차지하고서 마치 종장이 된 듯하니, 이것이 가합니까?"[273]라고 했다. 역시 퇴계를 허위의 무리의 우두머리라고 여긴 것이다. 여기서 남명은 남명대로 위도의식이 얼마나 극렬했던가를 알 수 있다.

김효원에게 '도에 대한 논의는 송유들에 의해 물샐 틈 없이 갖추어져 있으므로 후세의 학자들은 단지 그 실천을 완만히 하는가, 맹렬히 하는가가 문제일 뿐'이라고 말한 남명은 과연 '맹렬히' 실천해 나갔다. 18세부터 그릇에 물을 가득 담아 꿇어 앉아 두 손으로 수평으로 받쳐들고 밤을 새우는 일, 이것은 그의 도학의 핵심인 경(敬)의 근간인 '주일무적(主一無適)'을 수련하기 위함이다. 그의 「신명사도(神明舍圖)」에서 경이 태일군[太一君, 심(心)]을 수직으로 받들고 있는 형태로 나타났다. 허리에 방울을 차고 다니거나 서슬 푸른 칼을 어루만지는 일, 이것은 경의 '제이의(第二義)'인 '상성성(常惺惺)'—마음이 늘 깨어있기—을 지니기 위함이다. 「신명사도」에서 경이 통령하는 하단 범위에 '성성(惺惺)'의 표지로 나타나 있다. 또 내면함양의 공정에 간단이 없기를 표방하여 정사(精舍)의 당호를 '계부(雞伏)'라고 내건 일, 거처하는 창벽간(窓壁間)에 '경'·'의(義)' 두 자를 크게 써 두고 하늘의 일월로 여기며 항상 목격하고 마음에 염(念)할 수 있도록 한 일 등, 그의 도학적 공부를 위한 설시(設施)는 실로 여러 가지였다. 남명의 친구 성혼(成運)은 도학적 수련·함양의 노력과 결

---

273 조식, 「南冥先生答先生書」, 『來庵集』 15.

과로서의 남명의 도학적 인격을 다음과 같이 묘사했다.

> 낮이 다하고 또 밤을 이어 정력이 소진되도록 애써서 연궁(硏窮)·탐색하였다. 공부에는 경을 지니는 것[持敬]보다 더 요긴한 것은 없다고 여겨, '주일(主一)'에 공력을 들여 의식이 늘 깨어있고 몸과 마음은 수련되어 있다. 공부는 욕심을 적게 하는 것[寡慾]보다 더 좋은 것은 없다고 여겨 '극기(克己)'에 힘을 다하여 욕심의 찌꺼기를 말끔히 씻어내었다. 보이지 않고 들리지 않는 곳을 삼가고 두려워하여 은미하고 유독(幽獨)한 데를 성찰하였다.274

대곡(大谷)은 남명의 가장 절친한 친우란 점을 감안해서 위의 표현보다 조금 낮추어 본다고 하더라고 남명의 도학적 인격은 엄연하고 전형적이라 할 만하다. 이 묘사만 본다면 퇴계가 남명을 장자에 연루시킨 것은 그야말로 취모멱자(吹毛覓疵)일 뿐이라는 생각이 든다. 남명의 제자 정인홍이 광해군(光海君) 초년 문묘종사자 선정에서 남명이 탈락하자, 그 주된 이유가 퇴계가 남명을 가리켜 '장자와 한 꿰미'라고 한, 즉 남명을 이단으로 규정한 것 때문이라 생각하고 올린 항의의 차자에서, '남명은 일찍이 과거를 폐지하고 산림에 묻혀 도를 지켜 흔들림 없었다'275고 했을 때의 도도 유학의 도, 도학의 도임은 말할 것도 없다. 그래서 정인홍이 '은일지사(隱逸之士)'라고 해서 모두 유학의 도를 버리고 노장(老莊)의 도를 행한다고 규정한다면 단표락(簞瓢樂)을 고치지 않은 안자(顔子)를

---

274 성운, 「墓碑文」, 『남명집』.
275 정인홍, 「上箚」, 『광해군일기』 3년 3월 조.

위시하여 종신토록 벼슬하지 않았던 증자(曾子)·자사(子思)·이동(李侗)·
채원정(蔡元定) 등도 모두 노장으로 규정할 것이냐'[276]고 항변했던 것이
다. 자기의 스승도 이들과 마찬가지로 벼슬을 물리치고 산림에 자취를
숨겼을 뿐, 노장의 도를 따른 적이 없다는 것이었다.

Ⅲ. 남명의 엄숙주의와 유희의식(遊戲意識)

1. 남명의 엄숙주의

오래 전에 나는 남명에 관한 한 논문에서, 남명사상은 "도학의 틀에
다 노장과 도교와 그리고 병가(兵家)의 사고를 받아들여 아주 새롭게 빚
어냈다."[277]고 했다. 이 주장은 지금도 대체로 변함이 없다. 다만 여기서
는 장자와의 관련에 더 힘쓰고자 한다. 퇴계가 '장주와 한 꿰미'라고 한
말은 다분히 과장기가 없지 않아 보이지만 그를 장자에 연루시킨 것은
일단 정확한 판단이었다. 정인홍이 자기 스승이 장자적 사유와 관련이
있다는 것을 모르고 위와 같이 상차(上箚)한 것은 아니라고 생각한다. 퇴
계가 한 '장주와 한 꿰미'라는 말은 두 사람의 사상 내용이 꼭 같다는 뜻
은 아니다. 우리는 『남명집』에서, 가령 상대주의나 회의론 같은 『장자』의

---

276 정인홍, 「上箚」, 『광해군일기』 3년 3월 조.
277 이동환, 「남명사상과 그 현대적 의의」, 『남명학』 창간호.

주요 사상이 분석되어 나올 자료를 가지고 있지 않는다는 것을 이미 알고 있다. '뇌룡정(雷龍亭)'이라는 남명의 정자 이름에, 『장자』 「재유(在宥)」에 나오는 "시동(尸童)처럼 꼼짝 않는 부동의 모습을 하고 있으면서도 용처럼 변화자재하게 나타나고, 깊고 조용한 연못처럼 침묵하고 있는데도 한편으로 우레 같은 커다란 소리를 낸다.[尸居而龍見, 淵黙而雷聲.]"라는 대목에서 축약해 왔으나, 이것은 내용, 또는 사상을 구성하는 편린들일 뿐 사상내용은 아니다. 『남명집』에는 이 정도의 편린도 찾기가 어렵다. 그러므로 '한 꿰미'라는 말은 사상내용과 일단 관계가 없다.

'한 꿰미'라는 말은 장자와 남명 두 글의 감각으로 보아야 한다. 두 글의 감각이 한 꿰미에 꿰인 구슬처럼 그 빛깔·모양이 같이 느껴진다는 말이다. 그렇다면 『장자』라는 책 전반에서 가장 대표적으로 느껴지는 감각이 무엇인가? 나는 이것을 단연코 '유희(遊戱)의 감각'이라고 보고 싶다. 이 유희의 감각은 유희의식(遊戱意識)에서 나온다. 즉 자아와 글, 또는 세계를 일단 분리해 두고 일종의 놀이 의식으로 글을 쓰는 그런 의식이다. 완롱(玩弄)·조희(調戱)·역설·반어·해학·풍자·비꼼 등 종(種) 또는 변종을 거느린다. 『장자』에는 주로 우화 양식을 택하고, 『남명집』은 주로 일반 시문을 택했거니와, 우화 양식이 유희의식을 드러냄에 효과적이긴 하나, 원칙적으로 유희의식이 정도의 차이는 있을지라도 드러내지 못할 양식은 없다.

유희의식에 대해서 엄숙주의는 일반적으로 엄격한 도덕적 규율을 준행하려는 태도로 정의되나, 이 논문에 좀 더 근접해 부연하자면, 글 또는 세계에 간극 없이 밀착해 주체적 진실성을 담보로 세계에 대해 책임을 가지려는 태도를 말한다. 후자 태도는 전자 태도의 원인이 되는 관계에 있다. 특히 도학자들에게는 '정제엄숙(整齊嚴肅)'을 기본으로 하는 경을 공부와 인격의 기본자세로 삼는 교의가 있기 때문에 더욱 강조된다.

그런데, 유희의식이나 엄숙의식의 파악은 먼저 유희의 감각, 엄숙의 감각을 감각해야 하므로 다분히 주관적이기 쉽다. 그러므로 작자와 독자가 서로 빗나갈 수 있다. 작자와 독자가 합치하려면 가급적 높은 감식안이 요구된다.

앞에서 남명의 도학적 공부나 인격에 대한 소묘(素描)가 제시되었거니와, 남명은 여타 도학자들보다 엄숙주의의 강도가 특히 높은 도학자다. 그의 인격을 묘사하는 말에 '추상열월(秋霜烈日)'이라든가, '벽립천인(壁立千仞)' 같은 말이 따라다니는 것은 그 때문이다. 단적인 사례로 남명의 인척 하종악(河宗岳)이 죽은 뒤 하종악의 후처의 실행(失行)에 대한 징벌의 문제에 남명이 적극 개입한 것을 들 수 있다. 하종악 후처의 실행이 문제되었을 때 남명이 제자들을 동원하여 그녀가 살던 집을 파괴하고, 그녀를 다른 고을로 축출한 일이 있었다. 이것이 결국 조정에까지 문제가 되자 기대승(奇大升)은 "남의 집을 훼철한 죄인은 다스리지 않을 수 없습니다."[278]라고 왕에게 아뢰어, 다른 사람들에게는 퇴계·남명 두 학단 사이의 각립(角立)으로 비쳐지기도 했다. 결국 남명은 이 시비총중에 정신적인 분요함만 겪고, 그의 친한 친구 이정(李楨)과 이 일의 처리에 대한 견해차로 해서 절교까지 하기에 이르고 말았다.

대부분의 사람들은 원칙의 제시도 없이 남명 같이 명망이 높은 사람

---

278 기대승, 『선조실록』 2년 5월 조.

이 그만한 일로 남들과의 시비총중에 든 것을 이해할 수 없다고 하였다. 퇴계부터도 귀암에게 보낸 편지에서 '남명은 현실 바깥에서 고답적으로 살아 찬하만물이 그 마음을 얽어매지 못할 것이라 여겼는데, 시골 한 아낙네의 실행에 개입하여 그토록 여러 해를 시비총중에 들어 고생을 하니 참으로 이해하지 못할 일'279이라는 요지로 말했다. 소재도 또한 "남명이 평생 관직을 받아들이지 않고 현실 바깥에서 고답적으로 살면서 한 아낙네의 실행이 무슨 상관이 있다고 친구와 절교를 하는지, 이것을 이해하지 못하겠다."280라고 했다. 그 당대나 후세에 남명의 이 사건을 아는 사대부들은 거의 대부분 퇴계·소재와 같은 견해에, 비웃거나 동정하는 첨감(添減)이 있을 뿐이었다.

남명 입장에서 생각해 보면 참으로 기막힐 노릇이다. 도학주의 조선 사회에서 행도에 관심을 놓지 않는 자기를 몰라도 너무 모르는 세태에 그는 절망할 수밖에 없다. 엄숙주의의 구극 목표는 유가(도학) 도덕의 빈틈없는 추구·실현이다. 주자가 '사리당연지극(事理當然之極)'이라고 정의한 '지선(至善)'의 추구·실현이다. 실천주의 도학을 표방하는 남명에게 있어서는 말할 필요도 없다. 퇴계와 소재나, 그리고 남명 이후의 사대부들은 대개 남명이 교과서적으로 '지선'을 추구·실현하려는, 즉 남명의 행도의식을 모르고 단순히 현실 밖에서 현실에 개의치 않고 고답적으로 살아가는 은둔자로만 인식한, 또는 그러한 은둔자이길 기대한 데서 하종악처 징벌 개입 사건에 대해서 위와 같은 부정적인 평가가 나오게 된 것이다.

---

279 이황, 「答李剛而」, 『퇴계집』 22, 己巳.
280 윤근수, 『월정집』, 「별집」 4, 「잡록」.

우선 남명은 37세까지 과거에 응시를 했다. 남명 자신의 말대로 처음부터 벼슬을 안 하려고 한 것은 아니다. 이윤(伊尹)과 같이 왕도를 실현하는 신료가 될 꿈을 가지기도 했다. 은둔자로 돌아서서 그는 출사의 의(義)를 중시하여 그것을 '군자의 대절'이라 했다. 주지하듯이 도학에서는 출사의 동기로 '행도―도를 실현하려는 것'과, '욕귀(欲貴)―자신이 존귀하게 되는 것' 두 가지 중에서 말할 것도 없이 '행도'를 당위로 받아들인다. 즉 '행도'가 '욕귀'하려는 인욕의 작용이 없는 '군자의 출사 동기'라는 것이다. 남명은 당시의 조선에는 행도할 군주가 없어서, 즉 자신이 섬겨 도를 행할 만한 군주가 없어서 여러 차례 징소(徵召)를 받았으나 끝내 산림에서 나오지 않았다. 그리고, 그는 "군자로 자처하는 사람들이 많지 않은 것은 아니지만 출처가 의에 맞는 것에 대해서는 전혀 들은 바가 없다. 근래에는 오직 경호(景浩, 퇴계)만이 고인(古人)에 거의 가깝다. 그러나 그에게서 인욕이 다 없어졌냐를 따지면 필경 분수에 아직 다 차지 않는 면이 있다."[281]고 하여, 벼슬길에서 칠진칠퇴한 퇴계에게서조차도 만족해하지 않았다.

이렇게 출사를 거부하고 산림에서 고고하게 산 남명은 역으로 산림 밖의 현실을 결코 잊지 않았다. 그 자신은, '엄광(嚴光)과 나는 도가 같지 않다. (엄광은 세상을 잊었지만) 나는 이 세상을 잊지 않는 자이다. 소원은 공자를 배우는 것이다.'[282]라고 했다. 공자의 공자됨은 현실에의 관심과 행도에의 욕구에 있다. 남명이 잊지 않았다는 세상의 실제 현실은 이

---

281 정인홍, 「남명행장」, 『남명집』.
282 배신, 「(남명)행록」, 『남명집』.

를테면, 조정의 군왕과 신료들의 동정, 사대부 사회의 사건들, 붕제간(朋儕間)의 소식, 그리고 민서(民庶)들의 동태 등일 터이고, 여기에 대한 관심, 특히 행도여부에 대한 관심을 놓치지 않고 있다는 뜻일 것이다. 실제로 선조에게 올린 상소에서 '서리망국(胥吏亡國)'을 말할 만큼 당시 서리의 비리와, 그것이 가진 파괴적인 힘에 대해 '산림지사(山林之士)' 답지 않게 소상히 파악하고 있었던 것이 그 실례의 한 가지일 터이다.

그러나 여기서 중요한 것은 관심 자체가 아니라 어떤 성질의 관심이냐이다. '나는 세상을 잊지 않았다'는 말의 진정한 함의는 위의 부류가 구성하는 현실 사회에 도의 실현이 어떻게 되어가고 있느냐에 대한 관심을 놓치지 않고 있다는 말이다. 이 말이 그런 정도의 의미를 갖지 않는다면 굳이 엄광과 같은 은자와 견주어 말할 필요성이 없는, 한갓 공허한 소리에 지나지 않는다. 남명은 결단코 그런 위인은 아니다. 행도에의 관심이 의미의 정중앙에 놓인 말이다. 행도 문제는 남명의 일생 동안의 화두요 집념이다.

하종악처 실행 사건에 남명이 적극 개입한 것도 나는 그의 도저한 행도에의 관심 때문이고, 남들이 대수롭지 않게 본 한 아낙네의 실행을 남명은 매우 중요하게 보았기 때문이라고 생각한다. 어쩌면 당사자가 사대부 사회의 부녀이고, '굶어 죽는 일은 작은 일이요, 절개를 잃는 일은 큰 일이다.[餓死事小, 失節事大.]'라는 정자의 명제가 있어 더 중요하게 여겼는지 모르지만, 도학적 도덕 실천에, 즉 행도에 철저하려는 남명의 강도 높은 엄숙주의가 빚어낸 사건이라고 생각한다.

남명은 자신의 출처 문제에 있어서도 행도할 수 없는 출사는 있을 수 없다는 태도로 일관해 결벽성을 보인 바 있거니와, 그의 엄숙주의가 어느 정도였는가는 다음의 시를 보아도 알 수 있다.

「욕천(浴川)」

사십 년 동안 더럽혀진 몸,	全身四十年前累
천 섬 되는 맑은 못에 싹 씻어 버린다.	千斛淸淵洗盡休
오장 속에 만약 티끌이 생긴다면,	塵土倘能生五內
지금 당장 배 쪼개어 흐르는 물에 부쳐 보내리.	直今刳復付歸流

또, 그는 「신명사명(神明舍銘)」에서 사욕(私欲)을 이겨내기를,

낌새가 있자마자 용감하게 이겨내고,	動微勇克
나아가 반드시 섬멸토록 한다.	進敎廝殺

이라 했다.

모두 스스로에 대해 살기를 품을 정도로 엄격했다. 이런 엄숙주의에 남명이 임종 무렵에 문인들에게 말했듯이 '평생 협기(俠氣)가 많았던' 것도 일인(一因)으로 가담했을 듯하다. 자신의 주변에 도에 어긋나는 일을 방치하고서 위로 조정을 향해 군왕과 신료들이 도를 실현하지 않는다고 책한다면 이것은 세상 사람들을 기만하는 일이다. 이것은 남명이 가장 혐오하는 짓이다. 남명은 자기 자신에게 아주 정직하려고 했다. 그리고 이것이 엄숙주의의 주요한 정신의 하나다. 엄숙주의를 교과서적으로 행하다가 두고두고 욕을 당한 남명의 예에 비추어 생각해 보면 도학주의 조선 사회의 허점이 드러난다.

2. 남명의 유희의식—작품 분석

이렇게 엄숙주의로 무장된 남명에게 유희의식이 서식할 공간이 어디에 있다는 말인가? 엄숙의식도 유희의식도 사람에게 있어 하나의 본능적인 자질이다. 사람에 따라 정도의 차이는 있더라도 없는 경우는 없다. 우선 퇴계에게 답한 편지를 보자.

> 다만 생각하건대, 공은 서각(犀角)을 태우는 듯한 명철함이 있지만, 이 식(植)은 동이를 뒤집어쓰고 있는 듯한 탄식이 있습니다. 그래서 오히려 화미(華美)한 문채가 있는 곳(퇴계)에서 가르침을 받자올 길이 없습니다. 게다가 눈병까지 있어 물건을 잘 보지 못한 지가 여러 해 되었습니다. 명공(明公)께서 발운산(撥雲散)으로 눈을 밝게 열어 주시지 않겠습니까?[283]

명종 8년(1553) 남명이 6품직이라는 파격적인 대우로 징소를 받았으나 거절하고 응하지 않자, 퇴계가 생전 대면한 적도 없는 남명에게 어렵사리 편지를 내어 징소에 응할 것을 권한 편지에 대한 답서에서 남명이 한 말이다. '서각(犀角)'은 이것을 태워 심연을 비춰 보면 심연의 괴물이 다 보인다는 전설이 있는 물소 뿔을 가리키고, '발운산(撥雲散)'이란 망막의 흐릿함을 제거해 주는 가루약을 가리킨다. 위 편지의 취지를 정리하면 대략 아래와 같이 될 것이다.

---

283 조식, 「答退溪書」, 『남명집』.

공은 심원한 하늘의 이치까지 밝히 아는 능력이 있지만, 이 식(植)은 아무것도 알지를 못합니다. 그래서 밖으로 드러나는 공의 여러 가지 아름다움을 배울 길도 없습니다. 사물의 이치가 흐릿해진 지가 여러 해 되었으니, 이 흐릿함을 제거해 주십시오.

사전에 서로의 동정을 알고 있었다고는 하지만 16세기 지성의 두 거벽이 처음으로 편지를 주고받는 자리에서 아래의 취지를 위의 글과 같이 표현했다는 것은 유희의식이 아니고는 설명할 마땅한 방법이 없다. 이 편지의 배경은 말할 것도 없이 '손으로 물 뿌리고 비질하는 절도도 모르면서 입으로 천리를 담론'하는 퇴계학단의 '행태'에 대한 남명의 비꼼이다. 마침 한 해 전, 두 사람이 53세 때 퇴계가 정지운(鄭之雲)의 「천명도(天命圖)」를 두고 비판·수정·보완한 「천명도설후서(天命圖說後叙)」를 발표한 적이 있었다. 퇴계의 이 논문이 남명으로 하여금 이런 유희의식의 편지를 쓰게 한 직접적인 동기인 것 같다.

이런 구체적인 사건 이전에 남명은 자신은 탁란(濁亂)한 현실 바깥에서 고상히 살아가는데, 그런 현실에서 빠져 미처 몸을 빼내지 못하는 퇴계를 가여운 듯 '굽어보는', 스스로 고고한 자세를 가지고 있었다. 택당(澤堂) 이식(李植)은 두 사람을 논하면서 이렇게 말했다.

남명과 퇴계는 동시대 인물이었으나, 남명은 세상을 은둔한다는 표징을 보다 일찍이 드러내었으므로, 본래 퇴계를 굽어보았다.[284]

---

284 이식, 『택당집』, 「별집」 15, 「잡저」.

행도가 불가능하다고 생각되는 탁란한 조정을 등지고 고고한 은일자로 사는 것이 '가치의 우위'를 점하는 것이라 생각한 남명은 퇴계를 '굽어본'만큼, 퇴계 이하의 인물에 대해서는 말할 것도 없다. 남명은 자신의 그러한 자긍심을 다음과 같이 읊었다.

「제덕산계정주(題德山溪亭柱)」

저 천석들이 큰 종을 보라,	請看千石鐘
세게 치지 않으면 소리가 나지 않지.	非大扣無聲
그러나 두류산이 하늘이 울려도	爭似頭流山
울리지 않는 것과야 어찌 같으랴.	天鳴猶不鳴

'큰 북채로 세게 치지 않으면 소리가 나지 않는 천석들이 큰 종은 더 없이 육중하다. 그러나 하늘이 울려도 울리지 않는 두류산에야 어찌 비교가 되랴.'라는 내용이다. '하늘이 울려도 울리지 않는' 두류산은 아무리 징소가 와도 꿈쩍도 하지 않은 자신을 비유한 것이다. 남명의 자긍이 어느 정도로 드높았는가를 알 수 있다.

유희의식은 자유상태의 의식이므로 자신이 현실의 지위나, 가치의 지위의 어디에 있느냐는 그 발동에 별로 구애받지 않지만, 그러나 자신이 상대보다 우위에 있다고 생각될 때 보다 쉽게 발동되는 경향이 있는 것이 사실이다. 은거의 가치우위를 고점(高占)한 남명에게는 그러므로 조정의, 적어도 당상대부 이상의 관료들, 관료이기 때문에 가치의 지위는 자기보다 하위에 있는 사람들은 유희의식의 잠재적인 발동의 대상일 수가 있다. 일례로 회재(晦齋) 이언적(李彦迪)에게 답한 편지를 보자.

어찌 거자(擧子)의 신분으로 감사를 찾아갈 수 있겠습니까? 홀로 생각건대 옛 사람은 네 조정에 걸쳐 벼슬하였지만 조정에 있었던 것은 겨우 40일이었습니다. 저는 상공(相公)께서 벼슬에서 물러나 고향으로 돌아갈 날이 멀지 않으시다고 생각합니다. 그 때 제가 각건(角巾)을 쓰고 안강리(安康里)에 있는 댁으로 찾아뵈어도 늦지 않을 것입니다.[285]

이 편지는 회재가 53세로 경상감사로 부임해, 그 전에 유일로 천거한 적이 있는 남명을 한 번 보자고 편지를 낸 데 대한 답서다. 자세히 음미해 보면 조희기(調戱氣)가 넘친다. 우선 편지의 격식부터가 10년 장(長)인 선배에게, 더구나 자신을 유일로 천거해 준 적이 있는 선배에게 그렇게 요긴한 사무적인 편지가 아닌데도 안부 인사를 생략하고 단 4문장으로 끝내는 것이 예사롭지 않다. 사연에서, 대뜸 자신이 '거자(擧子)'임을 밝힌다. 37세에 과거를 단념한 지가 6년이 지난, 유일로 이미 천거 받은 적도 있는 자신의 신분을 굳이 '거자'라 한 것도 비꼬고 들어가기 위한 수법에, 상대의 재관(在官)의 위치를 일단 돋보이도록 하기 위한 전략으로서의 기능을 한다. 그리고 주자(朱子)의 고사를 얘기함으로써, 행도도 불가능한 조정에 뭣 하러 그렇게 오래 남아 있느냐고 일격을 가해 앞서 돋보이게 했던 재관의 위치를 일거에 무너뜨린다. 자신의 가치우위를 확인시키는 것이다. 그 때 회재가 벼슬을 버릴 계제가 아닌 줄을 뻔히 알면서도 불원간 사퇴하리라 확신하는 체한다. 그리고 자신은 은자임을 '각

---

285 조식, 「답회재서」, 『남명집』.

건(角巾)'을 내세워 부각시킴으로써 재관의 지위를 한 번 더 쓰러뜨린다. 이 편지를 가지고 회재를 벼슬에서 사퇴하게 하려는 의도도 믿음도 애초에 없는, 즉 글의 주제를 실현하려는 목적이 없는 일장조희(一場調戱)의 문장임을 우리는 알게 된다.

동고(東皐) 이준경(李浚慶)에게 답한 편지 가운데 나오는 아래의 대목은 친구간의 단순한 농담일 수도 있으나, 어떤 의미를 남긴다는 점에서 단순한 농담과는 구별된다.

> 이 한 마디 말씀을 드립니다. 뒤늦게 눈병을 얻으셨다는 사실을 알고서 놀라움과 탄식을 금치 못했습니다. 다만 영공(令公)의 눈병이 일찍 생기지 않은 것이 한스럽습니다.[286]

동고가 우의정·좌의정에 제수되었을 때 눈병을 이유로 사직한 적이 여러 번 있었다. 이 편지는 그 시기 쓰여진 것이 확실한 듯하다. '눈병이 일찍 생기지 않은 것이 한스럽다'는 것은 벼슬이 우의정·좌의정 같은 높은 지위에 이르기 전에 눈병이 났던들 일찍 벼슬을 그만두게 되었을 텐데, 그렇지 못한 것이 한스럽다는 것이다. 새기기에 따라서는 '대광보국숭록대부(大匡輔國崇祿大夫)'에까지 오른 성실한 한 관료의 삶을 허무하게 만들어 버리는 유희의식의 발동이다. 어쨌든 정상의식으로는 쉽게 할 수 있는 말이 아니다.

---

286 조식, 「답이상국」, 위의 책.

유희의식은 이와 같이 상대와의 경우에 따라, 그리고 글에 따라 발동 범위와 농도가 다르게 나타난다. 회재에게 경우는 발동범위가 전면이고, 그 농도도 부정 방향으로 아주 짙다. 동고에게 경우는 발동범위는 부분적이고, 그 농도는 부정 방향으로 옅은 경우다. 다음은 명종(明宗)에게 올린, 특히 이 구절 때문에 유명해진 「을묘사직상소(乙卯辭職上疏)」의 한 대목이다.

> 자전(慈殿)께서는 생각이 깊으시기는 하나 깊숙한 궁중의 한 과부에 지나지 않고, 전하께서는 어리시니 그저 선왕(先王)의 한낱 아들일 뿐입니다.[287]

비록 송조(宋朝)에서 비슷한 전례가 있었다고는 하나, 문정왕후(文定王后)를 '궁중의 한 과부', 명종을 '선왕의 한낱 아들'이라 호칭한 것은, 심하면 목숨까지 내놓을 각오가 되어 있을 정도로 충정을 스스로 이기지 못해 하는 신료나 초야의 선비가 범할 법한 불경한 호칭이다. 과연 남명이 명종에 대해서 그런 충정을 가진 선비였는가? 앞에서 남명은 왕도를 행할 군주를 만날 수 없어 일체 징소에 응하지 않았다 했는데, 목전의 명종도 말할 것도 없이 왕도정치를 기대하지 못할 구체적 군주의 한 사람이었다. 더구나 명종은 비록 12살의 군주로 문정왕후의 수렴청정을 받는 처지이긴 했으나 을사와 정미 두 사화의 장본인이었다. 한 마디로 남명에게는 최고통치자로서의 믿음이 없었다. 군주를 향한 도저한 충정과

---

287 조식, 「乙卯辭職上疏」, 위의 책.

믿음이 없이 토해내는 '깊숙한 궁중의 한 과부', '그저 선왕의 한낱 아들'이라는 호칭은 최고통치지위를 서슴없이 무시하는 불경만이 고스란히 남는다. 그리고, 남명이 이 상소를 할 때에는 문정왕후가 수렴청정을 거둔 지가 2년이 지난 시점이고, 명종도 그 시대 나이 감각으로는 도저히 '어리다'라고 할 수 없는 22세였다. 물론 문정왕후는 수렴청정을 거두고도 명종의 정사에 간섭한 것으로 알려져 있다. 그러나 이런 것은 왕가에서 가급적 숨기고자 하는 일이다. 그런데 초야의 일개 선비로서 왕가의 치부의 노출에 구애없이 문정왕후를 거론하고 있다. 마치 문정왕후가 여전히 수렴청정을 하는 것처럼 말이다. 일종의 불경이라고 할 수 있다. 애초에 정사를 잘 하리란 일말의 기대를 가진 적이 없는 군주에게 목숨까지 내놓을 충성과 진정을 가지지 않으면 할 수 없는 불경한 호칭을, 그것도 왕가의 치부까지 아랑곳하지 않는 불경을 거듭 범하면서 하는 말, 그것은 당시 한창 고결한 은일로서 명망이 조야에 가득 찬 남명의, 오연(傲然)한 자긍심을 넘어선 유희의식의 발동 외에 달리 설명할 길을 찾기 어려울 것 같다.

 남명 문집에서 글의 전면에 걸쳐 그 구도나 표현의 수법 등, 전반적으로 전형적인 『장자』의 우화에 가장 흡사한 것이 아마도 「누항기(陋巷記)」가 아닐까 한다. 누추한 마을[陋巷]에서 '한 도시락 밥과 한 표주박 마실 것으로도 도를 즐기며 살다가' 요절한 안회(顔回)의 성덕(盛德)을 공자(孔子)의 명으로 동문인 증삼(曾參)이 기록하는 형식을 취한 이 글은, 노(魯)나라로 돌아온 공자가 "우리의 도는 동방으로 가겠구나. 나는 어디로 갈까?"라며 죽은 안회가 살던 마을로 가서 도를 행하지 못하고 죽은 안회를 못내 애석해하는 것으로 시작한다. 못내 애석해하며, "누추한 마을

이여 / 황량한 구석이로구나 // 기성(箕星)과 두성(斗星)이 떨어졌건만 / 하늘은 거두지를 않네[穢之墟兮, 荒之陬. 箕斗隕兮, 天不收.]"하며 노래한다. 그러나 증삼은 "원귀(元龜)가 죽더라도 종묘에 모셔두는 것은 신령함이 있기 때문"이라는 사례를 들고는, 안회는 죽어도 도는 남아있지 않느냐고 하자, 공자는 안회의 성덕을 기록할 것을 증삼에게 명한다.

> 안씨(顔氏)의 도는 사물의 시초에까지 극했고, 조화의 시작에까지 아득히 닿아 있다. 천지 같은 크기로도 그의 도를 측량할 수 없으며, 일월 같은 광명도 그의 도보다는 밝을 수 없다. 또한 하늘로써 즐기고, 하늘로써 근심하였다. 그러나 외지고 누추한 마을에서 한미하게 시냈으니, 쑥대아 억새가 그 집에 자라고, 방에는 거미가 있으며 사마귀가 그 속에서 자리잡고 있었다. 칠순에 아홉 끼니를 먹으면서 개구리·맹꽁이와 더불어 무리가 되고, 나무꾼 아이와 짐승 먹이는 지아비와 더불어 지냈다. 몸은 비록 마소 발자국만한 공간을 떠나지 못했지만 이름은 우주 밖에까지 가득 차고, 덕은 우직(禹稷)보다 못하지 않았지만 덕화는 제로(齊魯) 사이를 벗어나지 못했다. 이는 하늘이 그 덕에 상응하는 봉토를 주지 않았고, 상응하는 지위를 주지 않아서 그러한가. 결코 그렇지 않다. 천자는 천하로써 자신의 영토를 삼지만 안자는 만고(萬古)로써 영토를 삼는다. 누추한 마을[陋巷]이 결코 그의 영토일 수는 없다. 천자는 만승(萬乘)으로써 자신의 지위를 삼지만 안자는 도덕으로써 지위를 삼는다. 팔을 굽혀 베는 것[曲肱]이 결코 그의 지위일 수는 없다. 그러하니, 그의 영토는 얼마나 넓은가! 그의 지위는 얼마나 큰가!

이어서, 증삼은 순(舜)·부열(傅說)이 했던 사업을 할 수 있었던 안회를 당시 군주가 거두어 쓰지 않아, 누추한 마을에서 짧은 일생을 마감케 한 것은 하늘도 어쩌지 못할 시대의 행불행(幸不幸) 탓이라 하고, 공자의 입장에서 안회를 위해, "마을의 아름답지 못함이여 / 어찌 그는 이다지도 밑바닥에 살았는가 // 마을에 그 사람은 없구나 / 내 말을 동쪽으로 돌리고 싶어라[巷之不美, 何渠之下. 巷無人兮, 其東我馬.]"라는 금조(琴操) 한 곡을 지어 부르는 것으로 글은 끝난다.

전편이 긍정 방향 쪽으로 발동한 유희의식이 빚어낸 작품이다. 추측컨대 남명이 37세에 과거를 포기하고 처사로 살기로 작정한 이후 어느 때, 어쩌면 40대 어느 시점의 작품일 것도 같다. 남명은 26세 때 『성리대전(性理大全)』을 읽다가 원(元)나라의 허형(許衡)의, "이윤이 뜻한 바를 뜻할 것이요, 안연(顏淵)이 배운 바를 배워서, 나가면 사업함이 있을 것이요, 들어앉으면 지조 지킴이 있을 것이다. 대장부는 마땅히 이러해야 한다"는 말에 이르러 충격을 받았다는 것이다. 일생을 처사로 살기로 작정을 하자 자신의 이상적인 전범을 세울 필요가 있었고, 그래서 20대의 충격을 되살려 바로 안회를 선택한 것 같다. 이 선택은 단순한 선택이 아니다. 자신을 안회의 처지에 비의(比擬)한 것이다. 안회는 역사상 가장 이른 시기의 처사로서, 그 명성이 만고에 이르고 있어 자긍심이 강한 남명에게 가장 적합했다.

위의 인용문은 자신이 비의된 안회의 처지를 묘사한 것이다. 장자적 과장어법으로, 안회의 본연의 존재양태와 현실의 존재양태를 극과 극으로 격차를 벌려 묘사하는 데서 남명의 유희의식은 이미 약여(躍如)히 파악되거니와, 그 묘사의 귀착점이 모두 남명 자신이란 점에서 더욱 뚜렷해진다. 그래서, 안회의 본연적 존재양태에 대한 기존의 인식, 즉 '단표누항(簞瓢陋巷)'과 '곡굉이침지(曲肱而枕之)'는 부정되고, '천자가 천하로써 영토를 삼음에 대하여 안회는 만고로써 영토를 삼고, 천자가 만승으로써 지위를 삼음에 대하여 안회는 도덕으로써 지위를 삼는다'고, '만고'와 '도덕', 즉 '만고 도덕의 주인'으로서 안회의 본연적 존재양태를 새로이 규정하는 것으로 유희의식은 절정에 도달된다. 안회는 물론 남명 자신이다.

3. 남명의 다면성

남명의 유희의식은 비유하자면 화산과 지표층 아래의 마그마 같다. 화산의 분화구는 좁을 수도 넓을 수도 있고, 그 분화구를 중심으로 지표층 아래의 사방으로 마그마가 널리 퍼져 있다고도 볼 수 있으나, 이것은 독자의 감식안에 달려 있다. 퇴계의 경우, 남명의 유희의식 또는 유희적 사고가 지표층 아래에 널리 퍼져 있다고 보는 견해다.

퇴계의 남명에 대한 다음의 논평도 유희의식에 관련된 것이라고 보아야 한다.

> 남명이 비록 이학으로 자부하나 바로 한 기이한 선비일 뿐이니, 이학으로 지목해서는 안 된다. 그 의논·식견은 매양 신기한 것을 높이 쳐서 세상을 깜짝 놀라게 할 논의만을 힘쓰니, 이 어찌 참말로 도리를 아는 자이겠는가.[288]

---

288 정유일, 주265)와 같음.

이와 같이 퇴계는 남명의 도학자로서의 자질과 역량, 따라서 그 엄숙주의를 부정한다. 엄숙주의를 견지하는 퇴계의 입장에서 남명 사유의 거의 전반을 유희의식으로 보았기 때문에 위와 같은 논평이 나온 것이다. 즉, 남명의 엄숙주의는 참다운 엄숙주의가 아니라는 것이다. 엄숙주의의 지표층 아래에는 늘 유희의식이 꿈틀거린다는 것이다. 장자의 유희의식은 보다 많은 몫이 지상으로 분출한 데 대하여 남명의 그것은 보다 많은 몫을 안으로 가두고 있다는 것으로 해석되는 논평이다.

남명 제자 김우옹도 남명에 대해서는, 퇴계와는 다른 관점을 배경으로 하고 있으나, 아래의 논평에 국한해서 본다면 퇴계의 논평에 매우 접근되어 있다.

> 비유를 잘하셔서 사물끼리 유추로 잘 연결시키며, 글이 밝고 시원하다. 또한 재기가 지나치게 드러날 곳에는 해학·조롱·풍자의 언어로 뒤섞었다.[289]

마치 문학자의 글에 대한 논평을 보는 것 같다. 도학적 엄숙주의가 배제된 점에서도, 그리고 특히 '해학·조롱·풍자의 언어로 뒤섞었다'는 데서도 김우옹 논평은 퇴계의 논리와 상통한다. 사실 남명은 본래 도학적 체질이기보다는 문학적 체질이다. 그가 평소에 좋아한 글은 유종원(柳宗元)의 글과 『좌전(左傳)』의 글이었다고 한다. 유종원은 비친체제적(非親體制的)인, 말하자면 좌파적 문학인으로 솜씨가 예리하여 특히 풍자는

---

289 김우옹, 「남명행록」, 『남명집』 4.

신랄했다. 남명의 이러한, 도학자적인 글이 아니라 문학자적인 글의 뿌리가 장자적인 유희의식에서 왔다고 보는 것이 퇴계의 견해다.

아닌 게 아니라 남명 자신도 의미심장한 말을 했다.

> 만년에 스스로 말씀하기를 "나는 고문을 배워서 이룩하지 못했지만, 퇴계의 글은 본래 금문이지만 성숙했다. 비유하자면, 나는 비단을 짰으되 미처 한 필을 이루지 못해 세상에 쓰이기 어려웠다. 그렇지만 퇴계는 명주를 짜서 한 필을 이루었기에 쓰일 수가 있었다.[290]

두 사람의 일생을 회억(懷憶)하는 말이라, 단순히 금문·고문의 문제로만 보기 어려울 것 같다. '비단'과 '명주'의 비유로 세상에서 쓰이고 못 쓰이고를 말한 것에는 모종의 깊은 함축이 있을 것 같다.

퇴계는 남명의 구체적인 저작에 대한, 글로써의 논평인「서조남명유두류록후(書曹南冥遊頭流錄後)」에서도 이렇게 논평했다.

> 어떤 사람은 그가 기이한 것을 숭상하고 좋아하는 것 때문에 중도(中道)를 바라기 어렵다고 의심한다. (중략) 글의 억양·기미(氣味)의 소종래에 약간 알지 못할 곳이 있으니, 이것은 후세 사람 가운데 반드시 능히 변석해낼 사람이 있을 것이다.[291]

남명의 장자에의 연루설은 주로 제자들에게 말로서 했을 뿐, 글로 쓴

---

290 위와 같은 곳.
291 이황,「書曹南冥遊頭流錄後」,『퇴계집』43.

것은 이 글이 거의 유일한 것 같다. 글로써 명백하게 밝히고 싶지 않아서 '글의 억양·기미의 소종래에 대해 약간 알지 못할 곳이 있다'고 은미하게 표현했으나, 퇴계는 남명의 이 글을 거의 이단의 수준으로 인식한 것 같다. 그것은 '후세 사람 가운데 반드시 능히 변석해낼 사람이 있을 것'이라는 준엄한 내용의 말이 증명한다. 남명의 두류산 유산에는 보름이나 걸쳐진 날짜에 다수의 기생·풍악을 위시하여 무려 40~50여 명의 사람—남명의 친구·인척·관료·하인배—에 이르기까지 참여한, 선비다운 유산으로 보기 어려운 점이 있었으나, 퇴계는 어디까지나 '글의 억양·기미의 소종래'에 대해서만 문제 삼았다. 남명 글의 억양·기미의 음미를 통해 남명의 장자에의 연루를 다시 한 번 확인했다는 뜻이다. '장자와 한 꿰미'에 꿰인 구슬의 빛깔·모양이 매개어에 해당한다면, 여기 '남명 글의 억양·기미'는 바로 그 취의(趣意)에 해당된다. '장자와 한 꿰미'라는 말과 전적으로 같은 취지의 말이다.

무엇보다도 남명 자신이 자기는 유학자(도학자)가 아니라고 했다.

> 임종에 그 제자들에게 이르기를 "후세 사람들이 나를 처사라고 하면 가하나, 만약 나를 유자(도학자)로 지목한다면 그 실상이 아니다."라고 했습니다.[292]

'처사'의 기원은 상당히 오래다. 『사기(史記)』 「은본기(殷本紀)」에 '이윤처사(伊尹處士)'라고 등장한다. 그리고 『주역(周易)』 「고괘(蠱卦)·상구

---

[292] 이이, 「경연일기」 2, 『율곡집』 29.

(上九)」의 효사 "왕후를 섬기지 않고 그 일을 속되지 않게 한다."는 것도 처사에 당하는 말이다. 그러므로 '처사'는 유자 이전의 재야 지식인이다. 재야 지식인이기 때문에 반드시는 친체제적이지는 않다. 『맹자(孟子)』에서도 '처사횡의(處士橫議)'가 양주(楊朱)·묵적(墨翟)의 '사설(邪說)'과 동격으로 간주되고 있다. 그러나 후세의 처사라고 해서 다 '횡의(橫議)'만 하는 것은 아니다. 남명이 좋아하는 안회·엄광도 모두 처사였다. 처사는 반드시는 친체제적이지 않기 때문에 사상의 선택·수용·발휘도 상대적으로 자유롭다. 동아시아에서 역사적으로 체제 이데올로기는 대개 유학이었다. 그러나 처사들에겐 다른 사상과 함께 단지 선택의 한 대상일 뿐이었다. 전통적으로 처사들은 노장에 많이 기울어져 있어, 노장사상은 처사의 이데올로기(?)라고 할 만하다. 『장자』란 책은 처사집단의 하나의 '횡의'였을 것이다. 처사의 세계가 이런 한에 있어서 유자와는 견별된다. 남명은 당연히 두 세계의 이러한 견별을 잘 알고서 '나는 유자이기보다 처사다'라고 말했던 것이다. 남명이 임종에 실토한, 자신은 '유자가 아닌 처사'라는 말은 갑자기 즉흥적으로 한 말은 물론 아니다. 위와 같은 처사의 세계를 평소에 이미 자의식하며 살아온 나머지 임종 때 실토하게 된 것이다. 노소재가 선조에게 아뢰는 말에 "조식은 성현의 책도 또한 탐탁찮게 여겼습니다."[293]라 한 것도 남명의 평소 처사적 생리와 무관하지 않을 것이다.

    퇴계의 '장자 연루설'을 중심으로 남명의 문학적 체질, 처사적 자의식

---

[293] 『소재집』, 「연보」.

등이 논의되었지만, 나는 남명의 도학을 결코 의심하지 않는다. 다만 퇴계의 도학과 다른 도학의 길을 갔을 뿐이다. 앞에서 본 남명의 도학적 수련과 대곡이 쓴 남명의 도학적 인격의 묘사가 설령 반분의 신빙성을 갖더라도, 그것이 남명의 도학에 관한 것일 뿐 아니라, 임종에 한 제자가 청익(請益)을 했더니, "경(敬)·의(義) 두 글자가 일월과 같으니 하나도 폐할 수 없다."[294]고, 일생을 힘써 왔다는 경의를 임종 때 다시 말한다는 것은 참으로 진실한 신념이 없이는, 유희의식의 바탕만으로는 가능치 않는 일이다. 그의 명망에 크나큰 타격을 입힌 하종악 처 징벌 개입 사건도 조선 사대부들이 일반적으로 생각하는 경의의 수준을 훨씬 넘어서는 강함이 남명에게 있었기 때문에 일어난 것이다. 남명의 문인들이 추중(推重)하듯이 '도학군자'형은 아니더라도,[295] 최소한 '경의의 도학자'인 것은 확실하다고 생각한다. 퇴계가 '장주와 한 꿰미'라고 남명의 경의조차 인정하지 않는 듯한 진단을 내린 것은 이단에 대한 위기의식을 그리고 벽이단에 대한 사명감을 강하게 가지고 있었던 퇴계가 자신도 미처 깨닫지 못한 과장이 있지 않았나 생각된다. 아무튼 남명은 문학적 체질에 도학과 장자를 수용한, 그리고 처사의 본연의 양태를 실현한, 조선 사회에서는 그 유례를 찾기 힘든 지식인이다.

그런데 크게 유감스러운 한 가지는 남명이 장자를 수용했다고는 하나, 퇴계의 주자절대주의화의 진행과정에 명실상부한 안티테제로서의 기능을 못했다는 것이다. 장자를 수용하면서 실체적 사상내용의 중요한

---

294 이이, 주 292)과 같은 곳.
295 이이, 위와 같은 곳.

것을 제쳐놓고, 그 내용들이 표명되는 스타일, 또는 모드로서의 유희의
식의 감각을 주로 수용했기 때문이다. 그러니까 장자를 사상적으로 수용
하기보다 문학적으로 수용하는 데 관심이 집주(集注)되었다는 것이다.
장자의 내용과 유학, 또는 도학의 사상내용을 결합, 또는 융합을 시킴으
로써 명실상부한 안티테제가 나왔어야 했다. 역사에 가정이란 부질없는
일이지만 남명이 16세기 사상사의 안티테제로 기능했더라면 주자절대
주의의 흐름이 그대로 송우암(宋尤庵)의 주자학 교조주의로의 억압체제
로 되는 것을 막는 데 일조할 수도 있었을 것이다.

Ⅳ. 마무리

퇴계와 남명은 여러 가지 면에서 대조적이다. 먼저 성호(星湖)는 두
사람의 총체를 '인(仁)'과 '의(義)'로 대조했다.

> 중세에 퇴계·남명 두 부자(夫子)가 그 사이에서 태어나 뭇 생령을 교화하였다. 퇴
> 계는 문교를 돈독히 하고, 남명은 명예와 법도를 숭상하여, 뭇 생령을 인으로 편
> 안히 하고, 의로 진작시키어, 사람들이 지금까지 준행하여 잃지 않고 있다.[296]

---

[296] 이익, 「耕魯齋序」, 『성호집』 52.

인은 사람들의 어울림에서 성립되고, 의는 객체에 대한 주체의 정립에 바탕한다. 어느 한 가지도 폐하지 못할 상호의존적인 관계다. 앞의 안티테제 문제와는 별개로, 퇴계·남명 두 사상가 가운데 어느 한 사람도 없지 못할 것이란 말이다.

퇴계·남명 사이 상호의존적 대조항들은 인·의 밖에도 많다. 이를테면 퇴계의 '이(理)'에 대하여, 남명의 '기(氣)'가 있다. 그런데 남명의 기는 이기론의 기와는 성질을 달리하고 있다. 노장적(老莊的)인 소박성을 띠고 있다. 퇴계의 이가 '정정결결(淨淨潔潔)'한 세계임에 대하여, 남명의 기는 역동하는 도 자체다. 이기론의 기보다 이에의 대조성이 훨씬 강하다. 퇴계가 주로 '성(性)'을 탐구한 데 대하여, 남명은 주로 '심(心)'을 다스렸다. 퇴계가 '본체지향'임에 대하여, 남명은 '현상지향'이었다. 퇴계가 '정태적(靜態的)'임에 대하여, 남명은 '동태적(動態的)'이었다. 그리고 퇴계의「성학십도(聖學十圖)」가 '산문적이고 아폴로적임'에 대하여, 남명의「신명사도(神明舍圖)」는 '시적이고 디오니소스적'이다. 이렇게 대조성을 가진 두 사상가가 또 있을까 싶을 정도다. 퇴계·남명의 풍부한 대조성은 우리 후생들의 지적 상상력의 자산이다.

남명(南冥)·퇴계(退溪) 양 학파의 사상 특성에 관한 몇 가지 문제제기

I

나는 여기서 남명(南冥)·퇴계(退溪) 양 학파의 사상 특성과 그것의 사상사적 의미에 관하여 몇 가지 문제제기를 해 보고자 한다.

남명과 퇴계의 사상에 관해서 나온 논문이 이미 가위 한우충동(汗牛充棟)이라 할 만하다. 남명의 경우 그 연구가 적극화된 지가 아직 오래지 않다 하겠으나 우리가 접할 수 있는 원자료의 양에 비추어서는 짧은 기간 동안이지만 축적된 연구 실적이 결코 적지가 않다. 연구 참여자가 다중(多衆)이라는 데에 힘입어서일 터이다.

한편 이 두 사상가의 문류(門流)들의 사상에 관한 연구는 대체로 저조한 편이다. 그 가장 비중이 큰 이유인즉 아마도 사상사적으로 내실있는 자료가 빈약한 때문이 아닌가 생각된다. 이런 추측은 일단 인정되어질 법하다. 일찍이 하겸진(河謙鎭)이 지적한 바와 같이 "퇴도선생(退陶先生)의 문인(門人)·사숙(私淑) 제현(諸賢)들은 모두 퇴도를 독신(篤信)해서 퇴도가 말한 것을 벗어나서는 또한 따로 일의(一義)를 세우지 아니 했고",[297] "남명선생의 문인으로서 덕계(德溪)·동강(東岡) 수현(數賢)은 또한 퇴계선생에게도 사사했거니와 그 나머지 사람들은 모두 종신토록 남명

---

[297] 河謙鎭, 『東儒學案 上編』 4.

에게 의귀하여 스승이 전해준 것을 삼가이 지키고 논저(論著)하기를 좋아하지 아니 했기"298 때문이다.

이렇게 퇴계·남명 두 사람의 사상에 관해서는 일종의 연구의 포화 때문에, 그리고 그 문류들의 경우는 자료의 빈곤 때문에 연구가 일정한 한계에 도달했음을 감지하게 되는 것은 나만에 해당되는 문제일까.

여기서 나는 먼저 방법적 문제 한두 가지를 거론해 보고 싶다. 한 가지는 사상사의 연구를 당해자(當該者)의 사상적 저작에만 기대지 말자는 것이다. 당해자가 쓴 시즙[詩什], 제3자가 서술한 당해자의 전기 자료, 일화 등 입수 가능한 모든 문헌 자료는 물론 구전 자료까지 활용할 자세로 임하자는 것이다. 말하자면 '지(知)의 고고학'이라고 할 방법으로 임해야 한다는 것이다. 물론 이 방법이 일정하게 이미 참용(參用)되고는 있지만 보다 적극화할 필요가 있다는 것이다.299

그 다른 한 가지는 '무엇'과 함께 '어떻게'를 아울러 살펴야 한다는 것이다. 아니 오히려 '무엇'보다 '어떻게'에 더 주의를 집중해야 할 필요가 있다. 다시 말하면 한 사상가의 어떤 사상적 추상내용 자체와 함께 특히 그 추상내용의 구체내용화 방식 또는 구체적 발현 방식에 유의하자는 것이다. 이를테면 가치론적 신념체계성이 높은, 그리고 한 시대의 이데올로기로 실현되었던 도학의 경우, 특히 그 심학 부문의 경우 사상의 추상내용에 있어 사상가들 사이의 개성 편차가 얼마나 있겠는가. 더 구체적

---

298 위의 책 『中庸』 11.
299 외람되이 소개하건대 필자가 연전에 郭忘憂堂의 사상을 이런 방식으로 접근하여 「郭忘憂堂의 道學的 精神構造와 現實主義的 性向」이란 제목으로 발표한 바 있다.(『伏賢漢文學』 9, 1993)

으로 지적하자면 가령 퇴계와 남명의 심학에서 그 추상내용상의 차이가 얼마나 되겠는가라는 것이다. 남명에게 있는 '경(敬)'과 '의(義)'가 퇴계에게는 없는가. 여기서 '경'과 '의'라는 심학의 추상내용 자체만을 즉물적(卽物的)으로 파악한다고 가정해 보라. 퇴계다움과 남명다움을 어디서 찾을 수 있겠는가. 여기에서 우리는 우선 그 추상 내용들이 퇴계와 남명에게 있어 구체적으로 내용화되는 방식 또는 양태를 점검하게 된다. 각 단위 추상내용들이 두 사상가의 사상 총체에 들어가 그 총체를 구성하는 방식, 즉 다른 내용 단위들과 맺어지는 관계의 양태 및 그 관계 속에서의 비중 등이 빚어내는 의미를 검증하게 된다. 이를테면 주로 '의'와의 연관 맥락에 놓이는 남명의 '경'과, 주로 '인(仁)'과의 연관 맥락, 그리고 여기에 남명에게서는 볼 수 없는 '이(理)'가 가담되는 맥락에 놓이는 퇴계의 '경'이 가지게 되는 개념 실질 내지 함의가 의당 다를 것이기를 기대하기 때문이다. 이 방법은 거의 쓰이고 있지 않은 것으로 보인다. 정예하고도 심도있게 활용될 것이 요구된다. 그리고 여기에서 나아가 각 개별 단위 사상 내용들이 실제의 삶에서 발현되는 양태까지 검증되어야 마땅할 것이다. 이렇게 일정 범위의 사상계에서 공유되는 사상 단위의 추상내용이 각 개별 사상가들에게 '어떻게' 구체적으로 내용화되고, 발현되느냐를 검증하여 얻게 되는 의미는 결국 '무엇' 즉 해당 사상가의 사상의 실질 내용으로 전이됨은 물론이다. 그래서 사상가들이 포지하고 있는 사상 내용을 보다 풍부하고도 개성적으로 파악하게 됨은 당연한 결과다.

II

　　남명학파와 퇴계학파와를 비교론의 방법으로 접근할 만할 전망은 일단 양문을 함께 출입했던 오건(吳健)·정구(鄭逑)·김우옹(金宇顒)들의 사상과 남명계가 퇴계계로 흡수되고 난 뒤에 일어났음직한 사상 내질(內質)의 일정한 변화의 지평에서 모색하는 것이 손쉬울 터다.[300] 이 두 경우를 제외한, 그 이전 두 학파가 사상사의 표층에서 병류(竝流)하던 시기에는 과연 서로 주고받은 무엇이 있었는지가 의심스럽다. 퇴계와 남명 사이에 있었던 '발운신(撥雲散)'과 '당귀(當歸)' 이야기가[301] 상징적으로 시사해 주는 바, 두 사람 사이의 다분히 비우호적인 내적 긴장으로 보면 그러하다. 그렇다고 서로 주고받은 것이 아무 것도 없다고 생각한다면 속단이다. 영향이란 꼭 우호적인 관계에서 순항적(順行的)으로 일어난 것만에 한정되지 않는다. 최소한 두 사람 사이의 긴장은 두 학파가 각기 자기 노선의 사상의 정체성을 보다 뚜렷하게 확립하는 데에서 서로 자극과 충격을 주고 일정한 힘으로 작용했을 것임은 틀림없을 터다. 그러나 이 작용의 구체적인 실상은 아마도 검증 가능의 밖에 있을 것 같다.

　　이러고 보면 두 학파의 사상적 특성에 대해서는 위에서의 비교 가능 구역 외에는 대비 이상으로 접근할 수 없을 것 같다. 그리고 대비는 양자

300　이런 모색의 기반적 연구가 최근 李相弼에 의해 충실히 이루어져 있다. 학위 논문 「南冥學派의 形成과 展開」가 그것이다.
301　『南冥集』 3 (成大 大東文化硏究院 影印本)의 「答李退溪」와 『退溪集』 10의 「答曹楗仲」 참조.

가 같은 역사적 시공간 속에 학파적 실체로서 존재한 조건을 전제로 하는 것이 의의를 가질 것임은 말할 것도 없다. 이 사실에 입각하여 여기서 남명·퇴계 만년 내지 재전 제자 세대까지에서 대체로 사문(師門)에의 정체성의 정도가 상대적으로 높다고 인정되는 두 세 사람씩—남명-정인홍(鄭仁弘)-곽재우(郭再祐)와 퇴계-유성룡(柳成龍)-김성일(金誠一)-장흥효(張興孝)를 대비의 시계(視界)에 넣고 각 학파의 사상적 특성에 관해 새로운 이해의 시각에서 몇 가지 문제제기를 하고자 한다.

1. 남명학파의 사상의 근원적 사유를 퇴계학파의 주리적(主理的) 사유에 대하여 주기적(主氣的) 사유로 보고 싶다. 주지하듯이 남명은 이기 문제를 정면으로 거론한 적이 없을 뿐 아니라 그런 논의 자체를 혐오하기까지 했다. 이런 점에서 남명의 사상의 근원적 사유를 기적(氣的)인 그것으로 이해하는 것이 일견 불합당해 보일 것도 같다. 그러나 남명 사상의 내용을 구성하는 모티브로서의 그의 지적 상상은 기를 그 자구(資具)로 하여 운동하고 있는 특성이 충일하고 있다는 점에서 기적 사유로서의 이해가 단순히 타당하기에만 그치지 않고 그의 사상을 근원적으로, 그리고 보다 명료하게 이해·설명하기 위해서 매우 적의하다고 생각한다. 나아가 그의 사상을 당시대의 여타 사상들과의 관계를 매개짓는 데에도 이렇게 이기론적 구도에 비추어 이해하는 것이 그 도구적 효용성을 보다 높이는 길이기도 하다. 다만 한 가지 유의할 점이 있다. 남명에게서의 기는 후세의 도학에서 정교하게 세련된 그런 류의 기와는 일정하게 거리가 있다는 사실이다. 다시 말하면 그에게서의 기는 다분히 노장적(老莊的)인 소박성을 머금고 있는 기다. 그의 문헌에서 기적 사유의 예증을 제시

하는 일은 오히려 쑥스러운 바가 있다 하겠다. 한두 가지만 제시해 본다.

무엇보다 그의 사상의 핵심이 '성리(性理)'의 '성(性)'과 관련해서 표방된 것이 아니라 '심(心)'과 관련해서 표명되었다는 것이다. 심은 주지하듯이 전통적으로 기로 인식되어 왔다. 물론 당시대 도학에서는 심을 이기합성물(理氣合成物)로 이해하기도 했으나 이 경우도 '허령불매(虛靈不昧)'하여 심다운 작동을 하는 주체는 어디까지나 기였던 것이다. 여기에다 남명은 심을 '신명사(神明舍)'라고 표현했다. '신명(神明)'은 기의 정화물이다. 또 신명사의 주(主)를 '태일군(太一君)'이라 했다. 주지하듯이 '태일(太一)'은 도가로부터 온 개념으로 '원기(元氣)'라는 뜻을 함축하고 있다. 나아가 감관(感官)의 작용이 계기가 되어 발생하는 사욕(邪欲)을 극복하는 심의 작동을 전투의 기세로 삼엄하게 의상(意象)하고, 뇌천(雷天) 대장(大壯)으로 '물(勿, 금지)'의 깃발을 표상한 것 등은 '극기복례(克己復禮)'의 개념구조의 성향상 일정한 개연성이 인정된다 하더라도 기적 상상력의 성향이 넘쳐나고 있음에 주목할 필요가 있다. 다음의 서술은 그가 우주의 구극 실재를 기로 생각하고 있음을 분명하게 보여 준다.

> 안씨(顔氏)의 도는 '물초(物初)'에까지 극해 있고 '화시(化始)'에까지 까마득히 닿아 있다.[302]

'물초(物初)'다 '화시(化始)'다 하는 표현은 저 퇴계에서 보는 '정정결결

---

302 「陋巷記」, 『南冥集』 2. (亞細亞文化社 影印本)

(淨淨潔潔)'하고 '광명공활(光明空豁)'한 이의 세계와는 먼 거리의 것이다.

남명의 만년 제자 곽재우의 「조식잠(調息箴)」[303]같은 것은 남명의 「계부(鷄伏)」개념의 연속이란 점에서 이 학파에서의 기적 사유의 전승의 일단(一端)을 확인할 수 있다.

그런데 『학기류편(學記類編)』및 그 도(圖)를 보면 이도 중시되어 있는 듯한 대목들이 없지 않다. 하지만 정온(鄭蘊)의 추발(追跋)의, "내가 역량도 헤아리지 않고 외람되게 『학기류편』에 발문을 썼었다. 그 뒤에 남명 선생의 둘째 아드님 칠원군(漆原君)이 그 아들을 보내어 말하기를 '이 기(記)의 편찬은 선고(先考) 자신께서 하신 것이 아니다. 운운.'"[304]한 내용으로 미루어 보건대 이 책 내용의 남명에게로의 귀속성(歸屬性)이 미덥지 못하다고 생각된다. 설령 그 내용 일부가 남명에게 귀속된다 하더라도 남명 사상의 본령으로까지 끌어 들여 올 수는 없는 것이다.

2. 다음은 퇴계학파의 사상을 본체지향적(本體志向的) 성격, 남명학파의 그것을 상황지향적(狀況志向的) 성격으로 이해하고 싶다.

'맑고 깨끗하며, 빛나고 확 트인' 이의 세계를 현상계의 근저 또는 구극지(究極地)에 상정하고 일상적 삶을 이 리의 세계로 지향된 지평에서 겪고자 한다는 점에서 퇴계학파의 사상 성격을 본체지향의 그것으로 이해하는 데에 무리가 없을 줄 안다. 여기에다가 특히 경(敬)의 지평에 '상제'의 빛나는 내임(來臨)을 맞이하고자 하는 주체의 자세까지 가담되

---

303 망우당기념사업회, 『忘憂堂全書』, 126면. "虛極靜篤, 湛湛澄澄. 止念絶慮, 杳杳冥冥."
304 주 300)과 같은 책.

면 더욱 그러한 성격이 드러난다.

퇴계학파에서 사람의 현실적 삶에서 특히 '정(靜)'에의 입각을 강조한 것도 그 사상의 본체지향적 성격에서 기인한다. 퇴계는,

> 대극에 동정(動靜)의 묘가 있으나 그 동은 정에 근본한다. 성인은 동정의 덕을 온전히 하되 그 동은 정에 주(主)한다.[305]

라고 정을 강조했다. 그리고 그 기질의 과강(果剛)함에서 보면 남명계에 근사할 듯한 김성일의 경우도,

> 빈 장막에 밤은 깊어 사람 세상 더욱 고요한데,　　虛幌夜深人復靜,
> 다 같은 유정(幽靜)한 의취(意趣)가 소리 울리며
> 흘러가는 냇물에도 있다오.　　　　　　　　一般幽意在鳴川.[306]

라고 하여 그 이념적 지향은 퇴계와 마찬가지로 정이었다.

이에 대하여 남명학파에서의 주체는 상대적으로 현실의 상황을 중시한다. 이러한 성향은 남명 이하 그 문류들의 강력한 현실참여 의지의 내적 동태 또는 외적 실현에 충분히 드러나 있다. 남명학파에도 물론 보편구극계로서의 도가 엄연히 있다. 그러나 그것이 퇴계학파에서처럼 강조되어 있지도 않지만, 또 현실에서의 삶이 그곳으로 지향되어 있는 정도

---

305 「靜齋記」, 주 300)의 『退溪集』 42.
306 「敬次退溪先生韻」, 『鶴峰集』 1.

도 퇴계학파의 경우와는 일정하게 차이가 난다. 현실에서의 주체가 이 보편구극계를 자기 삶에서 향유하는 형태에 가깝다.

> (안씨의 도는) 천지의 크기와도 비교가 안 되고 일월의 빛으로도 밝게 하지 못한다. 즐기기를 천(天)으로써 하고, 근심하기를 천(天)으로써 한다.307

이 천(天)의 향유에 비추어 생각해 보면 남명의 제자 하항(河沆)이 「제남명선생문(祭南冥先生文)」에서,

> 상제를 우러러 엄숙하고 공손하시었다.308

라고 한 남명의 생전의 심학 공부를 묘사한 대목 중의 한 토막은 그 함의가 퇴계학파의 경우와는 다소 차이가 있지 않을까 생각된다. 이를테면 역시 남명이 썼던 심학 공부의 한 방편으로, 깨끗한 잔에다 깨끗한 물을 가득 채워 두 손으로 받쳐 머리 위로 쳐들고 긴 시간 동요하지 않음으로써 주체를 전일화시켰던 것에 준하지 않았을까 한다.

남명학파에서의 이 주체의 전일화에는 세계와의 다분히 대결적인 관계가 전제로 되어 있었다고 보아야 할 것이다. 이 점은 남명-정인홍-곽재우의 당시 현실 대응에서 약여(躍如)하게 드러나고 있다. 일찍이 이익(李瀷)이,

---

307 주 302)와 같은 곳.
308 『覺齋集』1.

> 중세 이후 퇴계는 소백산 아래에 태어나고, 남명은 두류산 동쪽에서 태어나니 모두 영남의 땅이다. 상도(上道)에서는 인을 숭상하고 하도(下道)에서는 의를 주장한다.[309]

라고 하여, '인'·'의'로써 두 학파의 의식의 특성을 아주 명쾌하게 대비시켜 규정한 바 있거니와, 인이 주체의 세계 포섭 지향의 구조라면 의는 주체의 세계와의 대결 지향의 구조란 점에서 아주 대표적이다. 남명학파에서 특히 검(劍)과 무덕(武德)을 숭상하는 기풍도 이 의의 주체 구조와 무관하지 않을 터다.

여기에다 남명학파의 주체들이 곧잘 함섭(涵攝)하고 있는 변증법적 역동성까지를 결합시켜 생각하면 이 학파의 상황지향적 성격은 매우 뚜렷하게 드러난다. 남명에게서 주로 부동과 역동의 변증법으로서의 주체의 역동적인 자기 작동을 보게 된다. 일례로 「신명사명(神明舍銘)」의 마지막 구절 "시이연(尸而淵)"을 가지고 보자. 이 구절은 주지하듯이 『장자(莊子)·재유(在宥)』편에 나오는 "尸居而龍見, 淵黙而雷聲."을 축약한 것이다. 그 뜻은 "시동(尸童)처럼 꼼짝하지 않는 부동의 모습을 하고 있으면서도 용처럼 변환자재(變幻自在)하게 나타나고, 깊고 조용한 못처럼 침묵을 지키고 있는데도 우레 같은 큰 소리를 내어 상대를 감동시킨다는 것이다. '시거(尸居)'의 부동과 '용현(龍見)'의 역동, '연묵(淵黙)'의 부동과 '뇌성(雷聲)'의 역동이 맺고 있는 변증법적 구도를 읽어낼 수 있다.[310]

---

309 「東方人文」, 『星湖僿說』.
310 李東歡, 「曺南冥의 精神構圖」, 『南冥學硏究』, 慶尙大學校 南冥學硏究所, 1991.

남명의 이 변증법적 역동성이 곽재우에게 이르러 '기정상생(奇正相生)'의 병가(兵家) 사고로 일정하게 변형되어 발현되었다.[311]

3. 남명에 대한 퇴계의 비판 가운데 혹인의 말을 빌려 "중도(中道)를 기대하기 어렵다."[312]는 것이 있다. 이것 역시 남명학파와 퇴계학파의 특성의 대조적 이해의 범주의 하나가 될 만하다. 퇴계의 이 논평은 앞에서 검토한 바 남명의, 세계와의 다분히 대결적이면서 변증법적 역동성을 함유한 주체를 지목하고 있는 것으로 이해된다.

여기에 의거하여 나는 두 학파의 사상적 특성의 또 하나 대조항으로 '독행성(獨行性)'과 '중화성(中和性)'을 들고 싶다. 물론 어디까지나 상대적이다. 바로 의와 인의 개념 구조와도 대응이 되는 특성이다. 심에 대한 유성룡의 다음과 같은 규정은 남명학파의 주체 성향과는 매우 대조적이다.

마음[心]이란 것이 비록 한 몸 가운데 있으나 실은 천하를 관섭(管攝)하는 이치를 가지고 있다. 무릇 우주내 상하사방이 모두 마음의 경계인지라 마음이 몸 안에 있는 것으로 '들어옴'을 삼고, 몸 밖에 있는 것으로 '나감'을 삼아서는 안 된다.[313]

유성룡의 이 견해에는 양명학적(陽明學的) 기미(氣味)가 없지 않아 보이거니와, '중화'의 개념에 딱히 합치되는 것은 아니나 퇴계학파의 본체지향적 심학의 특성을 엿보기에는 일정한 효용성을 가지고 있다고 하겠다.

---

311 주 299)의 논문 참조.
312 「答黃仲擧」, 『退溪集』 20 참조.
313 「心無出入說」, 『西厓集』 15.

III

종전에 제기되지 않았던 새로운 시각으로써의 이해를 시도해 보았다. 합당성만 있다면 되도록 여러 각도의 이해 시각을 가지는 것이 좋을 것은 말할 것도 없다. 이 시도가 하나의 이해 각도로 정착되기를 스스로 기대한다.

두 학파의 사상 특성을 대비적 시각에서 토구(討究)하는 소이(所以)는 무슨 우열의 비교 —엄밀히 말해서 정신적인 것들 사이에 절대적 우열은 없다—를 기도(企圖)하자는 것은 물론 아니다. 어디까지나 두 학파 사상의 특성을 가급적 선명히 하여 우리 사상사의 보다 풍성하고 깊은 이해의 안목을 가지기 위함이다. 회재에 이어 전개되는 퇴계·남명학파 사이의 이 멋진 사상적 개성 수립은 이익의 말대로 우리 "문명의 극(極)이었다."[314]

---

314 주 309)와 같은 곳.

16세기 조선 사상계의 동향과
노수신(盧守愼)

I. 머리말

17세기의 사상가이자 문학가인 장유(張維)는 그의 『계곡만필(谿谷漫筆)』에서 이렇게 말했다.

> 중국에는 학술이 다기하여 정학(正學)이 있고 선학(禪學)이 있고 단학(丹學)이 있다. 정주(程朱)를 배우는 사람도 있고 육씨(陸氏)를 배우는 사람도 있어서 학문에의 길이 하나가 아니다. 그런데 우리나라의 경우는 유식 무식을 따질 것 없이 책을 끼고 독서하는 자는 모두 정주를 칭송한다. 정주 이외에 다른 학문이 있다는 말을 들어보지 못했다. 어찌 우리나라 사자(士子)들의 기습(氣習)이 중국의 사자들보다 훌륭해서 그러한가? 아니다.
>
> 중국에는 학자가 있지만 우리나라엔 학자가 없다. 대개 중국 인재의 지취(志趣)가 자못 녹녹치 않아서 때로 뜻있는 사자는 실심(實心)으로 향학(向學)한다. 때문에 그들이 좋아하는 바에 따라서 학문하는 것이 같지 않게 되지만, 왕왕이 각기 실제로 얻는 수확이 있다.
>
> 우리나라는 그렇지 않다. 잗다랗니 속박되어 도무지 큰 뜻과 기개가 없다. 그저 정주의 학문이 세상에서 존귀하게 대접받는다는 것만 듣고 입으로 정주를 일컫고, 겉 시늉으로 정주를 높이기만 할 따름이다. 그러니 단지 소위 잡학(雜學)이란 것이 없을 뿐만 아니라, 정학(正學)엔들 어찌 얻는 것이 있겠는가. 비유하자면, 흙을 갈아 씨앗을 뿌려 이삭이 패고 열매가 맺고 난 뒤에 오곡과 피를 가릴 수 있지,

> 싯뻘건 맨땅 위에서 어느 것이 오곡이고 어느 것이 피인지 가릴 것이 있겠느냐.

조선시대 정주 내지 주자 일색의 사상계 정황을 간파한 기록이다. 이러한 주자학 일색의 사상계를 배경으로 하여 장유의 20년 후배인 송시열(宋時烈)의 주자학 교조주의가 성립되어 사문난적(斯文亂賊)의 죄율(罪律)로 사상계를 억압하였음은 주지하는 바다. 이 주자학 교조주의의 성립에는 물론 당시의 정치적 요인도 있었겠지만 사상계의 흐름만 가지고 따진다면 조광조(趙光祖)의 도학 일원화로의 추동과 이황(李滉)의 주자학 유일화로의 추동이라는 16세기 사상사의 큰 움직임이 강력한 유산으로 작용했다고 보는 것이 나의 견해다.[315]

이런 가설을 전제로 16세기 사상사의 흐름과 그 흐름 안에서의 노수신의 사상의 움직임을 고찰하려는 것이 본고의 목표다. 조광조에서 이황에게로 이어지는 주류사상의 양차에 걸친 일원화 추동, 특히 이황에 의한 주자학의 유일화 추동의 과정과 여기에 저항한 노수신의 일정한 다원화로의 표방에 특히 주력하고자 한다. 노수신의 다원화 표방은 조선 사상사에서 주류사상에 대한 일정한 안티테제로서의 의의를 가질 것이다.

한 논문에서 여러 사상가의 동태를 사상사적 시각에서 기술하는 만큼 개개 사상가의 철학사상 자체에 대한 깊은 논의는 자연히 배제될 수밖에 없다. 양해 바란다.

---

315 송시열의 주자학 교조주의와 조광조의 도학 유일화, 이황의 주자학 유일화 사이의 연관은 이 논문에서는 적극적으로 논증하지 못했다. 직접적인 자료가 부족한 터라, 많은 자료를 탐사해서 논증하는 별도의 후속 논문이 필요하다. 여기서는 어디까지나 노수신의 사상사적 위치와 성격을 드러내기 위한 배경으로서 가설로 남겨둔다.

II. 16세기 조선사상의 동향

1. 『일록초(日錄鈔)』의 세계

노수신(盧守愼, 1515~1590)·허엽(許曄, 1517~1580)과 같은 시기에 성균관에 거재(居齋)하면서 도의교(道義交)를 맺었던 홍인우(洪仁祐, 1515~1554)는 『일록초』라는 기록을 남겼다. 홍인우는 끝내 문과에는 오르지 못하고 친상(親喪)에의 과도한 집상(執喪)으로 40세에 죽었지만 서경덕의 득의제자(得意弟子)로서, 그리고 퇴계 이황과는 학문적인 대화가 썩 잘 통하는 후배로서 자긍심을 지니고 도학에 매진하면서 『일록초』라는 단권짜리 책을 남겼다. 『일록초』는 그의 24세에서 39세까지 16년간의 일기초록으로, 주로 사우간(師友間)에 학문적으로 유의미한 사실·사건·교제를 중심으로 기록한, 그래서 16년간 총 91일에 지나지 않는 일록으로 이루어진 책자이다. 16세기 조선학계의 내밀한 동정을 기록한, 귀중한 자료다. 거기에 화담 문하의 후배 동문인 박순(朴純)에게 그가 우리나라 유학사의 개략을 인물중심으로 정리해준 다음과 같은 기록이 나온다.

[임자년(1552) 8월] 14일. 박화숙(朴和叔, 박순)이 찾아와서 만났다.⋯⋯내가 화숙에게 말했다. "기자(箕子) 이후에 문헌이 전하는 것이 없다. 고려 시대에 이르러 최충(崔冲)과 안향(安珦)이 있었지만 단지 문장을 하는 사람들일 뿐이다. 목은(牧隱)이 이들보다는 조금 나았지만 또한 보통 사람이다. 포은(圃隱)이 조금 앎이 있었지만 그러나 역시 원두(源頭)를 보지 못한 사람이다. 양촌(陽村) 같은 사람은 아는

것이 없다고 할 수 없지만 역시 지엽으로 흐르고 근본에는 어두운 사람이다. 게다가 그는 고려의 신하로서 절개가 이미 훼손되어 큰 틀이 이미 바르지 않은 데서야. 본조(本朝)에 들어 와서 점필재(佔畢齋)도 또한 문사(文詞)로 통해서 깨달은 것이 있기는 했지만 그러나 성현의 출처를 알지 못했다. 정여창(鄭汝昌)·김굉필(金宏弼) 이 두 선생이 공맹(孔孟)의 학문에 종사했다는 진정성에 대해서는 나는 확신한다. 그러나 저술이 없기 때문에 그 천심(淺深)을 논의할 수가 없다. 왕년[기묘사화 때]의 조대사헌[趙大司憲, 조광조]은 우리 동방의 호걸이다. 그 용력(用力)의 독실함이 정(鄭)·김(金) 양 선생을 내려오지 않았다. 천수(天壽)대로 살지 못하고 끝내 끔찍한 화(禍)를 밟고 말아서 그 학문과 덕성이 대성하기에 미치지 못했다. 어찌 통탄을 금할 수 있으랴." 화숙이 내 말을 수긍했다.316

홍인우의 이 기록에서 우리는 다음과 같은 사실들을 간취할 수가 있다.

무엇보다 먼저 당시, 그러니까 기묘사화 이후 26년이 지나도록 금기시되었던317 도학에 대한 젊은 20~30대 유생들[홍인우와 같이 거재했던 유생으로서 문과에 합격하여 초임관료로 나간 사람까지 포함해서]의 열정적인 추향(趨向)과 그리고 그들의 도저한 이상과 긍지다. 사실 이색이나 권근 같은 사람의 도학은 그렇게 간단히 보아 넘길 것은 아니다. 이색은 원(元)나라 제과(制科)에 합격하는 등 전후 6년에 걸친 원나라에의 주

---

316 홍인우, 『恥齋集』 권2, 『일록초』.
317 기묘사화 이후 도학이 금기시되었다는 것은 이미 알려진 일이나, 『중종실록』 28년 11월 16일의 기사에 의하면, 『小學』・『近思錄』을 끼고 다니는 사람이 있으면 '기묘의 무리로'지목하여 비웃는다는 李浚慶의 보고, 『소학』・『근사록』을 찢어서 벽을 바른다는 具壽聃의 보고가 있다. 한편 『일록초』에는 사화가 일어난 지 28년이나 지난 시점임에도, 그리고 친구간임에도 도학하는 사실을 은근히 감추려는 기풍이 남아 있었다.

류(駐留)로 도학의 본체론·심성론·공부론에 이르기까지 광범하게 소화하고 있었으나, 그 내용과 의미를 문학작품에 분산적으로 구사하느라 뚜렷하게 의미 있는 도학저작을 남겨 놓지 못했을 뿐이고, 권근은 그의「천인심성합일지도(天人心性合一之圖)」등 중요한 도설(圖說)만 보더라도 근본에 어두웠다고 할 수는 없다. 이들을 예사롭게 보아 넘기는 데에서 당시 도학에 대한 젊은 유생들의 드높은 이상, 즉 안으로는 '성인이 됨'을, 밖으로는 '군주와 백성을 요순시대의 군주와 백성으로 만들기'를 지향하는, 말하자면 조광조의 지치주의(至治主義)와 같은 이상과 긍지를 읽을 수 있다. 얼마쯤 광자기상(狂者氣象)까지 느끼게 한다.

다음으로, 도학의 역사를, 마음을 함양(涵養)·성찰(省察)해서 수신(修身)·제가(齊家)·치국(治國)에의 일에 대처하는 실천도학 중심으로 파악하고 있다는 점이다. 이색의 문학적인 도학 저작은 말할 것도 없고, 권근의 도학 저작도 인정하지 않을 뿐 아니라, 정도전의 도학적 저작은 아예 거론조차 않는 것은 정치적인 요인도 있었겠으나, 근본적으로 도학사를 보는 관점이 순수한 도학적 실천에 입각해 있기 때문이다. 그러나 16세기 중기 젊은 유생들의 이런 관점은 그 이전에 조광조가 제기한 도통론의 관점이 그러했기 때문일 것이다. 조광조가 제기한 도통론은 정몽주에서 김굉필에 이르는, 순수한 도학적 실천, 다시 말하면 주로『사서집주(四書集註)』와『소학(小學)』『근사록(近思錄)』을 소의교전(所依敎典)으로 하는 도학의 도덕적 수련과 실천의 정도를 근거로 삼은 것이라고 할 수 있다. 도학의 이론적 저작을 남긴 이색·정도전·권근은 엄밀히 말해서 모두 고려조에 속한 학자들이고, 이들은 조선왕조로의 역성혁명(易姓革命)으로 정치적 권위의 유산이 상실됨에 따라 그 학문적 권위와 가치도 많이 훼손되어 그들의 이론을 계승·발전시킬 후속세대를 얻지 못하게 된 도학사의 객관적 조건이 그런 도통론을 나오게 만들었다고도 할 수 있지만, 근본적으로 도통론을 제기한 조광조의 근본주의 도학의 관점, 바꾸어 말해서 편협한 도학사에의 접근 관점에 귀결된다.

다음으로, 도학을 수용한 지 2세기 남짓한 시점의 끝자락에 위치한 조광조의 도학적 권위가 앞 시대 도학의 역사를 압도하는 것으로 인식하고 있다는 사실이다. 조광조의 이러한 권위는 그의 도저한 도학적 수련과 실천력, 그리고 도학에 대한 근본주의의 추구에서 왔다. 도학 이외의 어떠한 사상·종교도 허용 않는, 도학만으로 세상이 운용되는 체제를 위해 기어이 중종으로부터 소석서(昭格署) 혁파의 재가를 받아 내고야 마는 실천력—그것은 차라리 중종에 대한 투쟁이었다—은 주지하는 바이거니와, 『중종실록』에 의하면 중종 13년 8월(갑신일)에 있었던 북쪽의 야인(野人) 속고내(速古乃) 엄습 작전 파기 같은 사건은 그의 도학 근본주의와 권위의 극치를 보여준다. 그 경위는 대략 이러하다.

회령부(會寧府)의 속고내가 북쪽 깊은 곳의 야인과 몰래 통모(通謀)하고 갑산부(甲山府) 경계에 들어와 사람이며 가축을 약탈해 가자, 사냥하러 오는 속고내를 몰래 엄습하여 사로잡을 계책을 세우고 있었다. 대신 이하 관련자들이 모여 의결을 하고 실행을 위해 준비를 진행하는 단계에서 직접 이 전략과 관계가 없는 홍문관 부제학인 조광조가 참견하여 이의를 제기했다. "몰래 엄습하여 사로잡는다는 것은 참으로 불가합니다. 비록 일개 변장(邊將)이 혹 편의종사(便宜從事)하여 사로잡더라도 또한 불가하거늘, 지금 조정으로부터 대신을 파견하여 오랑캐를 수풀 속에서 맞는다면 협잡을 하여 도적의 꾀를 행하는 꼴이니 나라의 체신이 뭐가

됩니까!" 요컨대 적을 숲 속에서 엄습해 생포하는 것이 표리부동(表裏不同)하고 광명정대(光明正大)하지 못하다는, 지극히 도학적 교의 때문이다. 도학 근본주의자의 본색이다. 계획은 파기되고 정암의 권위는 한층 더 높아졌다. 이런 권위는 비단 관료·지식인 사회에서만이 아니라 서민사회에서도 마찬가지였음도 잘 알려져 있다.[318] 나는 우리나라의 주자학이 끝내는 교조주의(敎條主義)로 구축되는 제1보가 본인이 의도했든 안했든 상관없이 조광조라고 생각한다.

고려 도학의 이론적 유산은 조선왕조에 들어오면서 그 후속 발전이 끊어지고, 대략 1세기 남짓 위에 든 『소학』 등의 교전(敎典)에 의존한 실천도학만으로 도학사의 전개를 보다가 1519년 기묘사화로 조광조 등 실천도학 그룹이 파멸을 당했는데, 이 조광조 시대에는 주로 정주계열(程朱系列)의 공부노선을 취해 왔으나 아직 도학의 판을 정·주 중심만으로 짜지는 않았다. 말하자면 도학적 기본 수련은 정주계열의 교전에 주로 의존하되, 여타 범도학(汎道學), 이를테면 주돈이(周敦頤)에서 육구연(陸九淵)에 이르는 범성리학 사상에서 각자의 주견대로 사상적 입장을 가질 수 있는 분위기였다. 1460년대에 태어난 손숙돈(孫叔暾)이란 유생이 1542년 경, 곧 15세기 말경에 『상산집(象山集)』을 접하고 주돈이의 「태극도설(太極圖說)」의 '무극이태극(無極而太極)'에 대해 육구연의 견해를 따라 무극을 부정하고 태극만을 우주만유의 실체로 인정하는 입장을

---

318 "대사헌이 된 지 3일에 남녀가 길을 달리했다."는 서울 古老들의 구전이나, '走肖爲王' 讖言의 조작도 모두 그의 권위가 서민대중의 위의 군림에서 나온 것임은 말할 것도 없다. 조선이나 중국의 어느 도학자도 일찍이 가져 본 적이 없는 권위를 그는 가졌었다.

319 취했고, 손숙돈의 논쟁 상대였던 조한보(曹漢輔)란 유생은 '무극이태극'에 대해 불교적 해석을 내놓았다. 그리고 16세기 초에 서경덕은 장재(張載)·소옹(邵雍)의 이론을 접하고서 유기(唯氣)의 학설을 세웠고, 거의 같은 시기인 1518년경 이언적(李彦迪)은 조한보와의 논쟁으로 드디어 주리적(主理的) 이기이원론의 정주학적(程朱學的) 입장을 내놓기에 이르렀다. 그리고 보면 실천도학 위주로 1세기 가까이 지나는 사이 이론에 대한 욕구가 점차 일어나고 팽배되어 가던 무렵에 기묘사화가 나고 말았다. 기묘사화가 일어난 바로 이듬해 1520년에는 김세필(金世弼)이 사신으로 북경에서 돌아오면서 초간된 지 2년만의 왕양명(王陽明) 제자들의 『전습록(傳習錄)』을 갖고 돌아와 거기에 매료되기도 했다.320

이렇게 오랜 실천도학 위주의 단조로움 끝에 후일 퇴계로부터 선학(禪學)으로 배척받은 상산·양명의 학설을 포함한, 송·명대의 주요 학설들이 수용되어 각자 자유로이 취택(取擇)할 수 있었다. 가령 정·주적인 입지인 조광조가 막강한 권위로 사상계의 우이(牛耳)를 잡고 있었지만 그 학설이 포함되는 한은 이단시(異端視)한 흔적은 없다. 이것은 한편으로 성리학 문헌의 유통의 제한으로 성리학의 제학설에 대한 조광조의 조

---

319 1517년에 경주의 두 유생[進士] 忘齋 孫叔暾과 忘機堂 曹漢輔 사이에 '無極太極' 문제를 두고 논쟁이 붙었다. 아마도 우리나라 최초의 철학논쟁이 아닐까 생각되나 유감스럽게도 두 사람의 논쟁 자료는 남아 있지 않고, 당시 경주 州學教官으로 가 있던 晦齋 李彦迪이 두 사람의 논쟁을 보고 쓴 「書忘齋忘機堂無極太極說後」가 있어 저간의 사정을 알 수 있다. 이 논문을 계기로 27세의 청년 이언적과 53세의 노장 조한보 사이에 논쟁이 벌어졌다. 이황과 기대승 사이의 '四端七情' 논쟁이 발단되기 42년 전의 일이다.
320 신향림, 2005, 「16C전반 陽明學의 전래와 수용에 관한 고찰」, 『退溪學報』제118집, 퇴계학연구원.

예(造詣)의 깊지 못함에 연유했을 수도 있겠으나 어쨌든 기묘사화 전후는 그러했다. 성리학이라는 한정된 범위 안에서이긴 하지만 학설·사상의 일정한 다양성이 출현(出現)할 국면을 기대해봄직 했다. 적어도 이황이 본격적으로 학계에 등장하기 전까지는 대개 그러했다.

사실 조광조 이후로 학계의 우이를 잡았다고 할 만한 사람을 꼽는다면 김안국(金安國)을 들 수 있으나, 그는 성리학을 실질적으로 깊이 연구한 바 없으며, 후배들의 진학(進學)을 유도·권장하며 서적을 간행하여 도학의 확산에 힘을 기울였다. 나중에 선학으로 배척받은 『상산집』을 정주학(程朱學)의 보조서적 쯤으로 알아 조정에서 간행한 데에서 그의 성리학 이해 정도 또는 사상적 태도가 어떠했나를 엿볼 수 있다.

김안국 다음에는 학계의 뚜렷한 존재로 두 사람을 꼽는다면 서경덕과 이언적이다. 서경덕은 주지하는 바와 같이 은거강학(隱居講學)하고 있어서 홍인우·박순·허엽(許曄)·이지함(李之菡) 등 많은 인사들이 그 문하에서 나왔으므로 학문적으로 자부는 대단했지만 후배·제자들에게 학문, 사상적 통제를 가한 적은 없다. 이언적은 고향이 경주로, 사뭇 사환을 하고 있었으므로 제자를 기를 계제가 못 되었고, 자신이 품은 학문적 역량을 정사(政事)를 통해 표현할 뿐이었다. 이런 가운데 젊은 엘리트 유생들로부터 학문적으로 존경을 받아, 바로 노수신이 성균관 유생으로 한창 학문에 열정을 바치고 있던 27세, 즉 1541년(중종 36년)에 51세의 이언적에게 책으로 예물을 삼아 집지(執贄)하고 제자가 되었다.[321] 그리

---

[321] 노수신 연보의 27세 신축년(1541) 조에 "이 해에 회재 이 선생이 入京했다. 선생(노수신)이 책으로 예물을 삼아 제자의 예를 들였다. 그리고『심경부주』에 관해 질문을 했다."

고 『심경부주(心經附註)』에 관해 질문했다. 심학적(心學的)인 함양, 이학적(理學的)인 이론에[322] 조예가 깊었음에도[323] 이언적은 타인, 특히 후배의 학문 추향(趨向)에 관여한 바는 없다.

『일록초』가 시작되는 1538년 무렵, 그러니까 기묘사화가 일어난 지 20년 전후가 되는 중종 말년에는 대체로 위와 같은 학계의 대국 속에 사자(士子)들은 훈고·사장에 힘을 쏟고 도학을 꺼리는—조광조 등 기묘의 인사들이 아직 신원(伸冤)이 되지 않은 상태라서 더욱 그러했다—가운데 홍인우·노수신·허엽 등 엘리트 유생들은 그런 유속(流俗)에서 떨쳐 일어나 도학 공부에 열정을 쏟았다. 대체로 공부의 방향은 조광조의 노선이 있다. 이는 "노수신은 젊은 때부터 마음을 다짐해 가며 힘들여 공부하되 조광조의 도학을 조술(祖述)하려고 했다."[324]는 기록이나, "홍인우가 기묘사화 후 우리나라의 도맥(道脈)이 없어지지나 않을까 깊이 우려하여 조광조의 행장을 찬술했다."[325]는 기록이 증언하는 바다. 이들이 만나서 강론하는 책은 주로 『심경부주』였다.

라고 기록하고 있다.

322 도학과 (性)理學의 개념은 같이 쓰인다. 그러나 때로는 도학을 心學[眞德秀의 『心經』 이후인 듯]과 理學의 두 측면으로 갈라 보기도 했다. 여기에 王守仁의 心學이 등장하여 두 가지 다른 심학이 있게 된다.

323 尹根壽, 『月汀集』別集 권4, 「漫錄」에는 "穌齋 노인(노수신)이 말하기를 晦齋(이언적)는 '心上存養工夫'가 많다. 우리 동방에 학자로서는 회재를 보겠고, 偉人으로서는 陰崖(李耔)를 보겠다"고 했고, 같은 기록에 "소재가 일찍이 회재와 퇴계 두 선생을 推尊하면서 이르기를, '회재는 存心에서 功이 많고, 퇴계는 講學에서 공이 많다. 회재는 自得한 것 같으나 퇴계는 文義에서 벗어나지 못한 것 같다'고 했다"고 했다.

324 李植, 『澤堂集』別集 권15, 「追錄」.

325 沈喜壽, 『恥齋集』 부록, 「(洪仁祐)墓誌銘」.

[임인년(1542) 정월] 16일. 저녁에 과회[寡悔, 노수신]와 치원[致遠, 權德輿]이 내방했다.『심경(부주)』를 토론하다 밤 3경이 되어서 파했다.[326]

(임인년) 2월 초1일. 국선[國善, 許忠吉]·과회와 함께『심경(부주)』을 강론하고 질의하느라 한밤이 되었다.[327]

[을사년(1545)] 6월 21일. 태휘[太輝, 허엽]를 방문하여『맹자』「호연장(浩然章)」과『심경(부주)』를 토론했다.[328]

정민정(程敏政)의『심경부주』는 기묘사화 직후에 우리나라에 수입된 듯하다.[329]『소학』·『근사록』이외 새로이 등장한 심학서(心學書)로 사자들의 환영을 받아 중요한 탐토(探討)의 대상이 된 것을 이들 홍인우·노수신 그룹의 동정에서 알 수 있다. 이들에게 그런 계기를 준 것은 이언적이다. 허엽은 중종 35년(1540)에 이언적이 동궁[인종]에 입시(入侍)해서『심경부주』를 진강했다는 말을 듣고 비로소 이 책이 있음을 알고 즉시 구해서 밤낮으로 읽었더니 앞으로 나아갈 길을 찾을 수 있을 것 같았다고 했

---

326 홍인우, 주316)과 같음.
327 주316)과 같음.
328 주316)과 같음.
329 『심경부주』는 1488~1492년 사이에 편술되어서 1492년에 明나라에서 초간되었다. 기묘사화 후 금기시된 도학서는『소학』·『근사록』이었고『심경부주』는 들어있지 않은 것으로 보아서, 그리고 이황이 1523년 성균관에 유학 와서 처음『심경부주』를 읽었다는 것으로 보아서 아마 기묘사화(1519년) 이후 3~4년 사이에 수입된 것 같다.

다.[330]

　주지하는 바와 같이 『심경부주』 등 심학(心學)의 교전들은 내적으로나 외적으로나 실천에 목적이 있다. 홍인우는 "정이(程頤)의 '천덕(天德)'·'왕도(王道)'가 근독(謹獨)에 있다"는 훈어(訓語)를 독실히 믿고, 검은 콩과 흰 콩을 그릇에 담아 두고 생각의 기미(幾微)를 징험하기도 했다.[331] 노수신은 밤에도 생각을 전일(專一)하고 정밀(精密)하게 지속하기 위해 '자격향반(自擊香盤)'을 사용하기도 했다.[332] 이 도구들은 경(敬)공부의 보조수단으로 보이는데 마치 조식(曺植)이 방울을 차고 다니고, 칼을 옆에 두고 어루만진 것과 같다. 이들은 모여서 강토(講討)하기를 좋아한 듯, 자주 보여서 상토하지 않는다고 서로 편지로 나무라기도 하고,[333] 또 너무 자주 만날 필요가 없으니 각자 독실히 수련해서 마음이 더욱 정명(精明)하게 되거든 혹 만나되 말로는 나타내지 말고 마음으로 나타내서 서로 보고 느끼도록 하는 것이 좋겠다고도 했다.[334] 이들 유생들이 도학,

---

330　허엽, 『草堂集』, 「祭晦齋李先生文」 참조.
331　心性 本體에서 생각의 싹이 돋는 순간 善念과 惡念의 기미의 回數를 흰 콩과 검은 콩으로 표시해 두 그릇에 갈라 담아서, 일정한 시간이 지난 뒤에 그 콩을 세어 봄으로써 선념과 악념의 빈도를 측정하는 것을 말하는 것 같다. 省察을 통해 本源을 涵養하는 하나의 방법이다.
332　홍인우, 『일록초』. "[신축년(1541)] 4월 초1일,……이날 저녁 노과회(수신)에게로 들렀다. 나를 그의 文房(서재)으로 끌고 들어가더니 조그만 閣子 하나를 가리키며 '이것이 自擊香盤이다. 古人들은 밤에도 用力하기를 잊지 않고 생각을 專一하고 精密하게 하기를 끝까지 밀어붙인다. 나는 본래 정신이 흐릿하고 게을러서 自警工夫에 도움이 될까 해서 이것을 사용하네.'라고 했다." '자격향반'의 생김새는 미상이나 아마도 오늘날의 자명종과 비슷한 구실을 하는 기구인 것 같다. 위의 문맥으로 보아서 중국 제품인 것 같다.
333　주 316)과 같음.
334　주 316)과 같음.

즉 심학 공부에 진지하게 매진하고 있는 모습이 약여(躍如)하게 다가온다. 한편 다음과 같은 기록을 보면 기묘사화 이후 조광조의 계승을 표방한 이들 유생들의 도학 공부의 자세에는 조선조 사상에 교조주의화를 재촉하는 징후가 강하게 나타난다.

> [경술년(1550)] 12월 21일. 반중(泮中) 유생들이 선교양종(禪敎兩宗) 설립을 재가(裁可)한 문제를 가지고 대궐에 나아가 집단 상소했다. 이제 우리 도(道)는 끝이다. 인류는 장차 멸망하고 말 것이다.[335]

연산군 때 폐지된 선교양종을 명종 5년에 설립하는 데 대한, 다시 말하면 불교를 새삼 공인하는 데 대한 유생들의 반발의 소식을 기록한 것이다. '유학의 도는 끝장이고, 인류는 멸망하고 말 것'이라는 격한 반발에서 조선왕조 성립 이후 지속되어온 억불숭유 정책의 우산 아래에서 형성되어 온, 유학이 절대 가치를 지닌다는 도그마가 확인되며, 앞으로의 사상사의 진로를 예감케 한다.

이황이 홍인우의 『일록초』에 등장하는 것은 명종 7년(1552), 이황의 나이 53세때이다. 이때 노수신은 진도에서 귀양살이하고 허엽은 벼슬길에 있었는데 홍인우는 혼자 서울에 와 있는 이황을 찾아갔다.

> [임자년(1552)] 6월 18일. 이응교 황(李應敎, 滉)을 찾아뵙고 조용히 토론했다. 이 사람은 을사년(1545)에 파직되고 난 뒤 풍기군수직을 구(求)해서 하다가 오래지

---

[335] 주 316)과 같음.

않아 군수직을 버리고 집으로 돌아갔다. 올해 여름에 홍문관 교리로 불려 와서 사헌부 집의(執義)로 승진해 있다가 겨우 수일 만에 병으로 벼슬할 수 없음을 고했더니 또 은교(恩敎)가 주어졌다고 한다. 비록 반일간(半日間)의 강론으로 그 학문의 얕고 깊음을 알 수는 없으나, '얼음이 있는 사람'이다.[336]

이황은 처음부터 도학을 지망했던 것은 아니다. 이이(李珥)의 말처럼 '문학을 통해 도에 들어왔다[因文入道].'[337] 그는 20세 전에 주돈이의 「태극도설」을 읽고 도학적 의상(意像)이 담긴 시를 쓰기도 했지만, 50대 이전에 도학으로 그렇게 두각을 나타내지 않았다. 홍인우가 만난 이 즈음이 한창 노악으로 두각을 드러낼 때였다. 그는 42·3세 때에 그 동안 근 10년의 벼슬살이에 환멸을 느끼고 "물러나 고성현(古聖賢)의 책을 읽기로 각오했다."[338]고 했다. 즉 진로를 도학으로 확실히 굳혔다는 얘기다. 그런 차에 『주자대전』을 입수했고, 본격적인 주자탐구(朱子探究)가 시작되었다. 마지못해 하던 벼슬살이를 단호히 끊으며, 49세 때 경상감사에게 3번이나 사직서를 올렸음에도 아무런 회답이 없자 그 해 12월에 풍기 군수직을 버리고 고향으로 돌아가 버렸다. 그 뒤로도 사환에의 진퇴는 있었지만 도학 공부에서, 그리고 주자 공부에서 조금도 떠나지 않았다. 그래서 홍인우가 처음으로 만나던 이때에도 몸은 사환에 있었으나 마음은 도학에 있어서 홍인우와 자주 만나 강토를 하곤 했다.

---

336 주 316)과 같음.
337 이이, 『栗谷全書』 권28, 『經筵日記』, 今上[선조] 3년 12월.
338 이황, 『退溪集』 권10, 「與曺楗仲植」 참조.

[임자년(1552) 8월] 29일. 이대사성(李大司成) 황(滉)을 찾아가서 뵈었다. 조용히 토론했다. 비로소 이 사람이 학문을 하는 정력(精力)이 다른 사람이 이르지 못하는 곳에 이르고 있음을 알았다.[339]

(임자년) 9월 28일. 이대사성 황이 내방하여 조용하 강토하다 갔다. 미심쩍은 것이 시원하게 풀렸다.[340]

계축년(1553) 3월 초4일. 이대사성 경호공(景浩公, 이황)이 내방했다. 화담의 「황극해(皇極解)」 「성음해(聲音解)」를 강토하다 밤을 새우고 돌아갔다.[341]

(계축년 6월) 초8일. 시보[時甫, 남언경(南彦經)]와 함께 경호공에게 가서 뵈었다. 밤새도록 토론했다. 이 사람이 이미 넉넉히 고명(高明)한 경역(境域)에 들어가 있음을 깊이 인식했다. 스승으로 삼을 만했다.[342]

이 밖에도 6·7차 더 이황과 홍인우의 만남이 『일록초』에 나온다. 처음 이황을 만났을 때 '얻음이 있는 사람' 정도의 홍인우의 인식이 2년의 강토 끝에 마침내 '스승'으로 받들기에 이른 것이다.

---

339 주 316)과 같음.
340 주 316)과 같음.
341 주 316)과 같음.
342 주 316)과 같음.

2. 이황의 주자학 절대주의와 권위의 발휘

이황은 위와 같이 사람을 감복시켜 나갔다. 이런 힘은 어디에서 오는 것일까? 이이는 이황의 인품에 대해 '성품이 온순(溫醇)하고 순수하기가 옥(玉) 같다.'[343] 했고, 이식(李植)은 '겸허하며 절조(節操)를 굳게 지켜 나갔다.'[344]고 했다. 이런 인격적인 역량에 성리학, 특히 주자의 학문에 당대 누구도 따라올 수 없는 역량을 40대 이래 쌓아왔던 것이다. 이이는 이황을 '의리(義理)를 깊이 궁구하여 정미(精微)함의 극에 이르렀다.'[345]고 평했다. 그러면서 '배우려는 이들이 물어 오면 자신이 가진 역량을 다하여 알려주되, 섣고 무리를 모아서 사도(師道)를 자처하지는 않았다.'[346] 이렇게 해서 50대에 이르러 조선의 학계와 그리고 관료계에 그의 학문적 카리스마가 발휘되기 시작했다.

> 회재(晦齋, 이언적)는 비록 한 시대의 명신(名臣)이지만 세상에서 그의 학문이 그렇게 깊은 줄을 아무도 알지 못했다. 그런데 퇴계가 회재를 표출해서 한훤당(寒暄堂, 김굉필)·일두(一蠹, 정여창)·정암(靜庵, 조광조)과 나란히 거론해서 사현(四賢)으로 일컫자, 당시 학자들은 퇴계에게 심복해 아무도 감히 이의를 제기하는 사람이 없어 국론(國論)이 마침내 정해졌다.[347]

---

343 주 337)과 같음.
344 주 324)와 같음.
345 주 337)과 같음.
346 주 337)과 같음.
347 주 324)와 같음.

유교국가에서 문묘배향(文廟配享)이라는 것은 중차대한 일이다. 그런데 이황의 한 마디로 그 후보자에 대한 국론이 정해졌다. 이황의 학문적 권위가 어느 정도인지를 짐작케 한다.

50대 후반 이후 그의 도학, 즉 주자학은 원숙한 단계에 도달한다.

> [황(滉)의 학문은] 의리가 정미하니 하나같이 주자의 가르침을 준행했다. 제가(諸家) 학설의 이동(異同)에 대해서도 두루 통달하되 주자를 표준으로 판단하지 않는 것이 없었다.[348]

이이의 이 논평처럼 학문의 일체(一切)가 주자에서 출발하여 주자로 귀착되었다. 본인 자신이,

> 황(滉)은 학문하는 것이 천박하고 누추해서 오직 선유(先儒) 정본(定本)의 학설만 조심해서 지켜 나간다.[349]

고 했다. 여기서 '선유'란 말할 것도 없이 주자를 가리킨다. 주자는 그에게 최고의 준거원(準據源)이었다. 그는 주자 절대주의자가 되었다. 그는 주자를 무기로 조선 학계를 다스려 나갔다.

---

348 주 337)와 같음.
349 이황, 『퇴계집』 권41, 「心無體用辯」.

오직 이단을 변척(辨斥)하는 데 있어서만은 일찍이 한 치의 양보도 없었다. 선배 명유(名儒)들이 입언(立言)을 혹 과도하게 하여 이단으로 흐를 우려가 있으면 반드시 분석을 가하여 판정을 내리곤 하였었다. 이를테면 서화담·박송당[朴松堂, 박영(朴英)]의 학문에 대해 사람들이 감히 의논하지 못했는데 퇴계는 끝까지 그만두지 않았다.350

특히 이황보다 11년 선배인 서경덕의 도학에 대해서 이황은 늘 '인기위리(認氣爲理)—기(氣)를 이(理)로 안다—'고 비평해 마지않았다. 서울에서 강토하던 시절 이황은 편지로 "화담의 황극경세수(皇極經世數)는 끝내 무슨 말인지 말지 못하겠다."351고 하자 홍인우는 자기 스승에 대한 이황의 비평에 이렇게 변호했다.

> 화담은 참으로 우리 동방의 호걸지재(豪傑之才)입니다. 도덕의 얕고 깊음은 경솔히 논의할 수 없다 하더라도 그러나 도를 아는 사람임에는 틀림없습니다. 그를 어찌 과소평가할 수 있습니까!352

그 뒤 서경덕에 관해서는 역시 서경덕의 제자인 남언경(南彦經)을 상대로 비판을 개진한다. 이황의 나이 59세 때다.

---

350 주 324)와 같음.
351 이황, 『退溪集』 권1, 「元書」 넷째.
352 홍인우, 『치재집』 권1, 「答退溪書」 다섯째.

화담공의 소견을 생각해 보았는데 기수(氣數)의 학(學) 한 쪽으로만 사로(思路)가
익숙해져서 이(理)를 기(氣)로 알거나[認理爲氣], 또는 기를 가리켜 이로 아는[指氣
爲理] 것을 면하지 못했소. 그렇기 때문에 지금 화담 문하의 여러분들도 또 그 학
설에 익숙해져서 반드시 기를 고금에 뻗쳐 상존불멸하는 물(物)로 알려고 해서 부
지불각 중에 석씨(釋氏)의 견해에 빠져 버리고 맙니다. 여러분들이 진실로 잘못이
지요.[353]

기불멸설(氣不滅說)은 결국 불교의 윤회전생론에 빠지고 만다는 논
리에서 서경덕과 그 제자들을 비판한다. 서경덕은 조광조 이후 도학에서
이언적과 함께 가장 우뚝한 학자로서 은거강학만 했으므로 조선에서 최
초로 문하의 성세(盛勢)를 보았다. 홍인우·남언경·허엽 외에 민순(閔純)·
박순(朴淳)·박민헌(朴民獻)·이지함(李之菡)·박지화(朴枝華) 등 명유들이
다 그 문하다. 이황은 이들이 서경덕 영향으로 '기수의 학'에 오염되어
있다고 생각해 자신의 주자적 준거에 의해 바로잡아야 할 대상으로 생각
했다.

남언경에게 또 서경덕의 기질·학문·시문에 대해 가차 없이 비판한다.

태휘(太輝, 허엽)가 말한 것은 가볍게 의논할 수 없소. 그러나 화담이 어찌 감히 백
사[白沙, 명(明)·진헌장(陳獻章)]를 바란단 말이오. 백사는 비록 허탕(虛蕩)해서 선
굴(禪窟)에 들어갔지만 그 인품이 빼어나고 시원하며 그의 시(詩) 또한 고묘(高妙)
합니다. 그런데 화담은 그 기질이 질박한 듯하나 실은 허탄(虛誕)하고, 그 학문은

---

353 이황,『퇴계집』권14,「答南時甫」무오, 다섯째.

고매한 듯하나 실은 박잡(駁雜)합니다. 그가 이기(理氣)를 논한 곳은 나고 들며 얼키고 설키어 전혀 알아볼 수 없습니다. 학문의 원두처(源頭處)가 이와 같을진댄 그 하학처(下學處)는 이를 통해 유추할 수 있습니다. 그 시문은 좋은 곳은 좋지만 좋지 않는 곳 또한 많습니다. (이런 화담을) 백사에 비긴다니, 아마도 비교의 대상이 아닌 것 같습니다.354

이황은 가위, 서경덕이 역사 위에서 학자로서의 존립이 가능하지 않을 정도로 혹독히 비판했다. 이어서 이황은 남언경에게도 그 학문의 우려점을 지적해 설득해 마지않았다.

다만 '오(悟)' 한 자를 힘들여 주장했으니 이것은 총령(葱嶺)을 통해 들어온 돈초가법(頓超家法, 선가의 법)이지 우리 유가의 종지(宗旨)에는 이런 것이 있다고 듣지 못했습니다.355

이른바 "'힘을 쓴다'는 것은 의식이 없을 따름이요, 욕구가 없을 따름이다"라고 했는데, '의식이 없고 욕구가 없음'은 바로 성자(聖者)의 일입니다. 단번에 뛰어서 이 지위에 이르기는 아마 어려울 것입니다. 이 단락의 어의를 음미해 보건대 은미하게 선미(禪味)가 있습니다. 혹시 백사(白沙, 진헌장)가 (육구연으로부터) 전습(傳習)한 것을 보고서 조금 중독된 것이 아닙니까?356

---

354 이황, 위와 같은 책, 「答南時甫」, 무오, 여섯째.
355 이황, 위와 같은 책, 「答南時甫」, 병진, 別幅.
356 이황, 위와 같은 책, 「答南時甫」, 무오, 셋째.

제가 『장자(莊子)』를 본 지가 오래되어서 무슨 뜻인지 기억나지 않습니다만, 대저 우리 도(道)로서 자족한데 무엇 때문에 굳이 이단의 학문에 기어들어가 끌어다 합치시키려고 하십니까. 지난번에 공(公)이 『장자』를 보려고 할 때 나는 그저 두루 책을 읽어서 박학에 도움이 되게 하려나 생각했었습니다. 그런데 이제 보니 이미 그 독(毒)에 중독되었음을 깨달았소. 이단의 학문은 이렇게 사람을 변화시키기 쉬우니 심각히 두려워할 만합니다. 천 번 만 번 절실히 경계하십시오.[357]

이황이 두려워 해 마지않는 이단은 선학(禪學)과 노장(老莊)이다. 남언경에게 불(佛)·도(道)에 훈기만 스며들 낌새가 조금만 보여도 여지없이 낚아채어 비판하고, 주자에게로 좀 더 밀착해 올 것을 요구한다.

주자 '정본(定本)의 학설'을 수호하기 위한 이황의 결의는 비단 후배 학인(學人)들에게만 국한되지 않는다. 이미 선배 서경덕을 가차 없이 비판한 터에 동년배들도 주자 정설을 따르지 않는 한 이황의 비판으로부터 자유로울 수가 없다. 조식·성운(成運) 등도 근본적으로는 유학자다. 그리고 주자학적 소양 위에 있는 사람들이다. 그런데 이황은 이들이 노장에 중독되지 않았나 하는 혐의의 눈길을 거두지 않았다.

(퇴계) 선생이 일찍이 말씀했다. "남명의 소견은 실상 장주(莊周)와 한 꿰미다."[358]

---

357 이황, 위와 같은 책, 「答南時甫」, 무오, 일곱째.
358 鄭惟一, 『退溪言行錄』 권5, 人物, 文祿.

16세기 조선 사상계의 동향과 노수신(盧守愼) 315

성대곡(成大谷) 운(運)은 산림(山林)에서 덕을 기르며 나라에서 불러도 일어나질 않았다. 사람들이 그 생각의 한계를 감히 엿보지 못했다. 두 공(公)이 모두 호서(湖西)에 있으면서 이름이 세상에 나란히 드러나 사대부들이 모두 높였다. 그러나 유독 퇴계만은 이들을 받아들이지 않았다. 그리고는 말했다. "대저 이들은 모두 노장에 동티가 나 있다."[359]

이들에 대한 이황의 비판은 제자들과 구두(口頭)나 편지로 담론하는 사이 주로 개진되었고, 특히 조식에 대해서는, "비록 이학(理學)으로 자부하지만 단지 기사(奇士)일 뿐이다. 그 의논과 식견이 매번 신기한 것을 높은 경지로 보고 세상을 놀라게 하는 주장만을 힘쓰니, 이 어찌 참으로 도리를 아는 사람이겠는가?"[360]라는 등에서 수차례 논급했다. 조식이 이렇게 된 이유는 장자에의 중독 때문이라고 보는 것이 이황의 시각이다.

주자에의 순결을 요구하는 이황의 비판과 설유는 선배·동년배·후배 등 가위 전방위적으로 뻗어 있었다. 특히 후배들에게의 요구는 집요했다. 이황으로서는 그럴 수밖에 없다고 생각했다. 이황의 생각으로는 주자가 공맹을 이은 유학의 적통으로 추호의 회의도 없이 믿고 있는데, 주자의 학설에서 일탈한, 이른바 선학(禪學)에 물든 심학파들—육상산·진헌장·나흠순·왕양명 등—좌도(左道)의 학설들이 16세기 전반에 속속 전파되어 주자의 학설이 위기에 몰릴까 심각히 우려했기 때문이다. 이황은 유학에 대해 위도의식(衛道意識)과 사명감에 차 있었던 것이다. 위정척

---

359 주 324)와 같음.
360 주 358)과 같음.

사(衛正斥邪)는 실은 이미 이황으로부터 시작되었던 것이다. 이황의 이러한 위도의식과 사명감은 새로운 학설에 접해 새롭게 사고하려는 사람들에겐 하나의 통제(統制)가 되고 중압(重壓)이 될 수밖에 없었다.

이와 같이 주자의 학설 일변으로 굳혀 가던 즈음에 가장 문제가 된 인물이 바로 노수신이다. 그는 귀양지 진도(珍島)에서 1551년, 그의 나이 37세에「숙흥야매잠(夙興夜寐箴)」을 주해하고, 그 3년 뒤에는 이황과 김인후에게 질정을 구하는 등 이황의 촉망받는 후배였다. 그런데 역시 귀양지에서「인심도심변(人心道心辨)」을 발표했다. 바로 이황이 선학이라 배격한 나흠순의『곤지기』, 그 인심도심설에 대한 논지에 공감하여 쓴 것이다. 이것이 세상에 알려지면서 이항(李恒), 노진(盧禛) 등으로부터 공격이 들어오고 하여 학계가 자못 시끄러웠다. 그리고 드디어 기대승(奇大升)까지 '위도(衛道)'에 나섰다. 이황의 나이 67세 때다.

> 요즘 정암(整庵, 나흠순)의 책에 중독된 사람들이 많아 공(公)이 그 오류를 지적하는 글을 쓰고자 한다니, 글을 쓴다면 이는 길을 잃은 사람들로 하여금 어둠 속에서 길을 찾게 해 주는 격입니다. 나 또한 그 글을 보기를 바랍니다.[361]

기대승이『곤지기』를 비판하는 글을 한 편 쓰겠다고 한 편지에 대한 이황의 답서다.『곤지기』에 '중독된 사람이 많다'고 했으나 역시 핵심은 노수신이다. 기대승이 이 문제를 논쟁으로 해결해 보려 했으나, 이황은

---

361 이황,『퇴계집』,「答奇明彥」정묘, 두 번째.

그렇게 해서 남의 지목을 받아 엉뚱한 세력의 계략에 이용될 우려가 있으니, 가급적 많은 말을 않도록 하는 것이 좋겠다고 해서 「논곤지기(論困知記)」만 쓰고 말았다.³⁶² 이황은 학문적으로 같은 입장의 사람끼리는 논쟁도 했으나—기대승과의 사칠논쟁(四七論爭)이 대표적이다—자기와 다른 길을 선택한 사람에게는 가급적 말이 적은 가운데 조용히 문제를 해결하려고 했다. 왕양명 제자들의 『전습록(傳習錄)』은 거의 54세 이전에 이미 입수해 있었음에도 그 「전습록논변」은 그의 67세 이후에 쓴 것도 아마 그런 때문일 것이다. 논쟁으로 시끄럽게 하면 더 주목받을 것이기 때문에 '변(辯)'이나 '서후(書後)'로 조용히 경고의 메시지를 띄우는 것이다. 이렇게 이황은 조선의 사상계를 주자에게로 결집시켜 나갔다. 이식은 당시 사상계의 상황을 이렇게 말했다.

> 퇴계는 중국에 선학의 홍수가 도도히 온 천지를 휩쓸 때 강변(講辨)을 하고 저술을 해서 털끝만한 것도 놓치지 않고 반드시 살폈다. 학자들이 만족하듯 퇴계를 따라 아무도 감히 이론(異論)을 제기하는 사람이 없었다. 그런데 소재가 진도에서 돌아와 갑자기 선학을 했다. 퇴계가 크게 놀랐으나 변론은 하지 못하고 때로 시구(詩句)로 건드려 보았으나 소재가 또 화답하기를 심히 준엄(峻嚴)히 했다. 이로부터 도학하는 사람들이 간혹 선학을 섞어서 했는데 이런 현상은 실은 소재로부터 시작됐다. 주자의 시대에 느닷없이 육상산이 나타난 것과 꼭 같다.³⁶³

362　기대승, 『高峯集』 권2.
363　주 324)와 같음.

III. 노수신의 도통계승(道統繼承) 거부와 사상 노선

1. 노수신의 이언적·이연경으로부터의 심학지결(心學旨訣) 수수

이식에 의해 주자 시대의 육상산에 비견된 노수신이라 하더라도 주자학이 관학인 시대에 주자학에서 출발할 수밖에 없다. 그는 10대 중반에 이자(李耔), 이연경(李延慶)에게 나아가 배웠는데, 그로 해서 17세에 이연경의 사위가 되었다. 이연경은 조광조와 뜻을 같이하는 친구였다. 노수신이 조광조를 이어받을 태세로 마음을 다져가며 힘써 공부를 했다는 데에는[364] 이연경을 통해 죽은 조광조를 가까이서 의식하며 성장한 원인이 컸을 것이다. 당시는 아직 이황이 학계에 등장하기 전이었다. 그래서 육상산도 별이의 없이 받아들여졌다. 김안국이 중종 37년(1542)에,

『상산집(象山集)』은 송조(宋朝)의 거유 육구연(陸九淵)이 지은 것입니다. 선생은 주자와 같은 때에 덕성을 높이는 데에 전심하여 편지를 왕복하며 변론하였습니다. 비록 주자와 취지가 다르긴 하나 심성의 학문은 이에 따라서 강명(講明)할 수 있으니, 학자가 정자나 주자의 가르침을 숭상하는 데에 이 문집을 참고하면 유익함이

---

[364] 주 324)와 같음. "蘇齋自少厲志苦學, 祖述靜庵, 名望高於退溪."

있을 것입니다.³⁶⁵

라 하고, 간행을 건의한 것도 그런 배경에서였다. 노수신은 이 때 선배들을 따라 상산학도 아울러 공부했던 것이다. 노수신이 조광조의 제자 백인걸(白仁傑)과 상산학을 함께 하던 일을 회상한 시(詩)가 있다.³⁶⁶

20세에 생진(生進) 두 시험에 합격하여 성균관에 들어갔다.

> 태학(太學)에 들어가 닭이 울면 관대(冠帶)를 하고 앉아 독서하기를 그치지 않았다. 밤이 되어 잠자리에 들어서야 그쳐서, 한 방에 거처하는 유생도 일찍이 그의 맨상투를 본 적이 없었다. 당시 성균관 유생들은 모두 옷깃을 여미며 그를 공경했다.³⁶⁷

26세 무렵에 시험을 계기로 「시습잠(時習箴)」을 발표했다.³⁶⁸ 『논어』의 "학이시습지(學而時習之)"에 심학(心學)의 오랜 화두, "인심은 위태하고, 도심은 은미하다. 오직 정밀히 하고 오직 한결 같아야, 그 중(中)을 잡는다.[人心惟危. 道心惟微. 惟精惟一, 允執厥中.]"를 결합시킴으로써 '학(學)'을 '(앎을) 정밀히 하다, (행함을) 한결같이 하다'로 해석하여 '시습(時習)'의 개념내포를 심학적으로 확충한 것이다. 그리고 이 '시습(時習)'을 받

---

365 『중종실록』 37년 5월 7일.
366 노수신, 『穌齋集』 권1, 「思勁詩軸, 讀休菴所賜次韻, 慨然有感, 輒復和題」, 본문은 뒤에 인용될 기회가 있음.
367 『소재집』 「연보」.
368 노수신, 『소재집』 권7.

쳐주는 것은 '경(敬)'이라고 했다. 전형적인 정주학적인 관점이다. 그런데 노수신은 이 잠(箴)에서 "강서(江西)의 돈오(頓悟)는 이미 그 진(眞)을 잃어버리고, '때때로 익히는(時習) 것을' 의심했다."고 상산학의 선학적 기풍을 비판했다. 당시 존덕성(尊德性) 공부와 함께 주자적인 도문학(道問學) 공부에 입각해 있었던 노수신의 태도를 반영하고 있다. 이 『시습잠』은 지성균관사(知成均館事)로 있는 김안국으로부터 "이것이 어찌 사장(詞章)하는 유자들이 미칠 수 있는 것인가"하는 찬사를 받았고, 선조 초년 노수신이 해배(解配)되어 복직됐을 때에 허엽에 의해 주해되어 선조에게 바쳐졌다.[369]

27세에, 앞에서도 잠시 언급했지만, 이언적을 찾아가 제자의 예(禮)를 드리고, 『심경부주』에 대해서 여러 가지로 질문을 한다. 노수신은 이언적을 당시 심학의 일인자(一人者)로 생각했다.

> 오로지 내면에 마음을 쓰되 성의(誠意)에 기반하여 치지(致知)에 발용(發用)한다.[370]

노수신이 만년에 회고하여 규정한 이언적 학문의 특성이다. 왕양명의 학설에 상당히 근접해 있다. 이언적은 만년으로 올수록 더 심학에 기운 편이라서 혹시 양명의 심학에 접했을 수도 있다. 아니면 노수신이 일찍이 이언적의 '존심상(存心上)' 공부를 들어 '자득(自得)'을 인정한 바 있듯이, 이언적의 자득으로 얻은 것일 수 있다. 노수신은 이언적에게 '존심

---

369 주 367과 같음.
370 노수신, 『소재집』 권7, 「晦齋先生集序」.

지요(存心之要)'를 가르쳐 주기를 청했더니 이언적은 이윽히 있다가 손바닥을 가리키며, "여기에 한 물(物)이 있다 치자. 꽉 쥐면 망가지고 쥐지 않으면 없어진다."라고 했다.[371] 두 사람의 심학지결이 수수(授受)되는 순간이다. 그리고 얼마 지난 뒤에 장인 이연경이 이언적과 '희(喜)·노(怒)·애(哀)·락(樂)이 미발(未發)한 상태'를 논하고, 노수신을 위해 자세히 그 내용을 말해 주었다고 해,[372] 이언적과 이연경의 심학이 자신에게 전수되었음을 우회적으로 말한 것으로 보인다.

노수신은 29세에 문과에 급제하여 30세에 세자시강원사서(世子侍講院司書)로 재직, 입시(入侍)하여 강의할 적에 주자의 설(說)과 함께 육상산의 설노 섬해서 재봉했다.[373] 노수신이 세자시강원사서로 재직할 무렵에는 아직 이황이 45세로 스스로를 감추며 도학, 주자학에 매진할 때라 상산학에 대한 좌도의식이 아직 본격적으로 형성되기 전이었다. 그래서 노수신도 서연 강의에서 육상산의 설을 주저 없이 개진할 수 있었을 것이다. 더구나 『상산집』을 조정에서 간행한 지 2년 밖에 지나지 않은 터라 더욱 그러했다.

---

371 주 370)과 같음. 노수신은 이언적이 손바닥을 가리키며 한 가르침을 孟子의 浩然之氣 배양의 방법 '忘却'과 '助長'의 다른 표현으로 이해한다.
372 주 367)과 같음.
373 시강원에서의 강의에 대해서는 신향림의 「盧守愼의 초기 사상과 경세론」(『泰東古典硏究』 25집)에 자세히 나온다.

2. 을사사화의 충격—주자 격물궁리(格物窮理)의 부정

이듬해에 인종이 죽고 명종이 즉위, 을사사화가 일어나 노수신은 그해 9월에 파직되어 충주로 갔다. 그해 11월에 사경(思勁)이란 중을 만난다. 그런데 그 사경이 시 한 수를 청하며 내어 놓는 시축(詩軸)에 백인걸이 사경에게 지어준 시가 쓰여 있었다. 노수신은 바로 그 시에 개연(慨然)한 마음으로 화운(和韻)한다.

「사경시축(思勁詩軸), 독휴암소사차운(讀休菴所賜次韻), 개연유감(慨然有感), 첩부화제(輒復和題)」[374]

전주에 마음을 두느라 상산을 저버렸으니,	傳註留情負象山,
십 년의 학문 견해가 다 부질없는 일 되어 버렸네.	十年說話摠成閑.
당부하노니 그대는 아호의 변을 눈여겨보소.	憑君眼著鵝湖辨,
어찌 본원(本源) 맑히는 걸 두 가지로 본단 말가.	詎喚澄源做兩般.

주자의 존덕성·도문학 병수(幷修)의 공부법[실은 『중용』의 공부법]을 부정한 것이다. 마음 맑히는 데는 존덕성 한 가지로써 족하다는 논리다.

시의 첫째 구는 육구연(상산)의 형 육구령(陸九齡)이 주자와의 토론을 위해 동생 구연과 함께 아호사(鵝湖寺)를 떠나기 전 자신들의 학문적 지향을 사전에 명확히 밝힌 작품에 연계되어 있다. 그 시에 "전주에 마음을

---

[374] 노수신, 『소재집』 권1.

둠은 마음의 길을 막는 가시나무로 바뀌고 / 자질구레한 이치에 집착함은 지식의 바다에 매몰되고 말지[留情傳註飜榛塞, 着意精微轉陸沈.]"라고 했다.[375] 주자의 번쇄한 주지주의적 '격물궁리'의 도문학(道問學) 공부법을 비판한 것이다. 이 시의 내용을 작중화자(作中話者)의 생각대로 정리하면 대략 다음과 같다. 즉, 육구령이 비판한 주자의 공부방법에 따라 10여 년 동안 경전을 읽고 전주에 마음을 쓰며 자질구레한 이치들에 매몰되어 버린 것이, 즉 격물궁리의 '도문학(道問學)'에 주력한 것이, 백인걸의 시가 되살려 준 10년 전 상산 공부에 대한 기억 앞에 모두 부질없는 것으로 생각되어, 중에게는 상산의 '존덕성(尊德性)' 공부를 중시할 것을 당부한다는 것이 그것이다. 그런데 시에는 작중화자의 생각과 시인 자신의 생각 사이에 다양한 스펙트럼의 거리들이 있다. 그러나 노수신의 시는 일반적으로 그 거리가 아주 가깝거나 일치하는 경우가 많다. 이 시의 경우 거의 일치한다.

요컨대 노수신은 주자의 격물치지를 부정한다. 을사사화를 겪은 충격으로서다. 경전의 가르침과 정치현장 사이의 엄청난 괴리 때문이다. 전주(傳註)를 따져가며 경전의 의리를 아무리 공부해 보아야 마음에 진정으로 수용되지 않으면 소용없다는 것이다. 그는 말년에도 유자(儒者)들을 가리켜 통렬히 비판했다.

    그 기습(氣習)은 끝내 구이(口耳)·문자(文字) 속을 떠나지 못한다. 그래서 알고 있는 이치와 행하고 있는 일이 도리어 불가·도가·관중(管仲)·안자(晏子) 무리의 수준

---

375 陸九淵, 『象山集』 권34, 語錄上.

을 못 미친다. 왜 그런가? 대개 그 소위 공부란 것이 이 마음과는 전혀 교섭이 없기 때문이다.[376]

불가·도가·관중·안자는 모두 유가에서 천시하는 사상이다. 전 2자는 이단이라서, 후 2자는 공명(功名)의 도(道)이기 때문이다. 그들의 수준에도 못 미친다는 말은 유자, 나아가서 유학 자체에 대해서 엄청난 모욕이다. 그렇기 때문에 이식은 노수신을 가리켜 '육상산·왕양명을 높여 의기(意氣)를 숭상하며 망자존대(妄自尊大)해서 그렇다고 강하게 비판했다.[377] 유가가 천시하는 이단·좌도의 무리보다 못한 원인은 공부가 입으로 지껄이고, 귀로 들어 흘려버리고, 문자로 따지는 데만 익숙해져 있고, 마음과 진정한 교섭이 없어서 그렇다는 것이다. 즉, 격물치지보다 심학에의 침잠이 없어서 그렇다는 것이다. 그의 만년의 이 생각은 을사사화 후 이 때 분명하게 깨달은 것일 것이다.

비슷한 시기에 지어진 것으로 보이는, 비슷한 주제로 쓴 두 편의 시가 문집의 간행에서는 제외된 채 필사본(종가소장)에 전하고 있다.

「독대학유감시제(讀大學有感示弟), 우(又)」

만 마디 말, 천 마디 말이 혈맥이 통한다 했고.　　　　萬語千言血脈通,

---

376 노수신, 『소재집』 권9, 「李恒墓碣銘」.
377 첫째 구는 『大學章句』의 「經一章」의 끝에 붙여 둔 논평으로 "무릇 『대학』의 「傳」은 (중략) 文理가 접속하고 혈맥이 관통하여 云云"한 데에서, 둘째 구는 「讀大學法」에서 "『대학』한 책에는 「正經」이 있고, 「章句」가 있고, 「或問」이 있으니 보아오고 보아가면……자연히 한 권의 『대학』이 흉중에 있게 되어 云云" 한 데에서 왔다.

보고 또 보면 책 한 권이 흉중에 있게 된다 했지.	看來一部在胸中.
찬찬히 요순시절을 생각해 보면,	悠悠寄思唐虞上,
사람들 느긋하고 화락케 하는 데 한 글자도 필요없었다오.	皥皥熙熙一字空.

역시 주자의, 경전을 상대로 한 격물궁리 공부를 부정했다. 첫째 구와 둘째 구는 『대학(大學)』과 그 공부법에 관한 주자의 논급이다.[378] 유가의 궁극적 목표는 태평성대를 이룩하는 데 있는 만큼 그것을 위해서라면 유가의 경전을 상대로 '격물궁리'할 필요가 없다는 것이다. 사실 이 싯구의 의미대로라면 경서 자체도 부정되는 셈이다. 노수신은 복직된 뒤 벼슬할 때 어전에서도 주자의 사서삼경(四書三經) 전주(傳註)도 "볼 것이 없다."라고 말했다.[379] 번쇄한 지식주의를 싫어하는, 일종의 반문명적 사상이 노수신의 사유에 깃들어 있는 듯하여 자못 흥미롭다.

다른 한 편의 시는 『대학』 8조목에서 주자의 공부론 해석을 부정한 것이다. '성의(誠意)'와 '치지(致知)'에서 주자는 치지가 성의에 앞서는 것이라 했으나 노수신은 거꾸로 성의가 앞서고 격물치지는 그 다음이라고 생

---

378 주 377)과 같음.
379 『선조실록』 7년 5월 30일. "수신이 '傳註에는 꼭 마음을 둘 필요가 없습니다.' 하니, 유희춘이 '다른 여러 사람의 주해는 성현의 마음을 얻지 못했으니 그만두어도 좋으나, 주자의 사서삼경주해는 성현의 마음을 잘 얻은 것인데 어찌 가벼이 할 수 있겠소.' 라 반박했다. 수신은 '주자의 주해가 비록 잘된 것이기는 하나 족히 볼 것이 없습니다.' 했다."고 기록되어 있다. 이러한 노수신이 귀양시절에 엄청나게 독서한 것으로 알려져 있다. 요컨대 노수신 말의 취지는 심성수양을 위해서는 경서의 의리의 탐구에 매몰될 필요가 없다는 것이지, 심성수양에 직접적으로 관계 되지 않은 책까지도 읽지 말아야 한다는 것은 아니다.

각했다.380 이것은 왕양명의 다음 견해와 흡사하다.

> 만약 성의를 주(主)로 해서 격물치지 공부를 하면 곧 공부에 비로소 귀속처가 있게 된다. 바로 위선거악(爲善去惡)이 성의 아닌 일이 없다.381

노수신이 이 때(33세 무렵) 이미『전습록』을 접하고 그 사상의 특이함에 눈떴을 것도 같다. 이 무렵에 쓴 두 편의 시에 양명사상이 농후하게 나타난다. 어쩌면 이때에는 양명사상에 대한 확신이 채 서지 않았고, 확신이 서지 않는 가운데 을사사화의 충격으로 주자의 격물궁리의 부정과 함께 양명사상의 요체를 표출한 것일 수 있겠다. 우리는 앞에서 이언적의 공부논리도 양명처럼 '성의' 다음에 '치지'임을 보았다. 그렇다면 노수신은 이언적으로부터 전해 받은 것일까? 이 문제는 앞으로 숙고(熟考)를 요한다. 아무튼 을사사화를 계기로 노수신의 학문 노선은 존덕성의 심학을 중시하는 쪽으로 전환하게 된 것이다.

3.『숙흥야매잠해(夙興夜寐箴解)』와 도통계승의 기대

노수신은 1547년 33세에 순천을 거쳐 진도에 유배된다. 그리고 37

---

380 노수신,『소재집(필사본)』,「讀大學有感示第」. "종래에는 방으로 들어가는 길 가리켜 보면/인귀관 앞에 몽교관이 있다네[向來指點從行處, 人鬼關前夢覺關.]" 여기서 '인귀관'·'몽교관'은『朱子語類』의 말로 곧 '성의'와 '치지'를 가리킨다.
381 徐愛 等,『傳習錄』上. 중국에서 上책 뒤에 출판된 中·下책의 우리나라의 수입연대는 미상이다. 이때는 우리나라에서 上책만 유통가능했을 듯.

세에 진백(陳栢)의 『숙흥야매잠』을 주해한다. 『숙흥야매잠』은 사자(士子)의 심성공부 일과(日課)를 운문으로 서술한 것으로, 『숙흥야매잠해』의 첫머리에 간략한 소개가 있는 것으로 보아서 노수신 당시에는 아직 사자들 사이에 그렇게 널리 보급되어 익숙한 책은 아니었던 것 같다. 나중에 이황의 『성학십도』에 포함되었다. 그리고 이 글은 정주적인 심성철학을 배경으로 한 내용으로서, 노수신은 "그 강령은 오로지 경(敬)에 있다."고 했다.[382] 경은 주지하듯이 정주계열이 존덕성을 위해 강조해 마지않는 공부법이다. 노수신은 유배된 뒤 경 공부를 더 치열하게 한 것으로 보인다. 그것은 아마 언제 사약이 내려올지 모르는 죽음에 대한 실존적인 불안 때문일 것이다.[383] 노수신의 시에는 「자만(自挽)」을 시제로 한 시가 세 수나 된다. 진도에 유배되던 33세, 그리고 37세, 44세, 최소한 11년에 걸쳐 죽음에 대한 불안을 겪은 셈이다. 주지하듯이 유학에서는 죽음을 의탁할 초월적인 신(神)은 없다. 죽음은 철저히 자기 몫이다. 죽음을 초극하는 길, 이것은 바로 인간으로서의 완성, 즉 큰 '인(仁)'에 도달하는 데에 있다고 생각한다. 특히 상제(上帝)가 이신화(理神化)된 도학, 성리학에서는 더욱 그러했다. 노수신은 경 공부의 수행으로 죽음에의 불안을 초극

---

[382] 『숙흥야매잠해』, 「按說」. "謹按一篇綱領, 專在於敬."
[383] 노수신은 40세 무렵 자신의 『숙흥야매잠해』를 보고한 이황의 편지에 대한 답서(『소재집』 內集 上篇, 「答退溪書」)에서 "두 노인(부모)이 고향집에 계시어 밤낮으로 바라보는데 아득히 돌아갈 기약이 없습니다. 매양 생각이 여기에 이르면 마땅히 책 읽는 것도 폐지하고, 밥숟가락 드는 것도 멈춰야 합니다. 억울하고 좌절되어 등허리와 가슴이 두 쪽으로 갈라지지 않은 적이 없습니다. 그래서 때론 술을 마시면 정신은 혼혼하고 자세는 흐트러지고 금방 숨이 끊어질 듯 바로 저승의 사람 꼴입니다"라고 자신의 처지를 호소한 적이 있다. 근원적으로 죽음에 대한 불안 때문이다.

하려고 했을 것이다.

「야좌즉사(夜坐即事)」[384]

곧추 앉아 자세부터 가다듬으니,	高坐容先整,
놓쳤던 마음 바로 돌아왔건만.	才求放便回.
고삐 풀린 말처럼 내닫지 못하게 하자니,	不敎奔似馬,
싸늘하게 식은 재 같이 될까 두렵구나.	只怕死如灰.
굶주린 쥐는 느릿느릿 가다 멈추다,	饑鼠閑行止,
가벼운 바람은 절로 오가느니.	輕風自往來.
어찌 눈과 귀를 닫아야 하리,	何須閉耳目,
텅 비어 하나 된 마음 지니기 어렵구나.	虛一蓋難哉.

이 시는 노수신이 밤에 자신의 경 공부를 수행하는 상황을 묘사한 것으로, '바깥으로 돌아다니는 마음을 안으로 거두어들이는 일은 쉬이 되지만, 마음으로 하여금 날뛰는 말의 상태, 그것을 억제하면 식은 재의 상태라는 두 극단이 아니고 말 같은 활기(活氣)와 재 같은 정적기(靜寂氣)가 변증법적으로 융합된', 즉 '텅 비어 하나 된 마음'을 지니기 어려움을 읊은 것이다.[385] 이렇게 경을 수행한 나머지 자신의 경 체험을 바탕으로

---

384 노수신,『소재집』권2.
385 敬은 거칠게 말하면 마음을 '텅 비어 하나 된[虛一]' 상태로 지속하도록 하는, 마음의 특수한 함양법이다. 일종의 의식의 統覺狀態의 유지다. 주지하듯이, 정이천의 '主一無適'·'整齊嚴肅', 謝良佐의 '常惺惺法', 尹焞의 '其心收斂, 不容一物', 주자의 '唯畏近之' 등 여러 측면에서 규정되는 데서 볼 수 있듯이 그렇게 간단한 문제가 아니다.『心經』 또는 『심경부주』는 敬을 위한 책이라 해도 과언이 아니다. 기본적으로 知覺이 내면에 뿐만 아니라 감

하여 『숙흥야매잠』을 주해한 것이다. 이것이 3·4년 뒤에야 퇴계에게 입수되어 10여 군데 수정할 것을 제의받았고, 2년 뒤에 이황이 재차 수정할 조목들을 제시해 왔기에 김인후까지 가담시켜 세 사람이 편지로 토론을 거쳐 완성본의 성립을 본 것이다.

  책은 『숙흥야매잠』을 모두 8장으로 나누어 주(註)와 해(解)를 하고 말미에 총해(總解)를 붙인 것으로,[386] 경(敬)을 정점에 놓고 정주학의 심성 수양에 관한 주요 개념·명제들이 거의 동원되어 논의가 진행된다. 퇴계는, "『숙흥야매잠』은 옛날 나 또한 마음 속에 간직하고 있었지만 정밀한 조리와 엄정한 공정(工程)이 이와 같이 지극한 줄은 미처 몰랐습니다. 주해를 넘어 보니 장(章)을 나누고 구(句)를 분석함과, 바르고 차원 높은 논의로 핵심이 되는 긴요한 곳을 능숙한 솜씨로 요리하여 밝고 드높은 경지에 홀로 도달했으니 탄복을 금치 못하겠습니다."[387]라고 적지(謫地)에서의 노수신의 이 저작에 저으기 놀라워했다. 그리고는

  이 도(道, 도학의 도)가 우리 동방에서 없어지지 않는 한 이 주해는 반드시 후세에 전해질 것입니다.[388]

  관을 통해 외면에도 깨어 있고 살아 있어야 하는 것, 그리고 이런 상태를 단시간이 아니라 상시 지속할 수 있어야 하는 것이라는, 이 敬 상태의 일상화에의 도달에서 敬공부 완성을 보게 된다. 앞으로 본격적인 연구가 요청된다.

386 말미의 총해에는 '敬은 一이다'라 하고, '一'로서 공부의 다방면을 포괄하고, 끝에 주돈이의 『通書』의 '無欲'의 개념을 도입하여 마무리하고 있는데, 아마 敬에 노수신 자신의 체험을 반영한 새로운 규정을 위한 논의가 아닌가 한다.

387 이황, 『퇴계집』 권10, 「與盧伊齋寡悔」.

388 위와 같음.

라고 해서, 정주학의 수양론에 입각하여 내놓은 후배의 이 저작에 대해 신임을 표시했다. 물론 구체적인 토론과정에 상당 부분 고치기를 요청했지만 말이다. 이이에 의하면 이 책은 당시의 많은 도학 지식인에게 전파되어 상당히 호평을 받았다고 했다.

> 노수신은 젊어서부터 문행(文行)으로 매우 두터운 명망이 있었다.……을사년에 간당(姦黨)이 그 명망을 꺼려하여 귀양 보냈다. 수신이 귀양살이를 하는 중에 문학(問學)이 더욱 정밀해졌다.……『숙흥야매잠해』를 지었는데, 지의(旨意)가 정밀하여 사림이 돌려가며 읽어 그의 청고(淸高)한 명망이 더욱 널리 퍼졌다.[389]

『숙흥야매잠해』는 나중에 선조에게 바쳐지기까지 했다.[390]

그런데 『숙흥야매잠해』의 초고(初稿)나 3인의 토론 중 노수신의 부분은 다분히 소활(疎闊)한 편임에 대하여 이황과 김인후는 이미 숙련된 주자학적 개념과 명제를 동원하여 치밀한 논리를 구축한다. 그 대신 노수신의 몫에서는 지적(知的) 상상력의 보폭(步幅)이 상대적으로 크게 느껴진다. 특히 제4장의 본문 "(사물에의 반응이 끝나자 / 나는 이전처럼 되어) 마음이 깊고 고요해짐에 / 정신을 엉기게 하고 사려를 쉬어[方寸湛然, 凝神息慮.]"에 대해 노수신이 그 해(解)에서 "[한 사물이 겨우 지나가자 진체(眞體)가 이전대로] 그 광령(光靈)을 모으고 / 그 사념을 끊어[聚其光靈, 絶其思慮.]"라고 한 대목이 문제였다. 이황이 "이 두 마디 말은 선어

---

389 이이, 『율곡집』 권28, 『經筵日記』 명종 22년 10월.
390 『선조(수정)실록』 1년 12월 1일(을해).

(禪語)를 범했으므로 삭제하는 것이 어떻겠소?"라고 하자, 노수신은 "과연 선(禪)에서 왔소.……이전에 한 늙은 중을 만나 이틀 밤을 함께 묵었는데 그 중이 가져온 『삼법어(三法語)』391를 두어 번 훑어보니 문득 기뻤소. 그것이 흉중에 남아 있다가 부지불각 중에 비슷하게 붓끝으로 나온 모양이오. 참 우습구려. 근세에는 선(禪)을 배우는 사람도 없는데 두려울 게 뭐 있겠소. 그러나 우리들은 불가불 경계해야지요."라고 답했다. 이에 대해서 김인후가 "세상에 선(禪)을 배우는 자가 없더라도 역시 불가불 염려를 해야 할 것이오. 지금부터 선으로 흐르는 자가 있을지 또 어떻게 알겠소?"라고 서두를 떼고 난 뒤에 우리나라 속담까지392 동원해가며 몰아붙였다. 그리고 "신심(身心)을 수렴히여 잡념을 모두 쓸고, 운운."하는 주자의 말을 들며 그 말을 쓰면 얼마나 좋느냐고 웅변을 토했다. 이에 대해 노수신은 "배우고 난 뒤에 (선으로의) 흐름이 있는 것이지, 배우지 않는데 또 무슨 흐름이 있겠소?"라고 서두를 뗀 뒤에,

> 대저 배우지 아니 하는 것을 걱정할지언정 배울 바엔 반드시 정주(程朱)를 배워야 할 것이오. 정주의 훈계가 이미 분명하고 다 밝혀 놓았는데, 이것(정주의 훈계)을 배우면서 저것[선(禪)]을 배척할 줄을 알지 못하는 자가 있겠소?

라고 답했다. 그러자 이황이 김인후의 논변을 지지해 다음과 같이 말

---

391 불교의 教法·行法·證法에 반한 책인 듯하다.
392 속담은 "도둑이 없다고 해서 짖지 못하는 개라도 기르지 않아서는 안 되고, 쥐가 없다고 해서 쥐 잡지 못하는 고양이라도 기르지 않아서는 안 된다."는 것이다.

했다.

군자가 도(道)를 강론하고 저작을 하는데 어찌 일시의 계책을 위해서이겠소. 이단을 배척하는 데에 어찌 지금에 그런 사람의 유무를 따지고 난 뒤에야 하겠소? 성인의 무리가 아니면 바로 양묵(楊墨)의 무리요. (성인과 양묵의) 가운데 서서 두 쪽을 화합하는 이치는 없소. 만약 나의 말이 저 선(禪)에 약간만 관계되면 비록 온 세상에 한 사람도 선을 배우는 자가 없더라도 나는 이미 다른 사람을 금수 이적의 구렁이에 빠뜨리는 것이 되오. 어찌 다른 사람만 빠뜨리겠소? 내가 먼저 스스로 저 삿되고 바르지 못한 무리에 빠진 것이오.

이 『숙흥야매잠해』를 둘러싼 토론에서 우리는 노수신의 사상과 관련하여 중요한 단서를 포착하게 된다. 두 사람이 극단적인 언사로 필요 이상으로 노수신을 몰아붙이는 데에서 노수신이 이미 주자학과는 이질적인, 소위 '선학에 물든' 학문[393]과의 관련이 두 사람에게 그 낌새가 포착

---

[393] 노수신은 '선학에 물든' 학문, 즉 육상산·나정암·왕양명의 학문 이전에 승려들과 사상적으로 교류했다. 노수신은 生進으로 성균관에 거재하고 있던 25세에 약 3개월 동안 금강산을 유람했다. 승려들과의 교유를 이 때부터 본격적으로 시작한 듯하다. 그리하여 문집에 나타난 바로는 50여 명에게 60여 차례나 승려에게 시를 써 준 일이 있고, 심지어 진도 유배 중에는 그에게 와서 3년 동안 배우고 간 승려도 있었다. 조선시대에 유식층 승려들은 명망 있는 사대부를 찾아다니며 시를 받고, 편지를 전달해 주는 등 사대부의 사자 노릇을 해 왔기 때문에 사대부 가운데에는 혹 승려와 친교를 가지는 경우가 있었지만, 노수신의 경우는 가위 억불숭유의 국시를 일탈하는 단계에까지 이르렀다고 할 만하다. 그리고 승려들에 준 시편을 보면 한결같이 진지함을 볼 수 있다. 이것은 무엇보다 까다롭게 계급·계층을 따지지 않고 두루 사람을 받아들이는 휴머니티 때문이었을 것이다. 앞으로의 노수신 연구에 노수신과 승려층과의 사상적 교류도 깊이 고려해야 할 것이다.

되지 않았나 하는 것, 그리고 노수신 자신은 여전히 정주학을 따르고 있는 것을 당연한 듯 두 사람에게 말해 보이는 것이다.

이황과 김인후가 노수신의 사상에 선학기(禪學氣)의 혐의를 두고 있었을 것이란 사실에 대해서다. 노수신의 심학의 원류는 조광조의 심학[정주심학]을 주류로 하고 육상산의 심학을 아우르는 그런 것이었을 듯하다.[394] 앞에서 언급했지만 이황이 도학으로 등장하기 전에는 육상산의 학문도 얼마든지 수용 가능했다. 을사사화의 충격을 계기로 주자의 도문학을 제쳐두고 육상산의 '심즉리(心卽理)'의 심학이 좀더 중요하게 자신에게 다가온 듯하다. 그런데 육상산의 심학의 경우 경(敬) 공부를 중시하시 않았다. 경 공부는 여전히 정주 심학에 뿌리를 두고 있었다. 그는 「자만(自挽)」시의 한 편에 이렇게 읊었다. "살아선 바다 가운데(섬)에 누웠으매 신(神)이 스스로 지키고 / 죽어선 하늘 밖(저승)을 다니매 그림자도 안 부끄럽네.[一臥海中神自守, 獨行天外影無慙.]"[395] 여기서 '신이 스스로 지킨다'는 말에서 신은 초월적 외재신이 아니라, 경의 주체인 자신의 정신이다. 주자는 "경하면 마음 안 욕심이 싹트지 않고 바깥 유혹이 들어오지 못한다. 마음 안 욕심이 싹트지 않는다는 점에서 말하면 '허(虛)'라고 말할 수 있고, 그 바깥 유혹이 들어오지 못한다는 점에서 말하기 때문에 '실(實)'이라고 말할 수 있다.……마음에 주재함이 있으면[경을 함을 뜻함] 마음이 허(虛)로 되어 신(神)이 그 성곽을 지킨다. 운운." 했다.[396] '신

---

394 程朱心學과 陸王心學의 차이에 대해서는, 劉明鍾, 1988, 『韓國陽明學의 諸問題』(『陽明學』 제2호, 한국양명학회)에서 논의되어 있다.
395 노수신, 『소재집』 권2.
396 程敏政, 『心經附註』 권2, 「正心章」. "有主則虛, 神守其郭."

이 스스로 지킨다[神自守]'라는 말은 주자의 이 말 가운데 '신이 그 성곽을 지킨다[神守其郭]'는 말에서 온 것이다.

이 「자만(自挽)」시는 주자의 격물치지 공부를 부정하던 일련의 시들과 비슷한 시기, 즉 33세에 지은 것으로[397] 보면 주자의 격물치지의 도문학 공부를 분명히 부정하면서도 경을 중심한 존덕성의 공부를, 적어도 그 시기까지는(나중에 양명학에 관계됨), 정주계열에 거점을 두고 있었음이 확실하다. 그런데 이황과 김인후의 필요 이상으로 몰아붙이는 이면에는 석연치 않은 점이 놓여 있고, 있다면 이때는 육상산의 심학과 승려와의 교류를 통한 선학(禪學)의 수용일 것이다. 아무튼 을사사화 후 유배 초기까지의 노수신의 사상은 다분히 혼돈과 방황을 거듭한 흔적이 역연하다.

다음은 '대저 배우지 아니하는 것을……알지 못하는 자가 있겠소.'라고 한 데 대해서다. 노수신 자신은 경을 중심으로 여전히 정주 심학을 주로 삼고 있는데, 불필요한 논박을 한다 싶은 생각에서 한 말인 것 같다. 원문의 행간을 음미해 보면 특히 김인후의 논박에 대해서는 불쾌해 하는 기색이 역연하다. 사실은 노수신의 정주(程朱) 관계 발언에는 이황·김인후들과 이념을 같이 하는 동지로서의 이념 수호를 위한 다짐이었다는 점에서 다짐다운 열정이 그렇게 느껴지지 않는다. 다분히 의례적이다. 사실은 이 1년 전 45세의 노수신은 역시 유배지에서 문제의 「인심도심변(人心道心辨)」을 저작했던 것이다.

---

397 노수신의 『소재집』 권2에 시 저작의 年日 표시를 통해 알 수 있다.

이이가 『경연일기』에서 평했듯이 노수신은 '젊어서부터 명망이 있었고' '숙흥야매잠해'를 지어서 청고한 명망이 더욱 널리 퍼져서, 해배 전후에는 자연스럽게 조선 도학의 도통을 이을 존재로 떠올랐다.

> 금상(今上, 선조) 4년 3월 노수신을 대사헌으로 삼았다. 수신이 복직한 뒤로 매양 물러가 쉬려고만 했다.……이 때 이황이 이미 작고했기 때문에 중망(重望)이 수신에게 있었다.[398]

이황이 작고했으므로 국정을 도학적으로 뒷받침할 자리, 이황이 있었던 그 자리에 노수신이 뒤를 이어야 한다는 여론이 있었다는 것이다. 바로 도통의 계승자로 노수신이 점지되었다는 것이다. 해배되기 전 소재 47세 때 「인심도심변」을 접하고 소재와 인심도심 문제를 편지로 논란하는 과정에서 이항(李恒, 노수신의 외종숙)은 소재에게 두 차례나 도통계승자로서 자세문제를 제기하고 있다.[399]

> 우리 동방의 도학의 계승은 오로지 군(君)을 믿고 있는데, 군이 또한 나정암(羅整庵)의 궤론(詭論)에 현혹되어 옳고 그름을 알지 못하니 탄식을 이루 말할 수 있겠는가.[400]

---

398 이이, 『경연일기』 今上[선조] 4년 3월.
399 이항은 노수신의 「신심도심변」을 45세에 지금 형태로 定稿하기 전에 보았던 것 같다. 지금의 「인심도심변」에는 "一齋先生 云云"이라는 말이 들어 있다.
400 이항, 『소재집』 下篇, 『懼塞錄』甲二, 「與盧寡悔書」.

말할 것도 없이 노수신이 나정암 학설을 받아들인 것을 비판하기 위한 편지였는데, 나정암의 설을 '궤론'이라고 한 극도의 부정의식의 이면에 주자의 학설에 대한 정통의식의 강조를 짐작할 수 있다.(사실 이항의 이기일물설(理氣一物說)도 나정암의 영향으로 보기도 한다.) 이황이 이끌어온 당시 사상계의 면모다. 아무튼 노수신이 주자설과 나정암설의 옳고 그름을 모르고 나정암설에 현혹되어 도통계승을 놓치고 있으니 '탄식을 이루 말할 수 없다'는 것이다. 다른 또 하나의 편지는 '음주(飮酒)'로 도통 계승에 상응하는 주자학 공부를 못할까봐 우려한 것이다.

> 우리 동방의 도통의 계승이 군에게 있으니 모름지기 방만하게 음주를 하지 말게. 다시 거경궁리(居敬窮經)의 공부를 더하여 진실된 역량이 오래 축적되게 하여 정미함을 다하고 고명함을 극진히 해서 중임(重任)을 보존하면 정말 다행이겠네.[401]

도통의 계승이라는 중임을 보존하기 위해 전형적인 주자학적인 공부에 힘을 쏟도록 권하고 있다. 노진(盧禛)도 「인심도심변」에 문제를 제기하면서,

> 내가 생각하기에는 금세에 이 일[도학]에 기망(期望)을 두고 있는 사람은 오직 공(公)뿐이오.[402]

---

401 이항, 위와 같은 곳, 「與盧子書」.
402 노진, 위와 같은 책, 「與盧寡悔書」.

라고 했다.

4. 「인심도심변(人心道心辨)」의 파문

이렇게 도통을 계승할 것으로 중망(衆望)이 모이는 가운데 노수신은 거기에는 아랑곳하지 않고 자신의 길을 갔다. 무언의 거부다. 노수신의 「인심도심변」은 나정암의 학설 이전에 노수신이 주자의 설에 대해 의심을 품은 데에서 시작되어 나정암설을 만난 것이다.

> 내가 중년에 항상 (주자의) 이 전(傳)을 경송(敬誦)해 왔다. 그런데 거기에 "인심은 인욕이라 할 수 없다."[403]라고 (주자가) 말한 것이 있는 것을 보고서 스스로 이렇게 의심했다. '(주자가 「중용장구서」에서) 이미 형기(形氣)의 사(私)로써 인심에 소속시키고, 성명(性命)의 정(正)으로써 도심에 소속시켰으면 선악이 나뉘어졌으니, 인심은 곧 인욕(악)이다. 그렇지 않으면 선악이 분기되는 기미(幾微)다. 그런데 「대우모(大禹謨)」에 '인심은 위태하다[人心唯危]' 다음에 ('도심은 은미하다[道心唯微]'라는 말을) 또 놓은 것은 무슨 까닭인가? 여기에는 반드시 이유가 있을 것이다.'[404]

이렇게 회의하여 도심구(道心句)는 이발(已發)의 용(用)인 인심에 대하여 미발(未發)의 체(體)가 되지 않으면 안된다는 결론에 도달한 것이

---

403 주자, 『語類』 권78, 「大禹謨」, "'人心, 人欲也.' 此語有病.", "若便說做人欲, 屬惡了, 何用說危?" 등이 있다.
404 노수신, 『소재집』 내집 하권, 「인심도심변」.

다. 구체적인 요지는 이렇다.

> 주자는 대개 '도심은 순선(純善)한 것이라 하여 성명(性命)에서 발하였다.' 하고, '인심은 선악을 겸하여 형기(形氣)에서 발하였다.' 하였으니, 이것은 곧 두 가지의 선이 있음을 인정한 것이다. 그러나 성명에서 발한 선과 형기에서 발한 선이 실은 다름이 없는 것이요, 또 선과 악은 인심에 속한 것이니 성명에서 발한 것도 또한 그 가운데 있는 것이다.
> 대개 '도심'은 천리가 마음 가운데 갖추어진 것인데, 그 발함을 기(氣)로써 하므로 '인심'이라 하는 것이요, 중절(中節)·부중절(不中節)이 있기 때문에 위태로운 것이다. 그 발하지 않을 때에는 행적이 없으므로 은미한 것이다. 그 위태로움을 보고 은미함을 아는 데는 반드시 정일(精一)의 공부를 쌓아야 한다. '정(精)'은 인심을 살피는 것이니……학자의 움직일 때의 공부요, '일(一)'은 도심을 보존하는 것이니……학자의 고요할 때의 공부다.[405]

'성명―도심―순선', '형기―인심―겸선악(兼善惡)'이라는 주자의 명제를 부정하고, '도심[道心, 천리(天理)]―인심[人心, 기(氣)]―중절(中節)·부중절(不中節)'이라는 새로운 명제를 세운 것이다. 그리고 '정일'의 공부도 주자는 두 가지 심(心)에 대한 것이었는데, 노수신의 경우는 동시(動時)의 '정(精)'과 정시(靜時)의 '일(一)'로 바꾼 것이다.

노수신의 「인심도심변」은 조선학계에 엄청난 파란을 불러 일으켰다.

---

405 위와 같음.

주자학을 정통으로 한 우리나라 도통의 계승자로 기대를 모았던 노수신이 주자설에 반(反)하는 「인심도심변」을 발표했으니 그럴 수밖에 없다. 이항·노진 등의 인사들은 앞에서 잠깐 보았듯이 노수신이 귀양지에 있을 때 공격을 했거니와 기대승도 귀양지에 있는 노수신에게 편지를 보냈다. 그러나 이때는 노수신이 '음양(陰陽)의 태양(太極), 칠정(七情) 중(中)의 사단(四端)'이라고 말한 것이 깊이 자신의 생각과 계합해서 매우 기쁘다고만 말했을 뿐이었다.[406]

사실은 노수신이 「인심도심변」을 저작할 무렵에 이 소문이 이황에게 전해져서 이황이 아마 주자에 충실하라고 설유한 듯,[407] 노수신이 다음과 같은 시를 보내어 굽일 수 없음을 분명히 했다.

「기퇴계선생(寄退溪先生)」[408]

(전략)

훈도하시려는 덕성은 고맙지만,   熏陶德性好,
바다엔 변화하기 어려운 곤(鯤)이 있다오.   難化有沈鯤.

---

406 노수신은 '太極陰陽之說'과 '四端七情之論'을 글로서는 발표한 바 없으나, 羅士慄과 金千鎰 두 유생에게 구두로 발표한 바 있어, 이를 전해들은 기대승이 노수신의 두 유생에게 발표한 내용이 깊이 자신의 생각에 계합한다고 기뻐하면서, 목하 이황과 진행 중인 四七論爭에 한층 자신을 가진다고 했다. 기대승의 四七論의 논지가 노수신의 「인심도심변」의 일부 사유와 합치된다.
407 이 설유는 편지나 시로써가 아니라 아마도 구두로 했을 가능성이 높다. 오늘날 『퇴계집』에는 관계 문자가 없다.
408 노수신, 『소재집』 권4.

해중(海中, 진도)에 있는 자신을 북명(北溟)에 잠겨 있는 곤(鯤)에 비유했다. 억센 자부심과 불구의 자세의 표명이다.

3년 뒤 노수신이 괴산에 양이(量移)되었을 때 고봉은 노수신을 찾아와 물었고, 그 내용은 편지로써 이황에게 보고된다.

대승: "고명(高明, 노수신)의 견해로는 정(情, 인심)을 어째서 '위태롭다' 했습니까?"

답: "선도 될 수 있고 악도 될 수 있기 때문에 '위태롭다' 한 것이지요."

또 물음: "정암(整庵)은 이기를 일물로 보는 자신의 견해에 연동(連動)되어서 그 논의(인심도심에 관한 논의)가 그와 같습니다. 고명의 견해로는 이기가 이물입니까, 일물입니까?"

답: "전현(前賢)이 비록 '이다', '기다' 하고 다른 명칭을 내세우지만 어찌 두 가지 의리가 있겠소?"

(이렇게 문답을 하는) 즈음에 노장(盧丈)이 이미 술에 얼마쯤 취해 있어서 대승도 더 이상 감히 무리하게 힐변(詰辨)하지 않았습니다. 돌아가 생각하니 괴탄(怪歎)을 금할 수가 없습니다. 상고하건대, 주자는 "사람의 정(情)은 본래 다만 선하게만 될 수 있고 악하게는 될 수 없다." 하였으니, 이것은 바꿀 수 없는 명제입니다. 그런데 지금 노장은 "선하게도 될 수 있고 악하게도 될 수 있기 때문에 '위태하다.'"고 하였으니, 이것은 본래 준칙이 없어 하지 못할 바가 없게 될 수 있을 터인데 이래서 되겠습니까.……또 『주자어류』는 문인들이 기록한 것이기 때문에 볼 필요가 없고, 사서 · 오경의 집주(輯註)도 후인들이 편찬한 것이기 때문에 볼 필요가 없다 했습니다. 이 주장은 더욱 이치에 합당하지 않는 것으로 널리 전파되어서 배우는 이들

을 그릇되게 할까 심히 두렵습니다.[409]

요컨대 주자의 설과 다르다는 것에 대해 '괴이함과 한탄을 금치 못하겠다'는 것이다. 주자의 설은 이미 그렇게 신성불가침의 영역이 되었다. 그러나 기대승의 말에는 다분히 과장기가 있는 것 같다. '선악에 정해진 준칙이 없어 무소불위(無所不爲)로 된다'는 말은 형식논리로는 보면 성립될 수도 있지만 실존하는 인간의 주체에 적용할 말은 아닌 것 같다. 문제는 주자의 '준칙'의 옹호에 있다. 기대승은 이 편지에서 이황이 주자설을 굳게 믿고 있다는 것을 강하게 의식하고 있는 것 같다. 기대승의 위의 편지에 대한 이황의 답서는 이렇다.

> 전에 과회(寡悔)가 자못 선미(禪味)를 좋아한다는 말이 있더니, 중간에 또 『곤지기』를 존중해 믿는다고 들었습니다. 황(滉)이 그 말을 그래도 믿지 않았는데, 급기야 그가 쓴 「인심도심음(人心道心吟)」 두 절구(絶句)를[410] 보고는 마음속으로 몹시 의심이 들어도 "과회가 이 지경까지는 되지는 않았으리라. 아마도 호사자(好事者)의 가탁일 것이다."라고 생각했습니다. 그런데 이제 공(公)의 편지를 보건대 직접 그와 더불어 이야기하면서 물어본 결과 그 언론 지의(旨意)가 이와 같다고 합니다. 나로 하여금 슬프고 실망하게 합니다. 그러나 어떻게 하겠습니까.

---

409 기대승, 『兩先生往復書』, 「先生前上狀」. 노수신과 기대승의 '人心道心'에 대한 철학적 견해 차에 대해서는, 남지만, 2009, 「조선 주자학의 안팎을 구분하는 기대승의 전후기 성리설」(『泰東古典研究』 제25집)에 자세히 논의되어 있다.
410 『소재집』 권4에 실려 있는 "次韻奉呈鄭僉使廻軒, 復題一篇, 憑達一齋侍者."가 이른바 「인심도심음」이다. 1제 2수의 이 작품의 둘째 수가 해당 내용이다. 다음과 같다. "元來道與器非隣, 可認人心是外塵. 須就道心爲大本, 用時還見道承人."

대저 정암은 도(道)에 대하여 전혀 못 본 것은 아니나, 단지 그는 대원두처(大源頭處)에 대하여 잘못 인식하였으니, 기타 소소한 의논 중에 비록 합리한 곳이 많다 하더라도 귀할 게 하나도 없습니다. 과회가 오랜 세월을 두고 여기(도학)에 힘써 왔으므로 그다지 갈팡질팡하지는 않으리라 생각했는데, 이제 그의 견해가 정·주와는 부합하지 못하고 도리어 정암에 합치되었습니다.……과회의 오류는 선학(禪學)으로 인해서 길을 잘못 든 데에서 온 것인 듯하니 지난날의 소문이 거짓이 아닙니다. 그러므로 공의 편지에서 말한 대로『어류』·『집주』의 유(類)는 다 취하지 않습니다. 이는 곧 이치를 궁구하는 번거로움이 싫어서 곧바로 간략하고 빠른 길로 가려는 것이니 이 점이 특히 염려됩니다.[411]

요지는 노수신이 정주의 설에 부합하지 못하고 정암의 설에 합치된 것은 선학의 영향 때문이라는 것, 선학은 번거로운 것을 싫어해 간편하고 빠른 첩경으로 가려는 경향이 있다는 것, 그리고 나정암과 합치된 노수신에 대한 개탄이 그것이다. 노수신은 사실 선학에 상당한 조예, 그러나 공개적으로 드러내 보일 수 없는 조예가 있었던 것 같다.『숙흥야매잠해』에 그 단서가 드러나 보이기도 했다. 여기서 이황이 언급한 노수신의 선학은 선학에 대한 노수신의 실제적인 조예와 아울러 목하 문제되고 있는 나정암을 위시하여 이황이 선학에 물든 것으로 간주한 육상산, 왕양명 등에 대한 노수신의 경사(傾斜)를 의미한다. 그리고 '간편하고 빠른 첩경, 운운.'도 한 사상가의 사상 노선의 전변(轉變) 이유를 설명하는 근

---

411 이황,『퇴계집』권17,「重答奇明彦」「別紙」.

거로는 좀 부적절할 것 같다.

이황 진영의 나정암에 대한 인식과는 달리 노수신은 반대로 나정암을 왕양명으로부터 '주자(朱子)의 도(道)'를 지킨 공신으로 인식하고, 자신이 「인심도심변」을 쓴 것도 우리 동방의 주자의 도를 위해서라는 것이다. 후배 김천일(金千鎰)과 나사율(羅士慄)에게 이렇게 말했다. 노수신의 51세 때다.

> 지금 양명·정암 두 학설이 중국에 성행하네. 정암이 힘을 다해 양명을 배척하지 않았으면 주자의 도(道)는 거의 끊어질 지경이었네. 그런데 일재(一齋, 이항) 선생은 강횡하고 모호한 밀씀으로 굳은 나를 꾸짖어 오래노록 멈추지 않으시네. 이것은 스스로 (주자의) 울타리를 걷어 치우는 것일세. 장차 주자의 도가 우리 동방에서 (외부의 공격으로부터) 막아주는 울타리도 없게 될 터인데 정말 두렵지 않은가. 내가 이 두려움 때문에 망령되이 「인심도심변」과 아울러 「집중설(執中說)」을 쓴 지가 이미 오래되었네.[412]

「인심도심변」이 지어지고 나서 15~6년이 지나도록 관심과 공격의 냉전(冷箭)이 끊이지 않았다. 이황이 주도해서 비판했으니 그럴 수밖에 없다. 노수신의 60세에 남언경(南彦經)에게 보낸 답서다.

> 대저 정암은 다만 체(體)에 관해서만 갖추어 말했을 뿐 (전체적으로 보면) 주자의 설과 한 터럭만큼의 차이도 없는데, 세상의 유자(儒者)들이 마음을 비우고 노기(怒

---

412 노수신, 『소재집』下篇, 『懼塞錄』甲二, 「答羅士慄·金千鎰二生」.

氣)를 가라앉히려고 하지 않고 줄곧 꾸짖고 공격만 하오. 처음부터 끝까지 이 '마음'(인심·도심의 심)을 상상으로만 보아 세속의 학문(실제로 해 보지도 않고 한 체 하는 것)에 떨어짐을 면하지 못하고, 도리어 내 설을 선학에 물든 것이라 하니 어찌 통탄하지 않겠소.[413]

이황은 그의 나이 69세쯤에, 복직하여 사환하고 있는 노수신에게 시를 보낸다. 5언 율시로, 시를 보낸 의도의 핵심은 경련(頸聯)에 있다.

「기소재(寄穌齋)」[414]

| 학문은 빈 마음으로 얻는 것이 소중하고, | 學貴虛心得, |
| 명성은 귀를 가리고 훔치는 걸 부끄러워하지. | 名羞掩耳偸. |

저작한 지 10년이나 되는 「인심도심변」이나 그 때까지도 사림사회의 화제는 처음과 다름없었는 듯, 더구나 이황 자신의 기대승과의 사칠(四七)논쟁에 밀접히 관련을 가지는 학설이라 더욱 그럴 수 있을 법하다. 그런데 노수신의 그 명성이 '귀를 가리고 훔친 것'이라 했다. '엄이도령(掩耳盜鈴)'의 고사를 쓴 싯구인데, 요컨대 '인심도심'은 주자의 「중용장구서」에서 말한 그대로가 올바른 정설인데 그것을 일부러 모른 체 하고 변(辨)을 지어 이름을 얻고 있다는 것이다. 받아들이기에 따라 엄청난 모욕이다. 15년 후배인 소재와의 사이에 이 정도의 말은 소화할 수 있는 심

---

413 노수신, 『소재집』 內集 下篇, 『答南時甫彦經』.
414 이황, 「퇴계집」 권5, 「寄穌齋」.

리적 기제(機制)가 장치되어 있었는지 모르나, 그렇더라도 알맹이는 남는다. 여기에 대한 노수신의 답시는 이렇다.

「수도수선생(酬陶叟先生)」[415]

학문하는 데에는 모름지기 자득이 요구되거니,

須要有自得,

바둑을 배우는 데에 어찌 혁추(奕秋, 옛날 바둑의 명수)만 따라야 하리.

聽奕豈專秋.

'도학을 하는 네 수자만 따를 수 없고', '스스로 자득하는 것이 요구된다'는 노수신의 시도 평생 '선유(先儒, 주자)의 정설(定說)'만 믿고 따라온 이황을 무연(憮然)하게 하기에 족하다. 이황은 당시 노수신의 사상과 같은 좌도사상이 후세에 전파될 것을 염려함인 듯, 작고하기 2~3년 전 무렵 「전습록논변(傳習錄論辯)」을 위시한 6편의 '벽좌도(闢左道)' 논변을 남기고 있다.

5. 노수신의 양명학에 대한 확신

앞에서 노수신은 후배들에게 자신이 「인심도심변」, 「집중설」을 쓴 것은 나정암이 양명학으로부터 주자학을 옹호하기 위해서이듯 동방의 주

---

415 노수신, 「소재집」 권5.

자학을 보호하기 위한 것이라 했다. 그렇다면 노수신도 양명학을 배척한 것처럼 들리는데, 왜 이런 전후 모순되는 말을 하게 됐는지 그 자세한 속사정에 대한 고구(考究)는 뒤로 미루고,[416] 우선 여기서는 자료에 나타난 바대로 해석하고자 한다.

노수신은 을사사화 후 33세 무렵에 이미 양명사상적 사유를 시로 표현한 적이 있었다. 그 뒤 사상의 혼돈과 방황을 겪으며 나정암과 함께 양명을 깊이 사색한 것 같다. 그래서 드디어 확신에 도달한 것 같다. 아래의 시는 「인심도심변」을 쓰던 45세 무렵에 지은 것이다.

「변장사청교(邊將辭請敎)」[417]

놓쳤던 마음 거둬들이는 건 첫 시작일 뿐,	求放心爲下手端,
성의를 세우는 것이 일만 가지의 뿌리일세.	立誠意是萬條根.
(성의를 세웠다면) 비록 배우지 못했어도 나는 배웠다 하리라.	雖云未學吾云學,
실오라기 터럭 같은 자세한 논의와는 상관없는 일이네.	不管絲毫極細論.

주지하듯이 『맹자』의 "학문하는 방법은 다른 것이 없고 놓쳤던 마음을 거둬들이는 것일 뿐이다.[學問之道, 無他. 求其放心而已矣.]"라고 말한 이른바 '구방심(求放心)'은 도학에서 존덕성 공부에서 중요한 위치를 차지한다. 그런데 노수신은 '구방심(求放心)'은 '첫 시작일 뿐', '성의를 세

---

416 노수신의 양명학에 대한 이중적 태도는 자신의 「인심도심변」으로 인한 당시 사림사회의 들끓는 분위기 때문인 것으로 생각된다. 뒤에 말한 自愧詩에 이 자신의 이중적 태도도 당연히 관련이 있을 것이다.
417 노수신, 「소재집」 권4.

우는 것'이 무엇보다도 중요하다고 했다. 성의는 주지하듯이 '치지(致知)' 즉 '양지(良知)를 극진히 하기' 위한 공부로서 바탕이 되기 때문이다. 그러므로 위의 시는 앞에서 인용한 양명의 다음 말과 근본적으로 다른 사유가 아니다.

> 만약 성의를 주(主)로 해서 격물치지 공부를 하면 곧 공부에 비로소 귀속처가 있게 된다. 바로 위선거악(爲善去惡)이 성의 아닌 일이 없다.[418]

이것은 '실오라기 터럭 같이' 경전의 주석과 의리를 따져서 이룩하는 주자의 '격물치지'와는 아무런 상관도 없는 일이라고 했다. 일견 을사사화 직후 자신이 피력한 일련의 시편(詩篇)의 생각과 거의 같다. 그러나 같은 생각을 10여년 뒤에 다시 되뇌어 강조하는 데는 그럴만한 이유가 있을 것이다. 즉 양명학에 대한 확신이다. 위의 시 외에도 「제대학서후증소생(題大學書後贈蘇生)」[419] 등 이 무렵에 제작된 양명학적 사유를 읊은 시편들이 적잖다. 사실은 「인심도심변」에 이미 양명학적 요소가 있음이 논의되어 있기도 하다.[420]

해배 후 나이 들어가면서 양명학적 주제를 읊었다고 보이는 시들도 앞 논문의 필자가 이미 여러 편 논문에서 논구한 바 있다. 이들 기존 성과에는 물론 견해를 달리할 사람이 있겠으나 노수신이 양명학을 받아들

---

418 주 381)과 같은 곳.
419 노수신, 위와 같은 곳.
420 신향림, 2007, 「盧守愼의 心性論과 陽明學」, 『유학연구』 제16집, 충남대학교 유교문화연구소.

여 확신에 이른 것만은 분명하다. 노수신은 양명학에 관해서 따로 산문 논문으로 자신의 견해를 밝힌 바는 없다. 「인심도심변」 이후 사림사회의 분위기를 보면 이황의 비판과 통제에도 그렇게 버틴 노수신으로서도 도저히 그렇게 할 엄두가 나지 않았을 것이다. 그가 만년에 지은,

「기로연작(耆老宴作)」[421]
나는 채찍을 맞아도 움직이지 않는 늙은 소 같아라.　　我如老牛鞭不動.

「사궤장연석(賜几杖宴席)」[422]
베개에 엎드려 평생을 비웃으리라.　　　　　　　　　伏枕笑平生.

같은 일련의 자책(自責)·자괴구(自愧句)가 있는 시는 그의 상업(相業)의 부진(不振)과 함께 자신의 양명학의 사상적 온축을 산문 논문으로 맘껏 피력하지 못한 울결(鬱結), 그리고 양명학에 대한 자신의 어쩔 수 없는 이중적 태도 때문이었을 것이다. 그래서 노수신은 69세에 『개정대학(改定大學)』을 찬집(撰輯)하여 자신이 양명학도 받아들였음을 완곡하게 표출했다. 『개정대학』에는 격물치지장을 보망(補亡)한 주자의 『대학장구』를 반대한 우리나라의 이언적과 중국의 왕양명을 위시한 여러 학자들의 대학에 대한 견해가 들어있다. 이식은 노수신의 양명학자적 태도를 다음과 같이 공격했다.

421　노수신, 「소재집」 권6.
422　주 417)과 같음.

> 노수신이 『곤지기』로써 구멍을 뚫고, 그러고 난 뒤에는 맘대로 이론(異論)을 펼친다.……노수신이 육상산과 왕양명을 높이고자 맹자의 의논[왕도(王道)와 패도(覇道) 등]과도 달리 하니 그 무엄(無嚴)하기 어찌 여기에까지 이르렀는고.[423]

노수신이 『곤지기』를 받아들이고 난 뒤에는 주자와 다른 학설을 거리낌 없이 펼치고, 육왕학도 그 중의 하나들이란 것이다. 이식은 노수신의 두 세대 뒤를 산 사람이다. 그의 '무엄하다'는 표현에는 이미 주자학의 교조주의(教條主義) 냄새가 짙게 풍긴다. 이황의 위도(衛道)의 효과다.

Ⅳ. 노수신, 사상적 자유주의자

이렇게 노수신은 주자학의 존덕성 한 쪽을 바탕으로 해서 육상산·나정암·왕양명의 학설을 두루 수용했다. 거기다가 불교에도 마음을 개방했다. 불교를 제외하고는 모두 같은 유가의 울타리 안에서 중첩적(重疊的)으로 존재하는 유파들이다. 사상의 경계가 분명한 이종(異種) 학문이 아니다. 다 같이 성리학의 범주에 든다. 그런데 도학의 권위가 집주(集湊)된 이황이 주자의 학설을 기준으로 이들을 모두 이단시(異端視)하여, 주자학과는 마치 이종의 학문처럼 경계가 분명한 것으로 인식되었다. 이황

---

423 이식, 주 324)와 같음.

에 의해서 유가의 울타리 안에서 축출된 셈이다. 이황에 대한 존경의 념(念)으로 차 있던 사림사회도 암묵리에 이런 인식을 공유했다. 그런데 유독 노수신만이 여기에 저항했다. 이황의 누차의 비판과 통제에도 굽히지 않고 그는 자신의 길을 갔다. 더구나 도통의 계승자로 기대를 모았는데 말이다. 바로 여기에서 우리는 조선의 사상사에서 찾기 어려운 존재를 만난다. 자신이 가치가 있다고 판단되는 어떤 사상에도 열린 마음으로 접근하는 노수신을 우리는, 제한된 범위에서나마, 사상적 자유주의자로 규정해도 좋을 것 같다. 게다가 노수신은, 앞에서 보았듯이 '불교·도가·관중·안자의 수준에도 못 미치는 유가들'이라고 그 시대 지성으로서는 드물게 보이는, 공정한 자기비판의식도 가지고 있었다.

노수신이 주자를 위시하여 육상산·나정암·왕양명·불교를 받아들였다고 해서 그를 사상적인 딜레땅뜨로 본다면 크게 잘못 본 것이다. 주자학에서 출발하여 한때 다소 사상적 혼돈과 방황이 있었을지라도 존덕성의 심학으로 일관한 것은 분명하다. 존덕성의 심학을 기준으로 그는 정주, 육상산, 왕양명, 그리고 선학을 섭취하여 그 자신의 사상을 완성해 갔던 것이다. 그는 60세경에 남언경의 질문에 답하면서 이렇게 말했다.

> 대저 사람이 학문하는 것은 오직 마음을 찾자는 것입니다. 진실로 마음이 이미 찾아지면 이른바 '성(性)·정(情)', '도(道)·덕(德)', '체(體)·용(用)', '동(動)·정(靜)' 등의 글자란 이 마음을 형용하는 말에 불과할 뿐, 그 사이에 선후·경중을 따질 여지가

없습니다. 저의 견해는 이와 같습니다.[424]

'마음을 찾는 일[求心]', 즉 주체성의 완성을 향해 끊임없이 나아가는 길에서는 주자에서 불교에 이르기까지 가릴 것 없다는 것이다. 그렇다고 해서 그는 자신의 내면에 있던 사상을 지우고 새로 받아들이는 것이 아니라 기존의 바탕 위에 중첩적으로 수용한다. 여기에서 문제가 되는 것이 학설 상호간의 모순 가능성이다. 이 문제를 노수신은 어떻게 해결했을까? 그것은 아마 '자득(自得)'일 것이다. 노수신은 기회 있을 때마다 자득을 말했다. 자득으로 학설간의 모순에서 선택하고 조절해서 자기의 것으로 만들었다고 할 수 있다. 앞으로 깊이 연구해 보아야 알 터이지만, 노수신에게는 상산학자다, 양명학자다 하여 어느 일방으로 귀속시키는 것은 타당치 못하다고 생각한다. 총체적으로 '노수신 사상' 그 자체로 보고 보다 정밀히 연구할 필요가 있다.

노수신은 생전 동시대에 아무에게도 사상적으로 동조를 받지 못한, 그리고 사후에도 심히 견제를 받았던 매우 고독한 사상가다. 우리는 조정암의 도학 근본주의, 이황의 주자학 절대주의, 그리고 송시열의 주자학 교조주의에 이르는 사상사의 역정에서 노수신의 존재 의의를 깊이 생각해 보아야 할 필요가 있다.

---

424 노수신, 『소재집』 內集 下篇, 「答南時甫彦經問」.

V. 맺음말

우리 나라 사상사에서 상대적으로 일정한 다양성의 면모를 가지고 있었던 고려조의 그 다양성은 도학이 수용되면서 점차 그 영역이 축소되어 갔다. 도학은 태생적으로 '벽이단(闢異端)'의 공격성을 가지고 있기 때문이다. 조선왕조로 바뀌어 억불숭유의 국시가 정해지자 그 축소는 결정적으로 되었다. 억불숭유의 '유'가 원시유학이나 한당유학이 아닌 바로 도학이기 때문이다. 16세기에 이르러 마침내 조광조의 도학 근본주의가 표방되어 소격서의 혁파를 계기로, 도교·도가를 위시하여 불교의 잔류분(殘留分) 등, 어쩌면 우리 재래의 비도학적인 풍습까지도 숙정(肅正)을 받았을 것이다. 축소되어 가던 고려적인 다양성마저도 아주 사라질 지경이었다. 사상계는 곧 도학으로 일원화되어 갔다. 그러나 후일 이황의 주자학 절대주의에 비하면 최소한의 다양성은 그래도 확보되어 있었던 셈이다. 조광조 시대의 도학은 정주학(程朱學)을 중심으로 그 외곽에 있던 기학(氣學), 상산학(象山學)을 포함한 도학이었고, 이 도학의 자유로운 학습과 사유가 보장되어 있었기 때문이다. 조광조의 도학적 권위는 이 일종의 범도학이 인정되는 바탕 위에서의 것이었다.

이황의 시대에 오면 사상의 다양성은 이제 거론할 여지가 없게 되어 갔다. 사대부 사회에 막강한 영향력을 가지고 있었던 이황에 의해 추동된 주자학 유일화는 조광조 시대에 허용되었던 최소한의 다양성마저도 보장되지 않았다. 기학·상산학이 비판·통제의 대상이 된 것은 말할 것도 없고, 조식·남언경 등의 사상에 섞여있는 한 성분에 불과한 장자적 요소마저도 이황의 눈에는 주자학의 순수를 위해 척결해야 할 대상이었다. 노수신은 바로 이러한 이황의 주자학 유일화에 반기를 든 사상가다. 그는 정주학에 기초하여 육상산, 나정암, 왕양명 등 주로 후기 심학(心學) 계열의 사상을 섭취하여 이황의 주자학 유일화 추동에 저항하였다. 이황은 이들 사상의 뿌리가 선학(禪學)이라 하여 거의 이단 수준으로 배척하였다. 그리고 노수신에게 주자학으로 돌아오라고 집요하게 권고·통제하였으나, 노수신은 자신에게 모아진 이황 이후 주자학 도통의 기대마저 거부한 채 자기 길을 갔다.

나는 17세기 송시열에게 이르러 '사문난적(斯文亂賊)'이라는 죄율(罪律)로 사상을 억압했던 주자학 교조주의의 성립은 이 16세기 조광조의 도학 근본주의와 이황의 주자학 절대주의 추동의 결과라고 생각한다. 여기에서 이황의 주자학 절대주의에 저항한 노수신의 사상사적 위상과 의의는 자명하게 드러난다. 사상의 획일화에 맞서는 하나의 안티테제로서다. 노수신의 존재와 그를 매개로 한 '좌도(左道)'들의 전파를 주자학 체제에 대한 심각한 위협으로 이황은 받아들였다. 그래서 이황의 노수신에 대한 공격이 유독 집요했던 것이다. 이러한 획일화를 위한 공격에 맞서 도학·심학이라는 한정된 범위 안에서나마 여러 유파의 일정하게 다양한 사상적 인소(因素)를 포지(抱持)한 노수신은 그 시대의 사상적 여건에서는 한 사람의 자유주의자라고 할 만하다. 우리 사상사의 소중한 자산이다.

그리고 보니 그 동안 주로 가치중립적이거나 아니면 긍정적 평가였던 조광조나 이황의 철학 논의에서는 드러나지 않았던, 또는 드러날 수 없었던 부정적인 면모가 우리 앞에 여실히 드러난다. 사상의 억압체제에 이르도록 사상사를 추동한 장본인으로서 말이다. 이렇게 사상사적 시각으로 조선시대의 도학·주자학에 대한 논의를 보다 정밀하게 논의한다면 엄폐되어 있던 새로운 면모들이 많이 드러날 것으로 기대한다.

선비 정신의 개념과 전개

I. 머리말

선비 정신은 우리 민족이 역사적으로 형성된 자질 속에 그 인소가 될 만한 것이 잠재되어 오다가 고려 말기 도학(道學)이라는 한층 강화된 유학의 수용과, 그리고 여(麗)·선(鮮) 왕조 교체를 계기로 하여 하나의 역사 현상으로 형성된 윤리 의식이다. 그것은 선비의 절의(節義)·염치(廉恥)·숭검(崇儉)을 내용으로 하는 것으로서, 도학의 심화와 함께 더욱 심화되어 다양한 유형으로 전개되었다. 선비 정신은 우리 민족만의 윤리 의식은 아니나, 일정한 역사 기간 동안 특히 도드라지게 관심이 고조된 점에서는 일정한 특수성이 인정된다. 16세기 중반 사림 정치시대에 고조되어, 그 뒤 당쟁의 당론으로 옮아가 본래의 논리가 왜곡된 채로 외형적으로는 더욱 고조되었다. 당쟁시대의 그것은 의(擬)선비 정신이라 할 만하다.

여기서는 16세기 중반까지의 현상만 유형을 고려한 전개 양상을 다루고, 그리고 당쟁 시대를 뛰어 건너 한말(韓末) 황현(黃玹)의 경우를 다루었다. 당쟁의 왜곡 속에 본래의 정신의 흐름을 보기 위해서다.

II. '선비'·'선비 정신'의 어원 문제

먼저 '선비'의 어원 문제다. 신채호(申采浩)는 삼국시대에 '수두' 교도(教徒)의 일단(一團)을 '선배'·'선비'라 일컫고, 이를 이두자(吏讀字)로 '선인(仙人)' 혹은 '선인(先人)'이라 기록한다고 했다.[425] 자료가 부족한 고대사에서는 때로 비약적인 상상이 의외로 문제에 적중하는 수가 있으나 이 경우는 아닌 것 같다. '수두' 교도의 실재는 인정한다고 하더라도 '선비'·'선배'가 어째서 '선인(仙人)'·'선인(先人)'으로 표기되느냐의 문제는 이해할 수 없다. 'ㅡ비'·'ㅡ배'가 이두자로 얼마든지 표기될 수 있음에도 불구하고 하필 'ㅡ인(人)'으로 표기된 데 대한 마땅한 설명을 할 수 없기 때문이다.

다른 한 가지 견해 역시 믿기 어렵다. 즉 '선비(션비)'의 '선'은 몽고어 '어질다'는 말인 'sait'의 변형인 'sain'과 연관되고, '비'는 몽고어 및 만주어에서 '지식이 있는 사람'을 뜻하는 '박시'의 변형인 'ㅂㆍ이'에서 온 말이란 주장이다.[426] 이 주장에 의하면 '선'과 '비'는 각각 원형 'sait'와 '박시'의 변형으로, 이 변형의 합성어가 '선비'란 것이다. 설명을 하기 위한 설명으로서 지나치게 현학적이고 현실성이 없다.

'선비'의 어원은 한자어 '선배(先輩)'에서 유래한 것이 확실해 보인다. '선배'에 대해서 『한어대사전(漢語大詞典)』에서는 다음 같이 훈석(訓釋)

---

425 申采浩, 「朝鮮上古史」, 『丹齋申采浩全集』上, 79면.
426 『한국민족문화대백과사전』 12, 선비.

되어 있다.

① 차례에 의해 앞에 배열된 것.
② 전배(前輩)에 대한 존칭.
③ 당대(唐代)에 동시에 진사에 급제한 사람들 사이에서 서로 공경하여 선배라 일컬었음.
④ 문인(文人)에 대한 경칭.

우리나라 문헌에는 『고려사·열전』 「김황원전(金黃元傳)」에 처음 나온다.
숙종(肅宗)이 연영전(延英殿)을 열고 [김황원(金黃元, 1045~1117)을] 불러 서적을 맡게 하고, 매양 글을 보다가 의심이 있으면 곧 질문하곤 하였는데, '선배(先輩)'라고 부르고 이름은 부르지 않았다.

여기서 '선배'는 위의 『한어대사전』의 훈석 중 ④의 것으로 쓰였음을 알 수 있다. 아마 나말(羅末) 빈공제자(賓貢諸子)에 의해서거나 여초(麗初) 귀화 한인(漢人)에 의해 전파되어 주로 위의 훈석 ③·④의 것으로 통용된 듯하다. 문헌어로서 보다는 구두어로 주로 통용된 듯하다. 위 『고려사』 용례의 정황이 그러한데다가 이 말이 문헌에 오르기는 현재 전하고 있는 고려 이상 문헌 가운데 「김황원전」이 유일무이한 경우로 짐작되기에이다. 일상 회화 중의 사용 빈도에 비추어 드물게 오르기는 조선시대에도 마찬가지다.

당초 한자어로서 국어화한 말들의 대부분이 그러하듯이 이 말도 이렇게 주로 구두어로 보편화되면서 한자어로서의 성격이 소실되어 버렸다. 그리고 국어화하고 난 뒤에는 원어 한자어와는 별도의 연변노선(演

變路線)을 따라 존재하기 마련이다. 이 말이 한글 최초의 문헌 『용비어천가((龍飛御天歌))』(1445년)에 '션빗'란 표기로 등장하고, 가리키는 바도, 동시 진사들끼리의 상호 경칭으로서도 아니요 문인에 대한 경칭으로서도 아니라, '유(儒)'가 된 것도 그러한 연유에서다. 『용비어천가』에 그 용례가 4개소 나오는데 전부 '유'·'유생'의 뜻이다. 한두 예를 든다.

션비를 아ᄅ 실씨[且識儒生], 80장.
늘근 션비를 보시고[接見老儒], 82장.

이와 같이 '션비'가 한자어 '선배'와는 달리 '유'를 가리키게 된 것은 주자학의 수용으로 경칭할 대상이 '문인'에서 '유'로 바뀐 고려 후기 이후 문화적 변동이 반영된 것이다. 그리고 조선 성종(成宗) 연간에 도학적 유학을 주로 하여 공부한 김종직(金宗直) 일파의 중앙관료계에의 진출을 두고 서울의 기성 관료계에서 '경상도선배당(慶尙道先輩黨)'이 몰려온다고 한 것에서의 '션비[선배(先輩)]'는 문학을 주로하여 공부한 자기들과는 체질적으로 다른, 즉 '유'임을 구별하여 지칭한 것이다.

그 뒤 '션비'는 '유'와 함께 '사(士)'를 가리키게 되었다. '사'가 '션비'로 불려지게 된 것이 16세기 후반기에 들어와서는 일정하게 보편화된 현상이었음을 우리는 한호(韓濩)가 왕명을 받들어 쓴 책 『석봉천자문(石峰千字文)』 초간본(1583)을 통해 알 수 있다. 그 책에 '사(士): 션비ᄉ'로 되어 있다.

왕명을 받아 쓴 책이니만큼 그 시대에 적어도 서울 지방의, 넓게는 전국 규모의 훈석을 따랐을 것이기에이다. 그렇다면 '사'가 '션비'로 불려지기 전에는 무엇이라고 불려졌던가?

『계림유사(鷄林類事)』(1103—4년경), 士曰進寺儘切.

『용비어천가』(1445년), 66장, 輕士善罵: 輕士善罵ᄒᆞ샤.

『내훈(內訓)』(1475년), 「언행장(言行章)」, 猶爲謹敕之士: 오히려 조심ᄒᆞᄂᆞᆫ 士ㅣ 두외리니.

『훈몽자회(訓蒙字會)』(1527년), 士: 됴ᄉᆞ, 學以居位曰~.

『광주천자문(光州千字文)』(1575년), 士: 계층ᄉᆞ.

여기서 '사'는 16세기 후반 '션비'로 불려지기까지는 '신'·'ᄉᆞ[사(士)]'·'계츰'·'됴ᄉᆞ[조사(朝士)]'로 불려 왔음을 알 수 있다. 그런데 『계림유사』의 '신'과 『광주천자문』의 '계츰'은 오늘날 의미불명이다. 짐작컨대 '됴ᄉᆞ'류가 아닐까 생각된다.

그런데 언어란 하루아침에 바뀌는 것이 아니다. '사'에 대해서 대부분의 문헌이 특별한 훈석이 없이 '사'로, 또는 훈석을 하는 경우 적용 범위가 국한적인 '됴ᄉᆞ'로 불려지던 15세기 후반기에 '션비'로 일컬어진 예가 있다. 성종 때의 간본인 『삼강행실도(三綱行實圖)』 언해본 초간본(1471년), 「열녀도(烈女圖)」 '옹씨동사(雍氏同死)' 조에 원문 "학유이사(學有二士), 곡기시왈(哭其屍曰)."에 대응된 언해에서,

두 션비 주거믜 가을매 닐오디

라고 되어 있다. 그러니까 14세기 후반기에 '션비'가 '유'를 가리키는

대세 속에 '사'를 가리키기도 하여 16세기 후반기에 '사'가 '션비'로 보편화된 것으로 보인다. '사'의 '션비'로의 보편화는 16세기 사림파의 정치적 투쟁 및 승리의 과정과 무관하지 않다.

'선비 정신'이란, '선비'와 '정신' 두 언어의 합성어가 우리 사회에 통용된 것은 아주 최근의 일로 생각된다. 아마 4·19 내지 5·16 이후의 일로 생각된다. '선비'란 말은 한말 이후 줄곧 유교망국론(儒敎亡國論)과 관련하여 혐오의 적(的)이 되어 왔다. 그러다가 이 고풍스러운 말이 되살아난 것은 주로 조지훈(趙芝薰)과 같이 고전적(古典的) 교양을 가진 논객이 4·19 내지 5·16 전후에 쓴 일련의 시사논설에서 옛 선비의 바른 도리로써, 정객(政客)과 지식인들을 일깨우면서부터이고[427], 이에 이어서 올바른 지식인의 윤리적 자세를 가리키는 말로서 '선비 정신'이란 합성어가 있게 된 것이다. 이 말은 물론 우리나라의 현대 지성인의 윤리적 자세를 역사에 반조(返照)해서 자기조정(自己措定)을 하려는 요구에서 나왔으며, 그런 점에서 우리나라 지성계에 우리 것에 대한 지적인 관심이 되살아난 1970년대부터 통용된 것이 아닌가 생각된다.

그런데 '선비'라고 단칭(單稱)할 때와 '선비 정신'이라고 합칭(合稱)할 때의 '선비'란 말의 함의는 각각 다르다. 전자가 '썩은 선비'라든가, '옹졸한 선비'라든가 하여 부정적인 면까지 함의하는 데 대하여 후자의 경우는 긍정적인 면 일변으로 가치규정적(價値規定的)이다. 즉 전자는 다분히 신분 개념에 치중해 있고, 후자는 도덕적 가치 개념에 치중해 있다.

---

[427] 趙芝薰은 1959년 『志操論』이란 時事論說集을 냈다.

전자가 주로 '유'의 측면의 함의임에 대하여 후자는 '사'의 측면의 함의라고 하겠다. 그러니까 '선비 정신'의 '선비'란 말은 '사'의 또는 '사적(士的)'인 전통에 근거해 있다. 즉 '선비 정신'은 역사적으로 실천된 '사'의 또는 '사적'인 도덕적 가치 실체를 예각적으로 환기시켜 오늘의 지성에 연결해 주기 위해 생성된 말이라고 할 수 있다.

III. 선비 정신의 개념

앞에서 말한 선비의 함의의 두 가지 측면, 즉 '유'와 '사'의 측면에서 여기서는 사의 측면, 즉 선비 정신의 측면을 중심으로 그 개념을 논구해 보고자 한다. 선비 정신은 물론 역사적으로 실천된 사의, 또는 사적인 도덕 가치 실체를 소급해서 명명한 결과다. 바꿔 말하면 과거의 사의, 사적인 도덕 가치 실체의 개념에 대해서다.

1. 선비 정신의 개념 징표

선비, 즉 사에게 일의적으로 귀중한 것은 '상지(尙志)'다. 즉 뜻을 고상히 함이다. 『맹자(孟子)』의 다음 대목에 사의 개념의 출발점이 있다.

> 왕자(王子) 점(墊)이 물었다. "사는 무엇을 일삼습니까?" 맹자가 말했다. "뜻을 고상히 한다." (왕자 점이 물었다.) "무엇을 일러 뜻을 고상히 한다는 것입니까?" (맹

자가 말했다.) "인의(仁義)일 뿐이다. 한 사람이라도 무죄한 사람을 죽임은 인(仁)이 아니며, 자기의 소유가 아닌데 취함은 의(義)가 아니다. 거(居)하는 것은 어디에 있어야 하는가? 인이란 것이다. 밟는 길은 어디에 있어야 하는가? 의 이것이다. 인에 거하고 의를 따른다면 대인의 일이 구비된 것이다."[428]

인과 의를 제고해 가짐이 뜻을 고상히 함[尙志]이고, 그것이 사의 본분이라는 것이다. 그런데 우리나라에 와서는 사의 상지가 주로 의에 국한됨을 보게 된다. 즉 절의와 염치를 선비 정신의 근간으로 보아왔다. 이황은 사의 존립근거로서의 절의의 명분이 성립되는 소이(所以)를 다음과 같이 천명하였다.

옛날의 선비는 진실로 남의 형세와 작위에 눌리지 않는다. (중략) 대개 부러워하지 않고 붙따르지 않으면 내가 저들에게 스스로를 잃는 일이 없고, 그 형세를 힘입지 않고 그 소유에 이득을 보지 않으면 저들이 나에게 젠 채하지 못한다. 그러므로 필부로서 천자를 벗해도 참람되지 않고, 왕공으로서 평민에게 몸을 낮추더라도 욕되지 않는다. 이것이 선비가 귀하게 여길 만하고 공경할 만한 소이이며, 절의의 명분이 성립되는 소이이다.[429]

즉 필부의 신분으로서의 선비는 천자를 벗해도 참람되지 않고, 평민의 신분인 선비에게 왕공들이 몸을 낮추더라도 욕되게 생각하지 않는 것

---

428 『孟子·盡心上』.
429 李滉, 「擬與豊基郡守論書院事」, 『退溪全書』 12.

은 선비에게는 형세나 작위와 같은 세속적 가치에 의존하지 않는 그 무엇, 즉 절의라고 이름할 수 있는 것이 있기 때문이라는 것이다. 한편 염치에 대해서도 '선비의 대절'로서 강조되었다.

> 염치는 선비의 대절이다. 염치의 도가 상실되면 탐욕의 기풍이 날로 불어난다.[430]

이렇게 절의와 염치를 선비 정신의 근간으로 삼아 왔다. 그렇다면 절의와 염치는 어떻게 다른가? 궁극적으로는 비슷한 심적 자세이나, 절의는 일의 시(是)와 비(非), 의(宜)·불의(不宜)를 판단하여 시와 의를 굳게 지켜 변하지 않으려는 자세이고, 염치는 일의 이(利)·해(害)와 관계를 거쳐 시비와 의불의를 판단하여 시와 의를 지키려는 자세이다. 그래서 특히 이해가 개입된 사태의 도덕적 판단에는 염치라는 말이 쓰인다. 그러나 염치도 결국 일의 옳음과 그름, 마땅함과 마땅하지 않음을 판단하여 옳음과 마땅함을 선택한다는 점에서는 절의의 개념에 포섭된다. 그래서 두 말이 곧잘 호용(互用)되기도 한다. 다만 말이 적용되는 사태, 거기에 대응하는 주체의 태도, 그리고 말의 뉘앙스에 있어서 절의 쪽이 보다 강성(强性)이고 염치 쪽이 약성(弱性)이라고 할 수 있다. 그러나 그 내심의 발출 근원은 같은 범주에 속한다. 즉 의(義)가 그것이다.

위의 절의와 염치에 버금하는 징표로서 숭검이 있다. 이것은 중요 징표의 하나인 염치를 숭상한 나머지 논리의 자연한 귀결로서 생겨난 징표

---

[430] 『世宗實錄』 59, 15년 2월 癸丑.

라고 하겠다. 공자가 일찍이 "사가 도에 뜻을 두면서 나쁜 의복 나쁜 음식을 부끄럽게 여기는 자와는 족히 더불어 의논할 것이 없다."[431]고 했거니와, 우리나라에서는 곧바로 '수기지방(修己之方)', 곧 '자기를 닦는 방도'로까지 간주되기에 이르렀다. 즉 중종(中宗)의 교유문(敎諭文)에,

> 학문을 하는 방도는 자기를 닦는 데에 있고, 자기를 닦는 방도는 검소함을 숭상하는 데에 있다.[432]

고 했다. 기대승(奇大升)은 "사군자(士君子)의 평생의 사업은 다사롭고 배부른 데에 있지 않다."[433]고 하여 선비의 뜻의 소재를 분명히 했다.

이상으로 선비 정신의 개념의 징표로서 절의·염치·숭검을 말했다. 절의·염치·숭검은 선비의 존재태(存在態)이자 당위태(當爲態)인 것이다. 앞에서도 언급했듯이 중국의 사의 개념에는 인의 측면이 주요하게 가담되어 있으나 우리나라 선비의 개념에는 인의 측면이 거의 없다. 그런 점에서 중국의 사와 우리나라의 선비는 꼭 같지가 않다. 우리나라 선비의 개념의 내포가 상대적으로 적다. 그런 만큼 다소 예각적이라고 할 수 있겠다. 아마 두 민족의 품성상의 차이의 소치일 터다.

선비와 이웃한 여러 말들의 개념에 비추어 보면 선비의 개념이 보다 더 분명해질 것이다. 먼저 군자·유자와의 관계다. 군자의 개념 내포는 선

---

431 『論語·里仁』.
432 『中宗實錄』 8, 4년 3월 甲辰.
433 奇大升, 「上從兄書」, 『高峯續集』 2.

비보다 크고, 유자의 개념 내포는 군자보다 크다. 유자의 개념은 『한서(漢書)』「예문지(藝文志)」의 유가자류(儒家者流)에 대한 서술을 기초로 생각하는 것이 편의할 듯 하다.

> 유가자류(儒家者流)는 대개 사도(司徒)의 관(官)에서 나왔으니 인군을 도와 음양에 순응하며 교화를 밝히는 이들이다. 글은 육경 가운데에 잠심하고 뜻은 인의의 즈음에 두고서 요순을 본받으며, 문왕·무왕을 법받으며, 중니를 스승으로 높여 그 말을 중히 여겨 도 중에서 가장 높은 것으로 생각한다.

이 글은 역사적으로 유자의 주로 한대(漢代)에서의 존재 양태를 두고 유자의 개념을 서술한 것이다. 그런데 후세에 와서는 위의 유자의 일삼는 바 가운데 '인군을 도와 음양에 순응하여 교화를 밝히는 일'은 유자의 일삼는 바가 아닐 수도 있으며, '육경'에 '사서' 등이 첨가되기도 한 것이다. 그리고 무엇보다 규범적인 예법이 중요 인소로 가담되어야 할 것이다. 이리하여 유자의 개념을 다시 규정하면 ① 공자를 스승으로 높여 받들며, ② 육경·사서 등 유가의 전적에 잠심하며, ③ 인의 도덕에 뜻을 두며, ④ 규범적인 예법을 중시하는 류의 사람이라고 할 수 있다.

군자는 바로 이 유자의 일삼는 바에서 하나의 전범이 될 만큼 성취한 인격체를 이른다. 그러니까 군자는 이 네 가지 일삼는 바에서 가급적 고루 다 전범적이기를 요구받는다. 곧 신분에 치중된 개념에서 도덕적 가치에 치중된 개념으로의 전환이라고 할 수 있다. 일반적으로는 지적이기보다는 특히 도덕적으로 전범적인 인격체를 지칭한다. 그렇다하더라도 군자는 도덕의 여러 덕목에 걸쳐 전범적이기 때문에 선비[士]보다는 개념 내포가 크다.

이상의 논의를 간략히 도식화하면 다음과 같다.

유자〉군자〉선비[士]

끝으로 '사대부(士大夫)' 개념과의 관계를 말하겠다. 이 사대부는 주로 신분 개념으로 통용되어 왔다. 연암(燕巖)이 '독서하는 양반'을 사라 이르고, '종정(從政)하는 양반'을 대부라고 이른다는[434] 것은 신분 개념으로 파악된 사대부다. 신분개념으로 파악된 사대부는 실상 여기의 가치 개념 선비와 일단 별반 관계가 없다. 그런데 유수원(柳壽垣)은 사대부가 당초에 가치 개념으로서 높게는 성현, 낮게는 맑은 선비를 가리키는데 우리나라 사람들은 그 뜻을 잘 모르고 문벌을 사대부로 안다고 했다.[435] 유수원의 논급은 사대부란 말에 있는 가치 개념적 측면을 지나치게 강조하지 않았나 싶다. 하여튼 가치 개념적 측면에서는 사와 통한다.

2. 선비 정신의 초월성과 자존성(自尊性)

하나의 도덕 개념으로서의 선비 정신은 빈부귀천 등 세속적 가치에 대해 초월적으로 존재하고 초월적이기 때문에 스스로 자존적(自尊的)이다. 선비[士]는 기본적으로 그 직분이 사(仕)에 있다. 그러나 출사 여부와

---

434 朴趾源, 「兩班傳」, 『燕巖集』 8.
435 柳壽垣, 「論門閥之弊」, 『迂書』 2.

상관없는 사(士)로서의 본분이 있다. 출사 여부와 상관없는 사의 본분을 알려고 할 때 역시 사를 신분적으로 무위자(無位者)의 자리에 놓고 보는 것이 편의하다.

박지원(朴趾源)이 사를 두고 "지위로는 등급이 없고, 덕은 본디부터의 일이다."436라고 한 것이 선비의 신분적인 면과 가치적인 면을 잘 요약해 준다. 즉 선비는 신분적으로는 세상의 어떤 위계에도 편입되어 있지 않고, 가치적으로 덕은 본디부터 고유한 것이란 말이다. 어떤 위계에도 편입되어 있지 않기 때문에 그 어떤 위계로부터도 자유로우며, 그가 담지(擔持)한 가치는 그 어떤 세속적인 가치와도 교환 대상이 되지 않는 초월적이며 자존적이다. 다시 이황의 언술을 살펴보자.

> 도의(道義)의 작질(爵秩)과의 비교에서 어느 것이 귀하고 어느 것이 천하며, 어느 것이 무거우며 어느 것이 가벼운가. 이치로서 말하면 어찌 도의가 귀중할 뿐만이겠으며, 예로서 말하면 작질의 분수를 또한 어찌 능멸할 수 있겠는가. 옛날의 선비는 진실로 남의 형세와 작위에 눌리지 않는다. (중략) 대개 부러워하지 않고 붙따르지 않으면 내가 저들에게 스스로를 잃는 일이 없고, 그 형세를 힘입지 않고 그 소유에 이득을 보지 않으면 저들이 나에게 젠 채하지 못한다. 그러므로 필부로서 천자를 벗해도 참람되지 않고, 왕공으로서 평민에게 몸을 낮추더라도 욕되지 않는다. 이것이 선비가 귀하게 여길 만하고 공경할 만한 소이이며, 절의의 명분이 성립되는 소이이다.437

---

436 朴趾源,「原士」, 앞의 책 권10.
437 李滉, 앞의 책 같은 곳.

도의의 작질과의 비교에서 "어찌 도의가 귀중할 뿐만이겠는가."라는 말은 도의가 세속적인 가치인 작질과는 당초에 비교할 수가 없는 독자적이고 초월적인, 따라서 자존적인 가치란 뜻이다. 필부이고 평민인 선비가 천자를 벗해도 참람되지 않고, 왕공이 선비에게 몸을 낮추더라도 욕되지 않게 생각하는 것은 바로 이러한 가치의 담지자로서, 저들의 형세와 소유에 의존하는 바가 없기 때문이라는 것이다. 말하자면 선비는 이 도의의 가치를 담지함으로써 스스로도 독존적(獨尊的)이며 자존적인 존재가 된다. 『주역(周易)』의 고괘(蠱卦) 상구(上九) 효사에 "왕후를 섬기지 않고, 그 일은 고상히 한다."가 바로 선비의 이런 점을 말한 것임은 널리 알려진 사실이다. 곧 선비는 실령 때를 만나지 못했더라도 '고결자수(高潔自守)'한다는 말이다. 고결자수는 독자적이고 초월적인 자기 안의 가치, 즉 절의와 염치와 숭검을 제고하여 자존한다는 말이다.

　　선비의 본분은 일단 무위(無位)고 무등(無等)이다. 세상의 어떤 위계에도 소속되지 않는 독존, 이것이 선비의 본래 존재양태다. 그런데 선비가 독존으로 남아있는 세상은, 유가의 관점에 의하면, 정상적인 세상이 아니다. 정상적인 세상은 선비가 작위를 가지고 다스림에 참여함으로서 겸선천하(兼善天下)해야 하는 것이다. 그렇게 될 경우라 하더라도 선비정신에 대해 작위는 비본질적이고 우연적인 것이다. 심지어 천자의 작위도 예외가 아니다.

> 천자라는 것은 원사(原士)다. 원사는 생인(生人)의 근본이다. 그 작(爵)인즉 천자이나 그 몸인즉 사다. 그러므로 작에 고하가 있으나 몸이 변화한 것이 아니다. 위(位)에 귀천이 있으나 사가 전변한 것이 아니다. 즉 작위가 사에 가해진 것이지 사가

옮겨가서 작위화(爵位化)된 것이 아니다.[438]

　무위·무등의 선비의 본분에 작위가 가해진다 하더라도 선비에는 조금도 영향하지 못하는, 역시 선비의 고유적이며 초월적임을 말했다. 이것은 말하자면 선비가 객관적으로 고유하게 띠는 초월성이다. 그래서 선비 정신이 당초에 천지의 정기(正氣)의 소산으로 이해되어 왔다. 송(宋)·문천상(文天祥)이 원(元)나라의 토실(土室)에 유폐되어 죽음을 기다리며 지은「정기가(正氣歌)」에서 "천지에 정기 있어, (중략) 사람에겐 호연지기라네.[天地有正氣, (중략) 於人曰浩然.]"[439]라고 읊어 자신의 의(義)의 실천이 호연지기의 소산임을 밝힌 바 있다.

　그런데 선비 정신에는 또 다른 의미의 초월성이 있다. 이것은 앞에서 말한 빈부귀천 등 세속적인 가치에 대해 객관적으로 존재하는 고유의 초월성이 아닌, 그 실현의 고도한 수준에서 주체가 감득하는 주체적 초월성을 가리킨다. 일례로 황현(黃玹)의 자결이 그러한 주체적 초월성의 경계에 이른 경우이다. "휘황히 일렁이는 촛불 빛 창천을 비추네.[輝輝風燭照蒼天.]"[440]라는 그의 절명시의 싯구가 그러한 소식을 알려 준다. 공자는 "뜻있는 사와 어진 사람은 살기를 바라서 인을 해침이 없고, 몸을 죽여서 인을 완성함[成仁]이 있다."[441]고 했다. 황현의 자결 즉 절의의 결행은 말하자면 성인(成仁)이라고 할 수 있다. 본인 자신이 자신의 자결은 "다만

438　朴趾源, 앞의 책 같은 곳.
439　文天祥,「正氣歌」,『文山集』14.
440　黃玹,「絶命詩四首」,『梅泉集』5.
441　『論語·衛靈公』.

인의 완성[成仁]일 뿐 충(忠)이 아니라오.[只是成仁不是忠.]"[442]라고 말했다. 여기서 우리는 절의의 고도한 실현이 보다 큰 개념인 인의 경계로 승화됨을 알 수 있다. 이것은 앞에서 말한, 중국의 사의 개념에는 처음부터 의의 측면과 함께 인의 측면이 중요하게 가담되어 있는데 대하여 우리나라의 선비의 개념에는 의가 거의 독점적으로 점하고 있다는 그 논리와 양립할 수 없는 것이 아니다. 중국의 사의 개념에 처음부터 가담되어 있다는 그 인은 의와 대대(對待) 관계에서는 작은 개념의 인이고, 황현이 절의의 결행으로 이르렀다는 성인(成仁)의 그 인은 큰 개념의 인이다.

3. 선비 정신에서의 출처

조식(曺植)은 "사군자의 대절은 오직 출처 한 가지 길에 있을 뿐이다."[443]라고 했다. 선비 정신의 개념에서 보면 출처의 문제는 그 징표의 실천 여부에 관계되는 가장 고차원의 문제이자, 또한 가장 첨예한 문제다. 진정한 선비냐 아니냐는 출처의 문제에 그 관건이 달려 있다 해도 과언이 아니다. 적어도 조식은 그렇게 생각했다.[444]

선비의 근본 지향은 출사하여 행도하는 데에 있다. "선비가 겸선하고자 하는 것은 진실로 그 본래의 뜻이다. 물러나 스스로 지키는 것이 그 어찌 본심이겠는가."[445]라고 이이(李珥)는 말했다. 겸선하고자 하는 뜻,

---

442 黃玹, 앞의 책 같은 곳.
443 曺植,「言行總錄」,『南冥集』5, 附錄; 金宇顒,「行錄」, 같은 책.
444 李章熙,『朝鮮時代 선비 研究』, 博英社, 1989, 102면 참조.
445 李珥,「論道」,『栗谷全書』15,「東湖問答」.

즉 출사하여 행도하고자 하는 뜻이 반드시 관철되지 않는 경우 특히 출처의 문제가 첨예하게 떠오른다. 나가야 되느냐 나가지 말아야 되느냐, 머물러 있어야 되느냐 물러나야 되느냐의 선택의 기로에 선다. 말하자면 절의·염치가 시험대에 오르게 된다. 가장 높은 층위에서 가장 첨예하게 말이다.

선비가 벼슬에 나가는 의도는 두 가지로 귀결된다. '귀하게 되고자 하는 마음[欲貴之心]'과 '도를 실현하고자 하는 마음[行道之心]'이[446] 그것이다. 귀하게 되고자 하는 마음으로 벼슬에 나가거나 머물러 있는 것을 선비의 절의·염치는 단호히 배격한다. "도가 행해지지 않는데 한갓 그 영리에만 탐닉하는 것은 선비가 아니다."[447]라고 한 것은 남효온(南孝溫)의 생각을 허균(許筠)이 대변한 것이다. 귀하게 되고자 하는 마음은 다름 아닌 인욕이기 때문이다. 결국 출처의 문제란 인욕과 도를 행하고자 하는 도심이 첨예하게 부딪히는 장이다.[448] 그래서 선비의 대절은 출처에 있다고 한 것이다.

출처는 궁극적으로는 인욕과 도심의 선택 문제다. 이념적으로 단순화시켜 말하면 그렇다. 그러나 실제의 차원에서는 좀 단순찮은 문제들이 따른다. 송시열(宋時烈)은 "선비의 출처는 딱 잘라서 다른 길이 없다. 스스로 나의 역량과 시세(時世)[勢]의 가불가를 헤아려서 불가하면 들어앉고 가하면 나간다. 이미 나갔으면 그 도를 행할 따름이다."[449]라고 했다.

---

446 「論出處之道」, 『近思錄』 7.
447 許筠, 「南孝溫論」, 『惺所覆瓿藁』 11.
448 정순우, 「남명의 공부론과 '처사'의 성격」, 『남명 조식』, 청계, 2001.
449 宋時烈, 「李樴錄」, 『宋子大全』, 附錄15.

즉 주체의 역량과 시세의 가불가를 헤아려서 결정한다는 것이다. 물론 행도를 전제로 해서다. 여기까지라면 위의 이념형과 별로 다르지 않다. 그런데 문제는 주체의 역량과 시세의 가불가를 헤아리는 것이 다분히 주관적일 수 있다는 것이다. 엄정한 객관적 판단을 보장할 길이 없다. 그래서 실제로 역사에는 주관적 판단으로는 나가서 도를 행할 만하다고 출사한 것이 공론으로부터 도를 행하려는 동기 자체부터 인욕이 아닌가 의심받아 온 경우가 허다하다. 요컨대 선비 정신을 고스란히 보존하기란 현실에 있어서 얼마나 어려운 일인가 하는 문제다. 그렇다고 역량이 넉넉한데 은자가 되는 것은 이른바 '결신난륜(潔身亂倫)'—자기 몸을 깨끗이 하고자 군신의 윤리를 어지럽히는 자—'가 되어 이미 유자가 아니게 된다. 이황은 도산(陶山)에 깃들어서 '결신난륜'을 몹시 저어했다.[450]

선비의 출처관은 또한 한결같지가 않다. 일찍이 『맹자』에서 출처를 두고 백이(伯夷)를 '성지청자(聖之淸者)', 유하혜(柳下惠)를 '성지화자(聖之和者)', 이윤(伊尹)을 '성지임자(聖之任者)', 그리고 공자를 '성지시자(聖之時者)'라고 평했거니와[451] 출처에 몇 가지 유형이 성립된다. 가령 조식의 경우는 말하자면 백이형(伯夷型)이라고 할 수 있다. 그는 과거를 단념한 중년 이후 몇 차례 유일(遺逸)로 부름을 받았으나 단호히 출사를 거부했다. 그는 당시를 도를 행할 수 없는 난세로 보았던 것이다. 그는 결신자고(潔身自高)하여 한 편에서는 그 절의가 '우뚝히 솟은 천 길 벼랑'의 기상이라는 평을 들었다. 그런가 하면 가령 장현광(張顯光)의 출처관은 또 아

---

450 李滉,「陶山雜詠幷記」, 앞의 책 권3 참조.
451 『孟子·萬章 下』.

주 다르다.

> 배워서 넉넉하면 출사하고, 군주가 예우하는 뜻이 있으면 출사하고, 집은 가난한데 어버이가 늙었으면 출사한다. 출사하지 않는 데에 두 가지 부끄러운 일이 있다. 그 몸을 깨끗이 하고자 하여 군신의 대륜(大倫)을 어지럽히는 것이 첫째 부끄러운 일이요, 절의의 이름을 빌려 그 값을 높이는 것이 둘째 부끄러운 일이다.[452]

물론 장현광이 위에서 말한 출사할 여러 경우들도 인욕의 배제라는 전제가 있고서다. 인욕의 배제라는 원칙적인 차원에서 보면 조식과 장현광의 출처관, 아니 기타 다른 유형의 사류(士類)들의 출처관이 다를 것이 없다. 그러나 실제의 구체적인 상황에 나아가서는 앞의 조식의 출처관과 장현광의 출처관은 현격히 다른 모습을 보여준다. 전자는 나가느냐 않느냐의 일도양단(一刀兩斷)의 태도이지만 후자는 가급적 객관적 형편에 합리하게 맞추려는 태도다. 전자의 시각에서 후자를 보고 자칫 인욕의 발로라고 판단하기 쉽고, 후자의 시각에서 전자를 자칫 '출사하지 않는 데에 두 가지 부끄러운 일'에 속한다고 보기 쉽다. 이렇듯 선비의 절의·염치와 당자의 객관적 형편과의 관계 속에서 출처 문제는 선비 정신, 즉 선비의 절의·염치의 아주 예민한 시험대다.

---

452 李瀷,「出處之義」,『星湖僿說』,「人事門」.

Ⅳ. 선비 정신의 전개

선비 정신은 역사적 개념이다. 그것은 고려 말기에 형성되어 16세기 중반에 완성을 보았다. 대체로 신흥 사대부의 등장과 지속에 동반한다. 16세기 중반 이후 사림의 통합성이 동요되고 해체되면서, 즉 당쟁의 만연 속에서 선비 정신의 외형은 더욱 제고되나 실질 내용은 왜곡되고 변질되어 갔다. 그러나 그 가운데도 한 가닥 본래의 선비 정신은 흘러 왔다.

1. 선비 정신의 정신사적 위상

선비 정신은 우리 민족의 정신사 위에 도드라진 윤리의식이란 점에서 그 특수성이 인정된다. 절의·염치·숭검이라는 선비의 존재태 내지 당위태에 대해서는 『논어』에 이미, "뜻 있는 사와 어진 사람은 살기를 바라서 인을 해침이 없고, 몸을 죽여서 인을 완성함[成仁]이 있다."[453], "사는 위태로움을 보면 목숨을 주고, 이득을 보면 의를 생각한다."[454], "사가 도에 뜻을 두면서 나쁜 의복 나쁜 음식을 부끄럽게 여기는 자와는 족히 의논할 것이 없다."[455] 등의 언술이 있듯이 우리 민족만의 독점이 아니다. 그러나 그것이 인간의 여러 형태의 의식에 대해 가지는 관계 양태에 있

---

453 『論語·衛靈公』.
454 『論語·子張』.
455 『論語·里仁』.

어서는, 우리의 선비 정신은 그 여러 형태의 의식들을 제압하고 나서는 사뭇 전제적(專制的)이다. 가령 관후(寬厚)의 의식이 선비 정신에 대해 하나의 장애로 되는 경우 그 관후의 의식과 공존을 모색하기보다는 사뭇 압복(壓服)하고 나서는 데서 선비 정신의 수행이 확인된다. 선비 정신은 절의·염치로 관철되는 데서만이 비로소 선비 정신일 수 있다.

여기에 대하여 중국의 사의 개념 내포에는, 위에서 말했듯이, 인의 측면이 주요하게 가담되어 있다. 가령 자로(子路)의 "어떠해야만이 이에 가히 사라고 이를 수 있습니까?"라는 질문에 공자는 말했다. "곡진하고 자상하며 화열(和悅)해야 가히 사라고 이를 수 있다. 벗에게는 곡진하고 자상할 것이며, 형제에게는 화열해야 할 것이다."라고.[456] 말하자면 사의 인의 측면의 구체적인 면모라고 할 것이다. 이렇게 개념 내포도 우리의 선비보다 크지만 무엇보다 저들이 현실적으로 흠앙하는 인격형(人格型)은 사보다 오히려 군자형(君子型)이다. 아래의 송·주돈이(周敦頤)의 언술은 중국인의 가치 의식 속에 일반적으로 존재해오던 인격 이념을 보다 이론화하여 표출한 것이다.

> 강(剛)의 기품은 선(善)으로는 의(義)가 되고, 직(直)이 되고, 단(斷)이 되고, 엄의(嚴毅)가 되고, 간고(幹固)가 된다. 악(惡)으로는 맹(猛)이 되고, 애(隘)가 되고, 강량[强梁, 흉포(凶暴)]이 된다. 유(柔)의 기품은 선으로는 자(慈)가 되고, 순(順)이 되고, 손[巽, 겸양(謙讓)]이 된다. 악으로는 나약(懦弱)이 되고, 무단(無斷)이 되고, 사녕(邪佞)이 된다. 오직 중(中)이란 것은 화(和)이고, 중절(中節)이고, 천하의 달도(達道)이

---

[456] 『論語·子路』.

고, 그리고 성인의 일이다. 그러므로 성인이 가르침을 세워 사람으로 하여금 스스로 그 악을 바꾸어 스스로 그 중에 이르러 머물게 한 것이다.[457]

강성(剛性)의 덕목이나 유성(柔性)의 덕목으로 치우치지 않고, 두 계열의 덕목이 조화를 이룬 중화(中和)의 덕이 저들의 인격 이념이다. 중화의 덕의 실현 과정에서 곧 군자가 성립되고, 그 고도한 실현에서 성인이 성립된다.

물론 우리 민족이라고 해서 군자형과 성인형을 인격 이상으로 포용하지 않는 것은 아니다. 그러나 우리의 의식 지평에서 그 현실성적 실체성이 상대적으로 박약하다. 그래서 다른 여러 덕목에 대해 절의의 덕목이 상대적으로 더 도드라지게 되었다. 여기에 사상사적으로도 저들은 유(儒)·도(道)가, 동한 이후로는 여기에 불(佛)이 가세하여 대체로 병존의 세(勢)로 있어온 데 대하여, 우리나라는 대체로 신교(神敎)·불교·유교의 순차적인 교체의 세였기 때문에, 여말 이래로 유[道學]로의 편향 추세 속에 더욱 도드라지게 되었다.

2. 선비 정신의 역사적 형성의 전단계

선비 정신은 고려 말기 도학의 비중이 점점 커지면서, 그리고 왕조교체를 겪으면서 본격적으로, 역사적으로 형성되기 시작하였다. 그 이전에

---

457 呂祖謙·朱熹,「論敎人之道」,『近思錄』11.

는 절의·염치의 이념을 담지할 만한 계층 형성이 안 되거나 미약하지 않으면, 주로 토지제도 등의 여건이 선비 정신을 하나의 이념으로 형성하기 어려웠다. 대체로 삼국, 통일신라시대는 전자의 경우이고, 고려시대는 후자의 경우에 해당한다고 하겠다. 삼국, 통일신라시대는 전반적으로 귀족제도여서 귀족제도 아래에서 절의·염치가 이념적으로 주도적인 도덕으로 형성되기를 바랄 수는 없다. 신라의 육두품은 유학에 종사했다 하나 나라의 전장제도에 관한 지식을 습득하는 지식유학에 치우쳐 있었고, 자신들의 진출에 관심이 쏠려있는 터여서 역시 형성되기를 바랄 수는 없었다. 고려시대의 지식인은 그 체질이 주로 문학가의 그것이라 선비 정신을 하나의 인격 이념으로 형성해 가질 만하기에는 소방(疏放)한 편이었다. 게다가 전시과(田柴科) 체제의 제약으로 그것이 역사화될 만큼 발전될 수는 없었다. 게다가 사상적으로도 삼국, 통일신라시대는 신교의 세에서 불교의 세로 넘어간 시기였고, 고려시대는 거의 대부분의 시기를 실질적으로 불강유약의 형세로 있어 왔다. 그리고 고려의 지식인들의 체질이 말해주듯 그 숭상하는 바가 주로 시문이었다. 이와 같은 사회·경제적, 그리고 사상·문화적 여건에서는 그 여건에 상응하여 역사화된 가치 이념—인격 이념이 따로 있었겠으나 적어도 선비 정신은 해당되지 않았다.

그러나 선비 정신은 민족의 역사 위에 일찍이 그 모습을 드러내지 않았다 뿐이지 민족의 심성—이 또한 선험적이 아니라 역사적 소산이지만—속에 내재하는 어떤 근인(根因)이 있고서야 역사적 계기들이 그러한 형태의 의식(선비 정신)을 형성하는 방향으로 지배적으로 작용하게 마련이다. 그러니까 잠재적으로는 그러한 소질이 끊임없이 움직여왔다는 말이다.

고구려 고국천왕대(故國川王代)의 재상 을파소(乙巴素)의 출처는 후세의 사에 가까운 바 있다. 물론 기록 자체의 후세적 윤색이 있었겠지만, "때를 만나지 못하면 숨고, 때를 만나면 출사하는 것이 사의 상례(常例)다."라는 그의 출처관은 도를 행하고자 하는 마음[行道之心]에 입각해 있다. 더구나 그의 치적이 또한 이를 뒷받침해 준다.[458]

신라의 내해왕대(奈解王代)의 물계자(勿稽子) 역시 후세의 사에 가깝다. 후세적 윤색이 있었을 것으로 보이지만, "공(功)을 자랑하고 이름을 다투며, 자기를 드러내고 남을 가리우는 것은 지사(志士)의 하지 않는 바다."라든가, "나는 벼슬하는 도리를 들었다. 위험한 일을 보면 목숨을 바치고, 어려움에 임하여 몸을 잊고서, 절의에 기대어 사생(死生)을 돌보지 않는 것을 충(忠)이라 이른다."라든가 하는 그의 말에서, 후세 사의 출처의 자세를 간취할 수 있다.[459] 박제상(朴堤上)의 왜국에서의 태도 또한 절의의 실현이라고 할 수 있다.[460]

여기서 우리는 신라의 화랑도(花郎道)를 선비 정신에 대비해 논할 필요를 느낀다. 혹은 풍류도(風流道)라고도 하는 이 도의 다른 측면은 그만두고 선비 정신, 즉 절의에 유사하게 보이는 충과 신(信)에 대해 논급하겠다. 절의와 충·신은 무엇을 굳게 지켜 스스로 변하지 않으려는 심적 자세를 공통으로 가지고 있어서 일견 같아 보일 수 있다. 그런데 ① 절의는 그 판단이 객관적이라는 보장은 없지만 공적 영역에서의 일의 옳음과 그

---

458 金富軾 등, 「乙巴素」, 『三國史記·列傳』 5.
459 一然, 「勿稽子」, 『三國遺事·避隱』 5.
460 金富軾 등, 「朴堤上」, 『三國史記·列傳』 5; 一然, 「奈勿王 金堤上」, 『三國遺事』 1 참조.

름, 마땅함과 마땅하지 않음을 판단하여 옳음과 마땅함을 지켜 변하지 않으려고 하는 자세임에 대하여 충과 신은 공적으로나 사적으로 상급자나 동료 등 사람과의 관계 자체를 지켜 변하지 않으려는 자세다. 일의 옳음과 그름, 마땅함과 마땅하지 않음은 충·신에 있어서는 비본질적인 것이다. 한 마디로 절의는 도리를 지키는 것임에 대하여 충과 신은 관계를 지키는 것이다. 그러므로 일단은 다분히 맹목적이다. ② 절의는 절의의 계기이자 절의의 지향하는 바 대상—가령 군주·이상적인 사환(仕宦) 생활·국가·민족—등이 절의의 주체에게 내재화되어 그것이 하나의 존재 조건이 되고, 이 존재 조건을 부정하려는 유혹·위협 등을 가하는 대항 세력 내지 불가항력적 세력이 있어 절의의 주체와 적대 관계에 선다. 그러나 충과 신은 본질적으로 그런 적대 세력의 존재가 충과 신의 성립의 조건은 아니다. 절의와 충·신 사이에는 내적으로 이토록 현격한 차이가 있음에도 불구하고, 앞에서 말했듯 무엇을 굳게 지켜 스스로 변하지 않으려는 자세라는 그 외적 유사성으로 하여 흔히 혼동된다. 실상 절의의 계기이자 절의의 지향하는 바 대상이 군주인 경우는 그 자체가 절의요 충이다. 또 과거에는 절의와 충이 그렇게 하나로 묶어진 경우가 많았다. 그러나 절의 자체와 그 계기 내지 대상과는 일단 구분하여 생각할 필요가 있다. 앞에서 언급한 출처의 절의란 절의의 계기이자 지향하는 바 대상이 바로 이상적인 사환 생활이다. 이 이상적인 사환 생활을 유혹이나 위협을 가해 부정하려는 세력에 변함없는 자세로 맞서는 것이 곧 출처의 절의다.

생각건대 화랑이나 낭도들이 실현한 것은 대부분 절의가 아닌 충일 터다. 『삼국사기·열전』에 실린 그들의 전기를 보아 알 수 있다. 특히 열광

적이고 맹신적인 그들의 죽음이 그 점을 잘 말해 준다. 물론 절의와 충이 일치한 경우도 없지 않지만 말이다. 신 또한 화랑도의 지배적인 덕목의 하나였다. 무엇보다 그들은 동료간 신의를 중시하고 맹서를 존중하였다. 그런데 화랑도의 신에는 공적 차원과 사적 차원이 혼합된 경우가 많고, 그리고 다분히 무조건적이다. 다분히 무조건적임은 검군(劒君)의 죽음에서,[461] 구분이 애매한 경우는 귀산(貴山)과 추항(箒項)의 죽음에서[462] 그 단적인 예를 본다. 전자는 자신이 밀고하지 않을 것을 죽음으로 보여준 경우이고, 후자는 원광법사(圓光法師)와 두 사람 사이, 그리고 귀산과 추항 두 동료 사이라는 사적 관계에서 지키기로 다짐한 것은 분명 신라 국가의 공도(公道)나. 또 「임신서기석(壬申誓記石)」의 내용은 화랑으로 추정되는 두 젊은이 사이에 충도(忠道)를 집지(執持)하고, 과실이 없고, 그리고 『시(詩)』・『상서(尙書)』・『예기(禮記)』 등을 차례로 배워 얻을 것을 맹서하였다. 역시 형식은 사적이나 지키고자 한 내용은 공도에 속한다. 이처럼 관계는 사적이나 지키는 도리는 공적인 것이 절의와 유사하나 절의는 아니다. 도리가 공적이긴 하나 관계에 비하면 부차적이고, 그리고 적대세력이 없기 때문이다. 요컨대 화랑도의 충과 신을 아울러서 의기(義氣)라고 하면 타당할 것이다. 의기는 계기를 만나기에 따라서는 절의로 발전할 수 있는 바탕으로는 충분한 것이다.

고려시대는 그 식자층의 문인적 체질상, 전시제(田柴制)의 제약상, 그리고 불교 숭상이라는 사상적 풍토상 그 말기 이전까지는 선비 정신이

---

461 金富軾 등, 「劒君」, 『三國史記・列傳』 8 참조.
462 金富軾 등, 「貴山」, 『三國史記・列傳』 5 참조.

하나의 인격 이념으로 역사화되기를 기대하기는 매우 어려운 시대였다. 고려의 위의 특징들은 절의·염치의 문화의 형성이라는 시점에서는 모두 관계가 소원하다. 전시과의 경우 설령 법조문대로 빈틈없이 시행되지는 못했다 하더라도 어쨌든 이 제도가 하나의 체제로 자리 잡고 유지되는 한 고려 사인(士人)들에게 출처의 절의를 엄하게 물을 수는 없다. 일반적으로 개인은 체제 속의 개인이기 때문이다.

> 여조(麗朝) 입국(立國) 5백년에 인륜이 밝지 못하고 국체가 엄하지 못하여 의장(儀章)·법도가 지금 유전하는 것이 없다. 이른바 문헌이란 단지 이규보배(李奎報輩)의 약간의 시율(詩律)과, 말엽의 사인(士人)들이 또 자못 원조(元朝) 문자를 익혀서 지은 시·부·의의(疑義) 등과 같은 과제(科製)와, 조맹부배(趙孟頫輩)의 필법이 지금까지 유전하고 있을 뿐이다. (중략) 삼한을 통일하고서 문교(文敎)를 비로소 통해 원칙을 세우고 조리를 베풀어 후손에게 드리워주는 것이 바로 고려 태조의 책임이거늘 이른바 「훈요십조(訓要十條)」는 불과 지리·불법·암당·탑상(塔像) 등에 관한 일을 자상히 부탁을 남겨 나라 흥쇠의 기틀로 삼았으니 어찌 심히 개탄스럽지 아니하냐.
>
> 다만 포은(圃隱)·목은(牧隱) 제유(諸儒)가 비로소 이학(理學)을 창도하였다. 이것은 자못 하늘의 뜻이 우리 조정을 위하여 문교를 먼저 연 조짐으로 마침내 끊어지지 않는 일선(一線)을 전하였으니 사된 자에게 다행이라면 다행이다.[463]

---

463 柳壽垣,「論東俗」,『迂書』 1.

조선 왕조 지식인의 고려 왕조의 문화에 대한 평가다. 말하자면 유교 문화가 한없이 엉성하다는 불만이다. 위의 서술은 유교적 편견에 의해 다소 심하게 고려 문화에 대해 폄하했지만 불교 문화를 부정하고 나면 남는 것이 사실은 다소 엉성한 편이다. 유교 문화 전반이 엉성한데 유교 문화의 주요 내용의 한 가지인 절의·염치만이 유독 높은 수준일 수는 없다. 그렇다고 해서 고려의 사인 일반이 특별히 절의·염치를 외면한 지편에서 인격이 형성되었다는 뜻은 아니다. 다만 절의·염치의 선비 정신이 특히 뚜렷하게 역사화되지 않았을 뿐인 상황을 말한 뿐이다. 선비 정신이 역사화되지 않는 가운데에 개인적, 고립적으로 실현한 사람은 물론 있다. 이제 그 중 몇 가지 경우를 살펴보자.

먼저 신숙(申淑)을 들고 싶다. 이 경우는 출사하여 관료의 직무 수행에서, 그리고 출처의 자세에서 절의를 지킨 예다. 신숙은 인종조(仁宗朝)에 명경과(明經科)로 올라 어사잡단(御史雜端)·지문하성사(知門下省事) 등을 거치면서 의종(毅宗)의 사치와 남권(濫權) 등 비행을 간하기에 신명을 바쳤다. 마치 조선조의 조광조(趙光祖)의 태도를 연상시키듯 그는 조금도 양보가 없었다. "신이 이를[환관을 조신(朝臣)으로 제배한 사실] 들은 뒤로부터 항상 분개하여 음식을 먹어도 맛을 알지 못합니다. 그래서 감히 와서 청하오니 만약 신의 말이 그릇되었거든 청컨대 신을 죽이고, 옳거든 (내시를 조신에서 해직하는 일을) 허락하기를 원하옵니다."고 하니 왕이 내시의 벼슬을 삭제하였다. 의종이 그의 집요한 간언을 미워하여 그의 직을 다른 자리로 옮기니 그는 벼슬을 버리고 시골로 돌아갔다. 그리고 이런 시를 지었다. "밭을 갈며 날을 보내고 / 약을 캐며 봄을 보낸다 // 물이 있고 산이 있는 곳 / 영화로움도 없고 욕됨도 없는 몸일세[耕

田消白日, 採藥過靑春. 有水有山處, 無榮無辱身.]"⁴⁶⁴

다음으로 권돈례(權敦禮)를 들고 싶다. 권돈례는 무신난 전에 출사하였다가 자기 시대가 난세임을 알고 난후에 원주(原州)에 은거하여 독선기신(獨善其身)한 경우다. 관련 문헌으로 유일하게 임춘(林椿)이 그의 친구 이담지(李湛之)를 대신하여 쓴 편지 한 통이 있을 뿐이다.

금년 가을에 중 중은(中隱)이 서울에 와서 말하기를 "선생의 평소 흥회가 초연해서 끝내 세상에 나와서 처할 뜻이 없다."고 하였습니다. 난리 중에 세상의 현사들이 초야에 깊이 묻히어 한 때의 화난을 피하지 않은 이가 없었습니다. 그러나 한결같이 명리의 꾀임을 받아 산영(山靈)으로 하여금 속가(俗駕)를 만회하게 하려 한 자가 많았습니다. 지금 합하는 기미를 보고 행동하시어 방외(方外)에 고도(高蹈)하시어 작위를 진흙찌끼처럼 아시고, 산림에 아교와 옻처럼 뜻이 결합되어 천금의 폐백으로도 그 재주를 초빙하지 못하고 만승의 권위로도 그 절개를 굽히지 못하니 참으로 이른바 '이미 밝고 예지로와, 그 몸을 보전한' 경우입니다.
옛날에 은호(殷浩)가 광려산(匡廬山)에 숨어서 여러 차례 초빙해도 나오지 않았습니다. 당시 그가 나오느냐 안 나오느냐로 동진(東晉)의 흥망을 점쳤습니다. 지금 논자들은 혹은 이르기를 "합하가 나오지 않으면 저 창생을 어찌 할거나?"라고 합니다. 비유하자면 마치 상서로운 별, 상서로운 구름이 장차 나오려 함에 사람들이 먼저 보는 시원함을 다투지 않은 이가 없는 것과 같습니다. 그런데 합하는 바야흐로 대기(大器)를 안고 대도를 간수하고 산수간에 높이 누워 나오지 않습니다. 그

---

464 鄭麟趾 등, 「申淑」, 『高麗史·列傳』 12.

청풍·고절은 백이·숙제 이래로 (합하) 한 분뿐입니다.[465]

특히 편지에는 상대에 대한 수사적 과장이 있기 마련이다. 그 점을 고려하더라도 권돈례는, 위의 글에 의하면, 절의를 높이 간직한 고사(高士)임에는 틀림없다. 더구나 임춘 같은 양심적인 지식인의 일컬음에랴.

무신란은 제한적이나마 고려 사인들의 절의·염치의 시험대였다. 위의 임춘의 편지에서의 지적처럼 난초에는 문신의 대부분이 초야에 스며들었다. 그러나 난후 정국이 다소 안정을 찾고 문신을 다시 기용하자 초야에 스며들었던 문신 거개가 출사하였다. 출사하지 않은 사람으로는 위의 권돈례 이에 승려가 된 신준(神駿)·오생(悟生)과 박인석(朴仁碩)이 있었으나, 박인석은 24년간을 전원에 머물러 살다가 천거에 응해 나와 최씨정권에 벼슬했다.[466] 결국 끝까지 은사로서 출사하지 않은 사람은 현재 알려진 바로는 권돈례 한 사람뿐이었다.

이 때는 전시제 체제가 붕괴 과정에 있었고, 토지의 사사로운 소유가 일정하게 발달하고 있었다. 말하자면 고려의 사인들이 생존의 이유로 출사를 해야 하는 조건이 일정하게 완화되어가고 있었다는 말이다. 그런데 초야에 스며들었던 문신 거개가 다시 출사를 하였다. 당시 무신들의 권능과 횡포 아래에 행도지심으로 출사를 했다면 이 말이 대부분의 사인들에게는 아마 해당되지 않을 것이다. 여기에는 전시과 체제가 붕괴 과정에 있었다고는 하나, 하나의 체제로서의 효력이 주는 제약이 있었으므로

---

465 林椿,「代李湛之寄權御史敦禮書」,『西河集』4.
466 李東歡,「林椿論」,『語文論集』19·20, 고려대 국어국문학연구회, 1977 참조.

경제적 이유를 무시할 수는 없으나, 그러나 거개는 욕귀지심의 발동이 있었을 터이다. 고려 사인들은 일반적으로 가문에 대한 공명의식이 강했다.[467] 그런 의미에서 임춘의 위의 글에서 모두들 '명리의 꾀임을 받아' 다시 출사했다는 말이 단순한 수사가 아님을 알게 한다. 요컨대 고려 사인들에 대한 평가에서 출처의 절의는 아마 부차적인 항목으로 삼아야 할 것이다.

또 한 사람 안치민(安置民)을 들고 싶은데, 이 경우는 고려 시대에는 자못 예외적인 무관(無官)의 처사다. 그에 관해서는 널리 알려지지 않았는데, 그것은 당대의 명망에 비해 전해오는 문헌이 적기 때문이다. 주로 『동국이상국집(東國李相國集)』과 『보한집(補閑集)』에 그에 관한 기록이 산견된다.[468] 이를 토대로 그의 선비적인 면모를 정리하면 대략 다음과 같다.

그는 의종~신종(神宗) 연간에 경주(慶州)에서 산 사람이다. 자를 순지(淳之)라 하고, 기암거사(棄庵居士), 또는 취수선생(醉睡先生)이라 자호했다. 가난하여 주로 사원(寺院)에 부쳐 살았다.

이규보가 "눈썹은 실처럼 길게 늘어지고 / 눈동자는 물처럼 맑구려 // 내 방덕공(龐德公)을 보지 못했지만 / 그대가 아마 그인가 하오[眉毛垂似絲, 眸子炯如水. 我不見龐公, 見君疑卽是.]"[469]라고 했듯이 그는 당대에 후한(後漢)의 방덕공에 비의(比擬)되는 고사였던 것 같다. 최자(崔滋)에 의하면 그는 '광세대수(曠世大手)'[470]로 지방에 있으면서 중앙의 문원(文

---

467 李東歡, 앞의 글.
468 安置民에 대해서는 沈浩澤이 「安置民論」(『漢文學硏究』 8, 啓明漢文學會, 1992)을 쓴 바 있다.
469 李奎報, 「又贈安處士」, 『東國李相國集』 12.
470 崔滋, 『補閑集』 中.

苑)을 사뭇 지도하다시피 하였다. 그는 또한 묵죽(墨竹)에도 빼어났다. 그러나 그의 선비다운 면모는 다음과 같은 그의 자화상에 쓴 제시(題詩)에 있다.

有道不行不如醉,	도가 있어도 행해지지 않으니 취함만 같지 못하고,
有口不言不如睡.	입이 있어 말하지 못하니 조느니만 못해.
先生醉睡杏花陰,	선생이 살구꽃 그늘에서 취해 조니,
世上無人知此意.	세상에선 이 뜻을 아는 이 없구나.[471]

무신집권기에 쓴 이 작품은 그의 무신집권에 대한 저항 정신이 표백되어 있다. 따라서 그는 망세(忘世)한 방외인 유형과 다른, 선비 유형이다. 고려시대의 한 처사로서 무신정권에 항거하여 절의의 삶을 산 것 같다.

무신정권, 즉 최충헌 시대의 난정(亂政)을 피하여 개경에 살다가 지리산으로 은거해 간 한유한(韓惟漢)은 안치민과 같은 유형이면서 약간의 편차가 있다. 최충헌이 정권을 맘대로 하고 관작을 파는 현상을 목격하고, "난이 장차 이를 것이다."라고 하고, 처자를 데리고 지리산으로 들어가 절조를 닦으며 외부인과의 교제를 일체 끊고 지냈다. 나중에 서대비원(西大悲院) 녹사(錄事)로 불렀으나 끝내 나오지 않고, 오히려 더 깊은 골짜기로 옮겨 가서 종신토록 나오지 않았다.[472] 이 한유한의 경우는 거의 망세에 가까운 독선기신형(獨善其身型)으로, 자칫 방외지사(方外之士)로 떨어질

---

471 崔滋, 앞의 책 같은 곳.
472 鄭麟趾 등, 「韓惟漢」, 『高麗史·列傳』 12 참조.

위험이 있다.

여기서 이자현(李資玄)에 대해 논의할 필요를 느낀다. 이자현은 대악서승(大樂署丞)이라는 종8품직에 있다가 29세에 홀연히 관직을 버리고 춘천 청평산(淸平山)으로 들어가 예종이 여러 차례 불러도 끝내 나오지 않았다. 그는 고려전기 3대 문벌의 하나인 경원(慶源) 이씨 가문 출신으로 고관과 부귀가 약속되어 있는 것이나 다름없었다. 그런 그가 영화를 버리고 높이 세속을 벗어나 초야의 거친 음식, 거친 의복으로 생을 마감할 때까지 37년간을 '불원불회(不怨不悔)'하며 시종 변함이 없이 지낸 것은 유례가 없는 일로, 그 가슴 속에 '스스로 즐기는 바'가 없고서야 가능하겠냐는 것이 이황의 견해다.473 사실 이자현을 고사로 보면 그런 고사가 우리 역사에 둘 있기가 어려울 정도다.

그러나 그가 추구한 것은 선도(禪道)다. 가슴 속의 '스스로 즐기는 바'가 선도에서 나왔던 것이다. 이황은 이자현에게서 아무 것에도 의존하는 바 없는 그 정신적인 즐거움, 형이상의 경계를 넘나드는 고고한 그 즐거움을 가졌음을 취한 것이다. 일단 생활 차원에서 선도와 도학은 자별하여 이황이 배척해 마지않을 바이나, 정신적인 고고한 즐거움을 가지고 세속을 벗어난 삶을 산 점을 이황은 취한 것이다. 그러나 그 즐거움의 원천이 이자현은 근원적으로 선도라는 세외(世外)의 종교다. 그의 정신적 삶은 출처의 절의를 논할 선비 정신의 권외에 놓여 있었다.

선비의 절의와 관련하여 고려시대의 흥미 있는 한 현상은 식자인들

---

473 李滉, 「過淸平山有感幷序」, 『退溪全書』 1 참조.

사이의 묵죽의 애호 풍상(風尙)이다. 대나무는 이른바 세한삼우(歲寒三友)의 하나로 소나무·매화와 함께 선비의 지조를 비유하는 것으로 되어 있다. 선비의 지조를 비유하는 대나무 그림이 한 시대를 풍미했으니 그 시대의 식자인들의 지조에 대한 향념(向念)이 대단한 것으로 안다면 소박한 생각이다. 고려시대 뿐 아니라 대나무 그림의 원고장인 중국의 어느 시기부터 대나무 그림 뿐 아니라 세한삼우의 다른 두 가지도 반드시 지조의 기표로 그려지지 않았다. 지조의 관념과 무관하지 않지만 풍운(風韻)·아치(雅致)·불범(不凡) 등의 관념으로 발전하여 원래의 지조 취의(趣意)는 흐려진 채로 완상에 이바지되었다. 거기다가 그림 자체의 논리에 편입되어 화법·화풍 등 평가의 대상으로서의 논의가 발전하여 대부분의 경우 본래의 취의인 지조로부터 먼 거리에서 의사소통이 되었다.[474] 게다가 고려의 경우 묵죽 애호 풍상이 소식(蘇軾) 숭배 열기와 무관하지 않다. 고려 식자인들의 소식 숭배 열기는 유명하거니와, 소식의 문학 뿐 아니라 그의 묵죽을 치는 기예의 측면까지 아울러 배우려 한 것이다. 더구나 소식과 송대 묵죽의 대가인 문동(文同)과의 그 묵죽을 매개로 한 우정은 고려의 식자인들에겐 퍽 인상적이었을 것이다. 결국 소식을 매개로 하여 문동의 묵죽에로 관심이 전이되어 간 것이다.

그런데 태조 왕건의 무덤에 벽화로 세한삼우가 그려져 있는 것은 묵죽과는 경우를 달리하는 것이라 생각한다. 무덤의 벽화로 세한삼우가 그

---

[474] 李仁老의 『破閑集』, 李奎報의 『東國李相國集』, 崔滋의 『補閑集』 등에 나오는 墨竹 관련 詩文을 검토한 결론이다.

려진 예는 퍽 이례적인 일로서 동양회화사상 주목할 바라는 것이다.[475] 이 고립된 현상을 가지고 그 의미하는 바를 말하기는 퍽 조심스러우나, 화재(畵材)가 모두 세한삼우에 드는 식물이라 이것은 역시 세한에 견디는 속성을 취한 것일 듯 하다. 다시 말하면 어떤 고난에도 '불변'하는 품성을 비유한 것일 듯 하다. 곧 지조다. 아마 태조의 공신들의 태도에 대한 것일 듯 하다. 절의 관념의 불변하는 충성 서약, 곧 지조를 세한삼우로 나타낸 표현이나 고립적, 분산적임을 면치 못한다.

이상으로 선비 정신 형성의 전단계의 상황을 살펴보았거니와 개인적으로 선비 정신, 또는 이에 준하는 모종의 정신을 하나의 신념으로 자각한 경우가 고구려 초기부터 있어 왔고, 특히 신라 화랑도의 의기가 절의 개념에 이웃해 있었다. 이러한 잠재 요소들이 역사적 계기와 결합하면 그것이 역사 현상으로 발전하도록 조건지어져 있었던 것이다.

물론 선비 정신이 도덕 의식의 전부는 아니다. 그러기 때문에 선비 정신이 역사의 이른 시기에 역사화되지 못했다고 해서 우리 역사에 무언가 결함이 있는 것처럼 생각하는 것은 잘못이다. 선비 정신에도 단점은 있다. 그것은 경직성이다. 따라서 선비 정신이 역사화되기 전에는 최소한 경직성의 폐해는 상대적으로 덜한 장점이 있었다.

---

475 安輝濬, 『韓國繪畵의 理解』, 時空社, 2000, 60~61면 참조.

3. 선비 정신의 역사적 형성

　13세기말, 14세기 초 안향(安珦)·백이정(白頤正)들에 의해 도학이 전래되면서[476] 당연한 현상으로서 고려 사인들의 사고와 체질에 변화가 왔다. 무엇보다 유학의 지적 체계에 대해 새로운 인식을 가지게 되었다. 한·당(唐)의 훈고유학(訓詁儒學)에서 송대의 의리유학(義理儒學)으로의 인식의 전환을 맞이하였다. 종래에 예사로이 알았던 말의 개념이 보다 무게를 가지게 되고, 종래에 예사로이 이해했던 문맥이 보다 깊은 문맥으로 바뀌었다. 말·문맥·텍스트의 경중이 새로이 조정되기도 했다. 그리고 천인·성명과 이기·태극과 인심·도심과 그리고 군자(君子)·소인지변(小人之辨)과 의(義)·리지변(利之辨) 등을 골자로 한 그 철학적 체계를 이해해가기 시작했다. 우선 유학의 지적 체계에 대해 그야말로 신유학적으로 새로이 인식하게 되었다. 이에 따라 그들의 사고 세계도 달라졌다. 무엇보다 가치관이 달라졌다. 종래에는 가위 문학지상주의였다. 제술과를 통해 진사가 되어 관인 사회에 진출하는 것이 고려 사인들의 인생 목표였다. 명경과가 있었으나 진사과와는 비교도 안 되게 약세였다. 여기에 따라 최충(崔冲)의 사학(私學)도 구재(九齋)의 명호(名號)로 유가의 철학적 요어(要語)를 내걸었으나 실은 제술과 준비 기관으로서의 성격을 못 면했다. 예종이 유학 진흥책을 일정하게 시행했다 하나 최약(崔瀹)으로부터 사신(詞臣)들과 음풍월을 일삼는다고 공박을 받은 것도 문학지상의

---

[476] 고려 知識人들이 道學을 처음 접하기는 睿宗·仁宗 연간이다. 그러나 그 동안 東亞의 국제 정세 등으로 인하여 두절되었다가 13세기 말 다시 수입이 시작됐다.

대세를 단적으로 말해준다. 요컨대 경서를 공부 안 하는 것은 아니나 경서 자체의 논리를 추구하고 의리를 석명하기보다 주로 문학의 자구(資具)로 원용하고 구사하려는 각도에서 경서를 소화했던 것이다. 그러니까 경서 공부는 어디까지나 문학에 대한 부용(附庸)으로 남아 있었다. 종래의 이 관점이 달라지기 시작했다. 문학을 부차적으로 인식하기 시작하고, '경명행수(經明行修)'의 가치를 제일의(第一義)로 인식하기 시작했다.

> 이제 전하께서 진실로 학교를 넓히시고, 상서(庠序)를 근실히 하시며, 육예(六藝)를 존중하시고, 오교(五敎)를 밝히시어 선왕의 도를 천명하시면 누가 진유(眞儒)를 등지고 석자(釋子)를 따라서 실학(實學)을 버리고 장구(章句)를 익히겠습니까. 장차 조충전각(雕蟲篆刻)의 무리들이 모두 경명행수(經明行修)의 사가 될 것입니다.[477]

이제현은 여기서 '진유(眞儒)'의 개념을 제시했다. 진유란 종래의 한당유학적(漢唐儒學的) 분위기 속에 문학에 주로 종사하는 유자에 대하여 신유학으로 체질이 바뀐, 경명행수의 '실학'에 종사하는 유자를 가리킨다. 이 시기에 이러한 학문·문화적 반성이 공식적으로 제기된 것이 이 시기, 즉 14세기 초의 학문·문화가 신유학으로 일정하게 전환되고 있음을 반영한 것이다. 곧 설령 실제로 문학을 하더라도 경명행수의 가치가 제일의임을 인식하고, 스스로 그 가치에 부합하도록 체질을 바꾸어 간 현

---

477 李齊賢, 『櫟翁稗說』 前集 1.

상의 반영이다. '션비[선비(先輩)]'가 종래의 제일류였던 문학하는 인사에 대한 존칭에서 이제 새로이 제일류로 떠오른 진유, 곧 새로이 등장한 참다운 유사(儒士)를 가리키게 된 것은 이 즈음의 일일 터다.

14세기 초기의 고려의 학문·문화의 신유학, 즉 도학으로의 전환의 소식은 안축(安軸)의 「경포신정기(鏡浦新亭記)」 및 「임영공관묵죽병기(臨瀛公館墨竹屛記)」에서 단적으로 확인할 수 있다. 전자는 요컨대 이의 보편성과 기의 특수성을 산수 경치의 유상(遊賞)에 적용시킨 것이다. "대저 형체[形]의 기이한 것은 뚜렷하게 드러나 있어서 눈의 완상하는 바가 되고, 이치[理]의 미묘한 것은 은미하게 숨겨져 있어서 마음의 터득하는 바기 된다. 눈이 기이힌 형체를 완상하는 것은 어리석은 이나 시혜로운 이가 모두 할 수 있으니 그 치우친 것(형체의 개개의 특수성)을 보고, 마음이 미묘한 이치[理]를 터득하는 것은 군자만이 그렇게 할 수 있으니 그 오롯함(이의 보편성)을 즐긴다."고 하여 이기 관계를 정확히 이해했다. 다만 문학적인 글이라 기를 '형체[形]'로 바꾸어 표현했을 뿐이다.

이렇게 신유학적 사고를 갖춘 안축이 당시 고려 사인들에게 널리 애완되던 묵죽을 차용하여 고려 사인들이 추향해 가야 할 도덕적 취의를 명확히 밝힌 것이 후자의 글이다. 1330년 강릉도존무사(江陵道存撫使)로 나가 강릉에 있는 존무사의 공관(公館)에 병장(屛障)이 없음을 유감으로 여기어 비단 두어 필을 얻어 12첩 장병(長屛)을 만들고 검산도인(劍山道人)이란 사람을 청해다가 묵죽을 그리게 하고, 거기에 제화문(題畫文)으로 쓴 글이다. 중요한 것은 묵죽병(墨竹屛)을 '기이한 완상품'을 삼거나 공관에 아무 장식이 없어 소박함을 꾸미기 위해 설치하는 것만은 아니라는 것이다. '또한 깊이 취한 바가 있어서' 설치했다는 것이다.

인심이 가운데에 있어서 바깥에 접촉이 없으면 허령히 움직임이 없어 그 근본이 안정되어 있다. 사물이 나에게 교접해 옴이 있고 난 뒤에야 가운데에서 동하여 바깥으로 발한다. (중략) 눈이 교접하는 바가 더욱 넓다. (중략) 오직 성인만이 사물에 응함에 도가 있어 바름이 있음을 잃지 않는다. (중략) 그러므로 옛날의 군자로서 그 마음을 바루고 싶어 하는 자는 항상 일용 사이에 그 사물의 접촉을 신중히 하되 눈이 완상하는 바에 이르러서는 더욱 스스로 가려서 한다. 얼음을 담은 옥항아리를 대해 그 맑음을 생각함이 있고, 활시위나 가죽을 차고 그 부드러움이나 그 팽팽함을 본받는 경우도 있다. (중략)

대저 대나무의 물건됨은 맑아서 누가 없고, 단단해서 변함이 없고, 텅 비어서 용납함이 있고, 꼿꼿해서 기대는 데가 없어 고금의 현군자(賢君子)들이 사랑하지 않은 이가 없다. (중략) 이제부터 이 공관에 이르러 앉아서 이 병풍을 보는 자는 대나무의 맑음을 보고 염치를 품어 백성들의 재산을 상하게 하지 말 것이요, 대나무의 단단함을 보고 절의를 격려 받아 지키는 바를 바꾸지 않을 것이요, 대나무의 텅 빔을 보고 너그러이 무리를 포용하여 가혹하고 포학한 마음을 없이 할 것이요, 대나무의 꼿꼿함을 보고 때를 따라 아부하지 말아서 꿋꿋이 홀로 설 것이다.[478]

한 마디로 안축은 대나무의 도덕적 상징을 도학적으로 논리화하고, 그것을 선전하기 위해 묵죽병을 만들었던 것이다. 그리고 묵죽에 대해 종래의 미학적 품평을 걷어치우고 당시 사인들이 지향해 가야 할 인격 품덕을 제시했던 것이다. 도학 수용기의 달라지는 문화 기풍을 완연히

---

478 安軸, 「臨瀛公館墨竹屛記」, 『謹齋集』 1, 「關東瓦注」.

느끼게 한다. 안축은 또 존무사로 발령을 받고 가는 길에 지은 시에서 "다만 엉성한 자질 다해 실학을 베풀 뿐[但盡迂疎施實學]"[479]이라고 말했다. 도학을 실제 행정에 베풀겠다는 것이다.

위에 열거한 대나무가 비유하는 인격 품덕 중 "대나무의 꼿꼿함을 보고 때를 따라 아부하지 말아서……"는 근본적으로는 절의의 품덕에 해당한다. 그리고 또 "대나무의 맑음을 보고 염치를 품어……" 역시 앞의 개념장에서 살펴보았듯이 염치는 절의와 함께 의의 범주에서 발출하는 것으로 절의의 이웃 개념이다. 그리고 보면 대나무의 인격 품덕 비유에서 절의·염치를 주된 취의로 삼았음을 알 수 있다. 도학을 받아들이면서 특히 절의·염치의 품덕, 곧 선비 정신에 관심이 쏠린 것을 알 수 있다. 여기에는 두 가지 이유를 생각할 수 있다.

그 한 가지는 당시 이민족의 지배하에 있는 고려의 처지에서 양심적인 지식인의 입신·처세의 길이 절의·염치에 있다고 생각해서일 터이다. 마침 안향이 주로 전래한 것은 주자의 학문이었다. 그런데 주자의 학문 성향이 당시 북쪽에서의 금(金)의 압박하에 이루어졌기 때문에 매우 민족주의적이다. 말하자면 지식인의 출처·입신 문제에 중국의 민족적 대의가 강조되어 있다. 남송과 고려의 동병상련의 역사적 처지가 일맥상통하는 데서 주자 도학을 수용하면서 지식인의 입신·처세 문제 전반에 대한 반성이 있었고, 따라서 절의·염치에 관심이 크게 쏠렸을 터이다. 당시 부원배(附元輩)의 발호를 상상할 일이다.

---

479 安軸, 「天曆三年五月, 受江陵道存撫使之命. 是月三十日, 發松京, 宿白嶺驛, 夜牛雨作, 有懷.」, 앞의 책.

그 다른 하나는 민족의 역사적 선행자질에 도학을 받아들이면서 특히 절의·염치와 관련되는 논리에 쏠리는 잠재인소(潛在因素)의 존재 탓일 터다. 일례로 후세에 조선 사회에서 가열(苛烈)했던 군자·소인 논쟁도 따지고 보면 절의·염치의 논쟁이다. 절의·염치에의 편향적 관심, 이것이 아마도 도학을 수용하여 결정(結晶)시킨 민족의 도덕관념 중 제일의적인 관념일 것이다.

> 맹자는 말하기를 "사는 뜻을 숭상한다."고 했다. 대저 사의 숭상하는 바는 시대의 낮음과 융숭함에 관계가 되니 삼가지 않을 수 있겠는가. 이전에 동한의 인사들은 절의를 숭상하여 세도를 부지했고, 조송(趙宋)의 인사들은 도덕을 숭상하여 인심을 밝히었다. 전조(前朝)의 인사들은 숭상하는 바에 사(邪, 불교)와 정(正, 유교)이 있었다. 안문성공[安文成公, 향(珦)]이 학교를 창시(倡始)하다시피 하여 유술(儒術)을 숭상하였다. 비록 노나라를 변하여 도에 이르게 하지는 못했지만 그 끝에 이르러서는 도덕과 절의를 겸한 아름다움으로 정포은(鄭圃隱) 같은 이가 나왔으니 마땅히 그 힘이 아니겠는가.[480]

이황의 논술이다. 한 마디로 도학의 전래로 절의, 즉 선비 정신의 역사화를 언급한 것이다. 안문성공이 숭상한 유술은 실질적으로는 신유학 그것이었던 것이다. 신유학의 전래 이전에는 고려 사자(士者)들의 숭상하는 바에 사정(邪正)이 있었으나, 안문성공이 신유학을 도입하고 섬학

---

480 李滉, 「策問」, 앞의 책 권41.

전(贍學錢)으로 성균관을 진흥시키어 그것을 숭상하자 그 결과로서 정점적(頂點的)으로 정포은의 도덕과 그리고 절의가 탄생했다는 것이다. 이황은 도덕과 절의를 일단 구분했다. 요컨대 절의는 적대 세력의 시련 앞에 자신의 뜻을 지켜감이고, 도덕은 원천적으로 선을 추구함이다. 엄격히 말하면 절의도 도덕 안에 포괄될 것이나 특화시켜 말한 것이다. 정몽주에 대해서는 절의로만 평가될 수 없고 도학의 포괄적인 성취로서 평가되어야 한다는 것이 이황의 생각이다.

어쨌든 절의, 즉 선비 정신의 역사화가 이루어진 것이다. 위에서 "대저 사의 숭상하는 바는 시대의 낮음과 융숭함에 관계 되니"란 말은 사가 숭상하는 바가 역사화되는 것을 말한다. 즉 도덕 내지 절의가 안향의 도학 전래 이후로 역사화의 길에 들어섰다는 것이다. 사자들이 도덕 내지 절의를 이제 개인적·고립적인 일로 아는 것이 아니라 하나의 객관적인 이념으로 알아 그 실현에 진선(盡善)하지는 않았지만 그 결과로 정몽주의 도덕과 그리고 절의의 결정(結晶)을 보았다는 것이다.

여선(麗鮮)의 왕조 교체는 그 동안 역사 현상화한 절의의 한 시금석이면서 동시에 그 역사 현상화를 확고히 만든 계기가 되었다. 왕조 교체에 관련된 절의로는 정몽주가 정점적으로 드러났지만 정몽주 이외에도 수많은 인사가 있었다.『연려실기술(燃藜室記述)』에는「고려수절제신(高麗守節諸臣)」으로 아래의 여러 사람이 올라 있다. 즉 정몽주를 필두로 하여 이색(李穡)·길재(吉再)·서견(徐甄)·원천석(元天錫)·김진양(金震陽)·이숭인(李崇仁)·조견(趙狷)·안원(安瑗)·김주(金澍)·우현보(禹賢寶)·조신충(曹信忠)·이고(李皐)·이집(李集)·김자수(金自粹)·송유(宋愉)·허도(許棹)·허금(許錦)·이양중(李養中)·박유(朴愈)·윤충보(尹忠輔)다.

조견은 조선 건국공신 조준(趙浚)의 아우로, 본명이 윤(胤)이었으나 망국 후 견(狷)으로 바꾸었다. 『논어』의 '광견(狂狷)'에서 취했으니 '하지 않는 바가 있는 자'의 의미를 취했으나, 한편 견자의 '견(犬)'이 나라가 망했는데도 죽지 못한 것이 개와 같다는 의미를 취해 평생 자조한 것으로 유명하다.[481] 김주(金澍)는 고려의 사신으로 명(明)나라에 갔다가 돌아오는 길에 압록강 가에 이르러 이성계(李成桂)의 즉위 소식을 듣고 조복(朝服)과 신을 벗어 노복에게 주면서, "부인(夫人)이 죽은 뒤 합장하여 우리 부부의 무덤을 삼고, 내가 되돌아 간 날을 제삿날로 삼도록 하라."하고 중국으로 되돌아 가버렸다.[482] 김자수(金自粹)는 고려의 도관찰사(都觀察使)로 이성계와는 친구 사이였다. 태조가 사헌부 대사헌으로 불렀으나 말없이 응하지 않았다. 태종이 또 형조 판서로 부르니 사당에 영결의 뜻으로 절을 하고, 그 아들에게 명하여 관을 가지고 뒤를 따르라 하였다. 정몽주의 의대(衣帶)가 장사되어 있는 광주(廣州)의 추령(秋嶺)에 이르러 그 아들에게 말하기를, "이 곳이 내가 죽을 곳이다. 여자도 오히려 두 지아비를 바꾸지 않거늘 하물며 남의 신하가 되어 두 성(姓)의 임금을 섬긴단 말인가."하고는 독약을 마시고 자살했다.[483]

이 밖에 기록으로 전해지지 못한 경우가 또한 허다할 터다. 두문동(杜門洞)에 관한 전설이 그것을 말해준다.

조선 건국 후 여말의 이 충절을 기릴 필요가 있었다. 그래서 조선 왕

---

481 李肯翊,「高麗守節諸臣」,『燃藜室記述』1,「太祖朝」.
482 李肯翊, 앞의 책 같은 곳.
483 李肯翊, 앞의 책 같은 곳.

조는 상징적으로 정몽주 한 사람에게 영의정부사를 증직했다. 그것은 태종 원년에 권근(權近)의 다음과 같은 상소에 의해서였다.

> 예로부터 나라를 가진 자 반드시 절의의 사를 포창(褒彰)하니 이것은 만세의 강상(綱常)을 굳게 하는 소이(所以)입니다. (중략) 대업이 이미 안정되고 수성(守成)할 단계가 되어서 반드시 절의를 다한 전대의 신하를 포상하여 죽은 자에겐 추증하고 산 자는 불러 써서 정표(旌表)와 상작(賞爵)을 아울러 가해서 후세 신하들의 절의를 격려하는 것, 이것이 고금의 통의(通義)입니다. (중략) 전조 시중(侍中) 정몽주는 본래 한미한 유자로 오로지 태상왕(太上王, 이성계)의 천발(薦拔)의 은혜를 입어 대배[大拜, 시중(侍中) 벼슬에 오르는 것]에까지 이르렀으니 그 마음이 어찌 태상왕에게 후하게 보답하고 싶어하지 않겠습니까. 또 밝은 재식(才識)으로 어찌 천명·인심이 돌아가는 곳을 몰랐겠으며, 또 어찌 왕씨가 망할 형세를 몰랐겠으며, 또 어찌 그 몸을 보존하지 못하리란 것을 몰랐겠습니까. 그런데도 섬기는 바에 마음을 오로지 하여 그 지조를 하나같이 하여 죽음에 이르니, 이것이 이른바 대절에 임하여 빼앗지 못한 자입니다.[484]

말할 것도 없이 후세의 사자들로 하여금 절의의 실현으로서의 충성이, 정몽주가 고려 왕조에 대해 그렇게 했듯 조선왕조를 위해 바쳐지도록 하자는 의도에서였다. 이로써 여말의 그 절의의 실현으로서의 충성은 조선 왕조에 의해 공식적으로 긍정적 역량으로 고무·격려되었다.

---

[484] 『朝鮮王朝實錄』,「太宗實錄」1, 元年 正月 甲戌.

앞에서 절의와 충은 일단 별개라고 말했듯이, 선비 정신에서 실은 충성 자체는 부차적인 것이다. 왕조에의 충성이든, 또는 왕권에의 충성이든, 또는 다른 무엇이든 그러한 것들은 절의의 자기발현의 계기이자 지향하는 대상으로 절의와 하나의 유기체를 형성하고 있으나 절의 그 자체와는 일정하게 구분된다. 그러나 조선 왕조의 고려말 충절의 포창은 결과적으로 절의 관념을, 나아가서 선비 정신을 제고시키는 계기가 되었다. 그 동안 기휘되어오던 여말 충절의 담론이 양성화(陽性化)되는 계기가 되었기 때문이다. 이런 분위기 속에서 세종의 용의주도한 통치는 『삼강행실도』를 편찬하는 등 절의 문화를 장려해 갔다.

4. 선비 정신의 전개

여말 정몽주의 절의가 조선 왕조의 공인을 받음으로써 절의·염치, 즉 선비 정신은 명실 공히 하나의 역사적 이념으로 떠올랐다. 조선 왕조는 실로 선비 정신, 즉 절의·염치를 시험할 시금석이 많은 왕조였다. 세조의 왕위 찬탈, 연산(燕山)의 학정, 중종대 권간(權奸)의 발호, 명종대 대소윤(大小尹)의 각축, 광해군대의 폐모 사건 등이 잇달았다. 그리고 선조대의 임진왜란, 인조대의 병자호란, 그리고 한말 국난에서 각각 의병활동, 척화, 그리고 위정척사운동 등이 절의와 일정한 관계가 있으나 전쟁사태에의 대응이란 차원의 문제이므로 일단 여기서는 제외한다.

사실 선비 정신은 16세기 중반까지 대체로 온전하게 작동되어 왔다. 이 이념을 담지한 사림이라는 세력 그룹이 형성되어 있었고, 일의 옳음과 마땅함에 대한 사림의 공론이 형성되어 있었기 때문이다. 조선 왕조의 선비 정신의 담지 그룹은 처음에는 두 가닥이었다. 세종조의 집현전 학사가 한 가닥이었고, 다른 한 가닥은 이씨 왕조에 불사(不仕)한 길재에 의해 길러졌다. 전자는 세조의 왕위 찬탈로 인한 단종 복위운동의 힘으로 작용했고, 후자는 김종직과 그 제자대에 이르러 중앙의 관료 귀족과는 다른 체질의, 즉 절의·염치·검소를 숭상하는 선비 체질의 사림을 형성하였다. 조선 왕조의 선비 정신은 일단 이 사림에 의해 담지되어 왔다. 특히 그 가운데서도 청류(淸流) 또는 명류(名流)라 이르는 사림의 엘리트 그룹에 선비 정신이 온전히 실려 왔다. 단종 복위운동으로 발휘된 그 선비 정신을 사림의 유산으로 계승했음은 말할 것도 없다.

사림에 대항 세력이었던 권간이 사림에 끊임없는 타격을 입혔음에도 불구하고 결국 정치적으로 패퇴하게 되는 16세기 후반, 당쟁이 시작되고부터 선비 정신은 변질되기 시작하였다. 일의 옳음과 마땅함에 대한 사림의 공론은 각 당파의 당론으로 대체되었다. 각자가 자기 당파의 당론이 보편적인 옳음과 마땅함에 입각해 있다고 주장했다. 서로가 상대를 가리켜 소인, 자기들은 군자라고 믿었다. 선비 정신은 그 동안 조광조의 근본주의, 조식의 결벽주의를 낳기까지 이르렀는데, 이런 태도가 각자의 당론에 적용되었다. 그래서 당론도 한층 격화되고 첨예하게 되어 가 또 다른 분당을 조장하였다. 17~8세기 실학자들에 이르러 결국 사의 정체성을 다시 원점에서 묻기 시작하는 착잡한 흐름에 이르렀고, 전통적인 선비 정신은 당쟁에 만신창이로 왜곡된 속에서도 사계층(士階層)의 마지막 자존심으로 한 가닥 존속해 오고 있었다. 일제강점은 조선 왕조 선비 정신의 마지막 시험대였다.

이러한 개관을 바탕에 깔고 몇몇 대표적인 사례를 살펴보겠다.

세조의 왕위 찬탈로 인한 단종의 복위 운동은 조선 왕조의 가위 초두의 거대한 사건이었다. '계유정난(癸酉靖亂)'으로부터 '금성지옥(錦城之獄)'에 이르기까지 전후 5~6년에 걸친 기간 동안 피바람이 불던 사건이었다. 연좌를 적용시킨 범위에 있어 유례없이 광범위한 혹독한 사건이었다. 단종의 외조모에서 사육신의 갓난 아들에 이르기까지 살육의 대상이었다. 이 사건은 그 뒤 무오사화의 원인이 되었으며, 소릉복위(昭陵復位) 문제가 중종 때 가서 해결되었으며, 육신 관작의 회복과 노산군(魯山君)의 단종(端宗)으로의 추상(追上)이 숙종 때에 이르러 이루어진, 그 파장이 거의 2세기 반에까지 걸친, 조선 왕조의 원죄와도 같은 사건이었다.

이 사건은 절의를 두고 몇 가지 물음을 우리에게 던져준다. 쫓겨나갈 만한 실정과 도덕적 결함이 없는 어린 단종을 내쫓고 그 숙부인 세조가 왕위를 차지한 이 사건은 치명적인 도덕적 약점을 가진 것으로 역성혁명보다 더 심각한 문제를 일으켰다. 역성혁명이야 천명을 빙자해 간단히 전왕조를 부정하면 그만이지만 이 사건은 그렇지가 않았다. 물론 세조 왕권의 정당성을 천명에 기대어 설명하지만 세조 왕권에 저항한 절의가 그것으로 압복되지 않는 데에 문제가 있었다.

> 이전에 우리 광묘(光廟)께서 중흥의 천명을 받으시어 하늘과 백성이 함께 돌아왔다. 예로부터 천명을 받는 부명(符命)은 미리 정해지는지라 진실로 인력의 소치가 아니다.[485]

---

485 李肯翊,「殉難諸臣」,『燃藜室記述』4,「端宗朝」.

조선 조정은 세조 정권의 정당화의 근거로서 이렇게 천명을 빙자했다. 이 논리를 하나의 신념으로 믿을 사람이 몇이나 되겠는가. 그러나 현실적으로 하나의 논리로 행세했다. 세조의 천명과 단종을 향한 절의(실제로는 세종-문종-단종을 향한 절의임)의 대결, 이것이 절의론의 입장에서 파악되는 이 사건의 구도다. 이 구도와 관련하여 다음 네 가지 자세가 있을 수 있다. 첫째는 세조의 천명을 원천적으로 부정하고 단종(세종-문종)을 향한 절의가 처음부터 절대적인 자세, 다음은 세조 이후 조선 왕조 조정에 출사하는 사람들의 경우인데, 둘째는 실제로 세조의 즉위를 천명으로 믿는 자세, 셋째는 세조의 천명에 불복하고 속으로는 비난하면서 출사하는 자세, 넷째는 기정 사실화된 세조 왕권의 그 성립의 도덕적 약점을 그 후계자들의 지점에서 소급하여 논하지 않기로 한 자세가 그것이다.

첫째의 경우는 단종(세종-문종)을 향한 절의를 지켜 출사하지 않은 그룹으로 이른바 생육신계(生六臣系)가 여기에 해당한다. 생육신 중 다른 사람은 세조의 왕위 찬탈 이전에는 출사하다 찬탈 이후 출사하지 않는 절의를 보였지만, 김시습(金時習)과 남효온(南孝溫)은 다르다. 이 두 사람은 처음부터 미관자(未官者)의 신분이었다. 세조 정권에 벼슬해도 그만인 사람들이었다. 이 두 사람 사이에 또 입장 차이가 있었다. 김시습은 세종에 대한 의리의 연장선상에서 출사를 않았지만, 남효온이 출사하지 않는 이유는 소릉을 소급해서 폐한 세조의 소위(所爲)에 있었다. 소릉은 단종의 모후이자 문종의 비로, 문종이 즉위하기 전 단종을 낳은 지 이틀만에 죽었다. 세조가 그 소릉을 소급해서 폐한 데에 남효온의 저항의 초점이 있었다. 남효온이 일찍이 과거를 포기하고 김시습을 따라 노닐 자, 김시습이 하루는 남효온에게, "나는 세종의 두터운 알아줌을 받아 이렇게 사는 것이 마땅하지만 공은 나와는 다르니 어찌 세상에서 살아갈 계책을 하지 않는가?"라고 하자 남효온은 이렇게 대답했다.

> 소릉 이 한 가지 일은 천지의 대변(大變)이다. 소릉이 복위되고 난 뒤에 과거에 응해도 늦지 않을 것이다.[486]

소릉의 폐위를 강상의 큰 변고로 보고, 강상의 큰 변고를 저지른 세조의 그 후계 조정에도 벼슬하지 않겠다는 것이다. 세조 말년이 남효온의 나이 15세로, 예종을 지나 성종 2년 18세의 남효온이 과거에 응하는 대신에 소릉 복위 문제를 들고 나왔다. 일의 옳음과 그름, 마땅함과 마땅하지 않음의 판단은 다분히 주관적일 가능성이 있다. 그러나 가능한 객관성이 있기를 절의는 요구한다. 그런 의미에서 남효온의 경우는 절의와 절의 아닌 것의 경계의 문제를 우리에게 던져준다.

다음으로 위의 둘째 경우는 논할 여지가 없고, 셋째의 경우는 김종직류(金宗直類)가 여기에 해당한다. 김종직의 「조의제문(弔義帝文)」은 명백히 세조 왕권 성립의 부도덕성을 고발한 작품이다. 자기로서는 도덕적 정당성이 결여된 조정에 벼슬하는 데서 오는, 말하자면 절의를 위배하는 데서 오는 내면의 갈등에 대한 보상 의식으로 지었을 테지만, 그런 절의를 둘러싼 갈등을 역사는 이해해주지 않았다. 남의 신하가 되어 두 마음을 품는 자로 지탄받았다.

---

486 李肯翊,「昭陵廢復」, 앞의 책,「文宗朝」.

넷째의 경우는 세조의 후계왕들의 조정에 출사한 거개 신하들의 입장이다.

> 육신은 진실로 충절지사이다. 그러나 지금 마땅히 말할 바가 아니다. 『춘추』에 "나라를 위해 악을 숨긴다." 했으니, 이것이 또한 고금의 통의다.[487]

이이의 견해다. 기정 사실화한 세조 왕권의 성립의 부도덕성을 논하지 않기로 했다고 해서 그 원죄로부터 면죄부를 받은 건 아니다. 세조 이후 출사한 거개의 사대부들의 내심에 세조 왕권 성립의 부도덕성 인식과 단종(세조 문종)에 대한 떳떳치 못함의 원죄를 가져야 했다. 요컨대 설의에의 향념이다. 한 개인의 처신에 두루 일관된 절의와는 다른 성격의 절의이지만 어쨌든 그것은 절의를 향한 마음이다. 2세기 반을 그렇게 지냈다. 숙종 때에 이르러 사육신을 복작하고 단종을 복위한 것은 조선 왕조 사대부들이 이 절의의 원죄로부터 면죄부를 받자는 것에 다름 아니다. 2세기 반 동안 그 문제가 그렇게 내연(內燃)되어 온 증거다. 세조의 천명과 단종(세종-문종)을 향한 절의 사이의 대결이 마침내 양시론(兩是論)으로 정립되면서 조선 왕조는 그 원죄로부터 벗어날 수 있었다.

다음으로 사육신의 절의를 살펴보자. 전통적으로는 절의는 그 군주가 아닌 사람의 조정에 벼슬하지 않거나 죽는, 말하자면 소극적인 저항이 그 정도다. 사육신의 절의는 출사하지 않거나 죽는 것만을 능사로 안

---

[487] 李肯翊, 「殉難諸臣」, 앞의 책, 「端宗朝」.

것이 아니라 그 군주가 아닌 사람의 조정에 출사하여 그 군주가 아닌 사람을 죽이고자 한 점에서 전통적인 절의관에 비추어 문제가 있다.

저 육신이란 자들이 과연 충신이냐? 충신이라면 어찌 (세조가) 수선(受禪)하던 날에 당장 죽어서 남의 신하로서의 절의를 보여주지 않는단 말이냐. 그것이 불가능하면 어찌 신을 졸라매고 도망가서 서산(西山)에서 고사리를 캐지 않는단 말이냐. 이미 신하가 되어 군주로 받들면서 또 해치기를 구하니 이것은 예양[豫讓, 중국 전국시대 지백(智伯)의 신하로 조양자(趙襄子)에 의해 죽은 지백을 위해 조양자를 죽여 복수하려 했으나 실패하고 또다시 복수하기 위해 스스로 몸에 옻칠을 하여 문둥이로 가장하는 등 변신을 해서 기회를 엿보니 그 친구가 울면서 충고하기를 "자네같은 재주로 조양자를 신사(臣事)하면 반드시 조양자가 가까이서 총애를 할 것이니 조양자를 죽이려는 일이 훨씬 쉬울 터인데 어찌 스스로 괴롭히기를 이와 같이 하느냐?"고 하니, 예양의 답변이 "이미 신하가 되어 놓고 또 죽이기를 구하면 이것은 두 마음을 품는 것이니, 내가 하는 일이 매우 고난스럽지만 굳이 이렇게 하는 것은 천하 후세에 남의 신하가 되어 두 마음을 품는 자를 부끄럽게 하고자 함이다."라고 했다.]이 깊이 부끄러워하는 바이다. 저 육신이란 자들은 우리 조정에 무릎을 꿇어 놓고 필부의 용기를 내어 자객의 짓거리를 하여 만에 하나 요행을 바라다가 일이 실패로 돌아가니 그 뒤에야 의사(義士)로 자처하니 심적(心跡)이 낭패했다 이를 만하거늘, 그들이 과연 열장부(烈丈夫)가 될 수 있단 말이냐.

혹은 "헛되게 죽는 것보다 공을 세우느니만 같지 못하고, 숨어 살아 이름을 없애는 것보다 (세종-문종-단종에게) 덕을 갚느니만 같지 못하다 하여 삼문(三問) 등이 그 마음이 일찍이 잠시도 그 주(主)에게 있지 않은 적이 없으므로 우리 조정에 신하 노릇을 하며 장차 후일의 성공을 기약했을 터인즉, 어찌 아무도 모르게 도랑에

목을 매고 죽으랴."라고 생각했다고 한다면 이것은 결코 그렇지 않다 할 것이다. 진실로 성공을 귀하게 생각하여 그들이 (세조의) 신하가 되는 것을 스스로 부끄럽게 여기지 않았다면 백이·숙제와 은(殷)나라의 삼인[三仁, 미자(微子)·기자(箕子)·비간(比干)]이 반드시 먼저 서로 더불어 (주나라의) 신하가 되어 주나라를 섬기다가 흥복(興復)을 도모할 것을 꾀했을 것이다. 이를 통해서 보건대 이들은 단지 그 주主에게 충성을 바치지 못 했을 뿐 아니라 또한 후세에 법이 될 수도 없다.[488]

선조왕(宣祖王)의 논의다. 결과로서의 공리를 돌아보지 않고 행위의 동기의 순수성만을 중시하고, 일의 객관적인 세(勢)의 이불리(利不利)를 살피지 않고 주관적으로 원칙만을 중시하는 도학의 교의에 비추어 보면 위와 같은 입론이 가능하다. 사육신 중에도 자기의 행위에 이런 혐의스러운 점이 있음을 알아 극력 피하고자 한 사람들이 있었다. 즉 성삼문은 세조가 즉위한 뒤에 받은 녹봉을 모두 딴 방에 봉해 두었고, 박팽년은 세조 즉위 전후해서 충청 감사로 나갔는데, 세조에게 올리는 계목(啓目)에 신(臣)자를 쓰지 않고 거(巨)자를 쓰고, 그 뒤 받은 녹봉은 따로 곳간에 봉해 두었다.[489] 세조에게의 불신(不臣)의 자세를 보임으로써 남의 신하가 되어 두 마음을 품은 것이 아님을 입증하고자 한 것이다.

두 사람의 이런 행동에도 불구하고 사육신의 절의에는, 유가의 입장에서 보자면, 얼마만큼의 권도(權道)가 가해진 것이 사실이다. 사육신의 충절이 워낙 지극했기 때문에 권도가 가해진 데서 야기된 위의 선조의

---

488 李肯翊, 앞의 책 같은 곳.
489 李肯翊, 앞의 책 같은 곳..

논의는 조선 사대부의 호응을 받지 못하고[490], 사육신은 여전히 충절의 신하로 그들의 내심에 남아 있었다. 그러다가 마침내 숙종 때에 이르러서야 공인되기에 이르렀다. 그런데 도학이 심화되어 갈수록 절의뿐이 아니라 여타 영역에서도 권도를 용납하지 않는 분위기가 지배해 갔다. 권도는 곧 권모술수라는 것이다. 도학의 원리·원칙대로 하는 것이 선비 정신의 바른 면모로 되어 갔다. 우리는 조광조에게서 그런 면모를 본다.

단종 복위를 위한 사건에 이토록 절의가 발휘된 것은 세종의 이른바 사기(士氣) 배양과 무관하지 않을 것이다. 사기 배양이란 바꾸어 말하면 선비 정신의 배양이다. 다시 말하면 선비들이 옳은 것, 마땅한 것을 마음 놓고 옳다 하고, 마땅하다 하며 행사할 수 있도록 분위기를 조성해주고 나아가 고무해 주는 것을 말한다. 조광조는 세종조의 한 사건을 예로 들어 세종의 사기 배양을 말한다. 즉 세종 말년에 세종이 내불당(內佛堂)을 조성하자 대신과 집현전 학사들이 극간(極諫)을 해도 듣지 않으므로 마침내 학사들이 모두 집현전을 비우고 집으로 돌아가 버렸다. 세종이 대신 황희(黃喜)를 불러 눈물을 흘리면서 "집현전 제생(諸生)들이 나를 버리고 가버렸으니 어쩌면 좋겠소?"하고 하소하자, 황희는 몸을 굽혀 학사들의 집을 일일이 찾아다니며 사진(仕進)하도록 간청을 해서 나오게 했다는 것이다.[491] 만약 군주가 자기를 버리고 가는 것을 성을 내어 처벌이

---

490 宣祖가 위와 같은 논의를 펴자 영의정 洪暹이 六臣이 忠臣임을 극언했다고 한다.(李肯翊, 『燃藜室記述』, 같은 곳 참조)
491 趙光祖, 「參贊官時啓」, 『靜庵集』 3, 「經筵陳啓」.

나 하고, 대신이 자기를 굽히고 일일이 찾아다니며 간청하는 것을 욕스럽게 생각했다면 사기 배양의 일은 끝이다. 세종대의 이런 사기 배양이 원손(元孫, 후일의 단종)을 품에 안고 뜰을 거닐며 집현전 학사들에게 "과인이 죽은 뒤에 너희들은 모름지기 이 아이를 생각해 다오."[492]라고 한 부촉(付囑)이 절의의 신념으로 전회(轉回)될 수 있었다.

이러한 사기 배양은 세조의 위압적인 통치가 끝나고 성종조에 이르러 다시 고조되었다. 조광조는 여러 차례 중종에게 성종조의 사기 배양에 관해 진계(陳啓)한다.

> 이전 성종조에서 사기(士氣)를 잘 배양했기 때문에 모두 자기 몸을 잊고 나라를 위해 목숨을 바쳐 화환(禍患)을 헤아리지 않았습니다.[493]

이런 류의 진계가 기회 있을 때마다 있었다.[494] 성종대에 와서 사림이 형성된 것이 우연이 아님을 알게 한다. 김종직이 한번은 성종에게 "성삼문은 충신입니다."라고 아뢰었더니 성종의 얼굴색이 변했다. 김종직이 천천히 말하기를, "행여 변고가 있으면 신은 마땅히 성삼문이 되겠습니다."라고 하자 성종의 얼굴색이 정상이 되었다고 한다.[495] 군신간에 이런 대화를 할 수 있을 정도의 분위기가 보장되어 있었던 모양이다.

군주의 위압적인 통치가 사기를 위축시키지만 그와는 달리 권간이

---

492 李肯翊, 앞의 책 같은 곳.
493 趙光祖,「侍讀官時啓」二, 앞의 책,「經筵陳啓」.
494 趙光祖의「經筵陳啓」에는 成宗朝 士氣 培養에 관해 누차의 언급이 있다.
495 李珥,「經筵日記」二, 앞의 책 권29.

발호할 때 또 선비의 절의·염치가 떨어지는 사태를 맞는다. 기묘사화(己卯士禍)가 지나가고 사림의 기풍이 타락되어 가자 또 우려의 목소리가 터져 나왔다.

> 근년 이래 교화가 밝지 못하고, 사습(士習)이 바르지 못하여 절의·염치가 다했습니다. 인심이 날로 불성실하고 경박한 데로 쏠려 명예·절개와 품행이 귀한 줄을 모르고, 오직 부드럽게 아부하고 서로 다투어 의부(依附)하기에 힘씁니다. 권력이 있는 곳은 멀리 바라보기만 해도 휩쓸리고, 세력이 돌아간 곳은 기미만 보고도 앞서 달려갑니다. 군상을 잊고 아래에 있는 권신에 붙는 작풍이 일어나고, 공변됨을 등지고 이익을 꾀하는 폐단이 일어납니다. 이런 일은 지난번의 일(기묘사화)에서 대개 이미 징험되었습니다. 사습이 이미 실추되자 풍속도 따라서 허물어집니다.[496]

이언적(李彦迪)의 상소다. 글에 묘사된 사태가 발전하면 자식이 아비를 죽이고, 아내가 지아비를 죽이는 일이 벌어져 천리가 멸하고 인도가 장차 다하는 데에 이르러 마침내 나라가 아닌 꼴이 된다는 것이다.[497]

위의 두 가지 경우 중 어느 경우도 선비의 절의·염치와 밀접히 관련되어 있다. 그래서 최소한 사림파의 집권 기간 동안 사기의 배양·진작 문제는 양심적인 유신(儒臣)의 주요 관심사로 지속되어 왔다.

도학이 심화되어 갈수록 절의에 대한 해석과 실현이 더욱 강성을 띠

---

496 李彦迪, 「弘文館上疏」, 『晦齋全書』 12, 「拾遺」.
497 李彦迪, 앞의 책 같은 곳.

어 갔다. 일의 옳음과 마땅함에 대한 척도는 더욱 도학적이 되어 갔다. 그리고 그 옳음과 마땅함은 일체의 타협을 거부하고 관철되어 가려는 성향을 띠어 갔다. 말하자면 근본주의적인 성향을 추구해 갔다. 이러한 성향은 연산군의 학정을 반정으로 끝내고 즉위한 중종 치세의 초기에 조정에 포열(布列)하게 되는, 후일 기묘사화로 희생되는 사류에 의해 조성되었다. 그리고 이들 사류의 선봉에 조광조가 있었다.

조광조가 어느 정도로 도학 근본주의를 추구했느냐 하면 야인 속고내(速古乃) 사건이 웅변해 준다. 당시 회령부(會寧府) 속고내가 북쪽 깊은 곳의 야인과 몰래 통모(通謀)하고 갑산부(甲山府) 경계에 들어와 인축(人畜)을 많이 약탈해 갔다. 중종 13년 7월에 속고내가 사냥하러 온다는 정보를 입수하고 조정에서 몰래 엄습하여 사로잡을 계획을 가지고 있었다. 대신 이하 관련자들이 모여 의결을 하고 실행에 옮기는 일만 남았다. 이때 홍문관 부제학 조광조가 직접 관련이 없는 이 일에 끼어들었다.

> 몰래 엄습하여 사로잡는다는 것은 참으로 불가합니다. 비록 일개 변장(邊將)이 혹 편의종사(便宜從事)하여 사로잡더라도 또한 불가하거늘 지금 조정으로부터 대신을 파견하여 오랑캐를 수풀 사이에서 맞는다면 사기술(詐欺術)을 끼고 도적의 꾀를 행하는 꼴이니 나라의 체신이 뭐가 됩니까.[498]

이런 요지의 말을 하여 그 의결을 뒤엎었던 것이다. 요컨대 표리부동

---

[498] 『朝鮮王朝實錄』, 「中宗實錄」 34, 13년 8월 甲申.

하고 광명정대하지 못하다는 것이다.

조광조는 벼슬한 기간은 불과 4년 남짓이었으나 후세에 끼친 영향은 막대하다. 그는 지치주의(至治主義)를 표방하고 국정 전반에 걸쳐 도학적 개혁을 진행해 나갔다. 군자·소인지변, 의리(義理)·공사지변(公私之辨) 등의 도학 교의 자체의 진강(進講)을 위시하여 위에서 말한 야인 속고내의 기습여부에까지 국정에 관해서 "알면 말하지 않는 것이 없고, 말하면 곧은 말 아닌 것이 없다.[知無不言, 言無不諄.]"[499]는 태도로 중종을 설득해 나갔다. 그리고 중종은 조광조의 건의를 대부분 수용했다. 수용하지 않을 수가 없었다. 도학을 국시로 하는 국가에서 도학의 근본주의에 입각해서 펴는 논리에 대항 논리는 언제나 무력할 수밖에 없는 데다, 무엇보다 그의 집요함에 대부분 밀렸다. 그를 위시한 기묘 청류들의 죽음을 부른 간접적 빌미가 된 소격서(昭格署) 혁파 건의를 예로 보자.

소격서는 주지하는 바와 같이 도교의 신들에게 왕실과 국가의 재앙을 멀리하고 복을 빌기 위해 제사를 드리는 곳으로 고려 때부터 있어 오던 기관이다. 연산군 때부터 혁파의 논의가 있어 왔으나 여전히 온존하고 있었다. 소격서는 유가에서 보면 이단이다. 그래서 조광조는 도와 통치 사이의 간극 없는 합일과 이 일치에서 오는 순수성이 보장되기 위해서, 그리고 군주의 마음이 도학적으로 순일무잡(純一無雜)하기 위해서는 이단을 끼고 있어서는 안 된다는 논리로 중종을 설득했다. 도학의 이상도 좋지만 조종의 오래된 성헌(成憲)을 혁파하는 것이 여간 곤혹스럽지

---

499 李珥, 「靜菴趙先生墓誌銘」, 앞의 책 권18.

않는 중종도 완강히 버티었다. 당시 조광조는 홍문관 부제학이었다. 대간이 혁파하기를 청해온 지가 여러 달이었으나 결말이 나지 않자 조광조는 상소로 극간을 하고, 그리고 동료들을 데리고 정원에 나아가 중종의 수락을 기어이 받아내기로 작심하고, 밤새 논계(論啓)를 하여 닭이 울 때까지 그치지 않았다. 중종은 지쳐 수락했다.

이와 같이 조광조는 도학의 순수주의, 근본주의를 집요하게 추구해 갔다. 조광조의 급진적 지치주의는 실패로 돌아갔지만 그의 건의들이 지치주의의 모델로 후세에 작용한 영향은 컸다. 후세의 절의에 관한 순수주의적, 근본주의적 해석의 기풍도 예외가 아니다. 특히 군자와 소인, 의와 이, 공과 사의 엄격한 구분은 도덕 문화의 수립에 없이 못할 요소이지만, 후세 당쟁시대에 당론들을 각박하게 세우는 수단으로 전락하여 당쟁을 격화시킨 요인으로도 작용하였다.

특히 조광조는 정몽주를 문묘에 배향시켰다. 정몽주는 도학에 일정한 식견을 가지고 있었으나 실적(實績)으로 후세에 남기지 못했다. 자연히 그에 대한 평가는 그의 '살신성인(殺身成仁)'한 절의가 중심이 될 수밖에 없었다. 이 절의에 의한 정몽주의 문묘 배향은 절의 관념을 한층 더 드높였다.

조광조가 도를 행하고자 하는 마음[行道之心]으로 출사하여, 출사의 절의·염치를 다하고자 했음에 반하여, 조식은 자기 시대가 도가 행해질 수 없는 시대라고 판단하여 출사하지 않음으로써 은일로서의 절의를 끝까지 밀고 나간 경우다. 조광조는 출사한 입장에서 절의의 근본주의를 추구했지만 조식은 은일의 입장에서 절의의 결벽주의를 추구했다.

우옹(宇顒)에게 말하기를, "내 평생에 한 가지 장처(長處)가 있으니, 죽어도 구차하게 추종하지 않는다는 것은 너도 이미 알고 있다."고 하셨다.

또 우옹과 구(逑)에게 말하기를, "너희들이 출처에 대해서 거칠게나마 견해를 가지고 있다는 것을 내 마음으로 허여한다. 사군자의 대절은 오직 출처 한 가지일 따름이다."라고 말씀했다.500

조식의 제자 김우옹(金宇顒)의 기록이다. 조식은 출처를 '사군자의 대절'로 보았다. 이것은 귀하게 되고자 하는 마음[欲貴之心]과 도를 행하고자 하는 마음이 날카롭게 대결하는 곳이기 때문이다. 이것은 곧 인욕과 도심의 대결이다. 바로 도학의 근본 명제에 직결된다. 조식은 그래서 출처 이 한 문제에 투철한 견해와 실행이 있기를 제자들에게 요구한 것이다. 제자들에게 요구할 뿐 만 아니라 고금의 인물들에 대한 평가에도 오직 출처 한 가지 척도를 중시한다. 그는 정몽주의 출처의 절의도 회의한다.

한강(寒岡) 정구(鄭逑)가 퇴계(退溪) 이황(李滉)에게 물었다.
"조남명(曺南冥)이 일찍이 정포은의 출처를 두고 의심을 했습니다. 저의 생각에는 포은의 죽음이 자못 가소롭습니다. 공민왕조에 13년이나 대신으로 있었으니 '도를 행할 수 없으면 벼슬을 그만둔다.'는 의리에 이미 부끄러운데, 또 신우(辛禑) 부자를 섬겼습니다. 우(禑)를 왕씨 자식이라고 생각했다면 후일 우의 방출에 자기도 역시 참여한 것은 어째서입니까? 10년 동안 섬기다가 하루아침에 내쳐 죽이는 것이 차마 할 일입니까. 만일 왕씨 자식이 아니라면 여정[呂政, 진시황(秦始皇)은 여

---

500 曺植, 앞의 책 같은 곳.

불위(呂不韋)의 자식으로 진(秦)나라 왕성(王姓)인 영씨(嬴氏)가 아니다.]이 서자 영씨가 이미 망했는데도 오히려 포은은 아무 일 없다는 듯이 하고, 또 따라 그 녹을 먹었습니다. 이와 같이 하고도 뒷날의 죽음이 있는 것은 참으로 알 수 없는 바입니다."

퇴계가 답했다. "정자(程子)의 말에 '사람은 마땅히 과실이 있는 중에 과실이 없음을 구해야지 과실이 없는 중에 과실이 있음을 구하지 말아야 한다.'고 했다. 포은의 대절은 가위 천지를 경위할 만 하고 우주를 버틸 만하다. 그런데 세상에 의논을 좋아하고 남의 약점을 공발(攻發)하기를 즐기는 이들이 남의 아름다움을 이룩해 주기를 즐겨하지 않아 떠들어 마지않으니, 매양 귀를 가리고 듣고 싶지 않을 뿐이나."[501]

여기 정구의 의견이 기실 조식의 의견을 대변한 것이다.[이황은 포은의 절의를 "천지를 경위할 만하고, 우주를 버틸 만하다."라고 하여 최고 찬사를 하면서 왜 그런지 구체적으로는 언급은 없다. 여기에는 필시 말 못할 사정이 있는 것 같다. 그 중 하나로 이황은 우(禑)를 왕씨 자식으로 확신하고 있는 경우를 생각해 볼 수 있다. 원천석의 여말(麗末) 사실에 대한 기록을 혹시 접할 수 있었는지 궁금하다.] 그 뿐 아니라 조식은 자기 당대인들의 출처에 대해 자기 척도에 맞는 사람이 거의 없다고 생각했다.

근세에 군자로 자처하는 사람들이 또한 많지 않은 것이 아니나, 출처가 의에 합하

---

501 李肯翊, 「高麗守節諸臣」 '鄭夢周', 앞의 책 권1, 「太祖朝」.

는 경우는 전해들을 수 없다. 오직 경호(景浩, 이황의 자)가 고인에 가까웠다. 그러나 인욕이 다했느냐를 논하면 필경 다하지 못한 부분이 있다.[502]

이렇게 엄격하게 출처의 척도를 적용하는 예는 조식만한 이가 없다. 그래서 그는 절의의 결벽주의자라 할 만하다. 그 자신 10여 차례 왕의 부름을 받았으나 끝내 출사하지 않았다. 이이는 조식을 두고 "(조식의) 문인들이 조식을 추중(推重)하여 그를 '도학군자'라고 하기에까지 이른즉 진실로 그 실상을 지나쳤다. 비록 그러하나 근래의 이른바 처사란 사람 중에 시종 절의를 완벽히 하여 천 길로 선 절벽[壁立千仞] 같음에는 조식과 비교할 만한 이가 거의 없다."고 했다.[503]

절의의 궁극 목적은, 당사자의 주관적 인식으로는, 인간의 인간됨을 잃지 않자는 것이다. 인간이 인간됨을 보장하지 않는 불가항력적 힘 앞에서 개인적으로 소극적으로 저항하는 것이 절의의 기제(機制)다. 소극적 저항의 극단적인 형태는 죽음이다. 이제 그 절의가 민족을 지향하는 바 대상으로 한 경우로 황현을 대표적으로 들 수 있다. 황현은 주지하듯이 한·일 합방 소식을 듣고 자살했다. 그러니까 황현에게 있어 인간다운 삶의 조건으로 민족이 주체화되어 있어, 일제가 그것을 파괴하자 인간다운 삶이 불가능해졌다고 판단되었던 것이다. 여기에 대한 개인적 저항으로 그는 죽음을 택했던 것이다.

---

502 鄭仁弘, 「南冥曺先生行狀」, 『來庵集』 12.
503 李珥, 앞의 책 권29, 「經筵日記」 2, 宣祖 5년 正月.

「절명시사수(絶命詩四首)」[504]

曾無支廈半椽功,　　일찍이 큰 집을 버티는 데 서까래 반개의 공도 없어,
只是成仁不是忠.　　단지 인을 완성할 뿐 충은 아니라네.

자기의 죽음이 조선 왕조·군주를 위한 충은 아니라는 것이다. 일찍이 그 왕조의 '큰 집을 버티는 데' 자기는 아무 구실도 못 했다는 것이다. 말하자면 왕조의 조정에 벼슬을 한 적이 없어 군주에 대한 충의 절의를 지킬 이유는 없다는 것이다. 그러나 사람인 한 '인을 완성할' 책무 그 지엄한 소명에 응한다는 것이다. 여기서 '인을 완성한다'는 것은 즉 자신이 속한 공동체—민족 공동체—에 자신의 충정을 최고로 고양해 바치는 것을 말한다. 인은 사람 사이에 보편적으로 통하는 정감의 세계다. 즉 민족 공동체의 보편적인 정감의 세계로 초월해 감을 이른다.

「절명시사수(絶命詩四首)」[505]

輝煌風燭照蒼天.　　바람 앞에 휘황히 일렁이는 촛불 빛 창천을 비추네.

단순치 않은 의미를 함축하고 있는 의상(意象)이다. 즉 죽음·초월, 그리고 희열의 의미가 내포되어 있다고 할 것이다. '바람 앞의 촛불[風燭]'이 죽음을 앞에 둔 자신의 목숨, '창천을 비춤[照蒼天]'이 죽음으로서의 초월, 그리고 '휘황히 일렁이는 촛불 빛[輝煌風燭]'이 희열을 의미한다.

504　黃玹, 앞의 책 같은 곳.
505　黃玹, 앞의 책 같은 곳.

죽음을 앞에 둔 지사의 희열, 그것은 비극적 희열일 수밖에 없다.[506] 정도의 차이는 있더라도 절의의 실현에는 희열의 감정이 수반된다. 사육신들의 죽음에서도 비극적 희열은 간취할 수가 있다.[507]

황현은 절의가 지식인의 몫임을 말했다.

「절명시사수(絕命詩四首)」[508]
秋燈掩卷懷千古,   가을 등불 아래 책 덮고 천고 일 헤아려 보니,
難作人間識字人.   인간 세상에 지식인 되기가 어렵기도 하군.

여기서 식자인은 인간의 인간됨을 특별히 깨달은 사람을 가리킨다. 즉 사가 '독서인'이므로, 독서를 통해 인간의 인간됨을 아는 사람이란 뜻이다. 결국 절의·염치는 인간의 인간됨을 자각한 지식인의 몫이다.

V. 결론—선비 정신의 명암

선비 정신은 도학 문화가 지배하던 시기 지식인의 도덕의식에 중추적 역할을 해왔다. 여기서 중추적 역할을 했다는 것은 그것이 만족할 만

---

506 金宗吉은 일찍이 '비극적 황홀(tragic ecstasy)'이라 했다.
507 그들이 세조의 拷問에 응하는 일련의 言動에서, 그리고 죽음을 앞두고 읊은 일련의 詩들에서 그것을 간취할 수가 있다.
508 黃玹, 앞의 책 같은 곳.

하게 실현되었다는 것을 의미하지 않는다. 지식인의 도덕의식 지평에 그 것이 주된 이념으로 떠올라 있었다는 것을 의미한다. 옆으로 여인들의 '정열(貞烈)' 의식을 부추기면서 말이다. 그래서 위에서 살펴 본 바 그 시대로서는 최고의 긍정적 가치를 실현해 보여 주었다.

오늘날 우리는 이 선비 정신을 어떻게 이해해야 할까? 한 마디로 이제 선비 정신이란 엘리트 윤리 의식이 따로 존립할 수 있는 시대가 아니다. 사를 독서인이라 하거니와, 오늘날 일단 거개의 사람들이 식자인이다. 적어도 일단 외형적으론 그렇다. 여기에 교육의 방향을 인문주의적 교육을 기본으로 할 것이 요구된다. 그렇게 하여 식자인 모두가 사람의 사람됨을 알아 긍지를 가지게 되면 그대로 사가 될 것이다. 옛날에 그랬던 것처럼 농(農)·공(工)·상(商)의 무식 대중은 이제 존재하지 않는다. 무식 대중이 존재하지 않는 마당에 선비 정신이란 엘리트 윤리 의식은 존재 근거도, 의의도 없다.

그러나 선비 정신은 다른 방식으로 살아나야 한다. 일단 해체되어야 한다. 절의·염치·숭검의 개념 징표들이 이제 개별적으로 오늘 우리의 윤리 의식 안에서 조정되어 뿌리내려야 한다. 시민의 윤리 의식, 또는 대중의 윤리 의식이란 이름으로 말이다. 시대적으로 보아서 제일 적합지 않은 것이 절의의 그 형식이다. 이제 더 이상 공적 영역에서 개인적으로 하는 소극적인 저항은 힘을 발휘하지 못할 것이다. 그러나 절의의 그 내용 —옳은 것, 마땅한 것을 굳게 잡아 실현하려는 태도—은 시민 의식, 대중 의식 속에서 다시 확산되어 살아나야 할 것이다. 선비 정신의 다른 징표인 염치와 함께 말이다. 더불어 사는 공동체 정신에 염치는 불가결의 미덕이다. 그리고 숭검은 오늘날이 소비문화 시대이기 때문에 더욱 강조되어야 하는 것이다. 자원의 고갈과 공해를 생각해 보라. 그리고 보면 선비 정신은 해체되어 다시 살아나기가 절실하게 기대되는 윤리 의식임을 다시 확인한다. 이른바 지도 계층에게 엘리트 의식 대신에 사회적 책임 의식으로 더욱 선비 정신의 내용을 제고해 가질 것이 요구된다.

그런데 선비 정신에도 그늘은 있다. 비원칙과의 잠정적 타협도 일체 용납하지 않고, 옳은 것과 마땅한 것을 일방적으로 관철하려는 자세, 이른바 대쪽같은 그 자세의 이면은 바로 흑백논리다. 흑백논리는 중간적인 의견, 일의 원만한 해결을 위해 둘러가는 과정 등은 무시하고, 일의 결과에만 급급하고, 일의 결과만 가지고 평가하는 단기(短氣)의 사고다. 이 흑백논리적 사고는 상대를 압복하지 못하면 자기가 거꾸로 죽는 전부냐 전무냐의 양자택일적 사고다. 과거의 사화·당쟁이 모두 이런 방식의 사고와 밀접히 관련되어 있다. 기묘사화만 하더라도 사전에 막을 수 있었다. 남곤(南袞)과 심정(沈貞)이 나쁜 심술로 사림에 득죄한 것을 알고 자세를 일신(一新)하여 청류에 의탁하려 했으나 사류들이 끝내 함께 해 주지 않았다. 그래서 앙심을 품게 된 것이다.[509] 대화 문화, 협상 문화가 미약하고 대결 문화가 성했던 것이다.

사화·당쟁의 원인으로 작용하는 과정에 개인으로도 이 논리의 피해자가 적지 않다. 대표적인 예로 을사사화에서의 이언적의 경우를 들 수 있다. 당시 흉험한 정국 속에서 원상(院相)으로서 한 사람이라도 사류의 희생을 막아 볼 충심으로 은인자중(隱忍自重), 권벌(權橃)의 상소에서 과

---

509 李珥,「經筵日記」2,『靜庵集』附錄 1.

격하고 급진적인 대목을 삭제한 것이 일부 사류의 비판의 대상이 되었던 것이다.[510] 일의 결과야 어떻게 되든 과격하고 급진적인 논리가 사림의 호감을 받았던 것이다.

그런데 이 흑백논리가 우리의 현대사를 어떤 모습으로 그렸는가 말하지 않아도 다 알 것이다. 흑백논리는 자연 경직성을 동반한다. 선비 정신의 해체에서 흑백논리와 경직성은 버려야 할 유산이다.

---

510 李肯翊, 앞의 책 권10, 「乙巳黨籍」, 「李彦迪」 참조.

부록

강연고
"민족의 언어 조건과 한문학의 연구 방향"

부록

강연고 "민족의 언어 조건과 한문학의 연구 방향"

뭐 퇴직이라고 해도 아무런 감흥이 없었는데 오늘 현장에 와서야 드디어 아, 이게 정말 회자정리(會者定離)라고 하더니, 약간은 감흥이 없지 않습니다. 본래 후배 교수들이 고별 강연을 하라고 할 때 처음에는 사양했습니다. 사양한 이유가 여러 가지인데, 뭐 좀 쑥스럽기도 하고 또 학부 학생들을 대상으로 하는데 학부 학생들이 과연 한문학에 대한 일마나 얼정을 가져서 내 강연을 듣겠나 하는 그런 생각에서 하지 않으려 했습니다. 그런데 한편 생각해 보니까 그래도 한 30여 년을 교단에 있다가 나가면서 아무 수업도 안 하고 그냥 빠지는 게 영 사람답지 않다. 그래서 말하자면 문화를 전승하는 역할은 실패하는 사례도 하나의 타산지석으로 여러분들에게 귀감이 될 수 있기 때문에, 실패한 사례도 여러분들에게 보고해서 여러분의 학문 여정에 참조가 되도록 하는 게 좋겠다 싶어서 다시 수락을 하였습니다.

제 이력을 간단히 말씀드리겠습니다. 6살 때부터 11살 때까지 조부님께 한문을 수학하다가 12살에 초등학교 3학년으로 입학을 했어요. 그때 해방 이후 한 2~3년 지난 뒤인데 그래서 좀 예외적으로, 그것도 시험을 쳐서 들어갔습니다. 내 동생이 국민학교를 다녔는데 그 교과서를 어깨너머로 봐 둔 것이 그나마 공부에 도움이 되었습니다. 그러니까 조부님께서 다른 사촌들이라든가 모든 손자들을 학교 보내는 걸 허락하셨는데 나만은 "너는 진서(眞書)를 배워야 한다"고 하시면서 그쪽으로 도와주지 않으셨습니다. 심지어 나는 가출까지 생각했을 정도로 그렇게 아주 어린 나이에 고생하게 되었습니다. 그때 마침 시골집에 있는데 시골에서 있을 형편이 못 됐어요. 빨치산한테 하도 아침저녁으로 시달려서, 우리 집이 그 마을에서 좀 잘 사는 집, 지주라 해서 그랬고, 그러다 보니 또 이쪽에서 순경이 오면 밥해 달라, 뭐 해달라 견딜 수도 없어서 안전한 읍내로 옮겨 갔을 때, 드디어 이제 조부님도 시절이 하 수상해서 손자를 더 붙들고 있을 생각이 없으신지 학교 가는 것을 허락했습니다.

그래서 중학교 때는 문예반장을 해봤어요. 문예반장이라는 게 뭐 별것도 아니지만, 그 당시 경주중학교 나왔는데, 경주중학교는 경상북도 동남부에서는 그래도 좀 이름이 있는 학교, 유서 깊은 학교입니다. 이때는 무슨 전공 의식이 있어서 시를 쓴 것이 아니라 시를 쓴 것이 좀 눈에 띄어 가지고 3학년 때 문예반장 하면서 학교 신문에도 내고 했던 기억이 납니다.

그러나 고등학교 때 와서는 한때 법관을 희망했습니다. 법관을 희망해서 유진오 선생의 『헌법강의』라든가 황산덕 선생의 『법철학』이라든가 어마어마한 책들을 갖다 두고 공부해 보았습니다만, 이때 마침 그 전후(戰後)에 프랑스의 실존주의 문학들이 풍미했어요. 그래서 거기에 어설프게 영향을 받아서, 야, 인간이 어떻게 인간을 재판할 수 있나, 이거 신만이 재판할 수 있는 거다, 이제 법관 하면 우선 판사만 생각하니까, 그래서 법관 희망을 그만둔 적이 있습니다.

그래서 고등학교 2학년 때부터 대학 2학년 1학기까지는 다시 작가를 지망해서 습작도 작성하고, 당시 자취할 때 「오발탄」을 쓰신 이범선 씨가 바로 이웃에 계셨어요. 그래서 습작을 갖다 드렸더니 문장력이 좋다는 칭찬은 해 주셨어요. 다른 거는 빵점인지 아무 말씀이 없으셨어요.

그래서 대학 2학년 때 2학기부터 고전 연구에 뜻을 두었습니다. 할아버지한테 한문을 배울 때는 그렇게 싫어했고 또 중학교에 가서는 좀 잊어버리자 이렇게 했던 것이, 근데 고등학교에 가면서, 또 대학 2학년이 되고 보니까 전공과목도 있고 해서 그때 보니까 한문이 굉장히 크게 소용되어요. 거기다가 또 충격을 준 것은, 돈화문 앞에서 우연히 택시를 한번 탔는데, 합승을 했어요, 그때 합승을 한 서양 젊은 친구가 『논어』를 쥐고 있는 거에요. '이것 봐라, 이것들이 벌써 『논어』까지 읽는다.' 이래서 그것이 내가 그 한문학을 하게 된 결정적인 일입니다.

이후 제가 한문학을 공부하게 된 과정은 여러분이 다 대충 아실 테고, 제가 보면서 영향받은 사상이랄까 이것은 뭐 내가 이 책을 열심히 읽고 영향을 대단히 받았다기보다, 어쨌든 나름대로 관심이 한때 경도했던 이런저런 사상입니다마는, 아까 말씀드렸듯이 고등학교 때 실존주의 바람이 불어서 주로 문학을 통한 작품을 통한 가령 카뮈의 「페스트」다 「이방인」이다 하는 작품을 주로 읽고 또 그 사르트르의 작품이라든가 이런 걸 읽으면서 실존주의란 무엇이다 라고 멋대로 이해해 가지고 이런 것들이 사실 나한테 영향을 꽤 주었습니다. 고등학교 때 경주에서 자취를 했는데 나는 이제까지 나는 조부님의 유학 교육에 속박 받아왔다 하는 그런 자의식을 가지고, 나는 지금부터 속박을 풀고 나가리라 뭐 이런 그래서 술 마시고 뭐 하는 그런 생활 가운데 그랬던 건데, 나중에 대학에 와서 신일철 선생님, 최동희 선생님을 통해서 실존주의 철학에 입문하게 되어 겨우 좀 이해를 하게 되었는데, 뭐 그런 정도의 영향이었습니다. 그러나 어쨌든 허사이든 실사이든 한때 경도했던 것은, 특히 젊을 때 경도했던 것은 상당히 영향이 훗날까지 남아 있었다고 하겠습니다.

그 다음에 이 예상 외로 주자학, 도학에 사실 영향을 받았는데 이것은 내가 대학원 때 『대학(大學)』, 『중용(中庸)』을 번역하고 해의(解義)할 기회가 있었어요. 대학원 들어가서 막 첫 학기였는데 조지훈 선생이 그때는 본관에 교수휴게실이 있고 전교 교수들이 다 거기 모여서 있고 할 때입니다. 거기로 부르시더니 느닷없이 『대학』『중용』 번역 한번 해 보지." 그래요, 아니 이 어른이 말이지, 나를 어딜 믿고 이러시지? 현암사란 출판사에서 원고 청탁이 지훈 선생한테 갔는데 그걸 대리해서 번역을 해보라는, 번역, 주석, 해의해야 하는 그런 일입니다. 그래서 나는 어쨌든 선생님의 명예에 누가 안 되기 위해서 하여튼 한 1년 반 가량을 열심히 했습니다. 그래서 원고를 다 써 가지고 갔더니, 읽어보시고 "이건 안 되겠다, 이건 너 이름으로 해라." 그래서 마침내 제 이름으로 책을 내게 하셨어요. 그러면서 얘기가, 그때 그 이종우 선생님, 총장으로 계실 땐데 "이종우 선생님한테 가서 이 책 가져다드리고 한 학기 강좌 달라 해." 이런 말씀을 농담 삼아 하신 게 지금도 생생히……. (좌중 웃음)

그래서 이때는 사실 뭐 널리 모은 게 아니라 주로 사서(四書)의 대주(大註)와 잔주[小註]를 아주 나름대로 혼자서, 아주 그걸 위해 가지고 지금은 다 주택가가 되어 있습니다만 성북동 ○○○ 근처에, 그땐 아주 산바닥이었어요. 거기 하숙도 하고 또 정릉의 경국사(慶國寺)에서 또 하숙 자취하면서 한 1년 반을 그렇게 했었습니다. 그래서 예상외로 이 책이, 아니면 예상외가 아니고 어쩌면 그게 당연할지 모르겠습니다만, 이 책이 한때 낙양(洛陽)의 지가(紙價)를 올린 책입니다. 미안하게도 그 뭐 원고를 팔아버려서 나한테는 뭐 그다지…….(좌중 웃음) 그 뒤에 이 책이 뭐 여러 출판사에서 이리저리 굴러 전형이 돼 가지고, 이 출판사에서 나오고 저 출판사에서 나오고, 이게 말하자면 해적판이죠. 그리고 또 서울대학교 모 교수 이름으로 된, 같은 책이 나왔는데, 봤더니 내 책을 싹 베꼈어, 그대로. 그냥 뭐 토씨만 놔두고. 그분도 이미 고인이 되셨고, 어차피 책은 널리 읽히는 게 좋으니까, 다행히 내 책이 널리 읽혀서 다행이라고.

그때 하여간 나는 도학이라는 데에 정말 아주 심취했어요. 정말 아주 심취했습니다. 그렇게 좋을 수가 없었어요. 근데 그때 이제 주로 한 게 홍콩에서 나오는 그 잡지로서 『인생(人生)』이라는 게 있어요, 『인생』. 우리가 보기에는 무슨 3류 잡지 같이 보이지만 상당히 철학적으로 품격이 높은 잡지입니다. 그 『인생』지를 그 팽국동 씨라고 홍콩에 있는 그 문학 하는, 시인이죠, 근데 그 양반하고 지도교수이신 김춘동 선생하고 교류가 있어서 팽국동 씨가 보내준 『인생』지를 김춘동 선생이 보시고, 아마 매달 나왔을 겁니다. 얇은 월간지. 그래서 그걸 보면서 유학의 현대적 의미도 많이 접하게 되었습니다. 당시 홍콩에, 대륙이 공산화되고 난 뒤에 이쪽 자본주의 진영에 있던 학자들이 많이 몰려있었기 때문에, 『인생』지도 말하는 그 일종의 하나로, 공산주의에 대한 대항의 표시로 이데올로기로 말하자면 자신들의 자유민주주의 이데올로기를 심어가는 잡지라고 생각됩니다. 하여튼 그걸 통해서 그야말로 좁지만, 다른 참고서는 별로 아무것도 참조하지 않았고 이걸 아주 열심히 읽었어요. 나중에 어떤 기회가 있어서 민족문화추진회 거기 무슨 취직을 하려 했던가 원고를 하려 했던가 책임자가 그 책이 뭐가 있나 해서 이 책을 보여줬더니, "순전히 일본 책 베꼈구나." 뭐 이런 말을 들었습니다. 나는 일본어는 지금도 모르는 사람인데 그런 오해까지 받은 책입니다.

하여튼 그렇게 해서 도학을 섭렵했고, 그 다음에 이제 70년대 초에 하여튼 좌파 이론에 이건 경도했다기보다도 상당히 ○○○○○입니다. 가령 내가 「연암 사상의 이념적 범주와 반주자적 성격」이라고 아주 제목도 반주자라고 아주 분명하게 박고 한 그때가 바로 한창 좌파이론에 기울어졌을 때입니다. 기울어졌으나 아주 뭐 그쪽으로 가거나 하지는 않았고 어디까지나 나의 학문하는 테두리에서 참작한 게 있었습니다. 말하자면 생태주의라는 것은 지금 이제 나보고 무슨 사상, 무슨 주의를 하느냐 한다면 생태주의라고 답할 수 밖에 없는데, 생태주의라는 게 내가 하는 생태주의라는 건 별 거 아니에요. 말하자면 도학, 주자학을 그대로 생태철학으로 규명하겠다, 그래서 내가 오늘날 도학을 중시한다면 그건 생태주의적 관점에서 중요하다고 생각해서 하는 것이기 때문에 그래서 생태주의는 영향받은 사상이라기 보다도 내 자신 스스로 그렇게 되는 겁니다.

아, 그리고 정말 나를 참 사랑하고 나를……(말을 잇지 못하고 울먹이며 눈물 훔친 뒤) 나를 지도해 주신 선생님을 말씀드리려니 눈물이 나네요. 먼저 제일 첫 선생으로 들어야 할 분은 저희 조부님이고, 두 번째는 운정(云丁) 김춘동(金春東, 1906~1982) 선생님입니다. 운정 선생을 통해서는 학문과 경화문화(京華文化)를 익혔습니다. 경상도 사람이 사실은 경화문화가 어땠는지 잘 모릅니다. 양반 문화라 하더라도 경화문화하고 또 시골 양반 문화하고 많이 다르거든요. 경화문화에 대해서 상당히 많이 가르침을 받았습니다. 그 다음에 방은(放隱) 성낙훈(成樂熏, 1911~1977) 선생님, 우인(于人) 조규철(曺圭喆, 1906~1982) 선생은 저에게 아주 한문고전의 스승이었습니다. 그리고 지훈(芝薰) 조동탁(趙東卓, 1920~1968)

선생에게 무엇을 배웠냐 하면, 선비의 기개, 말하자면 지식인의 삶의 처신과 박학에 기반한 학문을 배웠습니다. 조동탁 그러니까 조지훈 선생은 여러분이 아마 시인으로 알고 있을지 모르지만 정말 여러 분야에 아주 박학합니다. 이 양반이 혜화전문이 학력의 전부입니다마는 역시 독학으로 많은 공부를 해가지고 다방면에 박학했어요. 그때 내가 학교 다닐 때는 건강이 그래서 거의 강의를 못 하셨는데, 한 학기에 강의 딱 두 번이 전부입니다. 처음에 들어와서 뭐 말하자면 개강해서 대충 강의 요점 다 얘기합니다. 그다음에 두 번째 들어오면 종강입니다.(좌중 웃음) 그러나 그때 선생님이 그러셨음에도 불구하고, 역시 가르치는 사람보다 배우는 자세가 중요하디 이걸 침 절실히 느끼는데, 그 선생님 밑에서 배운 선배들이랑 다 모두 훌륭한 학자가 되었습니다. 하여튼 그 박학을 기반한 학문을 배웠습니다. 그다음에 이 석학 김종길(金宗吉, 1926~2017) 선생님, 아직 생존해 계십니다마는, 이분을 통해서는 감정을 절제하고 엄밀한 글쓰기. 글 쓸 때 감정을 절제하는 것, 이거 상당히 어렵습니다. 그럴 때 아주 차분하게 감정을 절제하고 글쓰기 그런 걸 배웠고, 또 시의 신비평적 관점, 말하자면 철저한 문학 구조의 내적 관점을 이 양반한테 배웠습니다. 그다음에 경로(卿輅) 이상은(李相殷, 1905~1976) 선생. 지금은 돌아가셨습니다만, 이분에게 제가 많은 가르침을 받았습니다. 특히 그 『대학 중용』을 쓸 때 이분한테 아주 많은 가르침을 받았고, 또 인품이 그렇게 따뜻하고 고결할 수 없습니다. 지금 생각하면 참 철없을 때 배우는 데에만 그거하고 내가 제대로 대접해 드리지 못한 것이 한스럽습니다. 그 다음 벽사(碧史) 이우성(李佑成, 1925~2017) 선생, 지금 여든입니다만, 이분한테서는 주로 역사 감각과 논리성을 배웠습니다. 이런저런 인

연으로 해서 이렇게 많은 선생님의 가르침을 받았습니다마는 사람이 용렬하고 재주가 없어서 별로 그렇게 성취하지 못한 것이 선생님들에게 송구하게 생각합니다.

우리 민족의 지정학적 조건과 고대에 있어서의 문화적 후진성은 필연적으로 한문을 사용하게 했습니다. 오늘의 강연주제가 「민족의 언어 조건과 한문학의 연구 방향」입니다. 이제 언어 조건을 말씀드리려 하는 것입니다. 그것은 거의 숙명적이라고 해도 과언이 아닙니다. 우리 민족의 한자·한문의 사용 시점이 정확히 어느 시기인지 알 수 없지만, 중국 문화와의 접촉이 가장 늦은 신라의 경우 지마이사금(祗摩尼師今) 14년(A.D.125)에 신라가 말갈의 침공을 받자 "왕이서백제청구(王移書百濟請救)" 즉 편지를 백제 왕에게 보내서 구원을 청했다는 기사를 보면, 늦어도 AD. 1~2세기까지는 우리 민족이 거주하는 전역에 한자·한문의 보급이 끝났음을 알 수 있습니다. 물론 『삼국사기(三國史記)』 초기 기사를 일본 어용학자들이 거의 불신했고 또 그것이 해방 후 한국 사학계에도 그대로 남아 있었습니다. 가령 김철준 선생 같은 분이 상당히 그걸 극복하려고 노력했음에도 불구하고 여전히 『삼국사기』 초기 기사를 못 믿는 그런 논문들이 나왔습니다. 그러나 『삼국사기』 초기 기사를 물론 다 믿을 수는 없지만, 그렇다고 전부 다 부정하는 것 또한 문제입니다. 하나하나 다 사실이라고 믿는 것도 곤란하지만 그러나 전부 다 거짓말이라고 하는 것도 정당한 학적 태도가 아닙니다. 최근에 이르러서는 극복되어 가고 있는 걸로 알고 있습니다. 얼마 전 경주 나정(羅井)에서 발굴된 초기 신라의 제사 터, 즉 신궁(神宮) 터일 것이라는 곳의 표지, 그런 고고학적 유물이 이를 증명하고 있습니다.

한자·한문이 들어오기 전 우리 민족의 고유문자가 존재했다는 학설이 있었는데, 이것은 김윤경 설입니다만, 일정한 형태가 밝혀져 있지 않아 설득력이 없습니다. 말하자면 남해 각석자(刻石字), 그림도 아니고 글자도 아니고 아니면 천연적으로 그렇게 침식된 바위인지가 있습니다. 그걸 두고 한문 하는 쪽에서는 진시황 때의 서불(徐市)이 일본으로 가다가 그 앞에 이르러 가지고 해 뜨는 것을 보았다. 말하자면 "서불기례일출(徐市起禮日出)"이라던가 그렇게 해독했는가 하면, 심지어 또 70년대 어떤 한 논객은 수로왕이 사냥을 해서 사슴이랑 뭐를 들고 오는 장면이라고 하는 설도 있습니다. 그것을 김윤경 선생이 고유문자라고 한 것도 기억나고, 그 이외에 평양 목수교 각식이라든가 또 함경도의 동굴에 있는 여진자라든가 하는 예를 들었지만, 그것도 그 형태가 밝혀져 있지 않아서 알 수가 없습니다. 그리고 『환단고기(桓檀古記)』에는 단군시대의 문자라며 38개의 자·모음을 나열해 두었습니다. 그러나 이것은 한글의 자모에다가 이런 거, 이런 거를 해 가지고 우리 문자라고 했습니다만, 『환단고기』 자체가 한말의 위서(僞書)인 이상 물론 믿을 수 없습니다.

그리고 『양서(梁書)』 「동이전(東夷傳)·신라(新羅)」의 "무문자(無文字), 각목위신(刻木爲信)"이라는 시대착오적인 기록, 왜 이게 시대착오인가 하면 『양서』가 만들어진 것이 아마 6세기쯤 되는데 6세기 때 신라에 "무문자 각목위신"이라는 게 이건 완전 시대 착오입니다. 이미 그 이전에, 지금 방금 얘기했습니다만, 신라 지마이사금 때 125년에 백제에 편지를 보냈다는 이런 기사라든가 또 울주(蔚州) 천전리(川前里)의 그 각석(刻石)에 나오는 한문이 법흥왕 때 또는 진흥왕 때로 보인다든가 하는 그런 것을 보면 문자가 없어서 각목 즉 나무에 새겨서 신호를 삼는다는 말은 시대착오적일 수밖에 없습니다. 이것은 이렇게 된 게 중국에서 사서(史書)를 편찬할 때 그들이 말하는 소위 외이(外夷)의 기사에 대해서는 아주 대충 소략한 편이죠. 그래서 그 전대부터 내려오는 자기 나라 관계 사료들을 그냥 집어넣습니다. 그러니까 이게 "무문자 각목위신"이라는 게 이를테면 뭐 그게 B.C. 1, 2세기 경이나 또는 B.C. 4, 5세기 경에 이런 말이 나오면 그걸 그대로 다시 여기에 가져다 넣는 과정에서 생긴 거라고 할 수 있습니다. 어쨌든 이것은 우리 한자 생활이 아직 원시 상태였음을 알려주는 것은 사실입니다.

　어쨌든 우리 민족은 유사(有史)의 시원(始原) 단계에서부터 한자·한문으로 발달된 문자 생활을 영위했습니다. 그것은 아시는 바와 같이 향찰식(鄕札式)과 훈석식(訓釋式)의 방식으로서입니다. 향찰식은 한자의 음과 뜻을 빌려 우리말을 기사(記寫)하는 방식이고, 훈석식은 우리말의 어순에 한자의 뜻만을 취해 기사하는 방식입니다. 이 훈석식도 많은 국어학계 일부에서는 향찰 문자와 같이 취급하던데 나는 달리 봅니다. 향찰식 기사로 오늘날 남아 있는 유물로는 향가(鄕歌), 실은 향가라는 명칭은 정확하지 않고 이것은 사뇌가(詞腦歌)라고 해야 마땅합니다마는, 그렇습니다. 훈석식은 「임신서기석(壬申誓記石)」의 기사가 대표적입니다. 훈석식은 오래 통행되지 못한 듯합니다. 「임신서기석」은 그 기사가 언제 됐냐, 이 임신년이 어느 임신년이냐는, 내가 생각하는 바로는 그 글씨 서체 이런 걸 봐서 진흥왕대 임신에서 진평왕대 임신을 넘지 않을 것으로 생각합니다. 중국 육조시대에만 쓰던 서체가 「임신서기석」에 나오는 걸 봐서 그렇게 생각됩니다. 결국 한자·한문의 사용은 향찰식과 한문식으로 정리된 셈입니다. 그러니까 대략 신라 통일 전후의 일로 짐작됩니다. 그러나 훈석식은 그것이 바로 국어 의식의 발로이기 때문에, 바로 한문을 쓰면서 한국어 의식을 발로했기 때문에 한문식으로의 한자 사용, 즉 한문 문장에 일정한 영향을 끼쳐 왔습니다. 좀 속되게 표현하자면 한국식 한문이라고 하겠습니다. 울주 전천리 각석의 문장,『삼국유사(三國遺事)』의 일부 문장, 조선 후기의 야담(野談), 조선 후기 일부 민요(民謠) 취향의 한시(漢詩) 등은 그것 자체가 바로 훈석식은 아니라 하더라도 국어 의식에의 집착을 보여준다는 점에서 그 원천은 역시 「임신서기석」의 기사 의식과 동궤(同軌)입니다.

향찰식 기사의 유물로는 향가가 유일한 것으로 알고 있으나, 또 향찰으로는 시가(詩歌)만을 기사한 것으로 알고 있으나, 사실은 산문 기록도 향찰로 기사했습니다. 적어도 설총(薛聰)의 "이방언독구경(以方言讀九經)"도 즉 향찰로 산문도 기사했다는 이런 범주에서 생각할 수 있으며, 이렇게 향찰로 경문을 석독하는 방식의 불교계로의 접근은 뭐 그 당시의 형편을 보았을 때 드문 것은 아닙니다. 그리하여 고려 전기까지는 불경의 강의 기록은 말할 것도 없거니와 불경 자체를 향찰식으로 번역까지 했던 것입니다. 균여(均如)가『화엄경(華嚴經)』에 관한 조사(祖師)들의 저작을 해석하여 스스로 '방언고훈(方言古訓)'으로 기사하거나 또 문인들이 균여에게 강의받은 바를 역시 방언으로 썼으며, 의천(義天)은『화엄경』세 본, 그러니까 진본『화엄경』60권본과 80권본, 40권본 도합 180권을 위시하여 그 밖의 경전 등 230여 권의 불서(佛書)를 "번역방언(飜譯方言)" 그러니까 방언으로 번역했다는 것입니다. 이런 식의 향찰식 기사는 물론 순전히 향찰만의 무제한적 사용으로는 생각되지 않고 불전(佛典) 본문에 의지한 제한적 사용일 듯하지만, 그러나 모종의 서사성(敍事

性) 산문 작품의 창작 가능성도 배제할 수 없습니다. 한글 창제 초기에 세조의 『석보상절(釋譜詳節)』 같은 방대한 서사 기록이 그러한 선행 전통 없이 갑자기 나왔다는 것은 생각하기 어렵습니다.

그러나 어쨌든 오늘날 우리는 한글 창제 이전에 민족어 문학으로서 향가 계열만을 유산으로 가지고 있다. 여기에서 '향가 계열'이라고 한 것은 형태는 신라의 향가와 달라졌지만, 즉 사뇌가와 달라졌지만, 향찰식으로 기사된 시가의 존재를 전제로 한 표현입니다. 그것은 오늘날 '고려가요' 또는 '고려속요'로 불리는 일련의 작품을 두고 한 말입니다. 학계는 고려가요가 막연히 구전(口傳)되다가 한글 창제 후 드디어 문자로 정착된 것으로 인식하고 있는 것이 일반적인 현상입니다. 단적인 예로 시가가 문자로 기사되어야만 '전강(前腔)'·'후강(後腔)'·'소엽(小葉)'·'과편(過篇)' 등의 음악적 표지가 가능하고, 이건 조선 초기에 한글로 정착되어 음악 교본으로 적혀 있는 것이 오늘날 전하는 것이기 때문에 이렇게 보는 게 가능하고, 역시 그럴 수 있는 문자로는 향찰 밖에 없기 때문입니다. 고려 현종(顯宗) 12년(1021)경 현화사(玄化寺)의 낙성을 보고 한시와 함께 현종이 이를 찬양하는 뜻을 '향풍체가(鄕風體歌)'의 체제에 의거하여 짓고, 신하들에게 '경찬시뇌가(慶讚詩腦歌)'를 지어 바치게 해서 법당 외벽에 게판(揭板)하게 해서 구경하는 사람들로 하여금 "각수소습(各隨所習)", 각자 익힌 바에 따라서, 즉 한문을 잘 보는 사람은 한문, 향찰을 잘 보는 사람은 향찰, 이런 식입니다. 한시와 함께 향찰 시가의 취지를 알게 한 사실은, 고려의 대중 가운데 향찰식 기사에 익숙한 부류가 아직 비교적 광범하게 존재해 있었음을 알 수 있고, 따라서 이 방식에 의한 시가 창작도 끊임없이 지속되어 왔음을 알려 줍니다. 조선 왕조에 와서 음악 교본에 실린 것만 오늘날 정착되어 전하니까 그런데 아주 많았을 겁니다. 가령 익재(益齋)의 소악부로 번역된 고려가요도 조선 왕조 초기의 음악 교본에 실리지 않은 게 많습니다. 이걸로 봐서 이것은 무엇을 가지고 기사했겠냐, 역시 향찰로 기사했을 수밖에 없습니다. 이건 뭐 기본적인 문제가 학계에서 진즉부터 제대로 다루어졌어야 했는데 안 되어 왔습니다. 예종(睿宗)의 「도이장가(悼二將歌)」도 예종이 단독으로 지은 것이 아니라 많은 신하들의 '갱재(賡載)'가 있었을 겁니다. 갱재는 왕의 시에 화답해서 신하들이 많은 시를 짓는 것을 가리킵니다.

이렇게 신라의 향찰식 기사의 전통은 사실은 한글이 창제되기까지 면면히 이어져 왔던 것입니다. 이 향찰식 기사의 전통은 훈석식 기사와 함께 신라만에 국한되지 않습니다. 고구려의 「광개토대왕비(廣開土大王碑)」·「고구려중원비(高句麗中原碑)」를 검토해 보면 고구려에서의 한자 사용 방식 역시 신라에 준해서 생각해도 좋을 듯합니다. 백제는 부족적으로 고구려와 한 계통이기 때문에 고구려에 준해서 생각할 수 있습니다. 『위지(魏志)』「동이전(東夷傳)」에 진한의 언어가 마한 즉 백제와는 같지 않다고 한 것은, 진(秦)의 망명 집단에 국한해서일 것입니다. 검토해 보면 오늘날 경상도 지역 전역을 진의 망명 집단이 차지한 게 아니라 마한 동쪽 끝 진한 서쪽 그 어디에 진의 망명 집단을 받아들인 것이 아마 그렇게 기록된 게 아닌가 합니다. 만약에 신라 전역이 진의 망명 집단이라면 아마 한자 사용 같은 게 신라가 훨씬 더 올라갈 겁니다. 따라서 망명 집단에 국한해서 진한과 마한이 의사 소통이 어려웠던 것으로 보아야 합니다. 따라서 신라에서의 한자로의 기사 방식 및 이 기사에 의한 작품의 창작을 고대 우리 민족에게 일반화해서 생각해도 좋으리라고 봅니다.

한문식 기사는 줄잡아 2천여 년간 우리 민족의 표기 체계의 주류로 기능해 왔습니다. 처음에는 주로 고대 국가들의 성립 과정에나 또는 성립 이후에 지배층이 그들 자신의 권위를 높이고 통치를 장식하는 데에 쓰였습니다. 사서(史書)의 편찬과 기념비의 건립이 대표적입니다. 광개토왕비, 진흥왕순수비, 또 신라의 국사(國史)라든가. 또 그와 함께 대중국 외교 등 국가 간의 외교에는 필수적이었습니다. 물론 서툴지만 한문으로, 아니 어쩌면 향찰식 문서도 쓰였을 수 있습니다. 이 국가적 외교는 반드시 한문식이 아닐 수도 있지 않았을까 하는 생각도 할 수 있습니다. 그 뒤 점차 보급이 확대되면서 왕의 정령(政令)·교화(敎化)의 반포 등 주로 국가의 전장(典章)을 중심으로 한 사용에서부터 범위가 확대되어 갔습니다. 그래서 이제 여력이 생겨서 한시도 짓고 크게 문학창작으로 쓰이게 되었죠.

한문식 기사의 보급에는 불교 승려를 떼어놓고 생각할 수 없습니다. 불교의 철리(哲理)를 위시한 지적(知的) 활동은 주로 불교 승려의 몫이었습니다. 실질적으로 유교보다 불교가 먼저 들어와 우리 민족의 사고와 의식을 지배해 갔으므로 승려 집단은 고급한 교양의 원천이었습니다. 승려도 물론 지배층에 속했으나 민간 대중을 상대로 활동했으므로 한문식 기사의 보급에 일정 정도 기여했습니다. 그 뒤 3국에서 중국식 태학(太學) 또는 국학(國學)이 설립되어 주로 유교 경전으로 교육하자 한문식 기사의 보급에 결정적인 힘을 실었습니다. 그리고 유교도 드디어 거점을 마련했습니다. 사실 그 이전까지는 유교는 거점조차 희미했습니다. 불교 세에 눌려 가지고. 또 불교 세에 눌렸다기보다도, 우리나라 사상은 말이죠, 중국 사상과 대체로 동반합니다. 이때 중국이 바로 위진남북조 시대,

즉 남조가 한창 있을 때거든요. 그래서 위진남북조 시대에 유교가 어떤 처지에 처했나 하는 것은 다 아는 사실인데, 그 당시 하여튼 그래서 불교가 성행했습니다. 물론 이제 전장문물(典章文物), 즉 국가의 제도들이나 그런 것들은 다소 유교적이었지만 유교가 하나의 개인의 의식, 사상에 침투한 것은 훨씬 뒤의 일입니다. 사상, 의식에 침투한 건 불교가 장악했습니다. 우리나라 사상학계는 그런 사실을 자세하게 잘 안 따지는 것 같습니다.

경덕왕 때 전국의 지명을 한문 의식에 입각한 훈차(訓借)의 명칭으로 변경한 것이, 이때 다 한문식 한자로 바꿨죠, 이것이 민족 대중에게는 한문 의식을 확산하는 하나의 전기(轉機)가 된 것 같습니다. 그 전까지는 주로 지배 계급 내부에 축적된 한문 의식 내지 한문 기사 능력이 피지배층 사회로도 확산되어 갈 계기가 된 것입니다. 그 경덕왕이 지명을 한자로 바꿨다는 것은 말하자면 참 잃어진 것이 많습니다. 이걸 계기로 해서 우리 고대 신화, 고대 전설, 또 신앙적인 체계 이런 것들이 모두 왜곡되고 결국 잃어지게 되었습니다. 참으로 개탄할 일입니다.

한문으로의 기사 능력이 일정 단계에 오른 뒤로는 반드시 시대에 비례해서 실력이 증장된다고 단언할 수는 없습니다. 사실 7세기의 원효(元曉)와 강수(强首)의 한문 저작 수준을 능가하는 경우가 그 뒤 한문 사용 기간 내내 과연 얼마나 될지 의문입니다. 특수한 개인은 시대를 초월해 있는 것입니다. 그러나 양적인 확대는 확실히 시대에 비례했습니다. 신라보다 고려 시대, 고려 시대보다 조선 시대, 조선 시대도 후기가 전기보다 전체 인구에서 한문 기사 능력을 가진 인구의 비율이 훨씬 높습니다. 그리고 특수한 개인은 시대를 초월해 있지만 한문 기사 능력을 가진 사람들의 보편적 수준은 꾸준히 상승해 왔습니다. 단적인 예로 조선 후기에는 심지어 양반 부녀자들이 구체적인 한자는 몰라도 자음(字音)의 배열만으로 절구시(絕句詩)를 그럴 듯하게 지을 정도로까지 되었습니다. 이것은 경상도 양반의 실제로 가끔 그 문중에 그런 부녀자들이 있는 걸로, 일제시대까지도 아직 그런 일이 있었던 것으로 알고 있습니다.

국어와 한문과의 오랜 공용(共用)이 어학적으로 어떤 영향을 상호 주고받았는지를 말하는 것은 나의 영역 밖입니다. 특히 음운이나 통사를 언어학적으로 따지는 분야에 있어서는 더욱 그러합니다. 그러나 어휘 분야에서 한문으로부터 국어에로의 영향을 현상적으로 파악하는 것은 하나의 상식에 속합니다. 얼마나 많은 한문 어휘가 국어 속으로 침투해 왔습니까. 특히 명사·동명사·형용사들의 침투가 우심(尤甚)한데, 오늘날 국어 속의 개념어는 거의 전부라 해도 과언이 아닙니다. 그래서 마침내 우리말만으로는 철학을, 사상학을 할 수 없기에 이르렀습니다. 그 대신 국어로부터 한문에로의 어휘상의 영향은 고유한 사물명, 뭐 이를테면 수사관이 함께 하는 것을 눈 '안(眼)'자 한가지 '동(同)'자 써서 안동(眼同)이라고 한다든가, 그 『만기요람(萬機要覽)』이라는 책에 보면 온통 그런 명칭이 많이 나옵니다. 이런 사물명, 또 특수한 인명, 뭐 갑돌이(甲乭), 개똥이(犬屎) 등, 크게 보아 영향이라고 할 것도 없는 정도입니다. 국어로부터 한문으로의 의미상의 영향은 그렇습니다.

차자(借字) 표기는 형태는 다르지만 본질적으로 국어 표기란 점에서 한글과 다르지 않습니다. 그러니까 우리 민족은 대략 2천여 년을 두 가지 표기체계를 이원적으로 공용해 왔습니다. 우리 민족의 이러한 언어적 조건이 민족의 문학 내지 문학사를 어떻게 규정했겠습니까?

두 문학을 적대적으로 볼 경우 한마디로 국어 내지 국어문학이 한문 내지 한문문학의 압박과 잠식 속에 본래의 발전 경로를 따라 발전하지 못하고 왜곡된 경로를 밟아 왔다는 것입니다. 이런 현상은 후대로 내려올수록 전대 현상들의 누적에 의해 더욱 심화되어 나타났습니다. 가장 뚜렷한 가시적인 현상이 국어 작품에 한자 어휘가 무제한적으로 침투한 것입니다. 우리는 통상적으로 우리 시가 장르 가운데 고려가요를 질적으로 가장 우수하게 봅니다. 이유는 간단합니다. 그 문학적 제요소의 재체(載體)인 언어가 국어이기 때문입니다. 즉 섬세한 감성, 섬세한 호흡, 섬세한 사고 등 문학을 문학답게 만드는 제요소가 작자의 태생어일 때 가장 잘 표현되기 때문입니다. 바꾸어 말하면 한자어가 극히 희소하게 쓰였기 때문입니다. 김만중(金萬重)이 정철(鄭澈)의 「관동별곡(關東別曲)」·「사미인곡(思美人曲)」·「속미인곡(續美人曲)」이 다 한문으로 번역될 수 없는 작품이지만, 세 작품 가운데 특히 「속미인곡」이 뛰어난 것은 바로 한자어를 빌려 그 색(色)을 꾸미지 않았기 때문이라고 말한 것은 문학의 가장 본질적인 국면을 건드린 명언입니다. 만약 표기체계의 시간적 단절을 겪지 않고 신라의 사뇌가 즉 잃어진 『삼대목(三代目)』을 포함한, 사뇌가가 고려가요처럼 복원되었더라면 전반적으로 고려가요보다 더 우수한 작품군일 수 있음을 결코 배제할 수 없습니다. 시어(詩語)가 고도로 순수한 우리 국어이기 때문입니다.

차자 표기가 한글 표기로 대체되고 난 뒤로 우리말에 적합한 문자를 얻어 문학이 전반적으로 더 나아질 것 같은데 결코 그렇다고 말할 수 없는 것은 작품에 한문 어휘가 누적되어 가기 때문입니다. 조선 후기의 일부 사설시조를 제외한 평시조·가사, 그리고 소설의 대부분을 보십시오.

가위 한문 어휘, 한문 고사 투성이라 할 만합니다. 문학을 문학답게 만들어 주는 제요소가 침묵 속으로 갇혀간 것입니다. 이 한자 어휘를 쓰는 바람에. 따라서 작품은 상대적으로 관념만이 두드러지게 나타납니다. 효(孝)라든가 그런 것만 말이죠. 김만중의 말대로 그 의(意)만 얻고 사(辭)는 얻지 못한 작품이 된 것입니다. 소설의 경우 말은 한글 소설이라 하나 그 시공간적 무대까지 중국으로 된 것이 대부분이어서 도무지 조선적 리얼리티를 찾을 수 없는 작품이 되고 만 것입니다. 만일 문학사가 순리로운 발전을 했더라면 근대적인 장편소설이 조선후기의 대하소설을 이을 법, 해야 이게 정상적입니다. 그런데 엉뚱하게도 일본의 소설에 탯줄이 닿은 신소설이 나왔던 것입니다. 조선 후기에 그 직전까지도 그렇게 성행했던 그 대하소설이 다 어디로 가 버리고 말입니다. 그것이 바로 문학사의 왜곡된 현상, 한자·한문에 의해 왜곡된 현상입니다. 문학어의 한문 어휘 투성이에 그 시공간적 무대까지 중국으로 된 점과 결코 무관하지 않습니다.

한 마디로 두 표기체계의 공용은 결국 전반적으로 국어 문학 내지 문학사적 현상의 악화일로만 가져왔다는 것이 나의 소견입니다.

그렇다면 한문 문학 쪽은 어떠한가? 한문 문학은 태생어가 아닌 차용어로 문학한다는 원천적인 제약이자 결정적인 규정이 있습니다. 나쁜 쪽으로의 치명적인 규정입니다. 차용어로 문학한다는 것은 말하자면 둥근 구멍에 네모난 자루를 박는 격으로, 그 한계가 자재합니다. 조선왕조 숙종 때의 일화로 기억되는데, 왕이 죄수를 가리키며 "저 놈을 이리 저리 묶어서 매우 쳐라."고 말하자 주서(注書)가 '이리저리 묶어서'를 한문으로 어떻게 써야 할지 몰라 붓방아를 찧고 있는데 어느 신하가 왜 '이필자박지(以必字縛之)'라고 쓰지 못하느냐, 즉 반드시 필자의 모양처럼 쓰면

이리저리 되잖아요? 그렇게 호통쳤다는 상징적 사실이 의미하는 한계는 문학에서 더욱 절실한 것입니다.

국어 의식의 발로로 통사적(統辭的)으로 한문과 다소 이질적인 문체를 앞에서 예로 들었거니와 국어 의식의 발로도 근본적으로 차용어로 문학하기 때문입니다. 그런데 통사적인 국어 의식의 발로, 그것은 스펙트럼적 다층위를 이룹니다. 앞에서 예를 든 것은 말하자면 국어 의식의 발로의 비교적 고층위에 속하는 것들입니다. 말하자면 조선 후기 야담이라든가 『삼국사기』 일부라든가 기타 비문 같은 것 말입니다. 그 이하로 많은 층위는 이루 계량할 수 없습니다. 김창협(金昌協)이 우리나라의 한문 문장이 중국의 그것에 미치지 못하는 점이 세 가지라고 했습니다. 천박해서 절심(切深)하지 못한 것과, 이속(俚俗)해서 아려(雅麗)하지 못한 것과, 지리멸렬해서 간정(簡整)하지 못한 것이라고 했습니다. 이것을 바꾸어 말하면 국어 의식의 발로로 한문의 차용 언어로서의 장벽을 완전히 뛰어넘지 못한 데서 기인합니다. 이건 완전히 뛰어넘을 수가 없지요. 이건 주로 산문을 대상으로 말한 것이거니와 시의 경우도 김창협의 지적을 범하는 경우는 허다합니다. 어휘적으로는 일상의 사무적인 한문 문장에 우리의 고유어를 그야말로 사무적인 필요 때문에 끌어다 쓴 경우 이외에, 문학에서는 조선 후기 한시에 토속어의 시도적인 사용이 있었으나 그야말로 조족지혈(鳥足之血)입니다. 조선 후기 정다산이라든가 우리 토속어로 시를 써 봤습니다만 그것은 몇십 편에 불과합니다. 전체 한문학에 비하면 정말, 말 그대로 조족지혈입니다.

이처럼 한문 문학도 오늘날 남아있는 작가 총량, 작품 총량에서 보자면 도태되어야 할 대상이 그렇지 않은 대상보다 훨씬 많습니다. 난 그렇게 봅니다. 문집이라고 해도 다 한문학 작품이 아닙니다. 결국 표기 체계의 이원적 공용이 한쪽은 어휘 영역에서 한쪽은 통사 영역에서 두 언어의 문학이 나쁜 쪽으로 상호 규정됨으로써 결국 우리 민족의 문학 내지 문학사는 총체적으로, 이런 표현이 가능하다면, 태반의 성공도 못 거둔, 다분히 실패에 가깝다는 것이 나의 솔직한 견해입니다. 물론 이런 견해는 다분히 다른 민족의 문학 내지 문학사와의 비교를 통해서입니다. 차용 언어로 한문을 쓴 점이 우리와 같은 일본의 경우 그 문학 내지 문학사적 현상은 우리와는 판이한 것으로 알고 있습니다. 무엇보다 그들은 우선 양적으로 자국어의 문학이 절대적으로 우세해 그 점에서 우리와는 반대입니다. 우리는 한문 문학이 압도적인 주류임에 대하여 그들은 자국어 문학이 압도적 주류입니다. 이것은 물론 자국어에 맞는 문자를 우리보다 약 아마 6, 7세기 앞서 가졌기 때문일 것입니다.

문학 분야에서 한문 사용에 의한 한문 문학과 국어 문학이 상호 감가(減價)의 현상을 보인 데 반해 철학·사상 분야에서는 한문이 독점적으로 활약했습니다. 철학·사상의 영역에서 만약 고대의 신교(神敎)가 끈질기게 버텨왔다면 그 결과로서의 현상은 문학에서와는 달리 나타났을 것입니다. 신교 의식에 의한 외래 철학·사상의 감가가 행해지는 것이 아니라 양자의 변증법적 만남으로 제3의 다른 철학·사상을 탄생시켰을 것입니다. 실제로 신라 화랑도의 변형인 풍류도(風流道)가 그러했고, ─이것은 말하자면 전통적인 신교가 불교 또는 도교와 만나서, 나는 화랑도와 풍류도를 구별합니다. 통일 전까지는 화랑도는 하나의 전시에 나라를 지키는 어떤 그런 정신적인 하나의 논리입니다. 풍류도는 통일 이후에 전쟁이 없는 시대에 드디어, 물론 그 인소는 화랑도에도 있었겠지만 그 인소가 발전해서 풍류도가 된 것이라고 생각합니다. 팔성(八聖) 신앙을 창도한 묘청(妙淸)의 사상이 그러했습니다. 묘청이 평양에 지은 팔성당에 보면 호국백두악태백선인실덕문수사리보살(護國白頭嶽太白仙人實德文殊舍利菩薩), 그리고 이 우리나라 신교와 불교가 아주 습합된된 형태, 여덟 신을 모시는 것이 모두 그런 형태였습니다. 그리고 조선 왕조 말기 이래 명멸한 유사종교라고 이름하는 사상들은 그 뿌리가 이미 신교와는 다르나 자생한 사상이란 점에서 위의 예와 같은 범주에 속할 것입니다. 그러나 풍류도를 제외하고는 모두 소수의 사상으로 크게 사상사적 의의를 못 갖습니다. 그래서 우리 민족 다수는 외래 철학·사상인 불교와 유교, 그리고 도학을 바로 우리의 철학, 우리의 사상으로 삼아왔습니다. 한문을 통해 불교·유교가 전래되던 시기에 아직 원시성을 벗지 못했던 신교는 결국 외래 사상과의 투쟁에서 패배한 셈입니다. 아직 원시성을 벗지 못한 신교가 고급한 철학·사상인 불교·유교로 대체된 데에서 민족의 정신문화는 크게 향상된 것입니다. 그래서 이러한 사상들이 문학의 든든한 뒷배가 되어준 점에서, 다시 말하면 문학의 '의(意)' 부분의 원천의 구실을 하는 점에서 문학 쪽의, 특히 국어 문학 쪽의 결손을 채워주었던 것입니다.

한문은 우리에게 있어 빛과 그림자였습니다. 문학 쪽의 결손을 가져온 것이 그림자라면 철학·사상 쪽의 상승을 가져온 것은 빛이라고 하겠습니다.

전통은 후대에 의해서 만들어진다고 합니다. 말하자면 빈약한 유산을 남긴 전통이라 하더라도 후대에 그것을 높은 안목에 의해서 해석함으로써, 결코 빈약하지 않은 의미를 부여함으로써 마침내 풍부한 내용의 전통으로 변신시키는 일을 두고서 이른 말입니다. 당초 풍부한 내용의 전통도 끊임없이 해석해 가지 않으면 시들어지고, 마침내 남의 전통에 눌리는 결과를 낳고 맙니다. 앞에서 서술한 바 우리의 문학과 그리고 철학·사상의 정형(情形)은 그 누구의 것이 아닌, 바로 우리의 역사로 전개되어 온 우리의 정형입니다. 국학도는 국수주의자가 아닌 개방적인 민족주의자가 될 필요가 있습니다. 그래서 민족에 대한 애정으로 우리 자신의 문학과 철학 사상의 정형을 직시하고 문제되는 전통의 약점을 극복하는 방향으로 연구에 임해야 할 것입니다.

나는 학문을 시작한 초기에 그 정형을 어렴풋이 보았습니다. 그리고 학문을 해오는 사이에 그것을 인식하게 되었습니다. 그렇다고 해서 내가 학문해 온 자취가 정확하게 이 정형에 대응한다고 자신할 수는 없습니다. 그러나 정형을 또렷이 인식하고 그 중심권에서 벗어나지 않으려 한 것은 사실입니다. 그래서 문학과 사상 사이에서 가급적 새로운 개념과 논리를 찾으려 했습니다. 그러다 아주 사상 분야의 논문을 쓰기도 했습니다. 그러나 이제 돌이켜 보면 의욕과 실천 사이에 괴리가 작지 않음을 느낍니다. 여러분들이 학문하는 도중에 타산지석으로 삼기 위해 잠시 내가 발표한 논문 몇 편을 들어볼까 합니다.

학술적으로 유의미한 논문은 1968년 석사학위 논문에서 시작됩니다. 고려 죽림고회(竹林高會)인데, 당시 조윤제, 장덕순 등 문학계의 대가들이 죽림고회를 무신난 이후의 문인들의 도피 풍조를 반영한 도피 그룹으로 보아왔는데, 실증적인 자료를 들어 도피 그룹이 아님을 입증했습니다. 문학 자체의 연구라기보다 전기 중심의 사회사적 연구라고 할 수 있겠습니다. 물론 그 안에서 시를 다루고 또 「공방전(孔方傳)」이라든가 임춘(林椿)의 가전(假傳)도 다루었습니다마는, 기본적인 시각이 그렇다는 것입니다. 반드시 내 논문 때문이라고 단언할 수는 없지만, 학계의 죽림고회에 대한 인식이 그 뒤에 바뀌었습니다. 하나의 에피소드를 이야기하면, 죽림고회 논문을 발표하고 난 뒤에, 이제 『고대신문』에 그 해 발표한 논문 이게 제목이 쭉 나옵니다. 그런데 '죽림상회 연구', 높을 고(高) 자를 장사할 상(商)자로. 그리고 필자는 이동탄.(좌중 웃음) 그렇게 나왔습니다.(歡을 欸으로 잘못 읽은 것) 그게 나중에 뭐 별명이 되고 해가지고…….

그 다음이 「연암(燕巖) 사상의 이념적 범주」입니다. 본래 1975년 2월로 『문학사상』에 '연암 사상의 이념적 범주와 반주자적(反朱子的) 성격'이라는 논문으로 발표했던 것을 1977년에 출판사 요청으로 『한국문학작가론』에 게재하면서 좀 더 증보한 논문입니다. 연암은 진작 학계의 주목을 받아 그때까지 70여 편의 논문이 나왔으나 그의 사상을 체계적으로 연구한 것이 없어서 집필하게 된 것입니다. 지금 보면 방법이 다소 소박한 느낌이지만 그때로서는 학계의 일정한 반향을 얻어, 위의 『한국문학작가론』 외에 서너 책에 더 전재(轉載)되기도 했습니다.

1979년에 「조선 후기 한시에 있어서 민요 취향의 대두」를 발표했습니다. 역시 학계의 반응이 뭐 그런대로 좋았습니다. 조선 후기 문학의 인식을 새롭게 하는, 새롭게 확장하는 선도적 구실을 했다고 생각이 됩니다.

1990년에 「다산(茶山) 사상에 있어서의 '상제(上帝)' 도입경로에 대한 서설적 고찰」을 발표했습니다. 다산 사상에서의 상제의 복원은 그의 사상에 있어서의 총두뇌(總頭腦)입니다. 그런 이 상제를 천주교 측과 학계 일부에서는 마태오 리치의 『천주실의』에서 온 것으로 보아 왔습니다. 여기에 대하여 실증적 자료를 들어 『천주실의』를 접하기 전에 먼저 선진

(先秦) 고경(古經)의 복원을 학문적 과제로 삼았음을 입증한 것입니다. 후속 논문으로 「다산 사상에 있어서의 상제의 문제」를 1996년에 발표했으나 당시 형편상 논리의 뼈대는 갖춰져 있으나 논지를 충분히 펴지 못해 부족을 느끼는 논문입니다.

1992년에는 「회재(晦齋)의 도학적 시세계」를 발표했습니다. 수용 이래 16세기까지 도학은 시심(詩心)을 동반한 도학이고, 17세기 이후는 시심을 동반한 도학이 드뭅니다. 가령 대산(大山) 이상정(李象靖, 1711~1781)이라든가 몇몇밖에 없습니다. 16세기가 말하자면 시심을 동반한 도학의 절정기입니다. 그래서 문학적으로도 훌륭히 성공한 것으로 평가받고, 모두 옛날 사람들 과거 비평가들의 시화라든가 평어에서 말이죠. 평가를 받아 접근하기도 비교적 용이한 회재의 도학시를 구명하게 되었습니다. 상당히 유리한 것이 회재 시가 비교적 상당히 문장이라든가 이것이 평이하게 되어 있습니다. 그러나 시의 격은 대단히 높습니다. 한문 구사를 아주 잘했던 분에 들 것 같습니다. 회재의 도학시에서 '우주적(宇宙的) 유열(愉悅)'이라는 개념을 찾아내고 유열에 대한 유가적 경험을 찾아낸 이 논문은 나로서는 만족되는 논문입니다.

1993년에 「망우당(忘憂堂)의 도학적 정신구조와 그 현실주의적 성향」을 발표했습니다. 저작이 아닌 행적을 통해, 흔히 사상을 누구의 사상을 이야기하자면은 저작을 상대로 해서 분석하고 연구하는 것이 일반적입니다마는, 또 망우당의 저작이 그렇게 많지 못합니다. 그 행적이 좀 곡절이 많은 다단한 행적이어서 제가 그걸 한번 분석하기로 작정했습니다. 말하자면 행적을 사상의 자료로 삼은 실험적 논문에 해당됩니다. 가령 일두(一蠹) 정여창(鄭汝昌) 같은 분도 또 한훤당(寒暄堂) 김굉필(金宏

弼)도 마찬가지, 도학자로서 문묘에 배향까지 되면서도 저작이 없거든요. 뭐 시 몇 편 하고 이거 뿐이란 말입니다. 그러면 이 사람은 뭘 가지고 어떻게 알아보냐 말이야. 그래서 부득이 본 게 행적이죠. 바로 그런 것을 알아보기 위한 사상사의 한 시도로서 망우당을 알아보았습니다. 그리고 망우당의 사상을 도가(道家) 사상으로 보는 것에 대한 하나의 반론의 성격을 지닌 것입니다. 도가가 아니라 역시 조남명(曺南冥)의 바로 ○○되는가 그런데 하여튼과 일정한 연계가 있는, 도학적(道學的)인데 그 도학도 특이합니다. 현실주의적이죠. 아주 현실적입니다. 그래서 논문을 써봤습니다.

1999년에 「홍담헌(洪湛軒)의 세계관의 누 국면」을 발표했습니다. 홍대용에 관한 논문이 수없이 많습니다마는 대개 그를 기론자(氣論者)로, 또는 그에게서 이(理)를 가치 중립적인 자연과학적 이치로 읽는, 그런 이로 인식하고 있는 것에 대한 반론입니다. 여기 김문용 선생이 홍담헌 가지고 박사를 받았는데, 내가 지금 김문용 선생 주제를 지금 기억 못합니다마는 하여튼 그때 보기는 본 것 같습니다. (김문용 선생님 대답) 결국 앞서 논문을 쓴 많은 분들이 『담헌집』을 처음부터 끝까지 읽지 않고, 이거 참으로 예를 들면 학계에 과학사 한다는 누구하고, 또 누구 좀 찾아가지고 논문을 쓴 사람한테 직접 전화를 해봤습니다, 논문을 쓰다가. 도대체 이게 나하고 견해가 달라서, 도대체 이게 어디. 보니까 그러한 판단이 막 대부분 책을 끝까지 읽지 않고 어느 부분 특히 특이하게 보는 그 『의산문답』을 주자료로 썼다고 할 수 있고, 다 읽어보고 다 제 요소의 어떤 균형을 찾아야 되는데, 어떤 특이하게 보이는 『의산문답』을 주로 주자료로 썼다고 설명할 수밖에 없어서, 우리 학계 일부 인사들의 공명심에 깔려 급급히 인기 있는 논지를 내어놓아 시류에 영합하는 것을 깨뜨렸습니다. 그래서 그때 당시에 한창 70년대에 발표된 건데, 70년대 한창 실학 하면서 뭐 이제 도학 까부시기, 가치 중립, 이를 가치 중립으로 하는데 그게 자연과학적 이다. 모두 새로운 소리들을 삼삼오오, 다 그때 당시 시류에 아주 듣기 좋은 소리였습니다. 여러분은 잘 모르시겠지마는, 그래서 그때 말이죠. 아주 그런 얘기를 한참 했습니다. 그냥 모두 홍대용이 이 기를, 아니 기가 아니라 이가 자연과학적 이라는 것은 전혀 아닙니다. 하여튼 『담헌집』을 끝까지 보면은, 사실 홍대용은 참 복잡한 사상입니다. 이건 뭐 이건 하나로 모순적인 사상가로 보면 아주 모순적으로 보는데, 그렇게 볼 수도 없고 아주 이것 때문에 골머리를 앓았습니다. 이래서 어떻게 빠져나오느냐 하는데, 막 이런 저런 요소가 아주 복잡하게 얽혔어요. 심지어 뭐 도가 사상에 무슨, 상고에는 기화(氣化)했는데 후대에는 뭐 했느니 아주 뭐 그런 비과학적인 얘기까지 했느냐 하면, 또 어떤 부분은 아주 뭐 근대적인, 아주 아주 참신한 정말 참신하죠. 거의 사민(四民) 평등에 가까운 또 그런 얘기를 하고, 이러니까 보는 사람들이 이것만 딱 보고 하니까 전체가 안 드러났다는 것입니다. 그래서 이것은 사실 많이 소모한 논문이 되었습니다마는, 그렇습니다. 그래서 본질은 담헌의 사상이 도학적이면서 실학적이어서 도학과 실학의 연속의 국면을 확인하게 된 것입니다.

    2000년에 고대 사상에 관한 두 편의 논문 끝에 「풍류도의 미학 관련(상)」 논문을 발표했습니다. 풍류도에 대한 미학적 증거를 시도하고자 했으나 아직 본론을 쓰지 못한 채로였습니다. 그 (상)이라고 한 것은, 다만 서장적(序章的)인 이 논문에서 나는 이제까지 학계 특히 사학계나 사상학계의 통념과는 아주 다른 특이하게 보이는 두 주장을 했습니다. 처음에 원화(源花)라 했다가 나중에 화랑이라고 하는 화랑의 유래를, 전부 다 어린 아이, 소년을 뽑아가지고 계집애처럼 화장을 시켜가지고 꽃처럼 예쁘니까 화랑이라고 했다. 대체로 그게 일반적이었어요. 또 국어학 하는 사람 어떤 사람은 꽃은 뭐 무슨 우랄 알타이어의 골에 해당하고 골은 골수고, 하여튼 하나에 관한 가지가지 해석이 한두 가지 아닙니다. 그러나 그 주류는 어쨌든 소년을 화장을 해서 그렇게 했다. 그래서 일본 학자들이 심지어 남색 얘기까지를 뭐 장황하게 넣어놓으면서 이건 남색 집단이다 이런 얘기까지 했어요. 그러니까 도저히 참을 수 없어서, 나는 더구나 성주의, 화랑노의 본고장 출신입니다. 그래서 글쎄 그래도 아는데. 그래서 또 당나라 기록에 당나라 『신라국기(新羅國記)』에 보면 소년을 뽑아서 화장을 했다고 나오긴 나옵니다. 근데 물론 이제 뽑았으니까, 그 앞에 원화가 먼저 여자가 화랑이었으니까 원화가 여자니까 화장을 하고 했을 텐데, 그걸 이어받아가지고 남자도 아마 화장을 시켰을 법합니다. 그러나 그것이 곧 화랑의 명칭의 하나의 유래다. 이거는 말이 안 돼요. 대학원 때부터 상당히 오랜 의심을 품어왔어요. 이거도 해결할 길이 없었는데 우리가 당시 군사 조직의 기장(旗章), 우리는 뭐 깃발이죠, 깃발. 기장에서 왔다는 것과, 진흥왕의 마운령비가 당시 신교와 불교의 길항 관계를 전륜성왕으로 자처하는 진흥왕이 양쪽을 다 위무하는 정황을 격의적으로 표현한 것이라는, 지금 마운령비에 보면은 '부순풍불선(夫純風不扇)하면 즉세도괴진(則世道乖眞)하고 현화불부(玄化不敷)하면' 하고 뭐 쭉 나옵니다. 나와서, '수기이안백성(修己以安百姓)'이라고 『논어』에 나오는 구절도 있고, 그다음에 쭉 나오는데, 그걸 전혀, 이것은 난 격의적으로 그걸 쓴다고 봤어요.

당시 『삼국유사』 『삼국사기』를 대본으로 한 법흥왕과 진흥왕 전후의 역사, 이차돈과의 관계 이거라든가 기록을 검토해 보면 말이죠, 그 모습이 훤히 보입니다. 불교와 재래 신교와 재래 신교가 불교의 습합에 대해서 위협을 느끼고 그런 대응에 대해서 아주 위협을 느끼고, 그 당시 또 진흥왕이 정복 과정에 있으면서 나라들마다 한창 그거 할 때거든요. 그리고 더구나 그런 비문은 또 함경도도 황초령과 마운령 두 비에만 써놨어요. 그리고 경상도에 있는 비하고 서울에 있는 비는 비문이 다릅니다. 변두리에 그 비를 세울 때는 말이죠, 그 내용이 그러니까 격의적으로, 그러니까 신교와 불교였는데, 그래서 진흥왕 자체가 불교라고 전륜성왕(轉輪聖王)을 자처할 정도니까 아주 불교입니다. 근데 불교로서 정복 또는 한창 신라의 도약을 꾀하는 진흥왕이 모든 새로 정복된 지역을 다 위무해서 다 껴안아야 될 거 아닙니까. 껴안는 과정에 신교를 위무하는 이런 내용이 격의적으로 말하자면, 격의라고 하는 것은 이건 물론 중국에서 불교를 받아들일 때 도가 사상의 용어와 논리를 사용한 것으로 기억이 납니다마는, 이때 그당시 본 것이 고작 그 책밖에 못 봤단 말이야. 니들도 역시 한문 능력이나, 그것을 말하면, 이게 솔직하게 못 쓰는 그런 거죠. 그것 때문에 격의적이 되는 거죠. 그러니까 그럴싸하게 진흥왕 치적을 ○○했는데, 기본적으로 그렇게 봤어요. 그래서 이건 아주 특이한 견해로 되어 있었는데, 그리고 전자의 견해, 화랑 문화의 기장 군사 기장 유래가 군사적인 기장에서 왔다는 것은 『삼국사기』의 무관조(武官條) 이외에 무관조 이외는 무슨 무슨 부화의 화라고 꽃 화 자라고 나옵니다. 군사 조직마다 꽃으로 만든 깃발을 해가지고 길이 넓이 다 나옵니다. 몇 가지를 꽂는다, 이게 쭉 나와요. 그거 하고, 그 다음에 여기 이제 울주 천전리 석각 탁본이 고대 박물관에 있어요. 그 석각에 보면은 거기서 이제 탁무릎을 쳤어요. 거기에 보면은 이렇게 돼 있어요.(판서) 이게 이렇게 되어 있어요. 그런데 옆에 이제 보면은 '충양랑(沖陽郎)' 이렇게 딱 써 있어요. 이것은 이것이 화랑 충양랑이 울주에 다녀간 징표로 했는데 이것이 뭐냐 말입니다. 이것이 화랑의, 화랑과 관계있는 것이라고 나는 확신하고 또 화랑의 기장과 연결해서 이런 의견을 내봤습니다. 또 무슨 말을 썼는데, 화랑도에 대한 일제 어용 사학자들의 견해의 잔재가 아직도 남아 있는 데 대한 반론입니다. 아직도 남아 있어요. 서울대학교에서 사학(史學) 하는 사람들에 은연중에 아직 남아 있습니다. 아직 관련 학계에는 알려지지 않았으나 나로서는 확고한 견해로서 말하자면 후세의 자운(子雲)을 기다리는 심정입니다. 양자운이 저기 양웅(揚雄)이 『태현경(太玄經)』을 만들어놓고 알아주는 사람이 없으니까 후세의 자운을 기다린다 그런 말을 한 적이 있습니다. 지금 그런 심정으로, 아직 어쨌든 본론을 못 쓴 상태니까.

2002년에는 「〈쌍녀분기(雙女墳記)〉의 작자와 그 창작 배경」을 발표했습니다. 「쌍녀분기」, 즉 그 전에는 「최치원」이라고 불렀는데, 그것을 둘러싼 학계의 유구한 견해에 대한 총체적인 반론입니다. 시의 면밀한 분석적 접근에 근거하여 작가가 최광유(崔匡裕)임을 밝히고, 최광유가 그런 작품을 쓸 수밖에 없는 정황을 자신의 처지와 최치원의 처지를 통해 구명했습니다. 나로서는 썩 만족하는 논문입니다마는, 항상 도대체 객관적인 뚜렷한 게 없잖아, 이게 최광유라고 써놓은 게 없잖아. 안병학 선생도 그중에 한 분입니다마는.(좌중 웃음) 역시 이것은 말이죠, 이건 뭐 이 사람이라고 딱 하기도 어렵고 저 사람이라고 하기도 그런데, 사실 그렇죠. 그런데 시를 보면은 이 시를 보면 확연히 다른 사람 시와 다르고, 더더구나 작자를 최치원이라고 한다는 건 말도 안 돼요. 시가 전혀 달라요. 최광유 시하고 아주 거의 같다고 할 수 있습니다. 그래서 어차피 고대 관계라는 게 그렇잖아요, 사료가 부족하고, 고대사라는 게 전부 말해 어떤 근사치, 어떤 근사치가 얼마나 설득력을 갖느냐에 따라서 학설이 선택된단 말이야. 고대에 객관적인 증거 어디 있어요? 명확한 증거 어디 있어. 전부 다 그 조그마한 증거 그걸 근거로 해가지고 온통 늘리고 뻥튀기하고 해가지고 어떻다고 어떻다고. 내가 그 이기백 선생의 그 학문을 보았습니다. 이기백 선생의 학문의 비결이 그 사람의 어떤 학설보다도 그 문장력이 있단 말이에요. 아주 문장이 절묘해요. 단문에다가 어떤 하나의 사건을 다루는데 이런 사건 다루면서 별로 무리 없이 그 다음 사건을 앞에 말한 사건의 입증 자료로 바꾸어 쓴단 말이에요. 그게 별로 저항이 안 들어요. 또 여러 개, 그건 상당히 내가 보면 속으로 실상 자료가 많이 남았다면 틀린 것도 많을 텐데 그런데 무리가 없이 그렇게 한단 말입니다. 고대사라는 것이 어쨌든 해서 그런 범주에서 나는 그렇게 써봤습니다.

그 다음에 2001년에 「퇴계(退溪)의 도학적 시세계」를 퇴계 탄생 500주년 기념 국제학술대회에서 발표하기 위해 썼으나 아직 미완의 논문입니다. 왜냐하면 퇴계의 그런 도학적, 퇴계 도학의 문학적 표현에 대해 그럴듯하게 한번 써보고 싶은 의욕을 가진 지 오래입니다. 이게 욕심이 너무 많다 보니 그런지 잘 쓰이지, 욕심이 너무 많으면 잘 안 돼요. 그동안 서너 편의 발표 요지 및 논문을 써봤으나 퇴계 도학의 핵심 부위에 이르지 못했다고 생각해, 이 논문의 학문적 야심을 걸었으나 시간에 쫓겨 미완인 채로 남겨두었습니다. 논지는 퇴계에서의 이(理)와 상제(上帝)를, 이와 상제의 합치를, 퇴계를 보면 분명히 이가 '극존무대(極尊無對)'라, 가장 높고 아무 대가, 상대가 없다. 절대적인 전제로 해놓고 또 상제가 나온단 말이야. 저기가 두 가지 것인데, 이게 퇴계 같은 그런 엄밀한 논리를 따지고 그러한 사람이 두 가지를 다 인정했을 리가 없단 말이야. 상제도 인정하고 이도 인정하고. 그럼 상제는 뭐 이 밑이냐. 하여튼 그래서 여기에 필연적인, 그래서 상제와 이를 합치하는 것으로 일단 보았습니다마는, 물론 시에. 이론은 그런 얘기가 안 나옵니다. 그런데 시라든가 이린 길 보면 아주 그런 것이, 내가 보기에 퇴계도 또 상당히 그것 때문에 고심했을 것 같아요. 국왕에 대한 경계라든가 그걸 위해서 상제가 분명히 있어야 되는데, 왕이 정치를 잘못하면 하늘이 벌을 줍니다, 이런 얘기를 하기 위해서 상제가 분명히 있어야 하는데, 그런데 그리고 또 실제로 그보다도 더 절실하게는 심학(心學) 공부, 경(敬)을 하고 하는 데는 이거 실제로 절실한 거죠. 눈 감고 경을 하거나 눈을 안 감고 하더라도 이 상제가 떠오른단 말이야. 이건 모두 심학 공부하는 사람들의 공통된 심리적 기반입니다. 그 심학 공부에 떠오르는 상제하고 상제가 이 이와 어떤 관계 있느냐. 결국 나는 하나로 봤습니다. 결국 이 하나로 봤는데, 작품을 통한 거기 때문에 다소 분명하지 못한 점은 있지만, 그러나 하나로 볼 수밖에 없지 않나 이렇게 생각하고 있습니다.

언젠가 한번 말하고 싶은 것은 남명(南冥)과 율곡(栗谷)의 시를 꼭 한번 다루고 싶은데, 남명이 시를 아주 절묘하게, 아주 난해합니다, 남명 시가. 정말 보통 난해한 게 아니고요. 정인홍이 쓰면서도, 그때 당시 제자들도 잘 모르는 게 있었다니까, 얼마나 많은지 몰라요. 그런데 이 남명 시를, 난해하기도 하지만 도무지 시상(詩想)을 요약할 수 없어요, 분명히 뭔가 있는데. 그래서 이 시 세계를 다뤄보고 싶은데 역시 버거워서 어떨지 모르겠습니다. 한번 다뤄보고 싶습니다. 율곡은 문맥이 사실은 별로 어렵지 않습니다. 그런데 율곡 시는 말이죠, 이제 얼마 전에 누가 도학시라고 해서 나한테 논문 심사가 왔기 때문에 다시 좀 봤는데 율곡 시는 이제 도학시인데, 도학시로 해석하면 도학시인데, 그러나 율곡 시는 그리고 도학시로만, 도학만으로서 율곡시가 나왔다는 그런 확증은 없어요. 그건 말하자면 도가(道家)에요. 내가 보기에는 율곡 시는 도가 입장에서 정말 순수한 도가의 입장에서 쓴 시에 가깝게 도학 시를 썼어요. 율곡 시를 일단 그런데 더구나 또 불교. 20대 초기에 불교, 20대 전이죠, 금강산에서 수년 동안 불교 공부를 했고 해가지고, 율곡 시도 정말 아직 단서를 잡을 수 없어가지고 솔직히 말해 나한테는 버거운 것 같아가지고 두 사람의 시는 손아귀에 들 때까지는 기다려 보지만 기약하기가, 쉽지 않습니다. 관심은 있어서 가지지만.

그래서 2001년에 「조선후기 '천기론(天機論)'의 개념 및 미학적 이념과 그 문예·사상사적 함의」을 발표했습니다. 그 가운데 천기론 논의를 총괄하는 의미를 지닌 한 단계 높인 ○○문이라 생각합니다. 학계의 긍정적인 반향도 아마 크게 몇 군데 있었을 겁니다.

2001년에 「선비 정신의 개념과 전개」를 발표했습니다. 과거 우리나라 사람들의 대표적인 윤리 의식이 제대로 해명되지 않는 데 대한 하나의 반론입니다. 선비 정신 하면 공자, 맹자, 온갖 다 유교 뭐 다 그래가지고 그 당시 선비 정신이 어디 갔는지 행방불명이 되어 있었습니다. 대체로 선비 정신은 뭐 그래서. 선비 정신이 그런 게 아니거든요. 우리 민족, 물론 이제 기본은 중국에 있습니다. 이게 중국에서 와가지고, 우리 특히 이제 도학이 들어온 뒤에 선비 정신이 된 게 역시 중국의 기본을 받아서인데, 우리 민족의 어떤 말하자면 좋게 말하면 하나의 협량(狹量), 양이 좁은 민족의 어떤 윤리의식, 아니 나쁘게 말하면 그렇고, 좋게 말하면 아주 선명한 거. 그 선비의식의 그런거를 말하자면 절의(節義)·염치(廉恥)·숭검(崇儉), 절의와 염치, 또 숭검 이 세 가지를 개념으로 보고서 역사적인 전개라든가, 한번 밝혀봤습니다. 충분한 논의가 논의됐다고 할 수도 없지마는, 없는 점이 있긴 하지마는, 선비 정신에 대해 올바로 해석을 했다고 스스로 자부해 봅니다.

이와 같이 내가 학문해 온 이력은, 나는 사실 논문을 많이 못 썼습니다. 이게 한 30년 학계에 있었으면 기백 편은 논문이 돼야 하는데, 나는 특히 보면 알지만 80년대에는 거의 못 썼습니다. 거의 못 쓴 게 그때는 70년대「연암 사상의 이념적 범주」하고 또「조선후기 한시에 있어서 민요취향의 대두」하고 쓰고 난 뒤에 그 다음 논문은 그 수준을 넘어서야 될 게 아닌가 그런 강박관념 때문에 그래서 두루 책만 읽고 논문만 섭렵하고, 80년대는 거의 논문을 못 썼어요. 근데 이제 90년대 와서는 그래도 좀 한다고 했지만 지금까지 봐서 논문들 한 40여 편하고 학술적 에세이 한 20여 편 해서 60여편 해서, 30년 동안 학계에서 생활한 사람 치고는 좀 적습니다.

아마 그런 논문까지 포함해서 본다면 여러분이 뭐 좀 느끼시겠지마는 이와 같이 내가 해온 학문 이력은 논문이 삼국시대에서 조선 후기까지의 문제에 걸치는, 말하자면 구식이니까. 이게 한번 생각해 보세요. 어떻게 한 사람이 이렇게 다 감당할 수 있겠습니까? 내가 젊을 때는 좀 말하자면 오히려 자신감에서, 중국같이 넓고 넓은 그 역사 그 속에서도 호적(胡適)이라든가 전목(錢穆)이라든가 또 일본의 길천행차랑(吉川幸次郎)이라든가, 문사철(文史哲)을 통틀어 아울러 가지고 막 하는 논문을 내는데, 이거 우리나라 문헌, 과거에 문헌 하다 보면 어느 단계에 들어가면, 야 이게 중요한 문헌들이 지금 다 손아귀에 싹 들어올 것 같단 말이에요. 이게 중국은 그렇게 광대한 걸 다 하는데 이걸 못하나 해가지고 좀 그런 만용도 부려가지고, 무식한 셈이죠. 나 같이 관심 분야, 나같이 관심이 분산된 사람도 아마 요새 학계에 찾기 힘들 겁니다. 한문학이란 원래 문사철을 겸수(兼修)해야만 제대로 연구할 수 있다는 일종의 강박 관념. 그리고 또 지훈 선생의 박학주의의 영향이 나로 하여금 관심을 분산하는 데 영향이 됐다고 생각합니다. 문사철을 겸수하고 박학주의를 용인했다고……

※ 이 글은 2005년 10월에 있었던 대산 이동환 교수 정년 퇴임 기념 강연을 김영진, 송혁기, 노요한이 녹취·정리한 것입니다. 다만, 강연 후반부 10분 가량이 녹화되지 않아 애석하게도 그 부분이 없습니다.

한국대표한문학자 자선논집
이동환

초판 1쇄 인쇄 2025년 8월 26일
초판 1쇄 발행 2025년 9월 2일

지 은 이 이동환
발 행 인 한정희
발 행 처 경인문화사
편　　집 김한별 김지선 한주연 양은경
마 케 팅 하재일 유인순
출판번호 제406-1973-000003호
주　　소 경기도 파주시 회동길 445-1 경인빌딩 B동 4층
전　　화 031-955-9300　팩 스 031-955-9310
홈페이지 www.kyunginp.co.kr
이 메 일 kyungin@kyunginp.co.kr

ISBN 978-89-499-6882-7 93800
값 32,000원

※ 파본 및 훼손된 책은 교환해 드립니다.